August Hampel

# MAN NANNTE MICH FERNANDEL

CIP-Titelaufnahme der Deutschen Bibliothek
"MAN NANNTE MICH FERNANDEL"
Kriegserlebnisse eines Unmilitärischen
ROYAN 1943-1945



Albisried 19, D–87663 Lengenwang
om-verlag@gmx.de
www.om-verlag.de


Druck: BoD - Books on Demand GmbH

ISBN 978-3-936192-03-2

August Hampel

# MAN NANNTE MICH FERNANDEL

Kriegserlebnisse eines Unmilitärischen

ROYAN 1943-1945

**Möge die wahre Menschlichkeit**

**siegen !**

*August Hampel, links, mit Freund Alfred Weber in Royan 1944*

# INHALT:

# Verzeichnis der Fotos/Zeichnungen

# VORWORT

Mein Vater, August Hampel, geboren im August 1901 in Großenlüdern bei Fulda, aufgewachsen im Rheinland *(Gummersbach)*, wurde von der deutschen Wehrmacht 1943 als Soldat eingezogen und als Baupionier ab Juli 1943 in Royan an der französischen Atlantikküste eingesetzt. Im Sommer 1946 wurde er von dort als französischer Kriegsgefangener entlassen. Ich, sein ältestes Kind, wurde im August 1942 in Gummersbach geboren. Schon kurz nach seiner Rückkehr aus der Kriegsgefangenschaft konnte mein Vater wieder seine Arbeit als Betriebsprüfer am Finanzamt in Gummersbach aufnehmen. *

Er begann schon bald, ich war vielleicht sechs Jahre alt, immer wieder sehr bewegend aus seiner Zeit als Soldat in Royan zu erzählen. Ich fand das schaurig schön, fast wie ein Märchen. Was mich immer am meisten beeindruckt hatte, war seine Errettung vor dem Erschießen durch einen französischen Freund, der rief, als er schon an der Wand stand:

„Oh non, oh non, un bon camarade!“

*(„O nein, o nein, ein guter Kamerad!“)*

Auch meine drei nach dem Krieg geborenen Geschwister hörten sich später sehr gerne die Erzählungen seiner Kriegserlebnisse an.

In den fünfziger Jahren begann er, diese aufzuschreiben. Im Jahre 1960 besuchte mein Vater Royan und sah seine französischen Freunde wieder. Bis zu seinem Tod im Jahre 1972 versuchte er seine Kriegserlebnisse in Royan als Buch zu veröffentlichen. Vergeblich! Dann ruhte das Manuskript in einem Bücherschrank.

Es war im Jahre 2008, als mich eine mir unbekannte Frau anrief und fragte, ob ich die Tochter des August Hampel sei, der seine Kriegserinnerungen aus dem 2. Weltkrieg aus Royan aufgeschrieben hätte. Es war

**Mein Vater hatte Philosophie- und Finanzwissenschaften in Berlin studiert mit dem Abschluss Dipl. Kaufmann. Nach journalistischer Tätigkeit, in der er seine soziale und pazifistische Meinung kundtat, war er in Wien in Widerstreit zum Hitler-Nationalsozialismus geraten. Er zog sich dann nach Gummersbach ins Rheinland zurück und nahm eine Stellung als Betriebsprüfer am Finanzamt an.*

Frau Brigitte Colle-Lindenau, die in Royan geboren war und seit ihrem zwanzigsten Lebensjahr in Deutschland lebte. Sie war im Nachlass ihres Vaters, J.-R. Colle*, auf einen von ihrem Vater ins Französische übersetzten Auszug aus den Kriegserlebnissen in Royan von August Hampel gestoßen.* Da Frau Colle-Lindenau der Auszug aus dem Buch sehr gut gefallen hatte, bat sie darum, einmal das ganze Buchmanuskript, dem mein Vater den Titel **„MAN NANNTE MICH FERNANDEL"** gegeben hatte, lesen zu dürfen.

Sie war dann davon so angetan, dass sie darum bat, es ganz ins Französische übersetzen zu dürfen. Sie tat dies mit viel Enthusiasmus und großer Ausdauer, immer sehr darauf achtend, dass das „Was" und „Wie" meines Vaters erhalten blieb. Es wurde auch bald ein französischer Verlag gefunden, der bereit war, es zu veröffentlichen. Das Buch ist im März 2011 in Saintes bei Royan erschienen, unter dem Titel **„J'OCCUPAIS ROYAN" 1943-1945** (ISBN 978-2-36199-010-7).

Die Begeisterung von Brigitte Colle-Lindenau bewirkte, dass ich die Veröffentlichung des Manuskriptes ins Deutsche nun konsequenter in die Hand nahm. Einige Jahre vorher hatte ich mich schon einmal daran begeben, doch eigene Projekte hielten mich immer wieder davon ab. Meine jüngere Schwester, Ulrike Rahi, geborene Hampel, hat das Manuskript noch einmal wörtlich in den Computer geschrieben, da es in einem sehr schlechten Schreibmaschinenschriftzustand vorlag. Das tat sie aus ganzem Herzen, denn unser Vater hatte ihr häufig aus seinem Manuskript vorgelesen.

Als Lektorin übernahm ich fast alle Überschriften der einzelnen Hauptkapitel des Manuskriptes, sowie die Einteilung in drei Teile. Ich habe, wie Frau Colle-Lindenau und ihr Mitarbeiter, Herr Didier-Michel Colus aus Royan, den Text nur an unwesentlichen Stellen adaptiert. Von Frau Lindenau bekam ich manche Hilfen: Bilder, Erklärungen…, wofür ich ihr herzlich danke. Da Royan ihre Heimat ist, wusste sie über vieles besser Bescheid als ich, und sie sagte mir, dass mein Vater sehr genaue

**Herr Colle war Stadtrat von Royan und für die Kultur zuständig. Er veröffentlichte diesen Auszug im Jahre 1975 anlässlich der „30 Jahr-Feier der Befreiung von der Besatzung Royans".*

Angaben gemacht hätte. Sie hätte z.B. auf Grund seiner Beschreibungen manches, ihr vorher Unbekanntes, gefunden. Danken möchte ich hier auch meinem Ehemann Gerhard Bernecker für lektorische Hilfen und Korrekturlesen, für Korrekturlesen außerdem Manfred Hoffs und Brigitte Colle-Lindenau.

Mein Vater lässt Selbst-Erlebtes anschaulich und lebendig vor unseren Augen erstehen. Es ist ihm ein großes Bedürfnis, alles genau und wahrheitsgemäß zu schildern: die Kriegsereignisse von Juli 1943 bis zur Rückeroberung der Stadt 1945 durch die Franzosen. Dabei zeigt sich seine Liebe zu diesem besetzten Land und seinen Menschen, aber auch die zu allem Guten und Wahren der deutschen Nation.

Es erhebt sich die Frage: „Ist nun alles wahr, was in diesem Buch steht? Oder vermischen sich Dichtung und Wahrheit?“

Herr Colle hatte meinen Vater diesbezüglich zu Teil III des Buches gefragt. Dieser hatte ihm daraufhin schriftlich geantwortet:

„Alle Begebenheiten sind dem tatsächlichen Ablauf nach aufgezeichnet worden und wahr. Um der inneren Wahrheit willen wurden einige wenige Begebenheiten, wie ‚Die Pferde‘, etwas stärker überzeichnet. Im dritten Teil handelt es sich besonders um das Problem der Verantwortlichkeit. Auch wird in ihm meine Begegnung mit dem damaligen Befehlshaber der ‚Festung Royan‘, Admiral Michaelis, beschrieben.“

Wir freuen uns, dass es nach so vielen Jahren zur Veröffentlichung des Buches auch in Deutschland kommt! Die Zeit ist dafür reif geworden! Vielen Menschen ist inzwischen klar geworden, dass das Herz und der gesunde Menschenverstand die wichtigste Rolle spielen, damit Menschen und Völker friedlich miteinander leben können. Ich denke, mein Vater hat dazu in einer finsteren Zeit einen Beitrag geleistet.

Ellen Bernecker, geborene Hampel

Mai 2014

Mit meinem Mann und unseren drei Söhnen verbrachte ich verschiedene Urlaube an der schönen französischen Atlantikküste, wobei wir uns auch Royan anschauten.

Die häufig zu sehenden Bunkerrelikte des „Atlantikwalles", an dem mein Vater und so viele andere Deutsche als Soldaten hatten mitarbeiten müssen, empfand ich als störend und hässlich.

Im Jahre 1966 wohnten meine beiden Schwestern und ich während eines Sommerurlaubes in Royan bei Charles Jeu, einem französischen Kriegsfreund meines Vaters. Wie auf dem folgenden Bild zu sehen ist, erlebten wir damals den Strand, die Meerseite Royans:

***Royan heute: Meerseite***

*(Royan, Geste editions, Seite 90)*

# PROLOG

## SIE WERDEN ERWARTET

Wieder steht eine Gruppe, diesmal Schüler, auf dem Bahnhof meiner Heimatstadt Gummersbach, um nach Frankreich zu fahren. Alle haben das gleiche Ziel: La Roche-sur-Yon in der Vendée, die Patenstadt von Gummersbach. Die jungen Leute freuen sich auf die Reise: die französischen Freunde, die Patenstadt, den Atlantik.... Alles ist im Vorfeld liebevoll geplant worden.

Meine Gedanken aber wandern zurück... Ist es erst ein Menschenalter her, da auch wir auszogen zu dem gleichen Reiseziel? Ich bin froh, dass meine Worte von damals nun Wahrheit geworden sind, die ich meinen französischen Freunden zum Abschied prophezeit hatte:

„Eure Städte werden aus diesen Trümmern
schöner denn je wieder erstehen.“

Die gemeinsame Not und das Leid, schließlich die Zerstörung, mussten wohl sein, damit das menschliche Verständnis füreinander wachsen konnte, zur Verbindung beider Völker, hin zu Europa. Wir aber legten den Grundstein dazu - in einer bösen Zeit.

Ob diese jungen Leute, die an ihrem Reiseziel freudig erwartet werden, ahnen, dass auch wir einmal dem gleichen Ziel entgegengefahren sind? Doch uns erwartete man nicht.

# TEIL I :

# DER ATLANTIKWALL

# 1.
# MAN ERWARTETE UNS NICHT

## ANKUNFT (Juli 1943)

La-Roche-sur-Yon ist die Hauptstadt des Departements der Vendée. Vor dem Museum dieser Stadt steht ein für die französische Republik selten gewordenes Denkmal: Die Reiterstatue Kaiser Napoleon I.

Anfang Juli 1943 standen wir vor diesem Denkmal um auszuziehen: neuen, unbekannten Zielen entgegen. Wir dachten dabei an die langen, grauen Kolonnen dieses genialen Feldherrn und Kaisers, welche einst wie ein Spinnennetz ganz Europa überzogen, die Länder aussaugten, um dann schließlich müde, dezimiert und namenlos heimzukehren.

Auch die deutschen Soldaten überzogen schon seit mehr als drei Jahren ganz Europa mit Krieg. Auch wir waren müde geworden. Aber es gab da einen wesentlichen Unterschied: Wir hatten keinen genialen Feldherrn, der uns begeisterte und antrieb. Unsere Antriebskräfte kamen von einer exakt und kühl abwägenden Militär- und Propagandamaschine, die nur das Wörtchen kannte: „Jawohl! Zu Befehl!"

Der Glanz und der Nimbus des großen Korsen fielen nicht auf uns.

An irgendeiner Befehlsstelle hatte für uns wieder einmal die Befehlsmaschine getickt. Wir mussten bereitstehen, wir bewegten uns: wohin? Wer fragte schon danach. Warum? Eine Problematik, die keinen simplen Soldaten unseres großen Heerwurms etwas anging. Der Gehorsam überblendete alle Gefühlsregungen und Hoffnungen.

Unsere Gesichter schauten müde und gleichgültig drein. Die Kompanie zählte etwa 120, meist vierzigjährige Männer. Die Leidenschaften des Lebens und des selbstverantwortlichen Tuns waren schon lange Jahre über sie hinweggebraust, ehe sie Soldaten wurden. Die abgearbeiteten Körper und scharf hervortretenden Gesichtszüge passten nicht so recht in die gleichmachende Uniform. Zum großen Ärgernis, der nur in militärischen Spielregeln denkenden Vorgesetzten, lugte bei den meisten Männern überall der Zivilist hervor. Trotz ständiger Mahnreden ließ sich nichts daran ändern. Wenn die Männer marschierten, so gingen sie wie Handwerker, die ihren Beruf ausübten, oder wie Angestellte, die ins Büro eilten. Wir stellten nur militärische Attrappen dar, aus denen auch die beste Militärmaschine nichts Brauchbares mehr machen konnte. Der zusammengewürfelte Haufen nannte sich auf höhere Weisung hin „*Festungskompanie*".

Ein Eisenbahnzug stand auf dem Bahnhof von La-Roche-sur-Yon für uns bereit. Er fuhr ohne besondere Eile durch die weit geöffnete Landschaft der Vendée und Charente.

Wir saßen uns gegenüber wie Zivilisten, welche ab und zu müßig durchs Fenster schauten. Die Gedanken weilten in der Heimat, und die Hände umklammerten gleichgültig irgendeine militärische Klamotte. Die Gesichter ähnelten sich in der stillen Abwehr gegen das, was der Krieg an Unruhe, Ereignis und Zwang an uns herantrug. Jeder dachte nur: Wie überlebe ich? Wie schlängele ich mich am reibungslosesten und bequemsten durch die turbulenten Zeiten? Der heiße Atem des Krieges fieberte nicht mehr in unserem Blut. Wir sahen so müde und apathisch aus, wie wohl auch die stolzen Soldaten Bonapartes nach den langen, wilden Kriegsjahren. Wortkarg und mürrisch hockten wir beieinander, wie alle namenlosen Opfer dieses schon allzu lange währenden Krieges.

Längere Gespräche wollte nicht aufkommen. Nur hin und wieder fragte einer, und es wirkte so, als wenn ein Kind einen Stein ins Wasser geworfen hätte:

„Wie lange fahren wir noch?"

Das Ziel sprach niemand unmittelbar an. Es war ja sowieso alles gleich. Die Namenlosigkeit unseres Schicksals schien nach den langen Stunden rüttelnder Fahrt eine Art von versöhnlicher und seelisch verbindender Atmosphäre aufkommen zu lassen. Das Seelenpendel schlug bei den einzelnen nicht mehr unruhig auf und ab. Jeder war bei dem ruhenden Pol angelangt und empfand das Gleiche. Unsere Gleichgültigkeit verband sich reibungslos mit der graugrünen Landschaft, die mit wechselvollen Bildern an uns vorbeizog.

Draußen auf den Feldern und in den Weingärten arbeiteten Männer und Frauen. Einige von ihnen blickten – hin und wieder die Arbeit unterbrechend – zu dem Eisenbahnzug mit den „Eindringlingen" hin. Ihren Gesichtern haftete dieselbe Namenlosigkeit des Schicksals an. Auch sie waren nach den langen Kriegsjahren wahrscheinlich müde der Empörung und des Protests. Könnten sie sich mit uns unterhalten, so würden sie sogleich feststellen, dass wir uns glichen in der Namenlosigkeit des Schicksals und der Lebenserwartung. Sie würden auch bemerken, dass der lange Krieg uns einander näher brachte und wir nichts anderes waren als sie: Opfer des Krieges. Die beiderseitige stillschweigende Forderung, einander nicht weh zu tun, nicht gegeneinander die Hand zu erheben, wurde zur Selbstverständlichkeit. Man erwartete uns zwar nicht, aber man nahm uns in schicksalergebener Gleichgestimmtheit so hin, wie wir waren.

So umschloss die allseitige Namenlosigkeit und Gleichmütigkeit Freund und Feind und schaffte das Fluidum, in dem jede kriegerische Auseinandersetzung als sinn- und zwecklos erkannt wurde, von der niemand mehr etwas Förderliches erwartete. Die Gleichheit im Tod, die alle lebendige Kreatur als Fatum ausgleichend verbindet, wurde in solchen Stimmungen schon vorausgeahnt.

In den späten Nachmittagsstunden tauchten, anmutig an niedrige Hügelketten angelehnt, Reihen bunter Landhäuser auf. Wir näherten uns einer Stadt. Der Zug verlangsamte sein Tempo, und die Lokomotive stand kurze Zeit danach mit einem Ruck still, noch einmal aus allen Nüstern fauchend. Ein Zittern durchbebte die leicht gebauten Personenwagen. Wir griffen unwillkürlich nach unserem Gepäck oder guckten neugierig durch die schnell geöffneten Fenster. Eine raue Männerstimme schrie die Wagenreihe entlang:

„Alles aussteigen!“

Eilig suchte jeder seinen Plunder zusammen, schnallte sich das Koppel mit den Patronentaschen um, hängte sich das 98-iger Gewehr um die Schulter, setzte sich schließlich noch die leichte Feldmütze auf und sprang, genau wie der jeweilige Vordermann, auf die asphaltierte Rampe der Haltestelle. An der Stirnseite des Bahnhofs stand mit großen schwarzen Buchstaben geschrieben: ***ROYAN.*** Das Gleis war hier zu Ende. Wir befanden uns auf einem Kopfbahnhof.

Was war das für eine Stadt? Ein reiseerfahrener Kamerad erklärte:

„Royan ist eine Badestadt, die an der Mündung der Gironde liegt.“

Unsere Müdigkeit und Gleichgültigkeit verflogen für einen Augenblick, wie bei einem Reisenden, der nach langer, beschwerlicher Fahrt sein Ziel erreicht hat und nun mit den ersten Blicken die ihm völlig neue Landschaft mustert. Doch sogleich fiel alles wieder in die übliche, stille Gleichmütigkeit zurück. „Was erwartete uns hier?"

Die anderen Bahnsteige schienen wie leergefegt. Kein Fauchen ankommender und abfahrender Lokomotiven, keine sich drängenden Reisenden, kein freudiges Begrüßen oder trauriges Abschiednehmen, keine schrillen Signale und keine Schar sich aufdrängender Hoteldiener. Uns erwartete nichts Lebendiges von Seiten der uns völlig fremden Stadt

„Willkommensgrüße für die neu angekommenen Okkupanten?" Das Ungewöhnliche des Gedanken machte lachen.

Die unheimliche Stille des Bahnhofgebäudes wirkte geisterhaft und bedrückend auf uns. Keine menschliche Seele regte sich darin, es sei denn die Uniform eines deutschen Soldaten. Wir verfielen daher unversehens wieder in die gewohnte Lethargie, das Resultat von Enttäuschungen und Hoffnungslosigkeit.

Der Bahnhof von Royan, das Empfangsgebäude einer einst quicklebendigen Stadt, war im vierten Kriegsjahr tot. Wir traten durch diesen toten Bahnhof in die Stadt ein.

Auf dem Bahnhofsvorplatz rauschten die hohen Platanen an den Bürgersteigen den unwillkommenen Gästen einen verspäteten, aber intimen Gruß zu. Die heiße, auf dem staubigen Asphalt stickig zurückstrahlende Julisonne nahm den meisten von uns den Atem und die Muße zur stillen Betrachtung.

Laute Kommandostimmen ertönten. Eine sich ordnende Unruhe ergriff die 120 Soldaten, die auf dem Bahnhofsvorplatz standen. Der eine rückte noch an seinem Tornister herum, der andere brachte sein Koppel noch schnell in die richtige Lage. Alles tappte und ordnete sich ein in die drei gewohnten, dicht hintereinander aufgestellten Linien.

„Stillgestanden!"

Nichts regte sich mehr. Alles Leben in den Gliedern war wie erstorben. Eine lästige Fliege hätte nunmehr dic Möglichkeit gehabt, sich unbekümmert auf irgendeine Nasenspitze zu setzen.

„Stahlhelm aufsetzen!“

Die Köpfe wurden gleich und martialisch überzeugend.

„Augen rechts!“

Die noch freie Bewegungsmöglichkeit der Augäpfel wurde in eine bestimmte Blickrichtung gezwungen. Der Kreis der militärischen Absolutheit war endgültig geschlossen. Körper und Seele gehorchten.

Als die Männer sich kurz danach im Gleichschritt bewegten, kam das letzte Kommando:

„Ein Lied!“

Nun klang es laut über Platz und Straße: *„Wenn wir marschieren ...“*

Die Distanz zu den Menschen, die in den Häusern zu beiden Seiten der Straße wohnten, wurde unendlich groß. Eine kriegerisch begeistert singende Invasionstruppe zog in eine äußerlich vom Kriege noch verschonte Stadt ein.

Keinen Zivilisten sah man auf der Straße. Niemand blickte aus einem Fenster heraus, obwohl viele Menschen dahinter ängstlich verborgen lauschen mochten. Das nicht zur Kenntnis nehmen wollen gelang hundertprozentig. Wir marschierten mit Gewehr, Tornister und Gesang allein auf der staubigen, asphaltierten Straße. Unter dem hellblauen Himmel, der grellen Sommerhitze wirkte die Stille ringsherum zermürbend. Wir mussten auf einer harten Straße marschieren. Ihre Länge maß sich nicht nach Kilometern, sondern an der stickigen Hitze, an der Lästigkeit des aufgezwungenen Gesangs und an der erschreckenden Stille, die den uns begleitenden Häusern entströmte.

Die Häuser hatten große, einladende Haustüren, Fenster mit weißen Gardinen und grüne Vorgärten. Sie glichen den unsrigen daheim. Die trennenden Hauswände hinderten uns nicht daran, uns dahinter die sorgende Mutter, die lärmend herumtollenden Kinder vorzustellen.

Auf einem stillen, weiten, von Bäumen umstandenen Platz wurde kurz Rast gehalten. Wir durften einen Augenblick lang unsere durch die Sonneneinstrahlung heiß gewordenen Stahlhelme abnehmen und uns den Staub und den Schweiß vom Gesicht wischen. Die bewohnten Häuser lagen nun abseits und kein Zivilist konnte mehr sehen, dass auch ein deutscher Soldat müde wurde und ein menschliches Antlitz hatte. Der neben uns stehende, quartiermachende Unteroffizier erzählte uns tröstend, dass unser Weg jetzt nur noch kurz sei, vielleicht noch zehn Minuten. Es kam uns vor, als wenn wir schon den ganzen Tag marschiert wären. Der Tornister drückte jetzt zentnerschwer, die Füße brannten heiß, die Gewehrriemen hatten uns die Schultern schon wund gerieben, und schließlich war die Sehnsucht nach Entspannung riesengroß geworden. Unsere Augen wollten nicht mehr wahrnehmen, was sich um uns herum abspielte. Man war nur noch mit sich selbst, mit seinen kleinen körperlichen Qualen beschäftigt.

Die Stadt Royan hatte nun ihr Antlitz völlig gewandelt. Statt der eng beieinander liegenden Häuser luden jetzt schmucke Landhäuser mit großen, parkähnlichen Gärten zum Verweilen ein. Hohe, breitkronige Bäume spendeten kühlen Schatten. Irgendeine Stimme gab es nach hinten durch: ***„Pontaillac“.***

Wir befanden uns in Pontaillac, einem Villenvorort von Royan. Bald kam dann auch das erlösende Kommando:

„Das Ganze halt!“

Alles schaute erleichtert auf. Ein Feldwebel zeigte auf die linke Seite der vor uns liegenden Straße:

„Das sind eure Quartierhäuser!“

Doch viele Augen blickten weiter bis zu dem Ende dieser Straße hin, als wenn sie dort von einem Magneten angezogen würden. Dort, am Ende der Häuserreihe spannten sich einige weit ausladende Baumäste laubengangähnlich über die Straße. Dahinter schimmerte blaugrün das Wasser einer kleinen Meeresbucht:

„Das Meer!“, riefen viele Stimmen gleichzeitig.

Die letzten Anweisungen des Feldwebels regelten die Verteilung der Kameraden auf die einzelnen Quartiere. Unsere Gruppe kam in das Haus Nr. 4 in der rue Falaise.

<u>***Die Bucht von Pontaillac vor dem Krieg***</u>

<u>***Landschaft vor Royan vor dem Krieg***</u>

## QUARTIERNAHME – DIE ERSTEN TAGE

Die Fenster unserer Stube gingen zur Straße hinaus. Hier würden wir Vier nun eng beieinander wohnen: Ein stiller, schweigender Bauer und Winzer aus Baden, ein nervöser, redseliger Werkzeugmacher aus Remscheid, ein ruhiger, immer kühl abwägender Maurer aus der Eifel und ich.

Der Raum, der uns nun aufnehmen sollte, und das, was man uns noch zum persönlichen Leben gelassen hatte, lagen in unserem neugierigen Blickfeld. Wir waren alle maßlos enttäuscht!

Freilich betraten wir nicht als die Ersten dieses Zimmer. Eine unerwartete, kurzfristige Anordnung der Ortskommandatur mochte einstmals wohl den Wohnungsinhaber getroffen haben. Wahrscheinlich durfte er mit nur einigen wenigen, privaten Habseligkeiten das Haus verlassen, dabei verzweifelte, zwecklose Flüche ausstoßend, die noch als leere Schemen im Raum hingen.

Die damals kamen, traten mit hart genagelten Stiefeln auf den Parkettboden. Sie gingen nicht behutsam, wie eine sorgsame Hausfrau, mit Stühlen und Möbeln um. Viele andere folgten und verhielten sich ebenso. Das Rohrgeflecht der Stühle war längst durchgesessen. Aus den durchgestoßenen Bezügen des Lehnsessels quoll die Holzwolle. Die glänzende Politur des Tisches, auf dem sie die heißen Kochgeschirre gestellt und die Gewehre in regelmäßigen Abständen mit Öl geputzt hatten, war längst verschwunden. Die Türen des großen Kleiderschrankes waren zu oft mit roher Gewalt geöffnet worden, und auch die Gardinen waren den harten Zugriffen schon lange Zeit zuvor zum Opfer gefallen. Die bis zur letzten Schäbigkeit herabgeminderte Wohnlichkeit des Zimmers wurde durch die an den Wänden stehenden, aus rohen Brettern zusammengeschlagenen Schlafpritschen verstärkt. Von dem einst wohl behaglichen Zimmer war nichts mehr übrig geblieben.

Nachdem wir das wahrgenommen hatten, warfen wir unsere Tornister und Waffen wahllos irgendwo auf den Boden hin und schauten uns alle stumm an.

Nach dem ersten Atemholen galt unser Tun der Einordnung unserer wenigen Habseligkeiten. Über die Verteilung der Schlafpritschen wurden wir uns schnell einig. Unser Bettzeug wurde säuberlich ausgebreitet.

Der Maurer aus der Eifel zauberte in wenigen Minuten über seinem Bett ein Photo von seiner Frau und seinen Kindern. Jeder Mensch muss irgendetwas Sichtbares haben, woran seine Seele hängt, wenn die Trostlosigkeit der Umgebung das Stimmungsbarometer auf den Nullpunkt herabdrückt. Ein schriller, bekannter Pfeifton klang von der Straße herauf:

„Essen fassen!“, kündigte der Ton an.

Wir eilten, alles übrige stehen und liegen lassend, mit dem Kochgeschirr zum Haus hinaus. Hastig schlangen wir in unserer neuen Heimstätte die dicke Suppe hinunter, in ständiger Lauer auf den zweiten Piff:

„Abholen der Tagesportion!“

Nun endlich zog die Ruhe in unseren kleinen Raum ein. Die Bande innerlich gereifter Menschen zur Heimat und zur Familie sind die stärksten und engsten. Auf unserer Bettstatt, auf einem Stuhl oder auf dem Tisch saßen wir und kritzelten unsere ersten Eindrücke auf das Papier: ***„Royan scheint sehr schön zu sein“,*** war eine von allen übermittelte Nachricht. Auch dass wir uns noch gesund fühlten, denn diese Mitteilung war in Kriegszeiten unerlässlich Aber dann differenzierte sich jeder Briefschreiber ins Besondere.

Der Werkzeugmacher fragte besorgt an, ob die Frau mit den Kindern zu den Schwiegereltern aufs Land nach Kornfeld umgesiedelt wäre, denn Remscheid wurde schon von Bomben schwer getroffen. Der Bauer aus Baden machte sich Sorgen um die Einbringung der Ernte. Es fehlten zu Hause die männlichen Arbeitskräfte. Und bei dem Handwerker aus der Eifel wurde bei den halbwüchsigen Kindern die ordnende und züchtige Hand des Vaters vermisst. Jeder fühlte sich mit seinen Gedanken und Sorgen allein. Die ungelenk dahin gekritzelten Worte an die Heimat sollten dies verdrängen.

Durch das weitgeöffnete Fenster drang die frische Luft vom Meer her in das Zimmer. Am dunkelblauen Himmel zogen die ersten Sterne herauf. Wir suchten unsere armselige Bettstatt auf. Die Gedanken aber liefen weiter. Die neuen Eindrücke, die Erinnerungen quälten… Irgendeine Zukunftssorge, ein Erlebnis stand sinnfällig vor uns. Schließlich verscheuchte die bleierne Müdigkeit unsere letzten Gedanken, und der Schlaf nahm uns in seine Arme. Der Schlaf aller war leicht, leichter als der Schlaf einer Mutter, die den halblauten Aufschrei eines Kleinkindes noch im Schlafe wahrnimmt. Der Soldat wittert im Kriege ständig Gefahren. In der dunklen Nacht wähnt er sie am nächsten. Die Schnarchtöne des Nachbarn, eine zu laut tickende Uhr mögen schon die Ursachen seines plötzlichen Erwachens sein.

Wir wurden alle Vier zugleich hellwach. Was war das für ein Gepolter über unserer Zimmerdecke? Oben wohnten keine Menschen, nach oben führte auch keine Treppe. Im Kreise herum rannten irgendwelche mysteriösen Geschöpfe.

„Tapp, tapp ...!“, dröhnte es immerfort, „tapp, tapp!“

Das Tempo wurde plötzlich beängstigend schnell. Ab und zu sprang jemand aus dem Kreise heraus. Der harte Aufprall eines Körpers auf der leichten, dünnen Zimmerdecke unterbrach einen Augenblick lang das Geräusch des hastigen Jagens und Treibens. Wir lauschten wie gebannt, bis ein Kamerad unvermittelt sagte:

„Verdammte Ratten!“

Vergebens warteten wir auf das Ende des Lärmes. Die harte Hand der Ortskommandantur vertrieb wohl die Menschen. Die Ratten aber blieben und vermehrten sich. Sie waren die eigentlichen Herren des Hauses, die aber nur nachts ihr Zepter schwangen. Einige Kameraden stießen mit dem Besenstiel unter die Zimmerdecke. Aber das machte den Ratten nichts aus. Die unsichtbaren Herren ließen sich nicht stören. Schließlich sahen die Kameraden die Zwecklosigkeit ihrer Bemühungen ein, und wir versuchten zu schlafen, wie ein Eisenbahnreisender, der trotz des Gepolters der Eisenbahnräder endlich einzunicken hofft.

Erst bei beginnendem Morgengrauen fanden wir Schlaf. Dann erst beendeten die Ratten ihren Tanz.

Die sinnlose Nachtwache zählte nicht. Der Uhrzeiger auf dem Zifferblatt war unerbittlich weitergerückt. Der Dienst begann zur gewohnten Stunde. Das Hin und Her rüttelte solange an uns herum, bis die letzte Spur von Müdigkeit verflogen war.

Die ersten Tage in Royan waren durch militärischen Kleinkram vertane Tage. Der Soldat wurde durch Drill und nutzlose Beschäftigung abgelenkt, damit fremde und neue Eindrücke ihn nicht verführten. Wir Soldaten kannten diese Methode und waren nicht erstaunt.

Wir wussten von der Besonderheit dieser Stadt und dieser Landschaft, in der wir nun lebten, nur durch die wenigen Eindrücke aus der nächsten Nähe. Da standen in den Gärten der Häuser, die wir bewohnten, Feigenbäume. Die Form der Blätter kannten wir nicht. Und die Luft fühlte sich so weich, so seidenweich an, dass wir Lust verspürten, sie mit der Hand zu streicheln.

Und auch dieses Bild konnte uns selbst der närrische Spieß nicht vergällen: Unten am Ende der Straße lockte durch den grünen, anmutig gespannten Laubbogen das Meer, das ewig sich bewegende Meer.

Im übrigen schien für uns die Welt mit Brettern zugenagelt. Die Gewöhnung an den neuen Standort war verbunden mit ungezählten Appellen, mit neuen Impfungen, mit Exerzieren und Grußübungen, um aus der Truppe schäbiger Bausoldaten schneidige preußische Soldaten zu machen. Zuerst mit Unwillen, dann in stiller Ergebenheit ließen wir diesen Drill über uns ergehen.

Die Macht der Gewohnheit erfasste den äußeren Menschen, doch das Herz und unsere Gesinnung vermochte niemand zu ändern. Selbst der eifrigste Unteroffizier nicht, der da meinte, das militärische „Jawohl!“ sei gleichbedeutend mit einem zustimmenden „Ja!“. Die von oben nach unten laufende Skala des „Jawohl!“ bereitete uns zu Beginn unserer militärischen Laufbahn manch heimliche Schadenfreude. Der General gab den entscheidenden Befehl heraus, der Oberst sagte blind „Jawohl!“, dann der Major bis zum letzten Unteroffizier herab. Uns war die Schadenfreude bald vergangen, als wir erfuhren, dass wir einfachen Soldaten dieses „Jawohl“ zu guter letzt immer in die Tat umsetzen mussten. Auf unserem Buckel lastete die ganze Armee.

Dagegen funktionierte die „Jawohl-Skala“ von unten nach oben nur in den seltensten Fällen. Die Erfahrung machte uns mit der Zeit schlau und listenreich. Wir wichen jedem Druck mit einem laut gebrüllten „Jawohl!“ aus und taten - wenn möglich - insgeheim nur das, was wir für machbar und richtig hielten.

# ICH ERKUNDE ROYAN

In den ersten Royaner Tagen hockten wir wie die Affen in einem Käfig und hofften unverdrossen darauf, dass sich die Tür unseres Gefängnisses öffnen würde. Und nun war der Tag endlich da, an dem alle Ausgehbeschränkungen fielen. Es waren etwa acht Tage verflossen. Aller Groll über die Einengung unserer persönlichen Bewegungsfreiheit war plötzlich wie weggefegt, und wir freuten uns über die nun wieder gewonnene Freiheit. Die „großen Kinder" durften wieder ausgehen.

Nur einige wenige, ewig grollende Seelen vermochten noch nicht über die sonderlichen Erziehungsmethoden der Wehrmacht hinwegzukommen. Zu diesen Leuten gehörte auch der Obergefreite Horn der sagte:

„Die Erziehungsmethoden der deutschen Wehrmacht sind wunderlich, voller Tücken und Fußangeln. Ich bange um unsere Zukunft!"

Mir hatte der Unteroffizier Meier am Vortage testiert:

„Aus Ihnen wird nie ein richtiger Soldat!"

Ob richtiger oder falscher Soldat, was scherte mich die Meinung des Unteroffiziers Meier. Ich hielt es für nicht angebracht, dem Unteroffizier zu erklären, dass man seine vierzig zivilen Lebensjahre nicht einfach wie einen Rock ausziehen kann. Mich berührte in diesem Augenblick nur ein Gedanke: „Was fange ich mit dem heutigen freien Sonntagnachmittag an?" Einfach köstlich die Vorstellung, dorthin gehen zu können, wohin man wollte!

Der Besuch der Innenstadt von Royan erschien mir die beste Nachmittagszerstreuung zu sein. Von den Verlockungen dieser Stadt hatte uns unsere wohlweise Kompanieführung lange genug ferngehalten. Einfach lächerlich war doch unsere Ausgangsrestriktion! Als ob man mit seinen vierzig Lebensjahren noch nicht die Versuchungen des Lebens kannte und wie eine Wespe in den ersten wohlriechenden Siruptopf fallen würde!

Die Fahrt in die Stadt war für mich kein Problem. Man hatte mir gesagt, dass sich in unmittelbarer Nähe unserer Quartierstraße die Haltestelle der Vorortbahn eines kleinen Bimmelbähnchens befände, das mitten nach Royan hineinführe. Und nun wartete ich in der ersten Nachmittagsstunde sehnsüchtig an dieser Haltestelle auf das Kommen dieses

Bähnchens, das mich in die Wunderstadt entführen sollte. Meine vorausgreifende Phantasie war voller Erwartung.

Ich brauchte nicht lange auf die planmäßige Ankunft zu warten. Schon einige Minuten vorher klang das Kommen des Bähnleins deutlich in meinen Ohren: Zuerst war es nur ein schrilles Pfeifen und Trillern vom Pontaillacer Pavillon her. Dann, einige hundert Meter von uns entfernt, noch war es nicht zu sehen, kündigte es sich durch wildes Prusten, Dröhnen und nochmaliges Pfeifen an. Es musste schon ein ganz besonderes Monstrum von Eisenbahn sein, das sich da näherte.

Jetzt kam es ganz in mein Blickfeld. Beinahe hätte ich hell aufgelacht über dieses Ungetüm von Lokomotive, das auf den Schienen auf mich zukam. Nein, so etwas tummelte sich tatsächlich noch auf den Eisenbahnschienen unserer Jetztzeit herum! Wer kennt nicht die ergötzlichen Postkartenbilder mit der ersten Nürnberger Eisenbahn?

**Das Pontaillacer Bähnlein**

*(„Royan", Geste éditions)*

Dieses Vehikel, welches da angedonnert kam, sah dieser ersten Eisenbahn verteufelt ähnlich. Eine kleine, dünnbauchige Lokomotive mit einem verhältnismäßig hohen Schornstein, aus dem ständig dichte, dunkle Rauchwolken aufstiegen, schnaubte und keuchte da wie ein asthmatisch gewordener Greis heran. Der Heizer und der Lokomotivführer schienen aus lauter Jux und Tollerei immerfort die Signalpfeife zu bedienen.

Nun konnte ich mir diesen seltsamen Eisenbahnzug etwas näher betrachten: Hinter der Lokomotive hingen zwei hölzerne nach allen Seiten offene Personenwagen, jedermann zur freien „Einsicht" und „Aussicht" geöffnet, genau wie bei der ersten Eisenbahn in Nürnberg.

Ich war der einzige Fahrgast, der zuzusteigen schien und erwischte daher noch den letzten freien Sitz, einen luftigen Eckplatz. Nachdem ich Platz genommen hatte, schaute ich mich um. Auf den Bänken saßen zahlreiche junge deutsche Soldaten. Mir direkt gegenüber befanden sich einige ältere französische Zivilisten.

Mit lautem Getöse und schrillem Pfeifton wollte sich unsere Eisenbahn gerade wieder in Bewegung setzen, als der Lokomotivführer auf einen Wink des Schaffners hin noch einmal abstoppte. Draußen kam noch im letzten Augenblick ein Invalide angehumpelt, der lebhaft mit seiner Krücke hin und her winkte, ein Zeichen dafür, dass er noch mitzufahren wünschte. Der Schaffner wartete wohlwollend die Ankunft des Mannes ab und half ihm sogar freundlich beim Einsteigen. Doch damit allein war es nicht getan. Alle Sitzplätze waren bis auf den letzten besetzt. Unmöglich konnte dieser Mann in der offenen Wagentür stehen bleiben. Bei der geringsten Schaukelbewegung wäre er mit Sicherheit aus dem Wagen gepurzelt!

Vergeblich schaute er sich überall um! Doch alles blickte an ihm vorbei, als habe man ihn gar nicht bemerkt. Es war eine unangenehme Situation, und ich schämte mich für die jungen deutschen Soldaten, die da so bequem herumsaßen und sich nicht von der Stelle rührten. So blieb mir nichts anderes übrig, um dem armen Invaliden zu einem Sitzplatz zu verhelfen, ihm meinen luftigen Eckplatz anzubieten. Die jungen Soldaten sahen mich dabei spöttisch an. Und ich dachte: „Die jungen Kerle da, etwas höflicher hätten sie doch sein können!"

Unsere Bimmelbahn hatte unter heftigem Schaukeln und den bekannten, nun schon etwas auf die Nerven fallenden Signalzeichen, endlich ihre Fahrt wieder aufgenommen. Es war kein besonderes Vergnügen, in einem solchen Eisenbahnwagen stehen zu müssen. Und wenn ich mich nicht vorsorglich an eine Stützstange geklammert hätte, wäre ich bestimmt unter lautem Gelächter der Mitreisenden aus dem Wagen gefallen.

Mir schräg gegenüber befanden sich zwei junge deutsche Matrosen, zwischen denen ein dunkellockiges, blutjunges Mädchen saß. Alle drei saßen eng aneinander geschmiegt. Ob ich wollte oder nicht, meine Augen wurden von diesem Dreigestirn ständig angezogen. Nicht allein ich, nein jeder im Wagen schaute auf diese drei Personen. Es war erheiternd anzusehen, wie das Mädchen und die beiden Matrosen radebrechten und dabei ständig die Finger zu Hilfe nahmen.

„Allein schlafen nicht gut!“, wollte ein Matrose dem Mädchen erklären, indem er seinen Kopf mit geschlossenen Augen auf die Seite legte, einige Schnarchtöne nachahmte und den Daumen seiner linken Hand erhob. Der erhobene Daumen sollte das Alleinsein zum Ausdruck bringen. Das Mädchen verstand, was er wollte und radebrechte auf Deutsch:

„Nicht bei Dir schlafen!“ Dabei kicherte sie belustigt. Ihr fortgesetztes Kichern widerlegte eindeutig ihre Worte.

Alle jungen Männer in dem Wagen lachten. Nur die älteren französischen Zivilisten nicht. Ihre Gesichter nahmen einen Ausdruck an, als wäre die sittliche Welt in diesem Augenblick aus den Angeln gehoben worden und als hätten die **„Boches“*** alle Untugenden dieser Welt erfunden. Ob sie tatsächlich nicht wussten, dass es überall in dieser Welt junge Mädchen gab, die für eine Tafel Schokolade und einige Zigaretten bereit für ein Abenteuer mit einem jungen Mann waren?

Als der Wagen dann in einer besonders scharfen Kurve aus den Schienen zu kippen drohte, musste sich das Mädchen übergeben. Im hohen Bogen flogen erbrochene Speisereste auf die geschniegelte, gebügelte und blitzsaubere Uniform des linken Nachbarn. Ein großer hässlicher Fleck verunzierte jetzt die schöne Uniformer. Der Schaffner ließ sofort die Eisenbahn anhalten und das Mädchen aussteigen. Die beiden Matrosen schlossen sich ihm an.

***** *Schimpfwort für einen Deutschen*

Unser Bähnlein setzte kurz danach seine Fahrt fort, als habe sich nichts Besonderes ereignet. Und auf den Gesichtern der meisten Wageninsassen schien sich ein Bedauern abzuzeichnen wegen des Fortgehens dieser jungen Leute, die so schön zu ihrer Unterhaltung beigetragen hatten.

Ich nahm einen der drei freigewordenen Plätze ein und war froh darüber, dass das Bimmelbähnchen nun ruhiger dahinfuhr, denn die Straße, auf der es sich jetzt bewegte, verlief ganz gerade. Ich fand nun Muße, ohne Ablenkung aus dem Wagen zu schauen.

Wir fuhren an stattlichen Landhäusern vorüber, an denen mir besonders auffiel, dass viele Türmchen sie zierten und dass sie mit vielen Ornamenten ausgestattet waren. An diesen Häusern zog mich etwas besonders an: Die Farben dieser Häuser besaßen alle eine unwahrscheinlich zarte Transparenz. Sie leuchteten hell und waren so anziehend, wie das Grün an den Sträuchern und wie die bunten Blumen, die in den kleinen Vorgärten blühten. Aus dem großen Fenster eines solchen Landhauses schauten Kinder heraus. Sie winkten freundlich einer alten Dame, die bei uns im Wagen saß. Großmutterbesuch? Tatsächlich stieg die alte Frau an der nächsten Haltestelle aus.

Den überreichlich mit Ornamenten gezierten Landhäusern folgten jetzt schmucklose Geschäftsbauten. Im Erdgeschoss dieser Geschäftshäuser befanden sich Läden und Gaststätten. Dicht standen die Häuser nebeneinander. Auch der Verkehr auf der Straße war plötzlich lebhafter geworden. Ich wusste nun, dass ich mich in dem Geschäftsviertel von Royan befand.

Die Stadt Royan ist eine reizvolle Stadt. Eine Hafenmole ragt weit in die Meeresbucht hinaus. Mich störte nur ein in der Nähe liegendes Häuschen, welches in auffällig bunten Farben gestrichen war. Es war ein von der deutschen Wehrmacht erbauter schlecht getarnter Bunker zum Schutz des Hafens. Ein unangenehmes Kennzeichen des Krieges.

Nach dem Verlassen des Bimmelbähnchens bot sich mir ein Bild, welches ich nie in meinem Leben vergessen werde:

Dicht vor meinen Augen floss die Gironde wie ein Urweltstrom dahin. Sie war eher als ein Meer denn ein Strom zu bezeichnen, der langsam und majestätisch dahin floss. Wenige tausend Meter stromabwärts wurde dieser Strom tatsächlich zum Meere, zum unendlichen Ozean, nur noch vom Horizont begrenzt.

Ich erinnerte mich in diesem Augenblick an meinen alten Schulatlass, in dem ich in meiner Jugendzeit so häufig geblättert und besonders gern die Karte Frankreichs aufgeschlagen hatte. Jedes Mal beim Anblick dieser Karte fiel mir der breite, blau gefärbte Schlauch der Gironde ins Auge, der sich in den atlantischen Ozean ergoss. „Das muss doch wohl ein mächtiger Strom sein", dachte ich jedes Mal.

Die Wirklichkeit hier aber war noch viel überwältigender und großartiger, als wie sie sich meine jugendliche Phantasie damals vorgestellt hatte! Die Vermählung von Strom und Meer gelang hier ohne jeden Widerspruch. Auch der hohe, schlanke Turm, der inmitten der Meeresbucht stand, trennte nicht. Er bezeugte würdig und schweigend, dass die innige Verbindung jetzt und weiter fortbestehen würde.

Royan, die Stadt selbst, erschien mir in dieser Stunde wie ein blitzendes Auge, das immerfort neugierig zuschaut, wie die Gironde und das Meer ihre Vermählung feiern. Über dem weiten, wogenden Wasser der Gironde lag zu dieser Nachmittagsstunde noch ein zartblauer Schleier, der Land und Strom geheimnisvoll verband. Der blaue Dunst schloss auch das weit entfernt liegende waldige Ufer dort in der Ferne mit ein.

Zwei Menschen gingen dort am Strand mit gesenktem Kopf hin und her. Sie bückten sich häufig und hoben dabei etwas auf.

„Sie sammeln Muscheln", erklärte ein neben mir stehender junger, deutscher Marinesoldat.

„Ich glaubte schon die Leute dort drüben suchten nach Strandgut. Aber so etwas gibt es heutzutage wohl nicht mehr."

Der junge Mann lächelte still vor sich hin.

„Vielleicht noch an dem Strand der stürmischen Biskaya. Die Biskaya aber liegt fern von hier. Der Girondestrom, den Sie da träge fließend vor sich sehen, ist ein gezähmter Löwe, der keine Beute mehr reißt. Außerdem stellen die Muscheln – es sind wahrscheinlich Austern, die man dort findet – eine ausgezeichnete Delikatesse dar."

„Mein persönlicher Speisezettel schließt leider keine Muscheln und Austern mit ein", antwortete ich. Dann fragte ich weiter:

„Was für Delikatessen könnten Sie mir denn noch hier empfehlen?"

Mein Gesprächspartner blickte mich schalkhaft an:

„Wenn ich Ihnen gut raten soll, probieren Sie einmal den Royaner Wein!"

Er begleitete mich noch ein Stück meines Weges und gab mir diesen und jenen praktischen Hinweis über die Besonderheiten Royans. Ich schloss aus seinen Worten, dass ich soeben schon das eigentlich Sehenswerte dieser Stadt geschaut hatte. Was jetzt noch kommen konnte, war nur etwas, was man woanders auch sehen konnte.

Doch was kümmerte mich im Grunde genommen die Meinung eines wohlmeinenden Marinesoldaten? Ich wollte mich von Royan selbst überraschen lassen. Ich hatte nie viel darum gegeben, durch den Mund eines offiziellen Fremdenführers etwas zu erfahren, der mit monotonem Stimmfall geschäftsmäßig die Aufmerksamkeit auf die wichtigen Blickpunkte lenkt. Ich hatte mich stets bemüht, alles nur still und ruhig in mich aufzunehmen, ohne jede Hast, so wie man die Luft einer Landschaft einatmet.

So bin ich dann den ganzen Nachmittag, ohne jedes besondere Ziel und jede besondere Absicht, durch Royan geschlendert und stellte fest:

Royan besitzt eine zauberhafte Anziehungskraft und Schönheit.

Das moderne, weißgetünchte Postamt bewies, dass für die erholungsbedürftigen Gäste einst ein umfangreicher Nachrichtendienst zu bewältigen war. Das Museum und das Casino demonstrierten augenfällig, dass die Royaner noch andere Interessen hatten als nur den „prosaischen Alltag". Das Hotel „Oceanic" mit seiner architektonisch klar gegliederten Fassade, welches hoch oben auf der Höhe von St. George thronte, besagte, dass es einst verwöhnte Badegäste hier gab. Und die uralte festungsartige Kirche St. Pierre bezeugte, dass noch nicht alle sehenswerten Kirchen verschwunden waren und Royan noch eine solche besaß. Schließlich bekundeten die vielen kleinen Landhäuser mit ihren reizenden Vorgärten, dass man hier noch Sinn für ein schönes Heim und die Natur hatte.

Aber etwas vermisste ich doch noch. Mir wurde auf einmal klar, dass mein Sonntagsbummel eigentlich nichts anderes dargestellt hatte, als einen Blick durch die Schaufenster eines großen Konfektionsgeschäftes, in dem viele Herren- und Damenkleider ausgestellt waren. Doch zu diesen Kleidern fehlten die Menschen. Erst die Menschen, die diese Kleider trugen, gaben ihnen ihre Besonderheit.

Eine natürlich gewachsene Stadt besteht nicht nur aus Häusern, Straßen und bunten Draperien. Ich vermisste das lebendige Gespräch mit den hier wohnenden Menschen. Ja, von den Menschen dieser Stadt trennte mich noch eine ganze Welt. Dort, wo die Bürger dieser Stadt mir unterwegs zufällig auf der Straße begegneten, blickten sie mich alle kühl und abweisend an als dächten sie:

„Mach, dass Du fort kommst! Wir haben Dich nicht eingeladen!"

***Royan vor dem Kriege, Gesamtansicht***

# IN EINER WEINKNEIPE

Die Abenddämmerung brach schon herein, und ich stand erschöpft und verstaubt vor einer alten Weinkneipe der Innenstadt.

Poltriges Auflachen und aufgeregtes Reden schallte aus der offenen Tür. Ob man nicht doch eine Verbindung zu diesen Menschen da finden konnte? Außerdem hatte mir der junge Marinesoldat am Hafen nicht heute Nachmittag empfohlen: „Probieren Sie den Royaner Wein!"

Ja, diesen Wein wollte ich einmal probieren und dabei vielleicht auch die Bürger dieser Stadt kennenlernen.

Ich betrat einen niedrigen rechteckigen Raum. Durch die von mir weit geöffnete Tür gerieten die dichten Rauchschwaden, in die die Gaststube eingehüllt war, in eine leichte Bewegung. Die Rauchschwaden ließen die Konturen der einzelnen Gesichter in dem Schein der trüben elektrischen Birne in eine gleichmäßige rosafarbige Fläche verschwimmen, die ständig ihren Umfang und ihre Form änderte. Ein leichtes, ununterbrochen dahin fließendes Stimmengewirr drang in meine Ohren.

Hinter der Theke war das Gesicht des Gastwirts im Halbdunkel kaum zu erkennen. Die Leute saßen auf Hockern um runde Tische herum. Jeder Mann hatte eine Weinflasche vor sich stehen und ein mehr oder weniger gefülltes Weinglas.

Zuerst hatte wohl niemand mein Eintreten in die Gaststube bemerkt, denn der Redefluss ging ununterbrochen weiter. Aber als ich nun den Schanktisch erreichte, und man die Uniform eines deutschen Soldaten erkennen konnte, verstummten schlagartig die Gespräche.

Die Ruhe trat so unvermutet schnell ein, als wenn ein strenger Lehrer eine Klasse betritt. Dies kam mir äußerst ungelegen. Ich war gekommen, um mit den Menschen hier ins Gespräch zu kommen, nicht um sie zum Schweigen zu bringen. Die weingeröteten Gesichter schauten verschlossen und düster vor sich hin. Ihr leicht bewegliches Mienenspiel schien zu einer Maske erstarrt zu sein. War hier über etwas geredet worden, was ein deutscher Soldat nicht hören durfte?

In allen Stammkneipen dieser Welt macht man immer große Politik, wobei jeder gern an den roten Fäden der vielen „Wenn" und „Aber" zieht. Die Welt der harten Tatsachen aber wird von solchen Gesprächen selten berührt. Auch werden die Sprecher sich selbst nie bewusst, dass ihre lauten Worte nur Wind sind, der keine Mühlen treibt.

Was sollte ich nun tun? Sollte ich ganz unauffällig die Gaststube einfach wieder verlassen? Die Augen der Männer funkelten mich jetzt sogar feindselig an. Es sah eigentlich recht hoffnungslos aus, dass ich mit diesen Männern jemals in ein freundliches Gespräch kommen könnte.

Jetzt konnte ich jedes einzelne Gesicht gut erkennen.

Da vorn saß ein blasser, hagerer Herr mit dunklen, schon etwas angegrauten Haaren. Seine Blicke schienen gar nicht so bösartig zu sein. Ich hatte sogar das Gefühl, dass seine Augen hell und froh aufleuchten konnten. Aber seine Lippen waren eng und fest aufeinander gepresst, als wenn er sie niemals zu einem versöhnlichen Gespräch öffnen könnte.

Der dicke, rundliche Herr neben ihm mit dem roten Pausbackengesicht musste unter normalen Umständen leicht ansprechbar, vielleicht sogar gemütlicher Natur sein. Aber die Blicke aus seinen zusammengekniffenen Augen glichen im Augenblick giftigen Pfeilen, die mich zu durchbohren suchten.

Ein kleiner Herr fiel mir in dieser Gesellschaft ganz besonders auf. Er war so klein, dass seine kurzen Beine auf dem für ihn zu hohen Sitzhokker hin und her baumelten. Doch seine lange, spitze Nase und sein spöttisch lächelnder Mund ließen vermuten, dass mit ihm nicht gut Kirschen essen war.

Sollte ich nun wieder gehen oder nicht? Die verschlossenen Gesichter reizten mich jetzt sogar etwas. Sollte es tatsächlich unmöglich sein, sie in Bewegung zu bringen, sie zu verwandeln in lächelnde, und wenn nicht anders möglich, in zornig aufbegehrende Gesichter? Oder würde solcher Versuch einfach daran scheitern, dass diese Männer von vornherein aus Protest den Gastraum verlassen würden und mich mutterseelenallein mit den Tischen, Stühlen und dem unfreundlichen Wirt zurücklassen würden?

Unversehens war ich in eine gewisse Trotzstimmung hineingeraten. Ich blieb und bestellte bei dem mürrisch hinter der Theke stehenden Gastwirt eine Flasche Royaner Rotwein nebst Trinkglas. Der Wirt reichte mir beides mit eisig verschlossener Miene. Seine Haltung ließ jede Form von Höflichkeit vermissen, nur Ablehnung erkennen.

Auf dem ersten besten noch freien Hocker nahm ich Platz und stellte die Weinflasche und das Glas vor mich auf den Tisch. Ich wandte mich bewusst der Gesellschaft zu, die ihre Blicke noch immer auf mich gerichtet hatte. Ich hatte hier nichts zu verlieren, sondern nur zu gewinnen. Es ging ums Ganze. Entweder gingen sie, oder sie blieben .

Sie blieben. Und ich überlegte mir, wie ich die Starrheit in ihren Gesichtern lösen könnte.

Ich goss mir aus der schon entkorkten Flasche den roten Wein in mein Glas und füllte es bis zum Rande. Keine Bewegung meinerseits wurde von den Gästen aus dem Auge gelassen. Ich hob nun mein Weinglas und ließ meine Blicke noch einmal in die Runde gehen.

Im selben Augenblick fiel mir auch das entscheidende Wort ein, was hier gesagt werden musste. Es war ganz und gar nicht im Sinne unseres militärischen Erziehungsprogramms. Nein, mit diesen Erziehungsregeln konnte man hier keine Katze hinter dem Ofen hervorlocken. Hier musste etwas gesagt werden, was völlig aus dem militärischen Sittenkodex herausfiel. So sagte ich einfach und deutlich und für jedermann verständlich:

„Stört sie meine schäbige Uniform? Ich besitze leider nicht die Möglichkeit, meine Kleider zu wechseln!“

Meine Worte fielen wie ein Blitz in die Menge. Zuerst einmal mochten sie denken:

„Der Deutsche da spricht ja tatsächlich unsere Sprache. Und was er nicht sagt! Und wie er lacht!“

Meine Worte und mein Lachen wurden mit einem ganz ersichtlichen Erstaunen aufgenommen. Ich war auf einmal ganz zuversichtlich geworden. Es würde mir bestimmt gelingen, die Verkrampfung der Leute da zu lösen. Doch wusste ich genau, dass ich hier nicht mit geölten Worten beginnen durfte. Ich musste ganz still und bescheiden anfangen, denn man würde vorerst noch einen Fallstrick hinter meinen Worten suchen, besonders wenn sie zu gefällig wären. Royan kannte im vierten Kriegsjahr schon die Gestapo. Mitten in der Nacht holte sie sich ihre Opfer überraschend und unauffällig ab, und von keinem dieser Verschleppten hat man jemals wieder etwas gesehen.

Ich lächelte noch immer verbindlich den Männern zu. Zu meiner großen Freude bemerkte ich, dass sich schon bei einigen der grimmige, starre Blick verlor. Ölig, süß und herb zugleich, floss mir das aromatisch duftende Getränk durch die Kehle und hinterließ eine wohltuende Wärme. Ich sagte nur:

„Ausgezeichnet!“ Mehr nicht.

Jemand sprach wie zu sich selbst:

„Ja, der Royaner Wein ist gut. Unsere Sonne hat ihn gezeichnet!“

So begann unser Gespräch, und ich hielt es nun für angebracht, ihren Widerspruchsgeist zu kitzeln und fand plötzlich auch den geeigneten Gesprächsgegenstand. Ich konnte mir gut vorstellen, dass der Schiffsverkehr auf der Gironde wahrscheinlich schon seit längerer Zeit infolge der Kriegsereignisse vollkommen zum Erliegen gekommen war, und der heutige Sonntag mit der Ruhe auf der Gironde nichts zu tun hatte. Ich sagte ruhig:

„Ich sah heute zum ersten Male in meinem Leben über die breiten Wasser der Gironde hinweg. Dieser Anblick ist grandios und einmalig. Aber ich fand zu meinem großen Erstaunen kein einziges Schiff, nicht einmal ein Segelboot. Gibt es ähnlich wie in England auch hier eine absolute Sonntagsruhe?“

Die Wirkung auf meine Worte war – wie nicht anders zu erwarten – ein hartes Gelächter, welches den ganzen Raum durchhallte. Alles lachte, sogar der Gastwirt hinter der Theke.

Meine Frage hatte die ganze Starrheit und Gespanntheit wie mit einem Zauberschlage gelöst. So eine dumme Vorstellung von diesem deutschen Soldaten! Darüber konnte man wirklich nur lachen. Gerade eine solche Wirkung hatte ich mir auch gewünscht. Ich wollte nur den starren Bann, der auf diesen Gesichtern ruhte, brechen und lachende oder zornige Gesichter vor mir sehen. Gewiss, es lag auch viel Verachtung über meine dumme Frage in diesem Lachen. Vielleicht aber auch schon etwas warmherziges Mitleid. Nun galt es, dieses heiße Eisen weiter zu schmieden.

Einer der Gäste, gab mir eine ausgezeichnete Handhabe dazu. Der hagere Herr mit dem blassen Gesicht und den dunklen, schon etwas angegrauten Haaren konnte sich nicht verkneifen, auf meine Frage zu antworten:

„Es sind Ihre Landsleute, die diese Friedhofsruhe auf der Gironde als Dauerzustand verursachen. Bevor sie kamen, war es hier freilich ganz anders. Zahlreiche Schiffe brachten täglich Gäste und Güter in diese Stadt. Und wenn sie es noch nicht wissen sollten: Der Tourismus und der Überseehandel waren unsere Geldquellen!"

Wie nicht anders zu erwarten, pflichteten alle diesen Worten lebhaft bei. Nun war die Reihe an mir:

„Wie ich feststelle, so scheint auch hier das liebe und verteufelte Geld die Seele von allen Dingen zu sein. Und vielleicht schlagen sich die Menschen deshalb gegenseitig tot, was nicht besonders nett ist."

Ich bemühte mich, in den Augen der Gesichter abzulesen, ob ich schon zu weit gegangen war. Nein, noch nicht, denn der kleine Herr mit der langen, spitzen Nase und dem spöttischen Lächeln, der seine kurzen Beine von dem Sitzhocker herunterbaumeln ließ, gab mir die verbindende Antwort:

„Stimmt ganz genau! Wie ich weiß, verdienen Ihre Herren Kapitalisten auch ganz schön an der Erzeugung von Panzern, Flugzeugen und anderen netten Dingen. Und nun hocken sie wie eine Glucke auf ihren Geldsäcken, wie es in Deutschland allgemein üblich ist. Bei jeder Geldausgabe denkt Ihr Deutschen sogleich an eure Kinder und Kindeskinder. Wir dagegen pflegen es sofort wieder für die Sinnenfreuden auszugeben."

„Auch das stimmt. Das letztere ist sogar ein wesentliches Unterscheidungsmerkmal von unseren beiden Nationen", war meine Antwort.

Mit einer so offenen Zustimmung meinerseits hatte hier niemand gerechnet. Ich war wohl nicht so ein wildes Tier, kein „Boche". Und das Bild des brutalen Kriegstreibers traf bei mir wohl auch nicht zu. Ich nahm daher diesen günstigen Augenblick wahr, um ein drittes Mal mein Glas zu erheben. Aber diesmal gestattete ich mir einige Worte mehr:

„Ein Wohl auf alle Menschen, die den Sinnenfreuden nicht abgeneigt sind! Mein Herzenswunsch deckt sich mit dem euren. Ich wünsche, dass das Geld hier bald wieder rollen, die Schiffe wieder fahren werden, und wir so schnell wie möglich in die Heimat zurückkehren dürfen."

Jetzt streckten sich mir alle Gläser freudig entgegen und laute Zustimmung ertönte:

„Ja, wir wünschen uns vor allen Dingen, dass die deutschen Soldaten bald wieder gehen."

Das Eis war gebrochen und hundert und mehr Fragen drangen nun gleichzeitig auf mich ein. Man war überzeugt, einen Menschen aus Deutschland vor sich zu haben, wie man ihn so bisher noch nicht kennengelernt hatte. Ganz offen stellten sie ihre Fragen:

„Warum habt Ihr so einmütig Hitler gewählt?"

„Weshalb habt Ihr diesen unsinnigen Krieg angefangen?"

„Wie kommt es, dass man bei Euch Menschen wegen ihrer Überzeugung und Rasse umbringen darf?"

Freimütig und ohne Hinterhältigkeit wurden diese Fragen an mich gerichtet. Ich bemühte mich, sie zu beantworten:

„Der einfache Mann in Deutschland weiß nicht, wie es zu allem gekommen ist. Er ist ganz einfach überrumpelt und nie gewissenhaft gefragt worden. Eine Wahl? Na, ihr wisst ja, wie eine solche Wahl vor sich gehen kann. Aber eines weiß ich genau: Der kleine Mann von der Straße, so wie du und ich, wollte niemals diesen Krieg und niemanden umbringen …"

Ob meine Antworten alle Anwesenden überzeugten, weiß ich nicht. Aber ich saß nun mitten unter diesen Leuten, als ob ich schon immer zu ihnen gehörte.

Nach dem vierten oder fünften Glas Wein begann der Alkohol mächtig in mir zu wirken. Seit heute Mittag hatte ich nichts mehr gegessen. Eine stille Heiterkeit war in mich eingezogen. Weggeblasen waren alle stacheligen Hemmungen. Ich war nun glücklich darüber, dass ich hier geblieben war, und die Verkrampfung sich gelöst hatte. Die Leute, mit denen ich mich unterhielt, erschienen mir alle so, als seien ihre Gedanken, Wünsche und Hoffnungen auch die meinen.

Im Laufe unserer Gespräche erfuhr ich mancherlei:

Royan ist eine uralte Siedlung und besitzt eine ganz natürlich gewachsene Kultur. Die ausgezeichnete Lage an der Girondemündung und am Meer führte zu ihrem materiellen Wohlstand, aber auch zu ihrem wechselvollen Schicksal. Die Sonne ist hier nicht so knauserig wie in den meisten Gegenden Deutschlands. Es regnet hier wenig, und die wundertätigen Sonnenstrahlen lassen den unübertrefflichen Wein reifen, den wir hier gerade genossen. Schließlich quälen sich die Menschen dieser Stadt nie bis zur letzten Erschöpfung ab. Man genießt froh und heiter jeden Tag, den Gott schenkt.

Am Rhein scherzt man und singt gemütvolle Lieder. Hier verrät jeder Scherz Esprit und ist oft die würzige, tiefsinnige Deutung eines alltäglichen Geschehens. Die Deutschen brachten die schmerzliche Zäsur in den gewohnten Ablauf der Dinge und die vielen Einschränkungen in den kleinen Alltagsfreuden. Sie brachten auch die totale Einengung ihrer bürgerlichen Freiheiten, was man nur schwer verschmerzen konnte.

Die Gedanken aller meiner Zechgenossen mündeten immer wieder in die Frage: „Wann werden die Deutschen wieder abziehen?"

Die zweite Flasche Wein brachte den Höhepunkt meines Stimmungsbarometers. „Probieren Sie den Royaner Wein!", hatte mir der deutsche Matrose am Hafen empfohlen. Die Probe hatte sich tatsächlich gelohnt. Der Royaner Wein war gut. Eine gute Sonne hatte ihn gezeichnet. Mensch, Stadt, Gironde und Welt waren in dieser weinfrohen Stunde in mir zu einer organischen Einheit verschmolzen. Es gab für mich keine Stadt Royan mehr, die mir ihren Eindruck verwehrte. Nun wusste ich genau:

Zu den kleinen Landhäusern mit ihren schönen Vorgärten, zu den hohen weißen Häusern der Innenstadt, zu den Straßen und bequemen Bürgersteigen, zu den schönen Parkanlagen gehörten Menschen, die lachten, weinten, gut oder schlecht handelten, genau wie bei uns zu Hause. Und jeder trug auch hier stolz oder bescheiden sein eigenes Gesicht, ebenso wie bei uns in Deutschland.

Auf dem Höhepunkt meiner Stimmung entschloss ich mich, nach Hause zu gehen, genauer gesagt, meine elende Quartierstube in der Rue Fallaise wieder aufzusuchen. Meine Zechgenossen bedauerten ganz offenkundig meinen Entschluss. Fürsorglich beschrieben sie mir meinen Heimweg, damit ich ihn in der Dunkelheit nicht verfehlen würde.

Besonders besorgt war der Herr mit dem blassen Gesicht und dem leicht angegrauten Haar. Mit großer Aufmerksamkeit hatte gerade dieser an unserem Gespräch teilgenommen, und wenn ich mich nicht täuschte, so besaß er einen besonders wachen Geist, aber auch ein warmes Herz. Er war von Beruf Bildhauer, hieß Charles Manet und bewohnte schon seit vielen Jahren ein kleines Haus in der Innenstadt von Royan.

Auch der kleine Herr mit der langen, spitzen Nase und dem ewig spöttischen Lächeln, namens Jules Maurois, prägte sich sofort fest in meinem Gedächtnis ein. Seine sarkastischen Bemerkungen und kritischen Einfälle wirkten wie Sauerteig, der lauen Gespräche erst den rechten Auftrieb gibt.

Die Namen der anderen Männer klangen mir wohl einen Augenblick lang in den Ohren, aber dann hatte ich sie auch schon wieder vergessen. Ihre Gesichter und ihre Mimik waren im Gesamteindruck wieder untergegangen. Zum Abschied winkten sie mir alle freundlich nach.

Die frische Abendluft, die mich draußen umfing, tat meinen erregten Sinnen im ersten Augenblick gut. Aber im nächsten Augenblick schlug ihre Wirkung ins Gegenteil um. Sie konnte den stärksten Mann umhauen, der den Royaner Wein nicht gewohnt war. In meinem Kopfe drehte sich nun alles wie in einem Karussell. Ich fühlte deutlich, dass ich mir des Guten zuviel zugeführt hatte. Auch bemerkte ich zu meinem Schrecken, dass ich die Linienführung des schnurgerade gezogenen Bordsteins nicht mehr einhalten konnte. Ich schwankte offensichtlich, und mein starkes Schwanken nach rechts und links wurde nur begrenzt durch die starren Hausfronten an den Straßenseiten.

Der große, volle Mond, der die Straße hell erleuchtete, war mein treuer Weggenosse. Er hatte wahrscheinlich solche betrunkenen Gestalten schon unzählige Male gesehen und immer verständnisvoll dazu gelächelt.

Meine Trunkenheit war mir in den ersten Minuten lästig. Doch allmahlich gewöhnte ich mich an sie. Sie vermochte meiner ausgezeichneten Stimmung keinen Abbruch zu tun. Im Gegenteil, ganz traumverloren trottete und schwankte ich einher.

In meiner heiteren Weltabgewandtheit bemerkte ich nicht einmal das Herannahen eines mir gerade entgegenkommenden Mannes. So musste ich unweigerlich mit ihm zusammenstoßen, zumal wir uns unglückseligerweise gerade im Kernschatten einer hohen Hausfront befanden. Eine aufblitzende Taschenlampe brachte mir aber sogleich zum Bewusstsein, dass ich noch stand und nicht umgefallen war, sondern mit einem ausgewachsenen Menschen hart zusammengestoßen war, und es nicht nur die bloße Einbildung meines weinseligen Hirns war.

Im Schein der elektrischen Taschenlampe erkannte ich deutlich die Uniform eines mir völlig unbekannten Leutnants. Ein Schrecken jagte mir durch alle Glieder. Zur gleichen Zeit vernahm ich auch das schnalzende, schnarrende, äußerst unsympathische Organ des Mannes in der Offiziersuniform:

„Mann, wo haben Sie nur Ihre Augen? Wissen Sie nicht, wo sie sich befinden?"

Gewiss wusste ich dies, und meine Augen registrierten gleichfalls, dass ich mich jetzt in dem Lichtkegel einer Taschenlampe befand. In dem Schein dieses Lichts entging mir aber nicht, dass sich plötzlich ein Wandel in dem grimmigen Gesicht des Offiziers vollzogen hatte. Angst lag nun in seinen Blicken und die Hand, mit der er die Lampe hielt, zitterte sogar. Meine Augen müssen ihn sehr zornig angefunkelt haben. Aber kurz danach befiel mich eine große Furcht, die sich wahrscheinlich auch des Leutnants bemächtigt hatte. Ich dachte: „Nur keine Auseinandersetzung hier auf der Straße! Ich bin dann immer der Dumme."

So ging diese Geschichte, die zuerst ein bedrohliches Ausmaß anzunehmen drohte, aus wie das Hornberger Schießen. Der Leutnant eilte ohne ein weiteres Wort zu verlieren davon. Und ich lief in die entgegengesetzte Richtung weiter. Jeder von uns hatte sich wohl aus Angst vor dem anderen aus dem Staube gemacht.

Nach der ersten Verschnaufpause kam mir dieses erst richtig zum Bewusstsein, und ich musste herzhaft lachen. Und der große volle Mond, der diese Szene mit angesehen hatte, schien mitzulachen. Wenigstens meinte ich es  und glaubte ihn sogar sprechen zu hören:

„Wenn es alle Helden in unserem Kriege so machen würden, dann wäre morgen schon der Krieg beendet, und ihr könntet alle getrost nach Hause gehen."

Meine Beine liefen automatisch weiter, und mein seelisches Gleichgewicht stellte sich bald wieder her. Ich musste noch immer lachen. Wir sind tatsächlich voreinander weggelaufen! Aber immerhin: So ein Leutnant hatte tagsüber manches zu bestimmen und zu sagen. So hatte er beispielsweise zu sagen, wenn wir marschierten: „Ein Lied!" „Was für ein Lied?", fragte ich mich nun ganz laut. Ich hatte auf einmal das Bedürfnis, das Lied vom grauen Soldaten zu singen. Als ich diese schöne Melodie jetzt vor mich hinsummte, fiel mir ein, dass es gar kein Soldatenlied, sondern ein echtes Volkslied war. Es war in diesem Lied nicht von stolzen Kämpfen und Siegen die Rede, sondern nur von den Mühsalen des Wanderns über schlechte Wege durch das graue Leben.

Dann tauchte plötzlich ein Bild vor mir auf, welches ich in den Nachmittagsstunden in einer Royaner Straße gesehen hatte: Vor einem Hause standen deutsche Soldaten Schlange, genau wie Menschen in Notzeiten vor Bäckerläden Schlange stehen.

„Was ist hier los?",

fragte ich den Letzten in der Reihe, weil ich wusste, dass es Sonntag war und es sich um keine dienstliche Angelegenheit handeln konnte. „Schließ Dich an! Schöne Mädchen warten auch auf Dich hier!"

„Ich danke!", erwiderte ich nur.

„Auch so ein verwöhnter Pinkel!", riefen einige Stimmen.

In dieser Schlange erblickte ich auch die robuste Gestalt des Unteroffiziers Meier. Auch andere Gesichter aus unserer Baukompanie erkannte ich. Unzweifelhaft handelte es sich hier um wartende Gäste des Royaner Soldatenbordells.

Drei oder vier Straßenzüge weiter stieß ich auf ein ähnliches Haus. Aber davor stand niemand Schlange. Nur ein Schild kündete hier delikat an, dass dieses Haus lediglich von einer bestimmten Sorte Menschen besucht werden durfte:

„Nur für Offiziere !"

Ich machte mir sogleich Gedanken darüber, weshalb sogar bei derartigen Häusern auf eine genaue Trennung geachtet wird.

Ich ertappte mich nun dabei, wie ich einen Vergleich zwischen einem Offiziers und einem Mannschaftsbordell anstellte. In einem einfachen Soldatenbordell trinkt man nur Bier, es wird kein Wert auf besondere Formen gelegt. Massenbetrieb. Man lacht grob. Nimmt sich das Gewünschte wie eine Ware im Warenhaus, zahlt und geht wieder.

Das zweite Haus ist mehr wie ein Vergnügungsetablissement. Im Lusthaus für Offiziere trinkt man nicht gewöhnliches Bier. Hier nippt man aus hochkelchigen Gläsern Sekt oder aus kleinen Kristallgläsern den eisgekühlten Hennessy. Samt und Seide, echte orientalische Teppiche, gedämpftes Licht bannen die brutale Nacktheit.

Hier wird das Loch im Portemonnaie allerdings größer. Der flimmernde Schein ist mitzubezahlen.

Wieder stieg eine grobe Heiterkeit in mir auf. Was ist das doch für ein lustiges Leben unter den Soldaten! Gleichzeitig kam aber auch eine würgende Leere in mir hoch. Gärte der schwarze Royaner Rotwein in meinem Magen? Doch mein Übelsein ging so schnell vorüber, wie es gekommen war.

Und der volle, silberne Mond stand noch immer oben am Himmel. Was dieser Herr dort oben nicht schon alles mit ansehen musste! Augenblicklich bekämpfen sie sich wieder in aller Welt. Vielleicht gehen sie morgen wieder alle gemeinsam und einträchtig in die Kirche, singen fromme Choräle und der Pastor predigt:

„Du sollst nicht töten! Liebe Deinen Nächsten wie Dich selbst!"

Eine komische Gesellschaft dort unten auf der Erde! Heute vertragen sie sich, morgen schlagen sie sich, und übermorgen vertragen sie sich wieder. Ob das so weiter geht bis in alle Ewigkeit?

Schließlich war ich ganz in der Nähe unserer Quartierstube in der Rue Fallaise angekommen. Deutlich erkannte ich schon das Eckhaus mit dem kleinen Erker und die niedrige, dem Haus gegenüberliegende Mauer, die unsere Straße von dem vornehmen Golfhotel trennte.

An der Ecke stand ein Soldat mit Stahlhelm. Es war einer der Unsrigen. Die hochgeschossene Gestalt konnte nur die des Gefreiten Julius Dickel sein. Auch er hatte mich sofort erkannt und lächelte mich an:

„August, ach Du bist's. Mach ganz schnell, dass Du von der Straße in Dein Quartier kommst! Der Hauptmann kann jeden Augenblick aus der Wachstube heraustreten. Wenn er Dich so torkelnd und beschwipst erwischt, dann gibt es ein großes Donnerwetter."

Ich beeilte mich daher, in mein Quartierhaus zu gelangen. Noch ehe ich die Haustür vollends hinter mir zugemacht hatte, hörte ich, wie der Hauptmann aus der Wachstube heraustrat. Die schützende Haustür schloss ich ganz leise hinter mir.

Als ich in meine Quartierstube eintrat, war ich überrascht!

Die drei Stubengenossen saßen trotz der vorgerückten Nachtstunde noch immer um den großen Esstisch herum. Alle drei schauten mich gleichzeitig an, und in ihren Blicken lag ein kleiner Vorwurf. Ich hatte bei ihrem Anblick ein ausgesprochen schlechtes Gewissen. Es war vielleicht nicht gerade kameradschaftlich von mir gewesen, dass ich mich heute Mittag ohne ihr Wissen ganz still und heimlich verdrückt hatte. Aber für mich gab es dafür einen besonderen Grund: Ich bin kein Freund von Massenausflügen, besonders nicht in eine Stadt, die ich noch nicht kenne. Sie bedeutet mir fast ebensoviel wie eine gute Freundin, deren Gesellschaft ich beim ersten Ausflug auch nur allein genießen will. Es wäre vergebliche Liebesmühe gewesen, meinen Kameraden dieses klarzumachen.

Der Remscheider fand zuerst seine Sprache wieder, nachdem er mich eine Weile stumm angesehen hatte. Er sagte spitz:

„Auch schon da?“

Der Bauer aus Baden, der neben ihm saß, fiel ihm gleich ins Wort und sprach ganz offen aus, was er meinte:

„Wir dachten schon alle, Du wärst verschütt gegangen!“

Nein, ich war nicht „verschütt“ gegangen. Ich hatte sogar einen recht anregenden Nachmittag und Abend verlebt, ganz abgesehen von dem kleinen Trinkgelage, dessen Auswirkungen mir noch deutlich anzusehen waren.

Nachdem ich ihnen meine Erlebnisse mitgeteilt hatte, erzählten sie mir auch die ihren, die ebenso interessant und spannend gewesen waren. Der Kamerad aus der Eifel hatte schnell ein bis zum Rande gefülltes Weinglas vor mich gesetzt und munterte mich zum Trinken auf:

„Trink auch noch mit uns ein Gläschen von dem guten Wein!“

Im Handumdrehen war eine Stunde des gemütlichen Beisammenseins verflossen. Dann sagte der Älteste von uns:

„Nun macht Euch in Eure Fallen! Morgen müssen wir die Arbeit am ‚Atlantikwall‘ aufnehmen. Diese Arbeit wird unsere ganzen Kräfte in Anspruch nehmen.“

# 2.
# ICH PENDELE MICH IN DEN ROYANER ALLTAG EIN

## MEINE 1. BAUSTELLE

Es war nicht die böse Absicht irgendeines mir übel gesonnenen Vorgesetzten, die mir zu diesem Arbeitsplatz verhalf. Die nackte Zahl beim Abzählen hatte die Arbeitsgruppe bestimmt, der ich nun angehörte.

Wir standen am Morgen, an dem wir unsere Arbeit für den Atlantikwall aufnehmen sollten, in Reih und Glied auf der Rue Fallaise vor unseren Quartierhäusern, und der Spieß befahl:

„Abzählen!“

Danach trat der Hauptmann mit einer Liste vor die Kompanie und sagte:

„Eins bis Acht: Arbeitsgruppe I auf Lastwagen vier!“

Und so ging es weiter, bis jeder wusste, welcher Arbeitsgruppe er zugeteilt war. Ich gehörte zur Arbeitsgruppe I.

Wohin? Wozu? Noch wusste es bis auf den Unteroffizier Huhn, der mit auf dem Wagen saß, keiner. Huhn sagte:

„Ihr werdet es noch früh genug erfahren.“

Die rumpelige Fahrt auf einem schlecht gefederten Lastwagen über eine schlaglochreiche Landstraße war kein Vergnügen. Auch steckte mir der gestrige Tag noch allzu sehr in den Knochen. Die Übel einer unbequemen Fahrt zählen dann doppelt. Man stellt Vergleiche an. Der Kontrast zwischen gestern und heute war groß.

„Panzerwerk I“, sagte der Unteroffizier Huhn.

Wir stiegen aus. Wir sahen nur eine große Baustelle, auf der zahlreiche Zementsäcke und Baumaschinen herumstanden. Genauer genommen hätte der Unteroffizier sagen müssen:

„Das hier soll einmal Panzerwerk I werden.“

Alles war noch ein Torso. Es galt nun, mit unserem handwerklichen Können ein echtes Panzerwerk entstehen zu lassen. Die ganze West- und Nordküste Frankreichs wurde mit solchen Betonklötzen „gepflastert“. Der stolze Namen dieses Bauvorhabens lautete **„Atlantikwall“**. An dessen Errichtung sollten wir also teilhaben.

Und mein persönlicher Anteil? Als ich an meinem neuen Arbeitsplatz den ersten Zementsack auf meinen Buckel nahm, wusste ich genau, dass ein Baupionier, der kein solides Handwerk erlernt hatte und noch nie im Leben einen praktischen Beruf ausgeübt hatte, nicht einmal die Rolle eines schlechten Bauhilfsarbeiters spielen konnte. Alles will gelernt sein! Und wenn man außerdem zu solchen Arbeiten kein natürliches Geschick mitbringt, ist alles doppelt schwer. Wie leicht oder schwer man an einem Zementsack trägt, hängt von den körperlichen Kräften, der Geschicklichkeit und der Erfahrung ab. Der gute Wille kann zwar Berge versetzen, aber er gleicht nicht den Mangel an diesen Eigenschaften aus.

Manche philosophische Werke sind zwar schon geschrieben worden über das Wohlergehen und das Ertragen von Leiden, aber über die Philosophie eines Bauarbeiters, der keiner ist und nie einer werden wird, habe ich noch nichts gelesen.

Ein arges Schwächegefühl begleitete mich beim Tragen des ersten Zementsackes an, als ich dieses Gewicht in seiner vollen Schwere auf meinem arbeitsungewohnten Buckel verspürte. Wird das den ganzen Tag so weitergehen, bis ich zusammenbreche? Ganz abscheulich dieses Ziehen im Rücken! Man muss …Ein Fluch kam mir auf die Lippen. Nur der kurze Rückweg, den ich frei und ledig jeder Bürde gehen konnte, gab mir eine kleine Atempause. Diese Strecke empfand ich sogar als eine äußerst wohltuende Erleichterung, sozusagen als ein Glücksempfinden, was ich bisher noch nie so gekostet hatte und mir nun eine Ewigkeit lang wünschte. Doch leider nur zu schnell erreichte ich wieder den Platz, auf dem die Zementsäcke in unendlicher Zahl standen. Jeder Sack grinste mich höhnisch an:

„Gleich komme ich an die Reihe, gleich werde ich Dich meine ganze Schwere verspüren lassen.“

Dem Unteroffizier Huhn, der uns hier beaufsichtigte, steckte der Teufel im Leibe. Er sah wohl, wie ich nach jeder Sackentnahme müde und schwerfällig einherschwankte, er bemerkte, wie ich keuchte und stöhnte. Er lächelte mich schadenfroh an und schien zu denken:

„Schadet Dir nichts! Du musst auch einmal erfahren, wie schwer wir es in unserem zivilen Alltag haben.“ Die Rache des kleinen Mannes!

Da das Rattern der Betonmaschine jede Verständigung verhinderte, brüllte er mir ständig laut zu:

„Dalli, Dalli!“

Das Wort „Dalli“ wirkte zusätzlich auf meinen Buckel wie ein Peitschenhieb. Es war also nicht nur eine schwere Last, die mich tief in die Knie zwang, noch mehr bedrückten mich die bösen Blicke, das zynische Lächeln und die höhnischen Worte des Antreibers. Meine Gefühle und Vorstellungen konzentrierten sich nur auf einen Gedanken:

„Wann wird ein gütiges Geschick mich von diesem Teufel erlösen?“

Die Zeit schlich im Schneckentempo dahin. Die Minuten wurden zu Stunden und die Stunden zu halben Ewigkeiten. Mein Stöhnen und Fluchen aber halfen nichts. Nur die Augen des „Sklavenaufsehers“ nahm ich noch wahr, die mich ständig anzutreiben schienen mit

„Dalli, Dalli!“

„Wie komme ich aus dieser Tretmühle heraus?“, dachte ich. „Jeder Fuchs hat einen Ausweg. Er legt sich von vornherein seinen Bau so an, dass er im Notfalle immer fliehen kann. Und ich? Soll ich hier so weitermachen, bis ich körperlich zusammenbreche? Auf Mitleid des Unteroffiziers Huhn kann ich nicht rechnen!“

Doch immer, wenn die Not am größten ist, dann …

In meinem Falle tauchte der Helfer in Gestalt eines Mannes auf, der ebenso wie ich Zementsäcke schleppen musste. Dieser Mann flüsterte mir auf einem Rückweg den rettenden Gedanken unauffällig ins Ohr:

„Mensch, nimm doch nur die beschädigten Säcke, die sind alle nur halb voll!“

Warum ich eigentlich nicht selbst auf diese gute Idee gekommen war, weiß ich nicht. Es musste erst so ein Alltagspraktiker kommen, um mich auf diesen simplen Ausweg aufmerksam zu machen.

Mit den Zementsäcken war beim Transport und beim Abladen nicht zimperlich umgegangen worden. Die Papierhüllen waren bei vielen beschädigt worden, und ein Teil des Zements war schon ausgeflossen.

Ich ließ mir den guten Rat meines freundlichen Kameraden nicht zweimal sagen und griff jetzt nur noch nach den halbgefüllten Säcken. So unauffällig und gut machte ich meine Sache, dass vorerst dem wachsamen Auge des Unteroffiziers Huhn meine Täuschung entging. Aber etwas geschah nun auch, was ich als unerfahrener Bauhilfsarbeiter nicht wissen konnte: Eine dichte Zementspur verfolgte mich auf allen meinen Wegen und ständig umhüllte mich eine Wolke von Zementstaub.

Der Mann auf der Betonmaschine merkte sofort meinen kleinen Betrug und grinste:

„Ein echter Soldat muss sich immer zu helfen wissen!"

Er grinste mich aber nicht nur wegen meiner List, sondern noch mehr, was ich im Augenblick noch nicht wusste, wegen meines Aussehens an. Der Schweiß meines Gesichtes hatte sich mit dem Betonstaub zu einem mehligen Brei vermischt, der mein ganzes Gesicht bedeckte und aus dem nur noch meine Augen hervorlugten. Meine Uniform war ebenso weiß von Betonstaub überzogen. Ich glich mehr einem Müllergesellen als einem Bausoldaten im Kriege. Meine äußere Verwandlung, die mir allmählich auch bewusst wurde, fing mir bald an Sorgen zu bereiten. Der Unteroffizier grinste mich unausgesetzt an. Aber er ließ alles laufen, da ich ja unverdrossen meine Pflicht tat.

Schließlich trat noch etwas ein, womit ich zuallerletzt gerechnet hätte. Jemand klopfte mir plötzlich auf die Schulter, als ich mich wieder einmal auf dem Wege zur Betonmaschine mit einem halbgefüllten Sack befand. Ich blickte mich neugierig um. Der Unteroffizier konnte es nicht gewesen sein, so überlegte ich, denn der stand ja wie ein kleiner Herrgott und mit den Argusaugen eines Feldherrn neben der ratternden Betonmaschine und verfolgte von seinem erhöhten Standort aus aufmerksam alles Leben und Treiben auf der Baustelle.

Aber schon im nächsten Augenblick wusste ich, wer mir unauffällig auf die Schulter geklopft hatte. Ich sah mitten in das lachende Gesicht meines Hauptmanns. Sein Kommen hatte ich vor lauter „Betrugseifer" gar nicht bemerkt. Er schien hinter mir zu stehen wie die strafende Gerechtigkeit. Aber weshalb musste er dabei so lachen? Ich war verwirrt, als er lachend und kopfschüttelnd sagte:

„Morgen früh melden Sie sich einmal bei mir!"

Kein Wort mehr und er war sofort wieder gegangen. Noch nicht einmal mit Unteroffizier Huhn hatte er gesprochen.

Dem Unteroffizier Huhn war die kleine Szene zwischen mir und dem Hauptmann nicht entgangen Und jetzt glaubte ich sogar zu bemerken, dass er mich nicht mehr so schadenfroh und zynisch ansah, sondern etwas versöhnlicher zu mir hinblickte. Aber mir war nicht wohl zumute.

„Hatte der Hauptmann meinen kleinen Betrug bemerkt? Wird er mich bestrafen?"

So nahm ich wieder wie zuerst nur die gefüllten Zementsäcke auf, obwohl sie mir jetzt noch schwerer auf dem Buckel lasteten als vordem. Nur noch einen Wunsch hatte ich:

„Fort von dieser Arbeitsstelle!"

Aber es blieb mir im Augenblick nichts anderes übrig, als weiter zu machen. Es musste bis zum bitteren Ende durchgehalten werden.

Der Spätnachmittag brachte endlich die ersehnte Befreiung. Der Pfiff des Unteroffiziers Huhn kündigte für heute das Ende der Arbeit an. Noch nie in meinem Leben hatte ich so sehnsüchtig auf dieses Zeichen gewartet! Oder vielleicht doch das Klingelzeichen einer sehr unliebsamen Unterrichtsstunde in meiner Jugendzeit?

Voller Freude kletterte ich mit den anderen Arbeitskameraden auf den Lastwagen, der uns wieder zu unseren Quartieren bringen sollte. Die Rückfahrt mit ihren vielen unangenehmen Stößen und dem kräftigen Rütteln, alles das störte mich jetzt nicht mehr. Nur das kleine Glücksgefühl beherrschte mich: Für heute ist dieses Martyrium beendet.

Als ich meine Abendsuppe essen und mich dabei an den Tisch setzen wollte, fühlte ich den Arbeitstag in meinem lahmen Rücken.

„Morgen werden alle diese Misshelligkeiten wieder verschwunden sein, und was dann kommt, das steht noch in den Sternen geschrieben.", dachte ich. Aber ach, o weh! Auch die ganze Nacht über schmerzte mein Rücken, und als ich mich am nächsten Morgen aus meinem Bette erhob, stellte ich fest, dass sich meine Wehwehchen in einen richtigen Muskelkater verwandelt hatten. Meine Arme und Beine fühlten sich so schwer an wie Blei. Erst als ich auf den Beinen stand und mir ein Kamerad einen leichten Rippenstoß versetzte, ging es mir etwas besser. Doch mein Gang war immer noch schwerfällig. Ich hinkte mehr als ich ging.

„Sollte ich in einem solchen Zustand wieder Zementsäcke schleppen?“, fragte ich mich besorgt. Mich bedrückte aber noch mehr der Gedanke an die bevorstehende Unterredung mit dem Hauptmann.

„Melden Sie sich morgen früh bei mir!“, hatte er mir befohlen.

In der Regel fing ein derartiges „Interview“ mit dem Kompaniechef mit einem großen Donnerwetter an. In meinem Falle würde es aller Voraussicht nach so enden:

„Hiermit ordne ich zur Auffrischung Ihres ramponierten Gewissens für Sie drei Tage Arrest an! Ein Soldat muss wissen, dass man mit dem kostbaren deutschen Heeresgut kein Schindluder treibt!“

Auf der Arbeitsstelle stand ich dann in Reih und Glied und wartete auf den Hauptmann. Dann hörte ich seine raschen Schritte aus unmittelbarer Nähe, und jetzt stand er mir Aug in Aug gegenüber. Ich sprach:

„Herr Hauptmann haben befohlen, mich heute Morgen bei Ihnen zu melden!“

Er blickte mich einen Augenblick lang durchdringend an, aber ich bemerkte sogleich, wie ein kleines Lächeln seine Mundwinkel umspielte.

„Gut, dass Sie sich gemeldet haben!“

Das fängt gut an, dachte ich insgeheim.

„Na, wissen Sie“, fuhr er fort, „die Zementschlepperei ist wohl nicht das Richtige für Sie. Ich sehe das ein und habe für Sie einen besseren Posten. Auf Stützpunkt 29 ist für längere Zeit ein geeigneter Wachmann von Nöten. Sie scheinen mir der richtige Mann dafür zu sein. Ein Haufen französischer Zivilisten muss dort Ausschachtungsarbeiten verrichten, und es ist gut, wenn jemand von uns ständig dabei ist. Zweckmäßigerweise setzen Sie sich vorher mit dem Leiter des Stützpunktes in Verbindung. Der Weg dorthin ist ziemlich weit. Ich glaube Lastwagen II kommt dort regelmäßig morgens und abends vorbei. Am besten sprechen Sie einmal mit dem Fahrer. Haben Sie alles verstanden?“

Am liebsten hätte ich, statt des „Jawohl!“, einen Luftsprung gemacht. Was jetzt kommen würde, konnte nie so schlimm sein, wie das von gestern. Der Hauptmann sprach von einem Wachmann für französische Zivilarbeiter. Ich nahm mir schon in diesem Augenblick vor, kein „Sklavenhalter“ zu werden. Ich hatte nicht den Ehrgeiz, dem Unteroffizier Huhn nachzueifern.

## MIT FRANZOSEN AUF DER 2. BAUSTELLE

Wir verließen Pontaillac in nördlicher Richtung. Auf einer Anhöhe begannen die großen Waldungen von La Coubre. Dort, wo die letzten Siedlungen von Pontaillac lagen, befand sich der Stützpunkt 29. Von der hohen, kreidefelsigen Küste konnte man von hier direkt aufs „blaue" Meer schauen.

Über den Stützpunkt 29 hatte ich keine konkrete Vorstellung. Der Fahrer hielt und sagte:

„Der Weg zur linken, einige hundert Meter geradeaus, und sie sind im Stützpunkt 29."

Bevor ich meinen Weg aufnahm, begrüßte mich ein weißes Schild, welches mir beim ersten Anblick ein leichtes Gruseln einjagte:

***Achtung Minen!***

Gekennzeichnet war das Schild mit einem Totenkopf und zwei gekreuzten Knochen.

Nichts gab es hinter diesem Schild als spierigen, niedrigen Buschwald, der zur rechten Seite in einen Forst mit hohen Kieferstämmen überging. In diesem Walde wird wohl überall der Tod lauern. Ich hatte von den Tellerminen gehört, die schon bei der leichtesten Berührung in die Luft gingen. Der Zweck dieser Minen hier ist wahrscheinlich, einem an der nahen Küste landenden Feind ein erstes Hindernis zu bieten und gleichzeitig ein Umgehen des Stützpunktes zu verhindern.

Ich verfolgte den angegebenen breiten Weg und gelangte schließlich auf einen Platz, auf dem eine große Baracke stand mit dem Schild:

***Mannschaftskantine***

Zwischen den hohen Kieferstämmen lagen zwei oder drei Bunker.

„Ist das Stützpunkt 29?",

fragte ich einen vor der Kantine stehenden Gefreiten.

„Wie Sie sehen!", erwiderte er. „Sind Sie vielleicht der Mann, der die französischen Zivilarbeiter mit beaufsichtigen soll?"

Ich nickte bejahend.

„Dann wünsche ich Ihnen viel Vergnügen! Unser ‚Alter' wird mit dem fremden Volk nicht fertig. Er hat daher einen geeigneten Wachmann angefordert." Nun kannte ich den ganzen Sachverhalt.

„Wo ist denn Euer Alter'?", fragte ich nunmehr den Gefreiten.

„In der Kantine."

Der Kommandant des kleinen Stützpunktes, ein Feldwebel, riet mir klugerweise, mein Gewehr in der Kantine zu lassen und nur mit einer Schaufel bewaffnet meinen Wachdienst anzutreten. Die Franzosen hier seien sehr empfindlicher Natur. Man könnte nicht mit ihnen umgehen wie ein Offizier mit seiner Gruppe und käme mit ihnen nur zurecht, wenn man nicht der plumpe Antreiber wäre.

Ich näherte mich daher der Baugrube den Anweisungen des Feldwebels entsprechend nur mit einer Schaufel „bewaffnet" und sah den kommenden Dingen mit einer gewissen Neugier entgegen. Schon der erste Mann, auf den ich stieß, begrüßte mich mit einem lauten

„Hallo!"

Und als ich mich an der Grube selbst befand, riefen mir ein halbes Dutzend Leute das gleiche „Hallo!" zu. Wie kam ich zu der Ehre dieser freundlichen Begrüßung?

Dann ging mir ein Licht auf. Hier waren Männer, die ich am Sonntagabend in der Innenstadt von Royan kennengelernt hatte. Unter diesen Leuten waren auch der Bildhauer Charles Manet und der kleine Herr mit der großen spitzen Nase.

Nachdem ich alle, die ich bereits kannte, mit Handschlag begrüßt hatte, musste ich erst einmal von der großen Überraschung tief Luft holen. Die erste Schwierigkeit war also schon überwunden, ehe die Arbeit überhaupt begonnen hatte.

Die Männer, die sich hier betätigen mussten, führte die Anordnung irgendeiner französischen Behörde hierher, die Hand in Hand mit der deutschen Besatzungsmacht arbeitete. Das ganze System schien sehr geschickt ausgeklügelt zu sein. Wenn jemand der behördlichen Anordnung nicht nachkam, gab es wahrscheinlich überhaupt keine Arbeit mehr für ihn. Alles war außerdem raffiniert gekoppelt mit dem Entzug der Lebensmittelkarten, an die sich jedes persönliche Schicksal auf Gedeih und Verderb knüpfte. Jeder wusste, dass der Bau von betonierten Festungsstützpunkten eigentlich nur eine rein militärische Angelegenheit war. Aber alles war so miteinander verquickt, dass jeder in dem System mitmachen musste.

Die Frühstückspause nutzte ich zunächst einmal, um mit meinen neuen Arbeitskameraden in ein Gespräch zu kommen:

„Ich verstehe Ihre Zwangslage sehr gut. Im übrigen dürfte Ihnen bekannt sein, dass es in ganz Deutschland ebenso ist. Wir müssen uns sozusagen mit dem gleichen Los abfinden, auch ich, der ich viel lieber etwas anderes tun möchte. Aber ich glaube, wir haben die Gestaltung unseres Schicksals doch noch etwas in unserer Hand. Ich meine, wenn wir es richtig anfangen, dann brauchen wir uns gar nicht sonderlich abzuschuften. Besonders haben wir auf unsere alten Männer zu achten und auf die Leute, die diese schwere Arbeit nicht gewöhnt sind. Je bequemer wir uns diese Arbeit einrichten, umso besser. Die Zigaretten- und Pfeifenpausen sind in unsere Arbeit mit einbezogen. Nur dürfen wir dabei nicht auffallen, denn die von „Oben" können uns mehr ärgern als wir sie."

Meine Worte fanden allgemeine Zustimmung. Einige Männer sagten dazu humorvoll schmunzelnd:

„Am besten hätten wir uns ein Chaiselongue und ein Weinfässchen mitgebracht und sie auf unserem Arbeitsplatz aufgestellt!"

„Mir soll's recht sein, falls der Transport der Chaiselongue und des Weinfässchens nicht doch zu viel Mühe bereiten sollte. Vielleicht ist die Arbeit, die wir hier verrichten, völlig sinnlos. Aber das geht mich nichts an."

Der kleine Herr mit der spitzen Nase meinte nun:

„Sogar die große chinesische Mauer ist inzwischen zum Museum geworden. Daneben wird sich vielleicht einmal der Atlantikwall wie ein lächerlicher Museumszweig ausnehmen."

Charles Manet wusste dazu auch einiges zu bemerken:

„Diese Wälle befinden sich in guter Gesellschaft mit anderen Wällen unserer kurzlebigen Zeitgeschichte. Der Limes der Römer sollte auch für alle Zeiten gelten. Die gepanzerte Linie unseres Herrn Maginot wurde doch unlängst zu einer überflüssigen Attrappe. Und was den Atlantikwall angeht, so hat er das amerikanische Kriegspotential noch zu verdauen. Ich wünsche ihm dazu einen gesegneten Appetit."

„Lieber nicht!", echote es überall.

Wir befanden uns jetzt mitten in der Kritik des politischen und militärischen Zeitgeschehens. Ein heikles Thema, ein heißes Eisen war es, das wir am besten nicht weiter anrührten. Ich zog mich daher diplomatisch aus der Schlinge:

„Sie können vielleicht recht haben. Aber ich bin kein Prophet und im übrigen auch kein Facharzt für eventuelle Magenkrankheiten."

Mehr durfte ich zu diesem heiklen Thema nicht sagen, denn ich konnte nicht wissen, ob sich nicht ein Spitzel unter diesen Leuten befand. Zum Schluss unterließ ich es aber nicht, noch eine Mahnung an alle zu richten:

„Sie wissen jetzt alle woran Sie sind. Wir haben ganz offen miteinander gesprochen. Also passen Sie immer gut auf, wenn sich ein militärischer Vorgesetzter von mir nähern sollte. Am besten tun Sie dann alle so, als ob diese Arbeit Ihnen einen Riesenspaß bereiten würde."

Der kleine Herr mit der spitzen Nase, Herr Maurois, hatte anschließend noch zu bemerken:

„Alles gut und schön, was Sie sagten. Aber Ihre Rechnung zieht nicht ganz bei unserem Monsieur Renard."

„Wer ist Monsieur Renard?", fragte ich Maurois.

„Ein ‚feiner Herr' ist dieser Monsieur Renard. Er ist hier unser ‚Führer', gekauft und bestellt, um uns überall zu bespitzeln und nach dem Rechten zu sehen!", antwortete er zynisch.

Er sagte das Wort „Führer" breit und betont, um gleichzeitig unserem „Großen Führer" einen Seitenhieb zu versetzen.

Die Arbeit war trotz aller Zigaretten- und sonstigen Verschnaufpausen gar nicht so leicht, wie ich es mir am Anfang vorgestellt hatte. Der zähe Kreideboden bereitete uns unvorhergesehene Schwierigkeiten. Es ging alles nur schleppend voran. Oft musste die Spitzhacke eingesetzt werden, denn die Schaufeln drangen nur schwer in das Geröll ein. Der Schluck aus der Weinflasche musste häufig Trost spenden. Die Männer, welche die Arbeit nicht gewohnt waren, konnten bald nicht mehr mit den anderen Schritt halten. Ich gestattete ihnen daher stillschweigend, sich zusätzlich ein halbes Stündchen auszuruhen.

Es dauerte nicht lange, und ich kannte von alle Leuten den Namen und den Beruf. Eine bunte Auslese der verschiedensten Berufe war hier vertreten: Bauarbeiter, Schreiner, Anstreicher, Schuster, Fabrikarbeiter, dann wieder Händler, Bauern, Dreher, Juristen ... Sogar ein Geologe war unter diesen Männern. Ebenso ging es altersmäßig durcheinander. Alt und Jung standen dicht beieinander.

Charles schien sich mir ganz angeschlossen zu haben. Er war hier gewissermaßen der Dolmetscher für alle und auch er warnte mich vor Renard:

„Trauen Sie diesem Burschen nicht, auch wenn er noch so liebenswürdig und freundlich tut. Der Mann ist in Royan bekannt wie ein bunter Hund. Sobald er etwas von Ihren freiheitlichen Anschauungen merkt, wüsste es am nächsten Tage schon die gesamte Gestapo. Er ist ein ganz rücksichtsloser und gemeiner Patron. Am besten komplimentieren Sie ihn so schnell wie möglich wieder fort, wenn er hier erscheinen sollte. Ich wundere mich eigentlich, dass er heute noch nicht da war."

Ich wusste noch nicht, was das Mittagessen bei den Franzosen, allgemein „Dejeuner" genannt, für meine buntscheckige Arbeitskolonne bedeutete. Es schien dem ersten Eindruck nach einen weihevollen, heiligen Akt darzustellen, bei dem man sich sehr viel Zeit nimmt. Sogar hier wichen die Franzosen nicht von ihrem gewohnten Brauch ab. Was hatte da nicht jeder einzelne an Fressalien mitgebracht! Die Mannigfaltigkeit der verschiedensten Speisen würde jeder Speisekarte eines Restaurants für Feinschmecker zur Ehre gereichen:

Gebackene Hähnchen und Kaninchen, Austern mit Knoblauchzwiebeln, die verschiedensten Gemüse und Früchte. Alles, was die reichhaltige Speisetafel dieses Landes an Erzeugnissen hervorbrachte, kam zum Vorschein. Der Wein war die Krönung jeder Mahlzeit. Die Weinflasche ging im Kreise herum.

Im Hinblick auf meine magere Mittagssuppe luden sie mich sofort zu ihrem Festessen ein, und ich nahm gerne Teil an diesem Mahl.

Eine seltsame Gesellschaft schmatzender und ständig schwätzender Menschen war hier beisammen. Alle Standes- und Besitzunterschiede waren verschwunden in der gemeinsamen Freude am Genuss.

Ein Mann aus diesem Kreis von Genießern fiel mir besonders ins Auge, Monsieur Jules Bonnet, ein Winzer aus einem entlegenen Dörfchen aus der Umgebung von Royan. Er besaß eine kräftige untersetzte Gestalt mit etwas derben Gesichtszügen. Aber aus seinem Antlitz funkelten ein paar blitzende Augen. Gleich ein halbes Dutzend Weinflaschen hatte er mitgebracht, die er nebst einem umfangreichen Essensvorrat in einer großen Tasche verstaut hatte.

„Sie gefallen mir!“, sprach er wiederholt zu mir hingewandt.

„Es gibt tatsächlich nicht nur finstere, sondern auch lächelnde deutsche Soldaten.“ Für den Sonntagnachmittag hatte er mich schon zum Besuch seines Weinkellers eingeladen.

Wie ich während dieser feuchtfröhlichen Mittagsrunde zu meinem Spitznamen kam, weiß ich eigentlich nicht mehr so richtig. Jeder redete mich plötzlich mit ***„Fernandel“*** an, und ich konnte mich dieser Namensgebung nicht erwehren. Vielleicht erinnerte ich durch meine Wesensart und mein Gebaren diese Leute etwas an diesen allen Franzosen gut bekannten Filmkomiker. Auch in dieser tristen Zeit wurden Filme mit ihm in ganz Frankreich gezeigt und alle Betrachter zum Lachen gebracht. Ich hatte diesen Filmschauspieler bisher noch in keinem Film gesehen und daher auch keine Vorstellung davon, was die Menschen an diesem Schauspieler reizte.

Nach dem Mittagessen nahmen wir pünktlich unsere Arbeit wieder auf. Die Julisonne schien jetzt stechend heiß vom wolkenlosen blauen Himmel, und der aufgewühlte Erdboden strahlte grell zurück. Die Männer zogen sich nun ihre Jacken aus, und ich ließ zu, dass sie sich nun häufiger eine Ruhepause gönnten.

Während unserer Arbeit trat auch zutage, dass der Kreideboden, in dem wir arbeiteten, viele geologische Geheimnisse barg. Spuren von tierischen Leben von vor einigen hunderttausend Jahren traten zutage. Der bei uns mitarbeitende Geologe, ein stiller und bescheidener Wissenschaftler, versuchte mir diese an einem Fund klarzumachen. Er zeigte mir ein weißes „Etwas“, welches wie ein Elefantenzahn oder wie ein großer Eberzahn aussah und sagte:

„Das hier ist eine Versteinerung eines riesigen Stachels des Polacanthus *(Dinosaurier, der vor 136-112 Millionen Jahren lebte )*, eines Ungeheuers, das am Körper mit großen Stacheln bedeckt war. Es lebte im ausgehenden Erdmittelalter.“

Ich kramte meine wenigen geologischen Erinnerungen aus meiner Schulzeit zusammen und stellte sogleich fest, dass ich von dieser Zeit das meiste vergessen hatte. Ich steckte die seltsame Versteinerung als Erinnerungsstück in meine Rocktasche und sagte für jedermann hörbar:

„Diese Zeit ist längs vorüber. Heute treiben andere schreckliche Ungetüme ihr Unwesen."

Ich wollte eigentlich noch einige passende Worte zu diesem Thema sagen, aber ein Mann aus unserer Arbeitskolonne legte warnend den Zeigefinger auf den geschlossenen Mund. Hatte sich ein unliebsamer Zuhörer in unsere Reihen eingeschlichen? Ich blickte mich deshalb besorgt nach allen Seiten um und bemerkte, dass sich von der Kantine her ein Zivilist näherte. Nach den am Vormittag gemachten Schilderungen konnte es sich nur um Monsieur Renard handeln.

Alle Leute beschäftigten sich auf einmal nur noch mit ihrer Arbeit und taten so, als gäbe es an dieser Arbeitsstelle einen Ehrenpreis zu verdienen. Im übrigen verhielten sich alle so, als sei der angekommene Herr Luft für sie.

Der allgemeine Ruf eines Menschen ist oft besser oder schlechter als in Wirklichkeit. Daher sollte man sich auch auf die eigenen Augen verlassen. Monsieur Renard aber bezeugte in seiner körperlichen Leiblichkeit schon von weitem, dass die Visitenkarte, welche ihm die Leute hier ausgestellt hatten, richtig war.

Als er so vor mir stand, gab es für mich nicht den geringsten Zweifel daran, dass der allgemeine Leumund genau stimmte: Dieses süßliche Lächeln, diese zu sehr herausgestellte Pose, diese unsicheren und gleichzeitig stechenden Blicke aus seinen randlosen Brillengläsern. Alles deutete nach meiner Einschätzung bei ihm auf ein zweites, gemeines Gesicht hin, welches hinter dem glänzenden Äußeren lag. Und dieser stolzierende Gang! Dieser Mann würde von fast allen Menschen schnell als Schurke entlarvt werden.

Vor unserer Baustelle blieb er eine Weile stehen, um nach allen Seiten hin seine scheinbar wohlgefälligen Blicke und sein zuckersüßes Lächeln zu verschenken, um sodann befriedigt mit seinem Kopfe zu nicken. Doch niemand nahm hier von seinem Gehabe Notiz, und seine ganze Maskerade fiel ins Wasser. Kleidungsmäßig hatte er sich völlig unpassend herausgeputzt: Auf seinem Kopfe saß eine keck aufgesetzte Baskenmütze, und seinen Körper umschloss ein schicker blauer Maßanzug.

Ich tat so, als wüsste ich gar nichts von der Existenz dieses Herrn und als handele es sich um einen neugierigen Menschen, der an unserer Baustelle herumschnüffeln wollte. Wie ein Aufsichtsbeamter trat ich mit ernster Amtsmiene an ihn heran und fragte ihn kühl, was er hier wolle und ob er die Erlaubnis habe, sich hier aufzuhalten. Dann tat ich so, als müsse ich ihm den Zutritt zu diesem Arbeitsplatz verwehren.

„Oder besitzen Sie eine Sondererlaubnis des Festungskommandanten?", fragte ich ihn zum Schluss.

Ich hatte alles so laut gesprochen, dass es jedermann im weiten Umkreis verstehen konnte. Ich hatte das Gefühl, dass ich meine Rolle als Ordnungshüter überzeugend gespielt hatte. Aber Monsieur Renard blieb ganz ruhig, als habe er das schon von vorneherein erwartet und sei darüber gar nicht erstaunt. Er zog lächelnd mit nonchalanter Gewichtigkeit seinen Dienstausweis aus seiner Brieftasche, als habe er nun die Aufgabe, mich auf die besondere Bedeutung seiner Person aufmerksam zu machen.

Der vorgewiesene Dienstausweis war tatsächlich vom Festungskommandanten ausgestellt worden. Er bekundete, dass er, neben der Erlaubnis, die französischen Zivilarbeiter zu kontrollieren, auch das Recht besaß, eine Pistole zu tragen. Auf die Pistole wies er mit einem diskreten Handzeichen hin. Es war also schon ein unheimlicher Mann, der da vor mir stand. Er hatte nicht nur das Recht, diese Männer zu kontrollieren, sondern, falls erforderlich, auch auf sie zu schießen.

Danach sprach er leicht herablassend zu mir:

„Wir kennen uns leider noch nicht. Der Festungskommandant hat die Oberaufsicht über alle französischen Zivilarbeiter dieses Bezirks in meine Hände gelegt. Außerdem, was ich Sie noch fragen wollte: Sind Sie mit unseren Leuten zufrieden?"

Der Mann sprach ein äußerst gepflegtes Französisch. Er artikulierte jedes Wort mit einem gefühlvoll werbenden Unterton. Vor einem großen Auditorium würde er bestimmt einen großartigen Eindruck machen, wenn er nicht gleichzeitig dieses schleimige Bösewichtgesicht gehabt hätte.

Mir blieb nichts anderes übrig, als höflich zu den Worten dieses Mannes zu nicken. Ich sagte kurz und bündig:

„Ich bin mit diesen Leuten hier sehr zufrieden und habe nichts an ihnen auszusetzen!“ und ergriff sofort wieder meine Schippe, als hätte ich furchtbar viel zu tun. Ich ließ ihn einfach stehen. Monsieur Renard blieb daher gar nichts anderes übrig als wieder zu gehen, und die Franzosen lachten alle unauffällig hinter ihm her. Als er weit genug entfernt war, und er nichts mehr hören konnte, riefen alle mir zu:

„Bravo, merci beaucoup, Fernandel!“ *(„Bravo, vielen Dank, Fernandel!“)*

Ganz anders verlief der Besuch unseres Hauptmanns. Auch seine Ankunft teilten mir meine Arbeitskameraden früh genug mit.

Der Hauptmann besuchte jeden Tag alle Arbeitsstellen, um sich von dem Fortschritt der Arbeit zu überzeugen. Für seine Dienstfahrten benutzte er einen kleinen Pkw. Das Geräusch seines Wagens kündete sein Kommen immer schon rechzeitig an. Auch diesmal entging meinen Arbeitskollegen das kräftige Zuschlagen der Wagentür und das Geräusch von zwei schnell dahin schreitenden Stiefeln nicht. Es stolzierte kein Pfau heran, sondern ein kleiner, bescheidener Herr von etwa fünfzig Jahren mit einem energischen Gesichtsausdruck. Er machte eher den Eindruck eines biederen Handwerkers als eines standesbewussten Offiziers. Niemand nahm von der Anwesenheit des Hauptmanns besondere Notiz. Alle arbeiteten genauso weiter wie vorher. Ich tat so, als hätte ich vor lauter Arbeitseifer sein Kommen gar nicht bemerkt und schaufelte emsig weiter. Dass ich so mitten unter den französischen Arbeitern stand und genau so arbeitete wie diese, schien dem Hauptmann gut zu gefallen. So hatte er sich augenscheinlich auch meine Rolle gedacht. Als ich einen Augenblick lang verschnaufte und aufblickte, winkte er mich freundlich zu sich heran und fragte:

„Werden Sie mit den Leuten gut fertig?“

„Jawohl!“, entgegnete ich ihm. Was hätte ich ihm sonst sagen sollen?

„Dann habe ich ja den richtigen Mann gefunden! Machen Sie so weiter!“

Nachdem er noch einmal um die ganze Baustelle gegangen war und alles kritisch gemustert hatte, verschwand er sogleich wieder.

Ich hegte insgeheim den Verdacht, dass er über die geringe Qualität und Quantität der hier geleisteten Arbeit genau Bescheid wusste.

Wie schnell waren die Nachmittagsstunden verflossen! Es war nicht mehr die endlos sich dahinschleppende Qual des gestrigen Tages. Nur wenige Minuten trennten uns noch vom Feierabend. Einige Leute packten schon ihr Arbeitsgerät zusammen und brachten sie in den nahen Geräteschuppen.

Ich machte mich nach dem allgemeinen Aufbruch sofort auf den Weg zu der einige hundert Meter entfernten Landstraße, um dort auf die Ankunft des Lastwagens zu warten, der alle deutschen Soldaten, die auf seiner Route lagen, aufnahm. Aber auch die französischen Zivilisten, die keine andere Fahrgelegenheit hatten, nahm er mit. Die meisten französischen Zivilarbeiter benutzten für ihren Weg zur Baustelle ihre Fahrräder. Nur wenige gingen zu Fuß oder fuhren mit dem Lastwagen nach Hause.

Ich wartete schon über fünf Minuten auf den Lkw und bemerkte dann, wie ein junger Franzose, der mit uns zusammengearbeitet hatte, sich in meiner unmittelbaren Nähe an seinem Fahrrad zu schaffen machte. Plötzlich blickte mich dieser Mann scharf und durchdringend an. Ich fragte ihn daher beunruhigt, ob er etwas von mir wolle. Jetzt richtete er sich kerzengerade in die Höhe, warf sich in volle Position und sagte so giftig und herablassend, wie ein Mensch überhaupt nur sagen kann:

„Alle Deutschen sind Boches! Ihre psychologischen Tricks, mit denen Sie während der ganzen Arbeitszeit meine Kameraden bei guter Laune und bei der Arbeit halten, ziehen bei mir nicht. Das wollte ich Ihnen nur sagen!“

Danach setzte er sich unverzüglich auf sein Fahrrad und fuhr davon.

Monsieur Mère, der Mann mit dem dicken Pausbackengesicht und der ewig verträglichen Miene, war Zeuge der unschönen Szene. Er sagte:

„Monsieur Louis Noir ist ein glühender Deutschenhasser. Seinen Vater brachten sie in ein Konzentrationslager nach Deutschland und nun bürdet er allen Deutschen, denen er begegnet, dafür die Schuld auf.“

„Ja, dann kann ich verstehen, was diesen jungen Manne innerlich bewegt. Ein gutes Beispiel dafür, wie angetanes Unrecht immer nur wieder zu neuem Unrecht führt.“

Einige Minuten später nahm der lang ersehnte Transportwagen alle Wartenden auf.

Die nachfolgenden Arbeitstage glichen sich wie ein Ei dem anderen. Monsieur Renard ließ sich nicht wieder sehen. Louis Noir verhielt sich auf seinem Arbeitsplatz immer mäuschenstill. Ich tat so, als sei zwischen uns beiden nie etwas vorgefallen.

## LEUTNANT MÜLLER

Nach einiger Zeit bekam unsere Kompanie einen zweiten Offizier. Ein 45 jähriger Leutnant war uns von der höheren Dienststelle zur Entlastung zugeteilt worden. Offiziell stellte man uns den neuen Offizier nicht einmal vor, und auch der Kompaniechef hatte vorher sein Kommen mit keinem Wort angedeutet. Ich machte seine Bekanntschaft auf unangenehme Weise:

Ich ging wie gewohnt an einem schönen Spätsommernachmittag nach meiner Arbeit ganz sorglos über die Rue Fallaise, unsere Quartierstraße, froh darüber, dass nun wieder ein lästiger Arbeitstag hinter mir lag. Ich wollte den heutigen Abend nutzen, um mich am Strand der nahen, kleinen Bucht hinzusetzen und dort geruhsam dem Spiel der Meereswellen zuschauen. Da schallte plötzlich eine Stimme hinter mir her. Es war der tiefe Bass eines Mannes, den ich bisher noch nie gehört hatte. Ich schritt seelenruhig weiter, denn mir kam nicht in den Sinn, dass es mir hätte gelten können. Aber nun erklang der gleiche Bass:

„Mann, sind Sie schwerhörig? Kommen Sie einmal zurück!"

Und nun musste ich mich doch umschauen und erblickte das von Alkohol gerötete Gesicht eines Leutnants. Er schaute mich mit blinzelnden Augen an, hob seine rechte Hand in Brusthöhe, krümmte den Zeigefinger und deutete durch Hin- und Herbewegung dieses Fingers das bekannte Kommzeichen an. Ich blieb stehen und bequemte mich keiner Bewegung zu ihm hin. Und nun ertönte es:

„Wird's bald!"

So musste ich auf ihn zugehen. Als ich nun vor ihm stand, fiel mir auch meine große Unterlassungssünde ein, die ich soeben begangen hatte. Ich hatte in Gedanken verloren vergessen, ihn im Vorbeigehen vorschriftsmäßig zu grüßen. Er schrie mich wütend an:

„Mensch, zwanzig Schritte zurück und dann wieder an mir vorbei! Ich möchte doch wissen, ob Sie einem Leutnant noch einen respektvollen und anständigen Gruß erweisen können!“

Ich sagte nichts und ging zwanzig Schritte zurück, um dem Herrn Leutnant den von ihm abverlangten Gruß zu entbieten. Aber, o weh, mein Gruß fiel nicht vorschriftsmäßig aus! Ich grüßte ihn nicht schon drei Meter vorher, sondern erst als ich auf der gleichen Höhe mit ihm war und dann auch viel zu lässig.

„Mensch, ich werde Ihnen noch beibringen, wie man anständig grüßt! Noch einmal zurück und alles wiederholen!“

An den Fenstern der Quartierhäuser zeigten sich schon die lachenden Gesichter meiner Kameraden. Einer machte dem Leutnant hinter seinem Rücken eine lange Nase.

Aber da kam ganz zufällig, wie ein guter Geist, unser Hauptmann des Weges. Er erfasste, ehe ich mich zu einem neuen Versuch anschickte, sofort die ganze Situation. Ganz unauffällig zu dem Leutnant hingewandt sprach er:

„Lassen Sie diesen alten Mann doch in Ruhe!“

So blieb mir die letzte Grußübung erspart. Der Leutnant winkte ab und verschwand im Quartierhaus.

Aber die Angelegenheit hatte mich so erregt, dass ich nicht mehr imstande war, die ruhige und beschauliche Muße am Strande zu pflegen.

Überall verspürte man bald den Geist des neuen Leutnants. Er holte doppelt und dreifach nach, was unsere an und für sich sehr dienstbeflissenen Unteroffiziere in den letzten Wochen vielleicht versäumt hatten. Sogar der ansonsten freie Sonntagmorgen wurde von seinen „Dressurübungen“ nicht ausgenommen:

„Linksrum! Rechtsrum! Stillgestanden!“

Alles, was zum simplen Formaldienst gehörte, wurde immer wieder geübt. Zu diesen Übungen gehörten auch die ständigen Waffenappelle. Das 98-iger Gewehr wurde unter besonderer Anleitung des neuen Leutnants auf seinen tadellosen Zustand hin genau unter die Lupe genommen. Alles stand unter dem Motto: „Es muss etwas gefunden werden!“

Keine sonderlich angenehmen Gefühle beschlichen einen Soldaten, wenn ein Unteroffizier von Mann zu Mann schritt, und er wusste, dass nun bald er an die Reihe kommen würde und er alles über sich ergehen lassen musste. Der Unteroffizier ließ sich die einzelnen auseinandergenommenen Teile des Gewehrs zeigen, prüfte, ob alle gut durchgeölt waren, um dann schließlich durch den Lauf des Gewehrs zu schauen. Wehe, wenn…!

Mein Gewehr nahm der Leutnant Müller selbst in die Hand. Als er durch den Lauf meines Gewehrs geschaut hatte, sagte er kaltschnäuzig:

„Latrine! In zwei Stunden noch einmal vorzeigen!“

Das bedeutete, dass ich meinen Nachmittagsspaziergang erst zwei volle Stunden später würde aufnehmen können. Ich kochte vor Wut. Aber was nutzte die ganze Empörung! Vielen anderen Kameraden ging es genauso wie mir. Die ganze Zeit, die ich gestern Abend für die Reinigung meines Gewehrs verwandt hatte, war überflüssig gewesen. Ich hatte mein Gewehr sogar vorher noch einem versierten Kameraden gezeigt, und er hatte daran nichts mehr zu bemängeln gehabt.

Nach einiger Überlegung kam ich auf meinem Bettrand hockend zu dem Entschluss, mein Gewehr nicht mehr anzurühren:

„Möge kommen was da wolle!“, so trotzte ich.

Zwei Stunden später zeigte ich dem Leutnant mein Gewehr genau so, wie es vorher ausgesehen hatte. Wieder schaute er durch den Gewehrlauf. Aber diesmal sagte er:

„Sehen Sie, Sie können es auch besser!“

Der Leutnant hat freilich niemals erfahren, dass wir nachher über seine Worte schallend gelacht haben.

## IN EINEM WINZERKELLER UND DANACH
## (August 1943)

Ich konnte der freundlichen Einladung des Winzers zum Besuch seines Weinkellers nicht lange widerstehen.

Obwohl ich durch den unsinnigen Gewehrappell kostbare Stunden verloren hatte, machte ich mich mit dem Obergefreiten Rademacher, dem redseligen Manne aus Remscheid, noch auf den Weg in das entlegene Dörfchen.

Nur wenige armselige und altersgraue Bauernhäuser reihten sich in diesem Dorfe aneinander. Es schien, als ob hier die Zeit stehen geblieben sei. Doch der äußere Anschein trog. Zwar sah es auch im Inneren nach alten Zeiten aus. Aber die Menschen, die hier wohnten, waren so gegenwartsnah, aufgeschlossen, zufrieden, selbstbewusst und lebensfroh, dass sich schnell der anfänglich etwas störende Eindruck verwischte und wir uns wohl fühlten.

Mit offenen Armen empfing uns Bonnet. Seine Gastfreundschaft war ganz ungekünstelt, vielleicht ein bisschen zu burschikos. Sie war jedoch ohne die geringste Spur von leerer Höflichkeit. Sein Sinnen und Trachten war nur darauf gerichtet, uns Freude zu bereiten.

Wir nahmen an dem großen, braunen Küchentisch Platz. Unablässig umschwirrten uns seine beiden erwachsenen Töchter, die in Punkto Gastfreundlichkeit den Vater noch überboten. Die jüngste hieß Lisette, eine anmutige, vollschlanke brünette Landschönheit. Gegenüber Lisette fiel ihre ältere Schwester Josephine stark ab. Doch wir waren nicht sparsam mit unseren Komplimenten.

Der Winzer ließ uns vorerst mit seinen Töchtern allein, da er im Viehstall noch nicht zu entbehren war. Lisette und Josephine setzten sich ohne Scheu neben uns, und da mein Remscheider Kamerad sogleich Gefallen an der schönen Lisette fand, rückte er etwas näher an sie heran. Lisette erzählte uns, dass ihr Bräutigam fern in Deutschland weile. Diese Mitteilung machte den Remscheider Kameraden noch unternehmungslustiger, ja er empfand ihre Äußerung als eine Bestätigung dafür, bei ihr Anklang gefunden zu haben. Stürmisch fasste er sogleich nach ihrem üppigen Busen. Doch der Griff nach Lisettes Busen war ein Griff ins Leere. Blitzschnell hatte sich das Mädchen erhoben, war zur Tür gegangen, um ihm von dort aus eine Nase zu drehen und in das nächste Zimmer zu verschwinden. Ich sagte zu meinem enttäuschten Kameraden Rademacher: „Wie kann man nur sogleich mit der Tür ins Haus fallen!"

Kurz danach kam Vater Bonnet in unsere Stube zurück. Er setzte sich freundschaftlich neben mich, schlug mir mit seiner weit geöffneten Hand auf mein Bein und sprach:

„Dein Kamerad vergaß beim Obstpflücken zuerst einmal zu fragen, ob es auch gestattet sei. So etwas ist hier auf dem Land noch üblich. Lisette ist in dieser Beziehung sehr empfindlich."

Ich musste herzhaft über die Worte des Winzers lachen, verriet aber Rademacher kein Wort davon, um ihn nicht zu verärgern.

„So", sprach Bonnet, „nun kommt ihr beide mit in meinen großen Weinkeller."

Gespannt harrten wir nun der Dinge, die da kommen würden.

Weinkeller? Ich verband mit diesem Begriff etwas Romantisches und besonders Anziehendes. Im Geiste erblickte ich ein in Halbdunkel gehülltes Gewölbe, das nur durch das Licht einer Fackel erhellt wurde. Ferner sah ich in meiner Einbildung einen großen Steintisch, auf dem einige bis zum Rande gefüllte Weingläser standen. An einer Wand konnte man ein großes Weinfass erkennen.

Der Anblick des Raumes, in den wir nun geführt wurden, enttäuschte uns aber maßlos. Wir befanden uns in einem großen, langgestreckten Holzschuppen. Durch einige wenige, kleine Öffnungen floss spärlich das Tageslicht herein. Es gab nichts in dem Raum, was uns hätte erfreuen können.

Der Winzer forderte uns auf, auf einer alten wackligen Kiste platz zu nehmen. Wir warteten ungeduldig darauf, was er uns dann zu bieten hätte. Der freundliche Gastgeber nahm dann ein Wasserglas zur Hand und füllte es bei dem ersten Weinfass bis zum Rande. Zuerst reichte er es mir, dann meinem Freunde. Den Rest vom Glas trank er selbst aus. Beim Anblick des Wasserglases bemerkte ich, dass es eine schmutzige, undefinierbare Färbung hatte und wahrscheinlich seit langen Zeiten nicht gereinigt worden war. Auch schien es das einzige Glas im Raume zu sein. Der Vorgang des Trinkens wiederholte sich bei jedem Fasse. Dann fing die ganze Prozedur wieder von vorne an.

Rademacher bemerkte zu mir gewandt:

„Ich meine, unser Trinkglas und der Raum hier hätten schon vor vielen Jahren einmal gereinigt werden müssen."

Während er dies sagte, strich er die Spinnweben fort, die unmittelbar vor ihm an der Decke hingen und verscheuchte die Spinnen, die über die Kiste liefen, worauf wir saßen.

„Macht nichts!", erwiderte ich ihm. „ Einem geschenkten Gaul schaut

man nicht ins Maul! Die Leute hier wissen es nicht besser!"
Und zu meinem Gastgeber hingewandt sagte ich auf französisch:

„Ihr Wein verdient unser höchstes Lob, Herr Bonet! Wir werden niemals den Besuch in Ihrem Weinkeller vergessen."

Monsieur Bonnet nahm schmunzelnd mein Kompliment entgegen.

Wir gerieten allmählich in jene weinselige Stimmung, die uns bald vergessen ließ, dass wir uns in einem trübseligen und schmutzigen Holzverschlag befanden. Die altersgraue, triste Umgebung störte uns nicht mehr im geringsten.

Als wir einige Stunden später den Weinkeller wieder verließen und in die frische Luft hinaustraten, drehte sich alles in unserm Kopf im Kreise herum. Wir vermochten uns kaum noch auf den Beinen zu halten. Ein Glück nur, dass wir uns in einem Dorfe befanden, wo uns kein böses Dienstauge erspähen konnte!

Lisette hatte dem liebeshungrigen Rademacher den Griff nach ihrem Busen verziehen, denn sie führte nun diesen Mann, der besonders wacklig auf den Beinen stand, zu dem großen Tisch in die Küche. Hier goss sie uns beiden eine Tasse heißen Kaffee ein, der uns gut tat und wieder aufrichtete.

Doch als wir uns schon auf dem Heimweg befanden, schwankten wir noch wie zwei seekranke Matrosen. Wir nahmen uns auf unserem Rückweg viel Zeit.

Ausgerechnet kurz vor Royan liefen wir noch einem Feldgendarmen in die Arme.

„Aus Remscheid", sagte er zu Rademacher, als er sich seinen Wehrausweis ansah. „Wissen Sie, dass englische Bomber in der vergangenen Nacht Remscheid zur ‚Sau' gemacht haben. Unser Wehrmachtsbericht spricht von starken Gebäudeschäden und großen Verlusten an Menschenleben. Wenn das unsere Berichte schon schreiben, dann muss es wohl schlimm gewesen sein!"

Er hielt plötzlich in seiner Rede inne, denn er bemerkte die erschrokken, weit aufgerissenen Augen Rademachers, der ausrief:

„Meine Frau und meine beiden Kinder befinden sich wieder in Remscheid!"

Der Gendarm bemühte sich vergeblich, den ganz aus der Fassung geratenen Rademacher zu beschwichtigen. Er legte nun auch keinen Wert mehr auf die weitere Überprüfung unserer Papiere und ließ uns ungeschoren laufen.

Das weinselige Erlebnis lag mir noch am anderen Tage schwer in den Gliedern. Darüber hinaus blieb ausgerechnet an diesem Tag der Lastwagen aus, der uns nach der Arbeit mitzunehmen pflegte. So stampfte ich denn müde und verdrossen zu Fuß den weiten Weg zu meinem Quartier zurück. Es herrschte eine drückende Schwüle und die Schweißtropfen perlten mir von der Stirn. Außerdem hatte ich ein unerträgliches Durstgefühl. Dieser quälende Durst wollte mir auf dem ganzen Heimweg keine Ruhe geben. So bat ich dann kurz entschlossen vor der nächsten Haustür um einen Schluck Wasser.

Eine junge Frau öffnete mir die Tür des kleinen Landhauses. Ihr lebhafter freundlicher Blick gefiel mir. Sie führte mich in das Speisezimmer des Hauses, einen geschmackvoll eingerichteten Raum. Lächelnd reichte sie mir sodann das Gewünschte. Sie schaute mich aufmunternd an, als ich mit einem Schluck das ganze Glas leerte.

„Noch einen Schluck?“, fragte sie mich sodann freundlich und ging in die Küche, um das Glas wieder mit Wasser zu füllen.

Die junge Frau trug ein bunt kariertes Kleid mit einer kleinen weißen Schürze. Ihr hellblondes Haar hatte sie streng zurückgekämmt und ihre großen, stahlblauen Augen zwinkerten mir noch immer freundlich zu. Ich versuchte ein ungezwungenes Gespräch anzuknüpfen.

„Ihr Mann wird sicher kein Verständnis dafür haben, dass ich so ungebeten in sein Haus eindringe.“

Sie lächelte etwas verlegen und antwortete dann: „Gewiss nicht. Aber auch Sie sind ein Mensch, auch wenn…“

Sie lächelte wieder verlegen, und ich sagte:„Sie wollten sicher sagen, auch wenn Sie eine deutsche Uniform tragen.“

Sie nickte und sprach: „So ist es auch wieder nicht. Das Uniformtuch tut es nicht. Auch mein Mann ist Soldat und trägt eine Uniform. Die Uniform hat ganz bestimmt mit unserm Charakter nichts zu tun.“

„Ich danke Ihnen für Ihr Verständnis. Die Uniform allein tut es nicht. Es gibt Männer, die wider ihren Willen Soldaten sein müssen, wie ich."

„Mein Mann nicht. Er ist in Afrika und wartet sehnsüchtig darauf, dass er hier mithelfen kann, um unser Land zu befreien", erwiderte sie.

„Dann könnte es vielleicht passieren, was das Schicksal verhüten möge, dass wir uns Auge in Auge gegenüberstehen."

Sie machte nun ein sehr ernstes Gesicht und sprach:

„So habe ich das nicht gemeint. Ich wollte eigentlich nur sagen, dass mein Mann mit Leib und Seele Soldat ist, im fernen Afrika weilt und ich ihn sehnsüchtig erwarte."

„Einsam?", fragte ich sie nun mit gedämpfter Stimme. Sie nickte.

„Meine Mutter hilft mir ständig, über meine leeren Stunden hinwegzukommen."

Tränen standen ihr plötzlich in den Augen. Ich fühlte, wie Trauer ihr Gesicht überschattete. Ich schwieg. Worte würden niemals an ihre Gefühle heranreichen. Ich gab ihr zum Abschied die Hand und verließ das Haus voller Mitgefühl.

Mit etwas schwerem Herzen trottete ich weiter und erreichte eine halbe Stunde später die Stadt Royan. Ich hatte meine Katerstimmung noch nicht überwunden und zudem Kopfschmerzen bekommen.

„Einige Kopfschmerztabletten dürften dir jetzt gut tun", dachte ich und trat in die nahe Apotheke ein. Eine Frau bediente mich. Ich fragte sie:

„Können Sie mir ein Mittel gegen Kopfschmerzen empfehlen? Ich habe gestern zu tief ins Weinglas geschaut." Sie lachte und sagte:

„Das soll hin und wieder vorkommen! Ich empfehle Ihnen das deutsche Wundermittel Aspirin."

Sie gab mir das Medikament mit den Worten: „Eigentlich kann ich mich gar nicht täuschen. Ihre Visitenkarte ist unverwechselbar. Mein Mann hat schon so viel über sie erzählt, dass ich Sie sofort erkennen musste, obwohl ich Sie persönlich noch gar nicht kenne."

„Es wäre mir ein großes Vergnügen zu erfahren, wer Sie sind!"

„Ich bin die Frau von Charles Manet, mit dem Sie zusammenarbeiten."

Freundlich drückte ich ihr nun die Hand und entgegnete:

„Ich glaube, das Schicksal hat nicht nur willkürliche Launen, sondern es gibt da auch ein System…“

„Man sollte es fast meinen“, erwiderte sie lachend. „Mein Mann sprach noch heute Morgen von Ihnen und sagte…“

Aber da brach sie schnell den noch nicht ganz vollendeten Satz ab. Sie begleitete mich noch bis zur Ladentüre und sagte mir zum Abschied:

„Ich muss es doch sagen. Eigentlich wollte ich gar nicht mit Ihnen darüber sprechen. Mein Mann erzählte mir heute Morgen, Sie wären nicht einer von den Boches, die unseren Kindern in den Bilderbüchern gezeigt würden. Sie wären so ein Mensch wie wir alle.“

Die beiden Frauen, die ich heute kennengelernt hatte, ähnelten sehr unseren deutschen Frauen. Es ist gar nicht wahr, was man bei uns zu Hause so über die unordentlichen Französinnen spricht. Sie haben ebenso viele gute Eigenschaften wie deutsche Frauen.

Jetzt kam es mir auch nicht mehr so unsinnig vor, dass der Gefreite Nordmann hier in Royan ein französisches Mädel liebt und es später unbedingt heiraten will.

# HILFEN IN HEIKLEN SITUATIONEN

Als ich mich einige Tage später zur gewohnten Stunde zum Stützpunkt 29 begeben wollte, trat der Hauptmann zu mir und sagte:

„Oberfeldwebel Biehling wird Ihnen fortan bei Ihrer Arbeit Gesellschaft leisten. Ihr Wagen fährt eine Stunde später ab!"

Diese Anordnung traf mich wie ein Blitz aus heiterem Himmel. Der Hauptmann grinste bei seinen Worten, und ich hatte das Gefühl, als habe er sich etwas Besonderes dabei gedacht. Mein Nebenmann, der Obergefreite Vogel, stieß mich in die Rippen, als der Hauptmann weg war und flüsterte mir zu:

„Mensch, ich wünsche Dir viel Vergnügen! Gestern Nachmittag noch hat unser Alter dem Biehling einige seiner Drachenzähne gezogen. Nun stellt er ihn aus Bequemlichkeit bei Dir ab."

„Was soll das heißen?", fragte ich etwas erschrocken zurück.

„Der Alte und Biehling vertragen sich wie Hund und Katze. Er mag den wilden Antreiber Biehling nicht leiden. Auf dem Landgut in seiner Heimat konnte er sich als Aufseher alles Mögliche mit den Landarbeitern erlauben, aber das kann er hier nicht machen. Ich sehe schwarz für Dich, mein Freund, wenn Du Dich mit ihm zusammentun musst!"

Es waren daher keine sonderlich angenehmen Gefühle, die mich auf meinem Weg zur Arbeitsstelle begleiteten. Vielleicht lag es auch daran, dass ich die vergangene Nacht sehr schlecht geschlafen hatte.

Doch schon eine Stunde nach Arbeitsbeginn standen wir uns, Biehling und ich, hart auf hart gegenüber, ein Oberfeldwebel und ein kleiner Oberpionier. Der Oberfeldwebel: breit, stämmig, mit rotem, fettem Gesicht und grauen, bösen Augen und ich: Oberpionier, vor Erregung zitternd, aber fest entschlossen, den Befehl des Feldwebels nicht auszuführen.

Um uns herum standen einige Dutzend französische Zivilisten und schauten gespannt dem Ausgang des Rededuells zu. Sie verstanden zwar kein Wort von dem, was der Feldwebel sagte, aber seine Gesten und drohenden Blicke waren eindeutig. Der Feldwebel wiederholte seinen Befehl: „Treten Sie diesen Leuten in den Hintern!"

Ich antwortete mit starrem Gesichtsausdruck, ohne mit einer Wimper zu zucken und mit meinen Händen vorschriftsmäßig an der Hosennaht:

„Ich verweigere, einen solchen Befehl durchzuführen. Ich bin mit den Arbeitsleistungen der Leute sehr zufrieden!"

„Ob Sie zufrieden sind oder nicht, das ist mir wurscht egal. Für mich ist feststehend: Diese Leute da sind Tagediebe und Faulenzer!"

Dann brach er in schallendes Gelächter aus und stemmte kraftstrotzend seine beiden Hände in die Hüften.

„Mensch, das nennen Sie Arbeit! Sie kleine Wurst da wollen sich hier ein Urteil erlauben! Marsch, marsch, an die Betonmaschine, damit Sie erst selbst einmal richtig die Arbeit kennenlernen!"

Ich begab mich sofort stillschweigend zur Betonmaschine. Qualvoll drückten mich nun wieder die Zementsäcke. Ich war erfüllt von einer sinnlosen Wut über meine Ohnmacht gegenüber diesem anmaßenden Manne. Der Feldwebel wollte mir nur seine Macht zeigen. Wusste er wirklich nicht, dass man mit den französischen Arbeitern hier nicht so umspringen konnte? War ihm nicht bewusst, dass er nicht auf dem Landgut in seiner Heimat war, wo er als ein vom Gutsherrn wohlbestallter Antreiber Menschen mit Fußtritten traktieren konnte?

Von der Baugrube her lag mir ständig das mörderische Geschrei des Feldwebels in den Ohren. Aber dieses Geschrei berührte mich nicht mehr im geringsten. Ich dachte nur: Heute wird mich aller Voraussicht nach kein gütiger Hauptmann mehr von meiner Arbeit erlösen.

Auf einmal war es an der Baugrube ganz still geworden. Ich hörte nur noch wie jemand die Kantinentür ganz laut hinter sich zuknallte. Plötzlich stand mein Freund Charles lächelnd neben mir und sprach:

„Meine französischen Landsleute verweigern alle die Arbeit. Sie streckten sogar dem Suboffizier offen die Zunge heraus und sagten zu ihm: ‚Vache!' *(‚Mistkerl!')*. Er tobte noch eine Weile wie ein Wahnsinniger. Dann zog er es vor, sich in die Kantine zu verdrücken."

„Ich freue mich, dass Ihre Leute einen solchen Mut gezeigt haben! Meine Rolle hier ist aber ausgespielt, es sei denn, der Hauptmann würde anders entscheiden", erwiderte ich.

Dann packte ich mir wieder einen Zementsack auf den Rücken, und die alte Qual begann aufs Neue. Die Sonne brannte heute besonders heiß auf meinen Buckel. Bald war vor lauter Schweiß kein trockener Faden mehr an meiner Uniform. Dort drüben, wo die Franzosen hätten arbeiten müssen, herrschte immer noch eine gespenstige Stille.

Es war inzwischen schon elf Uhr geworden und ich begann, die Arbeitsminuten bis zur Mittagspause zu zählen. Dann hörte ich das mir bekannte Quietschen des Wagens unseres Hauptmanns dicht neben der Mannschaftsbaracke. Heute machte er schon am Vormittag seinen Dienstbesuch. Und dann stand er wie ein guter Geist vor mir, musterte mich vom Scheitel bis zur Sohle und sagte:

„Ei, was machen Sie denn da?"

„Zementschleppen", antwortete ich keuchend, indem ich meinen Zementsack von meinen Schultern warf.

Und dann ließ der Hauptmann seine Augen zu der Baugrube schweifen, dort wo die Franzosen noch immer müßig herumsaßen. Der lange, dunkelhaarige Jean ließ gerade aus einer Weinflasche den Wein in seinen halbgeöffneten Mund hineinträufeln und Pierre, der Fliesenleger, war gerade im Begriff, sich ein neues Pfeifchen anzustecken.

„Sie quälen sich hier so unsinnig ab, während Ihre Leute dort müßig herumsitzen. Was soll das alles bedeuten?"

Ich erzählte ihm, wie alles gekommen war.

„Pausen Sie erst einmal!", sagte darauf der Kompaniechef. „Gleich komme ich wieder zurück."

Er ging in die Kantine. Als er mit gerötetem Kopf heraustrat, wusste ich, was für den Feldwebel die Glocke geschlagen hatte. Der Hauptmann kam sofort zu mir und sagte:

„Verflixtes Teufelswerk! Gehen Sie zu den Franzosen und versuchen Sie, alles wieder ins alte Gleis zu bringen. Der Oberfeldwebel Biehling wird von mir anderswo eingesetzt!"

Es dauerte nicht lange und an unserer Baustelle herrschte wieder der alte Arbeitsfrieden.

Aber es kam bald wieder zu einer ebenso unangenehmen Begebenheit wegen Schrings:

Der Stabsgefreite Schrings war das „enfant terrible" *(„das schreckliche Kind")* der Kompanie. Der Hauptmann musste diesem Manne vieles nachsehen. Schrings führte schon lange vor dem Kriege bei der alten Reichswehr diesen Titel und hatte ihn sozusagen als ein Erbstück bei Ausbruch des Krieges in Hitlers Heer mit eingebracht. In den dienstfreien Stunden war dieser Mann meist betrunken. Ich liebte diesen Typ nicht, dem neben seiner Trunksucht die Robustheit und die Hemmungslosigkeit eines musterhaften Feldwebels nicht abging. Auch brachte er mir keine Sympathien entgegen und beobachtete mich immer mit argwöhnischen und gehässigen Augen. Es bedeutete für mich daher schon soviel wie ein kleines Unglück, seinem Wachkommando für 24 Stunden zugeteilt zu werden. Schon bei meiner „Wachvergatterung" fing alles recht seltsam an. Er eröffnete mir sofort, indem er mich dabei listig mit seinen versoffenen Äuglein anblinzelte:

„Sie haben die ganze Nacht Wache zu schieben! Eine Wachablösung kommt für Sie nicht in Frage. Zeigen Sie einmal, dass Sie ein ganzer Kerl sind!"

So schob ich denn unentwegt die ganze Nacht Wache und schritt die rue Falaise auf und ab, von der Stelle, wo sie in die breite Avenue einmündete bis dorthin, wo vor der kleinen Meeresbucht einige Laubbäume ihren grünen Bogen über die Straße spannten. Ich sah:

Die ersten Sterne schimmern und den Mond am Himmel glänzen. –
Die hell erleuchteten Fenster der eleganten Villa, in welcher sich die Messe der Offiziere befand, in der sie bis in die frühen Morgenstunden frohe Zechgelage hielten.–
Wie die letzten Lichter des vornehmen Golfhotels erlöschten und die Spätheimkehrer von ihren Liebchen zurückkehrten und sich in ihre Quartierhäuser schlichen.–
Und ich sah schließlich, wie der Morgen grau heraufdämmerte und ich mich noch immer müde über die Straße schleppte.

Die Müdigkeit übermannte mich so sehr, dass ich mich für einen Augenblick auf einer Bank in der Nähe unserer Kantine ausruhen musste. Ob ich ein wenig eingeschlummert war, weiß ich nicht, aber plötzlich stand wie ein böser Geist der Stabsgefreite Schrings im völlig berauschten Zustand vor mir und schrie mich an:

„Aufstehen! Sie haben sich nicht während der Wache auszuruhen!" Dann lachte er laut auf und hielt sich mit beiden Händen sein kleines

Bäuchlein fest. Es war dasselbe Gelächter, was ich vom Feldwebel Biehling her kannte. Eine Diskussion mit Schrings schien mir völlig sinnlos zu sein. Ich stand auf und zog müde weiter meine Wachrunden.

Sehnsüchtig wartete ich auf den Hauptmann, der zum Morgenappell erscheinen musste. Endlich sah ich, wie er von der Avenue her in unsere Straße einbog. Ich pflanzte mich vor ihm auf, berichtete kurz von den Schikanen Schrings und bat um Ablösung vom Wachdienst, da ich zum Umfallen müde sei. Der Hauptmann sprach, dabei gut gelaunt lächelnd:

„Gehen Sie in die Schreibstube und melden Sie sich sofort vom Wachdienst ab. Ich komme gleich nach und werde dazu meine schriftliche Bestätigung geben. Setzen Sie sodann Schrings von Ihrer Wachablösung in Kenntnis und pennen Sie sich dann meinetwegen aus!"

Der Stabsgefreite Schrings war sehr erstaunt, als ich mich vom Wachdienst abmeldete. Ich sagte nur:

„Anordnung des Hauptmanns!"

Man lernte rasch aus Selbsterhaltungstrieb den Umgang mit solchen Menschen und sich mit einer gewissen Kaltschnäuzigkeit gegen sie zu wehren.

***„Der Soldat am Atlantik"***, eine in Bordeaux erscheinende deutsche Soldatenzeitung war nach Auffassung des Armeekommandos „unsere beste politische Kost". Diese Auffassung aber hatte nur einen kleinen Haken. Die Zeitung wurde ebenso wenig ernst genommen, wie man noch die sonstigen weltanschaulichen „Überholungen" ernst nahm.

Als ich neulich auf der Latrine saß, fiel mir die letzte Nummer der besagten Armeezeitung in die Hände, die ein Anderer teilweise schon für andere Zwecke verwandt hatte. Über dem Leitsatz stand diesmal mit dicken, schwarzen Buchstaben:

*„Kinderreichtum oder nicht?"*

Der Verfasser des Aufsatzes, ein Oberleutnant, plädierte, wie sollte es auch anders sein, für Kinderreichtum, beziehungsweise für Kanonenfutter. Es war immer die gleiche Walze.

In der vorherigen Nummer war eine große Rede von Joseph Goebbels besprochen worden:

*„Stalin droht mit der zweiten Front! Ich sage Euch:*
*Sie sollen nur kommen!"*

# SIE SOLLEN NUR KOMMEN

Konnte man so großsprecherische Worte noch ernst nehmen? Am Tage darauf bekamen wir schon den Vorgeschmack davon, wie es aussieht, wenn sie kommen würden.

Am Morgen dieses Tages wurden wir ausnahmsweise nicht mit dem Lastwagen zu unseren Arbeitsstellen transportiert, sondern wir mussten in unserer vollen Kampfausrüstung antreten: Mit Stahlhelm, Gewehr, Handgranaten und Maschinengewehren. Es schien so, als zögen wir nun aus in den frisch fröhlichen Kampf. Nur hatten wir dabei das tröstliche Gefühl, dass es sich nur um eine Kampfübung handelte, damit wir nicht verlernten, im Ernstfalle mitkämpfen zu können. Es war kein begeisterter Kriegsgesang, der während des Übungsmarsches aus unseren Kehlen kam. Der Gesang war eher etwas müde und unlustig zu nennen, sodass es sogar dem sonst recht zahmen Feldwebel Eberlein auffiel, und er erzürnt ausrief:

„Schluss!“ Und dann:

„Dasselbe Lied etwas kräftiger und lauter noch einmal!“

Nach drei vergeblichen Versuchen klappte es endlich. Wir marschierten aus Pontaillac heraus in Richtung des Kirchdorfes Vaux, welches etwa drei Kilometer nordöstlich von Royan lag. An diesem schönen Frühsommertag hatte die Natur ihr bestes Kleid angezogen. In den Vorgärten der zahlreichen Landhäuser blühten in verschwenderischer Fülle die Blumen. Wir marschierten dann durch ein grünes Wiesental, das rechts und links von anmutigen niedrigen Höhen begleitet wurde. Wir wussten bisher nicht, dass die unmittelbare Umgebung von Royan so schön war!

Vaux war ein unscheinbares Kirchdorf, das sich von den anderen Dörfern dieser Landschaft kaum unterschied. Es besaß ein kleines Schloss, welches wahrscheinlich in der Feudalzeit erbaut worden war, in der Monsieur le Comte noch absolut das Schicksal der Dorfbewohner gelenkt hatte.

Vor diesem Schlösschen machten wir halt und nutzten die Gelegenheit, einmal aus nächster Nähe neugierig durch die hohen Fenster des Gebäudes in die geschmackvoll im Empirestil ausgestatteten Räume zu gucken.

Nach einer kurzen Wartezeit wurde unsere Kompanie in langer Reihe auseinandergezogen. Sodann mussten wir einige hundert Meter vorrükken, bis wir vor einem langen Schützengraben standen, welchen unsere Kameraden einige Wochen zuvor ausgehoben hatten. Der Schützengraben durchschnitt den Schlosspark und den anschließenden Friedhof.

In diesem Graben mussten wir Platz nehmen und einige Maschinengewehre aufstellen. Dann kam der Hauptmann und sagte:

„Diese Stellung müsst ihr im Alarmfalle besetzen. Das ist unsere zweite Verteidigungslinie, falls die Küstenlinie überrannt werden sollte."

Wir waren alle über die Worte des Hauptmanns bedrückt. Jemand flüsterte neben mir:

„Heller Wahnsinn! Nur einige aktive Infanteriebataillone liegen von der Mündung der Seudre bis Cozes. Das sind etwa 30 Kilometer. Und dann gibt es noch einige schwache Stützpunkte an der Küste. Nur das Panzerwerk II und La Coubre besitzen schwere Artillerie. Ich wette, schon in einer halben Stunde ist die Küstenfront überrannt und nach weiteren zehn Minuten haben wir uns schon alle in Staub und Asche aufgelöst."

Etwas besorgt zogen wir alle zu unseren Quartieren zurück: Sie sollten besser nicht kommen!

Über das, was wirklich an den Kampffronten vor sich ging, verriet uns der *„Soldat am Atlantik"* nur recht wenig. Und auch die anderen Zeitungen teilten nur mit, was der Herr Propagandaminister für nützlich und erforderlich hielt. Jeder deutsche Soldat, der etwas darüber hinaus wissen wollte, tappte im Ungewissen oder musste versuchen, zwischen den Zeilen zu lesen. Ich fand zufällig eine ausgezeichnete Nachrichtenquelle:

Als ich am Sonntagnachmittag in der Nähe des Soldatenheims in Pontaillac in die kleine Meeresbucht schaute und dem Spiel der heranrollenden und wieder auslaufenden Meereswellen zusah, tippte mich jemand ganz leicht mit seinem Zeigefinger auf die Schulter. Ich blickte mich um und schaute Gaston, einem Mitarbeiter vom Stützpunkt 29, in das lachende Gesicht.

„Gaston, ach, Du bist es!", sagte ich.

„Fernandel!", erwiderte lächelnd der Mann, „Langeweile?"

„Ein wenig vielleicht. Ich lauere hier darauf, ob nicht die Meereswellen mir eine gute Nachricht von drüben aus Amerika bringen!"

„Lass Dir dabei die Zeit nicht zu lange werden! Am besten wird es sein, Du hörst mit mir zusammen die Radiowellen von ‚Drüben' ab."

Ich begleitete nun Gaston in seine kleine, nahe Wohnung, und er schaltete sofort einen Radioapparat auf die richtige Wellenlänge ein.

Nun hörte ich abends öfters den amerikanischen und englischen Nachrichtendienst gemeinsam mit Gaston und wir konnten erfahren, was auf den Kriegsschauplätzen passierte. Die Wahrheit war meist für uns Deutsche sehr bitter. Gaston meinte etwas sarkastisch dazu:

„Ihr gewinnt die Schlachten und wir den Krieg. Aber wir beide, Du Fernandel und ich, wir führen keinen Krieg miteinander."

Durch ein ganz besonderes Ereignis wurde auch hier in Royan die hoffnungslose Lage für die Deutschen recht deutlich gemacht: Wir waren alle bereits etwas zu sorglos geworden. Wir hatten das Bewusstsein, hier in einem verhältnismäßig „ruhigen Hafen" gelandet zu sein und trugen uns insgeheim mit dem Gedanken, in dieser schönen Stadt seelenruhig das Kriegsende abwarten zu können. Die äußeren Anzeichen sprachen dafür, dass hier alles friedlich abgehen könnte.

Ein schriller, dissonanter Zwischenton riss uns jedoch plötzlich aus dieser Scheinruhe. Zuerst war es nur ein Gerücht. Dann wurde es für alle jüngeren Männer unserer Kompanie schon zur Gewissheit.

„Alle Reserveeinheiten und Baukompanien, die an der Westküste Frankreichs stationiert sind, werden nach Ersatz für die Ostfront durchgekämmt. Junge, kampffähige Männer werden gesucht!"

Die Bestätigung der Hiobsbotschaft ließ nicht lange auf sich warten. Der Hauptmann, welcher wie gewöhnlich in den ersten Vormittagsstunden in seiner Schreibstube saß, las:

„Alle Männer der Jahrgänge... sind mir umgehend zu melden!" Es handelte sich um Männer, die das vierzigste Lebensjahr noch nicht erreicht hatten.

„Will man die großen Lücken wieder ausfüllen, die Stalingrad gerissen hatte? Die Ostfront war ein riesiger Schmelztiegel, der alles bis zur letzten Schlacke auszubrennen schien."

Unser Kompanieführer blickte, wie jeder verantwortungsbewusste deutsche Mann, besorgt in die Zukunft. Er sprach deshalb zu seinem Schreiber: „Wie soll das hier weitergehen, wenn man mir die ‚guten Pferde' aus dem Stall holt?"

Sogleich ließ er den Schreiber die Namensliste der betroffenen Leute zusammenstellen, damit sie mit der nächsten Post abgehen konnte. Gestern Nachmittag traf schon die Nachricht von der Abordnung dieser jungen Männer bei der Geschäftsstelle unserer Kompanie ein. Keiner wurde ausgelassen:

„Der Obergefreite Wilhelm Viebahn, der Obergefreite Konrad Kocher, der Gefreite Wilhelm Müller III..."

Schon heute Morgen rückten alle feldmarschmäßig ausgerüstet zum Bahnhof ab. Nicht einmal ein Kurzurlaub in die Heimat oder ein Ruhetag wurde ihnen gewährt.

Der Atlantikwall wuchs entlang der ganzen Küste von Royan. Und um die Stadt herum buddelten und bauten die Baupioniere. Es entstand nichts Grandioses. Alles erschien recht kümmerlich gemessen an der Schlagkraft moderner Waffen. Nur leichte Panzerwerke bauten wir, in denen höchstens schwere Maschinengewehre installiert werden konnten. Ebenso boten die überalterten Jahrgänge der Royaner Besatzungsstreitkräfte keine Gewähr für große Kampfkraft. Die jungen Jahrgänge standen an den Fronten, wo man wirklich kämpfte.

Mein Freund Charles verfolgte den Gang der Ereignisse mit brennender Aufmerksamkeit.

„Gnade Gott, wenn es zu einer Invasion in Frankreich kommen sollte!", vertraute er mir vor einigen Tagen an. „Ein Kampf hier in Royan würde den Untergang dieser schönen Stadt bedeuten."

Ich versuchte, seine Sorgen etwas zu beschwichtigen, denn ich glaubte nicht daran, dass der entscheidende Schlag in Royan fallen würde.

Die Stadt Royan war mir nun nicht mehr ein Buch mit sieben Siegeln. Sie gab mir in meinen Feierabendstunden ihre Schönheit, ihren sinnlichen Zauber immer wieder preis, ohne zu langweilen. Der erste Eindruck von dieser Stadt verblasste nicht. Die breiten, schattigen Promenaden der Stadt spendeten erfrischende Kühle, wenn abends der heiße

Tag noch nicht weichen wollte. In den Restaurants am Strande ließ es sich bei einer guten Flasche „Royaner“ behaglich sitzen. Ich schaute dann oft zur Gironde hinaus. Das Spiel der Wellen verlor sich in der großen, weiten Bucht. Nur wenige weißgekrönte Wellen drangen leicht beschwingt bis ans nahe Ufer.

Royan besaß manche geheimnisvolle malerische Winkel, in denen man still diese unruhige Zeit verträumen konnte.

Auf leicht gebauten Holzkarren hielten Obsthändler die dicken, saftigen Pfirsiche und die duftenden Trauben der diesjährigen Ernte feil.

Meine neu gewonnenen Freunde und Arbeitskollegen scheuten sich nicht, mir auf der Straße oder in den öffentlichen Gaststätten freimütig die Hände zu schütteln und zu fragen:

„Fernandel, un coup?“ *(„Fernandel, auf einen Schluck?“)*

## VORGESETZTE UND KAMERADEN

Um das Recht auf „Selbstbesinnung“ ging es heute Mittag bei einem hitzigen Gespräch zwischen mir und dem Unteroffizier Hochmüller. Hochmüller erklärte mir:

„Mensch, wo kämen wir hin, wenn Hinz und Kunz sich die Freiheit nehmen würden, über die wohlweißlichen Maßnahmen von ‚Oben‘ nachzudenken und sich in diesen kriegerischen Zeiten noch Sonderspaziergänge erlauben würden?“

Ich widersprach und geriet dabei etwas zu sehr in Eifer, doch konnte ihn nicht davon überzeugen, dass Selbstbesinnung und Nachdenken wichtig und selbstverständlich waren und auch ein Soldat das Recht darauf hatte.

Noch am Spätnachmittag des gleichen Tages nahm ich mir das Recht auf „Selbstbesinnung“. In einen stillen, grünen Winkel des Wäldchens Bellamy, welches in unmittelbarer Nähe unserer Quartierhäuser lag, hatte ich mich zurückgezogen. Ich ließ alles noch einmal im Geiste Revue passieren, was mich irgendwie und irgendwo in den letzten Wochen zum Nachdenken angespornt , bewegt, erregt oder erschüttert hatte. Ich dachte an alle „lieben Nächsten", an Müller, Schrings, Biehling….. .

Und dann an den Unteroffizier, den man in der Kompanie den „Tiger von Eschnapur" nannte. Man erkannte ihn sofort an seinen glänzenden, schwarzen Augen, an seiner affenartigen Geschicklichkeit und an seiner Vorliebe, lauernd irgendwo im Hintergrund zu stehen, ohne selbst gesehen zu werden. Seinem Auge entging nichts: Ob die Stiefel vorschriftsmäßig glänzten, ob die Uniformhose beim Sonntagsausgang auch eine Bügelfalte hatte, ob der Marschschritt beim Marschieren exakt genug war und ob beim dienstlichen und außerdienstlichen Auftreten die äußere Form auch nicht fehlte. Sein äußerer Perfektionismus war vollkommen. Und so maßregelte und quälte er uns alle Tage.

Auch den Unteroffizier Heinrich Wind mieden wir „wie der Teufel das Weihwasser". Er wurde so überraschend schnell Feldwebel, weil er das Exerzierreglement auswendig gelernt hatte. Er sagte von sich selbst, dass er im Zivilleben sein Geld als Künstler verdient habe. Im Grunde war er ein ganz bescheidener Erdenbürger. Aber wehe, wenn jemand seinen engen nationalsozialistischen Auffassungen widersprach und ihm andere Überzeugungen entgegensetzte!

Es gab noch drei oder vier Leute von dieser Art in unserer Kompanie. Sie hatten nicht mehr den Mut „nein" zu sagen, wenn sie „nein" meinten und „ja", wenn das Herz die Zustimmung gab. Sie gehorchen bedingungslos. Der Mensch und das Herz schienen in ihnen gestorben zu sein. Nur die „Befehlsmaschine" schien in ihnen noch zu funktionieren.

Gottlob, bei den meisten Kameraden lebte noch das alte, gute Herz, welches bedingungslos half, wenn ihm Leid begegnete, das noch reagierte, wenn Unsinn und Befehl es erdrückten und noch „ja" und „nein" an der rechten Stelle sagte. Diese Männer gingen zwar manchmal auch auf krummen Pfaden und konnten sich nicht von törichten alten Angewohnheiten trennen. Aber man wusste bei ihnen stets, woran man war:

Den ersten Platz nahm hier Julius Dickel ein, ein Mann, stark wie ein Baum, jedoch beweglich wie ein Wiesel, mit listigen und verschmitzten Augen, jemand, der überall zu gebrauchen war. Er dachte zwar zuerst an sich selbst, doch auch für die anderen war er da, stets unverdrossen und unermüdlich. In seiner rheinischen Heimat war er in der Gärtnerei seiner Schwiegereltern tätig gewesen. Als Soldat passte er wie angegossen in seine Uniform, ein Soldat „comme il faut" *(„wie er sein muss")*. Jeder Unteroffizier oder Offizier war sofort von seinen soldatischen Qualitäten überzeugt, niemand sah jemals eine lässige Haltung bei ihm. Julius war in unserer Kompanie der „Hans Dampf in allen Gassen", in vielen Handwerken und Praktiken bewandert. Er war der „Herr" in unserer Benzintankstelle und wusste stets geschickt, das „überschießende" Benzin zu nutzen, zu seinem eigenen Vorteil oder zum Vorteil anderer Kameraden. Es gab nichts, was er nicht besorgen konnte! Das Motorrad, welches ihm die Kompanie zur Verfügung gestellt hatte, machte ihn beweglich. Brauchte ein Kamerad etwas von ihm, so rief dieser laut in den Flur seines Quartierhauses: „Julius!" Sogleich erschien Julius lächelnd und half. Wir mochten ihn alle sehr gut leiden.

Hans Lukas war ihm ähnlich, doch moralischer, denn er verfolgte keine eigenen kleinen Vorteile. Er passte in keine Uniform, blieb zeitlebens ein stocksteifer Zivilist. Er vergaß bei militärischen Vorgesetzten stets die vorgeschriebene militärische Haltung anzunehmen, aber da er etwas vom Bauhandwerk verstand, fleißig und zuverlässig war, sah man großzügig darüber hinweg. Als ich ihn zum ersten Male sah und sprechen hörte, sagte ich zu ihm:

„Du redest genauso, als ob Du aus... kämst!" Der Ort lag etwa fünfzehn Kilometer von meinem Heimatort entfernt.

„Erraten!", sagte er lächelnd, „ich bin dort Wegemeister!"

Wir freundeten uns schnell miteinander an, und wenn es irgendwo im Handwerklichen bei mir haperte, so sprang er immer hilfsbereit ein. Aber das machte er überall, denn er meinte es ernst mit dem Grundsatz:

*„Was Du den geringsten unter Deinen Brüdern getan hast,*
*das hast Du mir getan!"*

„Ein Mensch mit einem guten Herzen", sagte ein jeder, der ihn näher kannte. Aber er passte in seine Uniform wie ein klobiger Bauer in ein Schönheitskorsett!

Ein ebenso anständiges Herz hatte Fritz Ellert. Der Gefreite Ellert war die Lebensfremdheit in Person. Wenn Fritz eine Schippe anfasste, dann fasste er sie wie seinen Federhalter an. Er gab sich wohl immer unendliche Mühe, aber es kam stets wenig dabei heraus. Seine Uniform war stets geschniegelt und gebügelt und frei von jedem Schmutzflecken, doch sie passte absolut nicht zu ihm. Sein etwas steifer Gang und seine etwas gebeugte Haltung bezeugten, dass er schon seine vierzig Jahre auf dem Buckel hatte. Spitz und arrogant verhielt er sich meist zu seinen militärischen Vorgesetzten. Und diese rächten sich, indem sie ihm nie etwas nachsahen. Sie schickten ihn als einen unbrauchbaren Mann von Baustelle zu Baustelle. Doch wenn einer seiner im Schreiben ungewandten Kameraden seine Hilfe erbat, war er sofort dabei. Mir hatte er schon manchen Schmutzflecken aus meiner Uniform entfernt und mit der Bürste bei meinen Stiefeln nachgeholfen. Dafür stand ich ihm in seinem seelischen Kummer bei, den das Soldatenspiel ihm bereitete. In manchen stillen Abendgesprächen bestätigten wir uns gegenseitig, dass das Soldatenspiel für so ausgeprägte Zivilisten und Individualisten, wie uns beide, nicht mehr taugte.

Und dann ließ ich im Geiste die Männer unserer Kompanie in „Reih und Glied" beim Morgenappell Revue passieren.

„Ihr seid mir doch ein netter, verlotterter Haufen!", pflegte der Spieß Meyer beim Abschreiten der Front häufig zu sagen.

In meinen Augen waren die Männer jedoch brave Kerle, wovon jeder seine Wichtigkeit und Unverwechselbarkeit besaß, auch wenn sie morgens meist mürrische Gesichter schnitten. Aber das kam vom nächtlichen Skatspiel oder der mit einem Liebchen verbrachten Nacht.

Der erste Mann in der Reihe, Hübscher, war von Beruf Zimmermann: ein großer Mann mit wasserblauen Augen, etwas zu großem Mund, der immer gerne reden wollte. Er trug als treuer Nationalsozialist bei Aufmärschen stets die Parteifahne, und bei Vorbeimärschen warf er seine Beine immer stramm in die Höhe. Doch hier war es still um ihn geworden. Seine Stubenkameraden mussten zwar Abend für Abend noch sein „Parteichinesisch" anhören, da er ständig noch überzeugen wollte. Aber kein Mensch hörte zu.

Direkt neben ihm stand ein Mann mit etwas verkniffenen Augen und verlebtem Gesicht, der Maurergeselle Hans Greb. Vor zehn Jahren war er noch eingeschriebenes Mitglied der KPD gewesen. Auch heute noch hatte er allen Nationalsozialisten Tod und Verderben geschworen, denn er vermochte sich nicht vorzustellen, dass ein einfacher Arbeitsmann ein

Nationalsozialist sein konnte. Aber dessen ungeachtet erlebte ich noch in der vorigen Woche, als wir uns singend im Marschzug bewegten, dass Hans Greb besonders laut die Stelle mitsang:

*„Wir werden weitermarschieren,*
*denn heute gehört uns Deutschland und morgen die ganze Welt!"*

Der nächste Mann hatte eine hagere Gestalt und ein bleiches Gesicht. Alfred Kuhl war Malergesell. In seinem Leben hatte er viel Pech mit den Frauen, die erste starb im Kindbett. Die zweite betrog ihn mit anderen Männern. Doch in einer der letzten Nächte zerstörten Bomben sein Haus, und die Frau kam dabei um.

Das Männchen mit den pechschwarzen Augen neben ihm warf seine Brust besonders keck heraus und macht den Eindruck eines etwas zu klein geratenen Pfaus. Es war der Dachdeckergeselle Lange aus Düsseldorf. Obwohl Vater von vier Kindern, hatte er sich in Royan gleich ein Liebchen zugelegt

Dick und klobig mit trotzigem Gesichtsausdruck folgte ein echter Bauer, der sich am wohlsten hinter seinen beiden schweren Arbeitspferden fühlte. Er verkaufte seine schönen Pferde gegen einen Trecker, weil der Nazibürgermeister es ihm geraten hatte. Seitdem hasste er alle Nazis wegen ihrer ewigen Neuerungen wie die Pest. Und da er danach immer mächtig auf die Partei geschimpft hatte, wurde er irgendwann ganz einfach unter die Soldaten gesteckt, obwohl er ein Bauer war und noch vier minderjährige Kinder hatte. Sein Schwager musste nun seine Hofarbeiten tun. Hier in Royan schimpfte er immer weiter:

„Die Saubande, man müsste…"

Der Tischlermeister Rudolf Hoffmann stand links daneben. Er hatte eine kluge, tüchtige Frau und sechs muntere und gesunde Kinder. Besonders stolz war er auf sein jüngstes Kind, denn es schrieb in der Schule nur Einser und sollte auf die ‚hohe Schule' geschickt werden. Seine Sehnsucht nach der Familie und seinem schönen Häuschen war groß.

Die meisten Männer hatten hier eins gemeinsam: Sie standen zwar mit ihren Füßen auf der rue Falaise, aber mit ihren Köpfen befanden sie sich in der Heimat. Sie lebten in der Vergangenheit oder schon in der Zukunft. Der Kopf schleppte noch die vielen ungelösten und unerledigten Probleme und Aufgaben von „gestern" mit sich herum. Sie sagten

„morgen“ und meinten den Zeitpunkt, an dem sie wieder zu Hause sein würden, um das Unerledigte von „gestern“ noch zu erledigen. Die Gegenwart bedeutet für sie nur lästiger Druck, den man gerne hinter sich lassen würde. Bei einer geheimen Meinungsumfrage würden die meisten sicherlich schreiben: *„Kommis, der größte Beschiss!“*

Es war nur die stählerne, militärische Klammer, die hier alles zusammenhielt. Rührend war oft anzusehen, wie man sich gegenseitig stützte und aushalf und sagte: „Einmal wird alles doch zu Ende sein! Bald ist man ‚Oben‘ mit dem Latein zu Ende!“ Oder man sang öffentlich, wenn man angesäuselt war:

*„Es geht alles vorüber, es geht alles vorbei,*
*auch Adolf Hitler mit seiner Partei!“*

Die seelischen „Aushilfen“ griffen auch über die niedrigen Mauern der rue Falaise hinweg und umfassten die französischen Brüder in Royan, die wie sie selbst des seelischen Zuspruchs bedurften. Man wusste, dass der französische Leidensgenosse ebenso zu den Getriebenen, unter den gleichen Zwang gestellten Schicksalsgefährten gehörte. So hatten Soldat und Zivilisten in dem Bewusstsein zusammengefunden, dass sie zusammengehörten. Vielleicht verhinderte bei vielen nur die fremde Sprache die offene Aussprache über alle Gefühlsregungen. Aber das verstehende Auge, die mitteilende Geste, der warme Händedruck, vermochten oft vielmehr zu sagen als tausend schöne Worte: „Weshalb müssen wir eigentlich miteinander Krieg führen?“

Es gab in Royan viele Männer wie die Mannets, Bonnets... Die Renards befanden sich in einer lächerlichen Minderheit!

Auch sonst geschah Menschliches, allzu Menschliches. Einmal musste ich eine Art „Postillon d‘amour“ spielen:

Ein Unteroffizier, ein robuster vierzigjähriger Mann, der uns in den ersten Royaner Tagen besonders gern zu schleifen pflegte, war wieder einmal verliebt. Vor der Haustür meines Quartiers empfing er mich mit den Worten: „Sie müssen mir unbedingt helfen!“ und zog aus seiner Tasche einen in französisch geschrieben Brief.

„Übersetzen Sie mir diesen Brief!“, forderte er mich auf. Ich las ihn leise durch:

*Innigstgeliebter Mann!*

*Du schenktest mir Dein heißes Herz und Deine große, ungestüme Kraft. Du hast mich glücklich gemacht. Nun träume ich nur noch von Dir. Ich möchte Dich gern für immer bei mir haben, Herzallerliebster! Wir müssen uns unbedingt bald wiedersehen. Meine Mutter weiß auch schon von unserem Glück. Denk Dir nur! Ich erwarte von Dir ein kleines Baby. Meine kleine Charlotte, die jetzt schon über ein Jahr alt ist, wird sehr darüber entzückt sein... O wie schön wäre es doch, wenn ein lieber Mensch dann schützend die Hand über uns hielte... Teuerster, Du weißt ja gar nicht, wie sehr ich mich nach Dir sehne! Ich meine manchmal, ohne Dich nicht mehr leben zu können... Komme bitte am nächsten Donnerstagabend um acht Uhr in unser kleines Heim. Meine liebe Mutter, die von meinem kleinen Glück weiß, würde sich auch sehr freuen.*

Ich erinnerte mich auch an eine solche Frau aus meiner Heimat. Sie hatte sich unsterblich in einen kriegsgefangenen Franzosen verliebt und erwartete von ihm ein Kind.

Ich sagte zu dem Unteroffizier, nachdem ich den Brief übersetzt hatte: „Euer Zusammentreffen soll schon übermorgen stattfinden!"

Ich muss gestehen, dass ich die etwas delikate Stelle mit dem Kinde und der Mutter einfach überlesen hatte und dafür zusätzlich und ganz frei übersetzte: „Die süßesten Dinge erwarten Dich!" Und nun machte ich mir Gewissensbisse darüber. Der Unteroffizier bat mich, sogleich den Brief an seine Freundin abzufassen. Ich schrieb kurz und bündig:

*„Liebste, ich bin bereit, Deine Herzenswünsche zu erfüllen. Eine ganze Nacht in Deinen Armen zu verbringen, ja, das wäre auch für mich der Himmel auf Erden. Ich werde am Donnerstagabend pünktlich bei Dir sein..."*

Voraussichtlich wird er große Augen machen, wenn er alles hört und ihn dazu noch eine neugierige Mutter empfängt.

Meier ist schon lange verheiratet und Vater von zwei großen Buben.

# 3.
# VERBANNT NACH SAUJON
## (August - September 1943)

Bevor wir morgens zu unserer Arbeit abmarschierten, schritt der Hauptmann in der Regel noch einmal die Front ab. Vor mir blieb er diesmal stehen und sagte:

„Sie melden sich in einer Stunde feldmarschmäßig ausgerüstet mit ihrem persönlichen Gepäck im Kompaniegeschäftszimmer!"

Ich fiel aus allen Wolken: „Was mag nur passiert sein?"

Im Geschäftszimmer erklärte mir der Schreiber Krause:

„Sie sind mit sofortiger Wirkung zum Pionierpark Saujon abkommandiert worden!"

Sehr überraschend stellte mich der Hauptmann vor diese Tatsache. Ich empfand sie als sehr unangenehm, denn ich hatte mich doch schon so gut in Royan eingelebt und es war mir alles hier fast zur zweiten Heimat geworden. Ich sah aber ein, wie lächerlich es war zu klagen. Aber ich klagte trotzdem. Warum ließ man mir nicht einmal Zeit, von meinen Freunden Abschied zu nehmen? Weshalb waren alle militärischen Einrichtungen so kalt und herzlos? Gefiel dem Hauptmann etwa mein gutes Einvernehmen mit meinen französischen Freunden nicht? Hatte Monsieur Renard, der von allen Franzosen in Royan bestgehasste Mann, vielleicht beim Festungskommandanten intrigiert? Auf alle Fragen wusste ich keine Antwort.

Julius Dickel brachte mich mit dem Motorrad zum Bahnhof. Von dort aus benutzte ich die Eisenbahn.

Saujon war ein kleines, verschlafenes Landstädtchen, etwa zehn Kilometer östlich von Royan entfernt. Es schlief noch den Dornröschenschlaf der vielen kleinen französischen Orte, in denen man abends noch mit der Zipfelmütze ins Bett ging und sich morgens ohne Fabrikpfeife wieder erhob. Nichts störte den gemächlichen Ablauf des Alltags. Nur die Eisenbahnlinie stellte eine Verbindung mit der großen Welt her.

Ich meldete mich sofort nach meiner Ankunft in Saujon in der Schreibstube des Pionierparks. Das Büro lag unmittelbar hinter dem

Bahnhof. und dicht daneben das große Materiallager. Der im Geschäftszimmer diensthabende Schreiber, ein Obergefreiter, musterte mich bei meiner Ankunft vom Scheitel bis zur Sohle. Ich hatte sofort das penetrante Gefühl, dass ich für ihn nicht der richtige Mann war. Beiläufig erfuhr ich von ihm, dass ein zweiter Schreiber für die Verwaltungsstelle des Lagers angefordert worden sei.

Wenige Minuten später trat der Lagerfeldwebel, ebenso wie der Schreiber ein Berliner, in das Geschäftszimmer ein. Seine Augen flatterten rastlos von einer Seite des Raumes zur anderen. Vergebens bemühte ich mich, von ihm einen Blick zu erhaschen. Auch bei ihm empfand ich instinktiv die innere Ablehnung meiner Person. Er sagte:

„Gehen Sie mit Ihrem Gepäck in das ‚Hotel zur Post'! Ein Zimmer ist dort schon für Sie bereitgestellt, das sie mit einem Kameraden teilen müssen. Nach dem Mittagessen melden Sie sich hier wieder!"

Das „Hotel zur Post", welches etwa zweihundert Meter entfernt lag, nahm seinen neuen Gast willkommen auf. Wie ein Hotelgast suchte ich das mir zugewiesene Zimmer auf, trank im Speiseraum einen Schoppen Wein und schaute zum Fenster hinaus auf das schöne Vorgärtchen, in dem schon die Spätsommerblumen blühten.

Ich landete nicht, wie ich schon nach dem Empfang vermutet hatte, in der Schreibstube, sondern nebenan in einem Lagerraum, wo ich lediglich die wenigen Ab- und Zugänge an Material und Werkzeugen zu registrieren hatte. Man hatte mich auf ein totes Gleis abgeschoben. Der Einblick in die große Kartei, die in der Schreibstube geführt wurde, war mir verwehrt. Ich war vorerst froh, dass die Dinge in meinem Raum gemächlich und ruhig zu verlaufen schienen. Doch schon am nächsten Tage wurde ich eines Anderen belehrt:

Gegen elf Uhr morgens ertönte plötzlich ein furchtbarer Lärm und ein Ohren zerreißendes Gezeter. Der ganze Vorrat der ordinärsten, militärischen Kraftausdrücke und Schimpfworte wurde nebenan in der Schreibstube ausgekübelt. Ich öffnete die Verbindungstür, die meinen Arbeitsraum von der Schreibstube trennte, und wurde unmittelbar in die Unruhe miteinbezogen.

Dann trat der Lagerfeldwebel aufgeregt an mich heran und flüsterte mir ins Ohr:

„Gehen Sie sofort ins Zementlager! Es liegt in der Nähe der alten Mühle. Bringen Sie dort alles in Ordnung. Man wird Ihnen dort sagen, was Sie tun müssen!“

Seine überraschende Anrede machte mich etwas konfus, und ich vermochte nur noch zu sagen:

„Ich verstehe nicht, was Sie wollen!“

Im gleichen Augenblick traten zwei Feldgendarme in den Raum und hinderten uns an der Fortführung des Gesprächs. Ein Gendarm, der im Offiziersrange stand, fragte mich etwas arrogant:

„Was wollte der Feldwebel von Ihnen?“

„Ich verstand den Feldwebel nicht so recht. Er sprach von einem Zementlager. Die Dinge hier sind mir noch fremd. Ich traf erst gestern hier ein.“

„Da haben Sie‘s!“, murmelte darauf der Gendarmerieoffizier seinem Kameraden zu. „Damit er uns nicht noch mehr vertuschen kann, nehmen wir den Feldwebel gleich mit.“ Und zu mir hingewandt sagte er:

„Morgen sehen wir uns wieder. Sie werden hier allerhand zu tun bekommen!“

Die beiden Gendarme verschwanden mit dem Feldwebel. Sie hatten ihn wie einen Häftling in ihre Mitte genommen. Er warf mir noch von der Tür her einen drohenden Blick zu.

Aus den mir sporadisch zufließenden Wortfetzen und den stillen Andeutungen meiner Mitarbeiter konnte ich mir bald ein ungefähres Bild von dem Geschehen machen. Der Feldwebel hatte große Mengen Zement an die Landbevölkerung verschoben: Käse, Fett, Butter und Fleischwaren waren in vielen Paketen nach Berlin und an ihn befreundete Offiziere gegangen. Vielsagend flüsterte mir jemand ins Ohr:

„Auf Zementverschiebungen steht laut Führerbefehl die Todesstrafe!“

Am anderen Tag gaben mir die beiden Gendarme eine lange Liste, die die Namen der mit Zement belieferten Bauern enthielten. Ich musste mit einem Lastwagen den noch nicht verbrauchten Zement von den Bauern wieder abholen.

Mancher Lastwagen voll Zement rollte wieder in unser Lager zurück. Die betroffenen Bauern wurden alle verhaftet. Auf Treu und Glauben tauschten sie Ware gegen Ware, so wie es im ehrbaren Handel üblich ist.

Jetzt fühlten sie sich doppelt geprellt. Sie verloren nicht nur den Gegenwert ihrer Ware, sondern auch ihre Freiheit!

Bei meinen Fahrten wurde ich Zeuge von der Not und der Ratlosigkeit, die nunmehr bei vielen Familien eingezogen war. Besonders die Eindrücke einer Fahrt werden mir immer vor Augen stehen:

Ich fuhr mit den mir zugeteilten Arbeitskräften zu einem entlegenen Dorfe. Wie immer lag der lachende Sonnenschein über der graugrünen Landschaft. In unmittelbarer Nähe eines größeren Hofes passierte uns ein kleines Malheur. Die Leitgans einer munter vor uns einherschnatternden und watschelnden Gänseschar geriet unter das Vorderrad unseres schweren Wagens.

„Ist nicht so schlimm!", sagte der französische Fahrer. „Die Bauern kennen meist nie die genaue Zahl ihres Federviehs. Es wird ihnen gar nicht auffallen, wenn so ein Vogel fehlt!", stieg aus dem Wagen und legte die tote Gans auf den großen Dunghaufen neben dem Hof.

Aber dieser Vorgang war von dem kleinen Küchenfenster aus beobachtet worden. Einige Minuten später klopfte der Fahrer unseres Wagens an die verschlossene Haustür des Hofes. Nach einer unendlich lang uns dünkenden Zeit öffnete sich ein schmaler Spalt der Tür, und wir erblickten die gleiche Frau, die vom Fenster der Küche aus unsere Untat beklagt hatte. Ich stand neben dem französischen Fahrer und sah, wie sich rechts und links an dem Rock der Frau zwei kleine Kinder festhielten.

„Sind Sie Madame Francois Mollet?", fragte ich die Frau höflich.

Die Frau nickte stumm.

„Madame", fuhr ich mit halblauter Stimme fort, „ich muss hier eine Reihe lagernder Zementsäcke, ich glaube es sind zwanzig Stück, abholen. Können Sie uns zeigen, wo die Säcke liegen?"

Die Frau öffnete nun ganz die Tür  und führte mich und meine inzwischen eingetroffenen Begleiter zu einem alten Stall, dessen rechte Seite eingestürzt war. Das vor der Futterkrippe stehende Vieh glotzte uns neugierig an. Direkt neben der eingestürzten Hauswand, die augenscheinlich mit Hilfe des beschafften Zements wieder aufgebaut werden sollte, befanden sich die fraglichen Zementsäcke. Während meine Helfer die Säcke zum Lastwagen schleppten, trat ich ganz dicht an die Bauersfrau heran und sprach zu ihr:

„Madame Mollet, es tut mir furchtbar leid, dass uns das Malheur mit der Gans gerade bei Ihnen passieren musste! Ich kann auch nichts dafür, dass der Zement bei Ihnen wieder abgeholt werden muss. Wenn ich es nicht getan hätte, so hätte es ein Anderer tun müssen!“

„Wir brauchen den Zement dringend für die Stallreparatur, besonders im Hinblick auf die bald hereinbrechende schlechte Jahreszeit. Für den Zement, den ihr jetzt wieder abholt, gaben wir unsere gute Butter und unseren guten Käse. Diese Butter und diesen Käse wird uns aber niemand mehr zurückgeben“, sagte sie klagend.

„Ich sehe ein, Madame, dass Ihnen hier ein großes Unrecht widerfährt. Außerdem brauche ich Sie wohl nicht darauf aufmerksam zu machen, dass dieser ganze Krieg ein Unrecht ist. Auch ich selbst kann mich seiner brutalen Auswirkung nicht entziehen. Ich bedaure sehr, Madame, Ihnen nicht helfen zu können!“

Die Hausfrau blickte mich überrascht an. Sie vermochte noch nicht zu fassen, dass ein fremder deutscher Soldat mit ihr Mitgefühl hatte.

„Wo ist Ihr Mann, Madame?“, fragte ich nun.

Die Frau senkte traurig den Kopf.

„Wer wird nun die Arbeit hier tun?“, fuhr ich fort ohne eine Antwort abzuwarten.

„Ich weiß es noch nicht!“, sprach sie. „Mein Vetter Jean aus dem Nachbardorfe ist gleichfalls verhaftet worden. Ich kann mir noch nicht vorstellen, was nun aus mir und meinen vier Kindern werden soll!“

Daraufhin fing sie herzzerbrechend an zu weinen.

Als unser Lastwagen fortfuhr, befiel mich große Traurigkeit, besonders deshalb, weil ich keinen Weg sah, hier zu helfen. Ich fühlte wieder einmal, dass dieser Krieg in seiner brutalen Auswirkung grenzenlos war.

Das deutsche Zementlager in Saujon, wohin aller Zement wieder gebracht worden war, bot das Bild eines heillosen Durcheinanders. Tausende von Zementsäcken, größtenteils mit aufgerissener Papierhülle, lagerten dort. Zentimetertief konnte man dort durch den auf dem Boden zerstreuten Zementstaub waten.

Nachdem ich diese unangenehmen Fahrten in die ländliche Umgebung von Saujon ausgeführt hatte, arbeitete ich wieder, als wenn nichts geschehen wäre, in meinem kleinen Arbeitsraum. Der Obergefreite Klein, der hier bisher als Schreiber fungierte, übernahm vorläufig die Leitung des Lagers. Es schien so, als ob er mich fortan in Ruhe lassen würde.

Ich wohnte ganz ungestört in meinem kleinen Hotel und „kloppte" meine Dienststunden ab. Aber schon nach etwa vierzehn Tagen unterbrach der unangenehme Besuch eines Majors wieder meinen gewöhnlichen Tagesablauf:

Ganz unerwartet trat dieser Offizier in meinen Arbeitsraum ein und blieb in der Mitte des Zimmers stehen. Ich hatte beim Anblick dieses Mannes das Gefühl eines gewissen Ekels. Ein dickes, rotes Bulldoggengesicht mit kleinen verschlagenen Äuglein schaute mich durchdringend an. Ein Mensch stand vor mir, der es stets nur darauf anzulegen schien, alle kleinen, schwachen Leute zu quälen und zu schikanieren. Mit seinen Luchsaugen blickte er überall im Raume herum, als suche er die „Achillesverse", um ein Donnerwetter über mich ergehen zu lassen. Endlich schien er eine schwache Stelle entdeckt zu haben. Ein Triumphgefühl und eine Art Schadenfreude lag nun in seinen Augen. Mit einem Finger tippte er auf meinen Schreibtisch und schrie:

„Was ist das?"

Er wollte nun anscheinend feststellen, wie ein ausgewachsener Mann zu Kreuze kroch und wollte hören, wie ein demütig winselnder Soldat seine Nachlässigkeit eingestand. Ich sagte:

„Pater peccavi! *(Vater, ich habe gesündigt!)* Ich gelobe, mich fortan zu bessern und in Zukunft alles besser zu machen! Staub von dem hier liegenden Material!"

Eine solche Antwort schien sein Fassungsvermögen zu übersteigen, und ich glaube, er fand sie sogar unverschämt, denn sein Gesicht lief blaurot an. Er schrie wieder:

„Mensch, seien Sie nicht so vorlaut! Sie sollten neben Ihrer Arbeit auch auf Ordnung und Sauberkeit bedacht sein und mir keine frechen Antworten geben! Das nächste Mal lasse ich Sie einsperren!"

Grußlos, wie er gekommen war, ging er auch wieder fort. Plötzlich ging mir instinktiv ein Licht auf: „Ein an den Schiebungen des Lagerfeldwebels Mitbeteiligter?"
Ich prägte mir das Bulldoggengesicht des Majors gut ein.

Saujon besaß, wie alle unbedeutenden Landstädte, einen kleinen, unscheinbaren Bahnhof. Lediglich ein paar durchlaufende Eisenbahngleise, auf denen jetzt nur noch der Verkehr selten floss, und einige Abstellgleise waren vorhanden. Drei Wochen nach meinem Hiersein riss ich neugierig die Augen auf, als ich plötzlich auf einem toten Abstellgleis ein paar Eisenbahnsalonwagen stehen sah.
„Der Generalfeldmarschall von Rundstedt visitiert den nahen Küstenabschnitt", sagte ein neben mir stehender deutscher Soldat.
Es konnte sich in der Tat nur um allerhöchsten Besuch handeln. Denn wer durfte jetzt noch in einem eleganten Sonderzug durch diese Gegend fahren? Der Herr Generalfeldmarschall wird höchstwahrscheinlich in Anbetracht der drohenden Invasion auch einmal diesen Küstenabschnitt in Augenschein nehmen.

Mir fiel bei dem Ausspruch des Namens von Rundstedt ein trauriges Ereignis unserer jüngeren deutschen Zeitgeschichte ein:
Es war die Zeit als der Steigbügelhalter Hitlers, Herr von Papen, einfach die preußische Regierung absetzte und Bracht nach Berlin „brachte". Wir jungen Demokraten und Sozialisten standen auf den Straßen Berlins, bereit loszuschlagen, da es um unsere demokratischen Rechte ging. Aber den bisherigen Wahrern dieser Rechte gefiel unser Eifer nicht: Sie winkten müde ab: „Der fähigste General der Reichswehr, Herr von Rundstedt, steht vor den Toren Berlins und hat die ganze Stadt schon mit Truppen umstellt. Man wird Euch elendig zusammenkartätschen!" Alles wurde deshalb wieder abgeblasen. Ich dachte damals an das Wort Schillers:

*„Und setzt Ihr nicht das Leben ein, nie wird Euch das Leben gewonnen sein!"*

Dann kamen die bösen Jahre für alle Deutschen, die noch freiheitliche Gesinnungen in sich trugen. Die einen wanderten in die KZs oder in die Fremde, und die anderen krochen zu Kreuze. Auch ich musste eines Tages meine Canossagänge antreten und wurde schließlich sogar unter Hitlers Fahnen Soldat. Aber aus dem einfachen Reichswehrgeneral von

Rundstedt wurde ein berühmter Generalfeldmarschall Hitlers und wir zu Unfreiwilligen seiner Heeresgruppe. Herr von Rundstedt aber blieb, soviel mir vom Hörensagen bekannt wurde, der vornehme, aristokratische Grandseigneur. Ihm wird niemals, wie seinem obersten Kriegsherrengefreiten, ständig eine Stirnlocke ins Gesicht fallen, und er wird auch niemals ungezügelt mit den Händen herumfuchteln.

Als wir unmittelbar an dem Sonderzug vorbei schreiten wollten, um zu unserem Materiallager zu gelangen, wehrte eine SS-Wachmannschaft jede Annäherung ab.

„Steht auch der Herr Generalfeldmarschall schon unter der strengen Kontrolle der SS?", fragte ein anderer neben mir stehender Soldat.

Am nachfolgenden Tage gab es für mich die erste größere Abwechslung. Ich durfte nach La Rochelle, in die Departmenthauptstadt fahren.

Und so saß ich heute ausnahmsweise mal wieder in einem Caféhause. Weshalb nur zog mich in einer größeren Stadt das Caféhaus immer so an? Ich bin mir darüber niemals recht klar geworden. Obwohl ich doch schon so manchmal darin gesessen hatte, übte es noch immer einen magischen Reiz auf mich aus. Seltsam doch, wie mich diese simplen Dinge so anzogen: Die blank polierten oder marmorierten Tische, die bunt drapierten Stühle, die glitzernden Wandspiegel, die glänzenden Kronleuchter, die eiligen schwarzbefrackten oder in weißen Leinenanzügen gekleideten Kellner mit herumwedelnder Serviette, silbernen Tabletts und klimpernden Porzellangeschirr: „Was wünscht der Herr?"

Ich kann mich des Zaubers der Caféhausatmosphäre nicht entziehen, der Geräusche der klirrenden Kaffeetassen, der leicht plaudernden Menschen, die müßig an den Tischen sitzen und an ihrem Likör nippen oder ihren Mokka schlürfen.

Es ging hier in dem Caféhaus in La Rochelle zu wie auch in Caféhäusern Deutschlands. Nur das Publikum war ein ausgesprochenes Kriegspublikum. Zahlreiche deutsche Soldaten saßen dort an den Tischen mit leicht gekleideten französischen Dämchen, die Zigaretten rauchten. Man lächelte sich infolge der mangelnden Sprachkenntnisse nur delikat an und paffte blaue Rauchwölkchen in die Luft.

Zur Feier des Tages hatte ich mir eine Zigarre angesteckt. Ich schaute aus dem zur Straßenseite hin geöffneten Fenster. Auf dem Bürgersteig draußen gab es noch Leben und Treiben wie in normalen Zeiten.

„Warum hat man es noch so eilig, wo doch der Uhrzeiger schon sehr auf Unsinn steht?“, dachte ich vor mich hin.

Im nahen Hafen schrillte die Pfeife eines abfahrenden Dampfers. Noch immer gab es einen regulären Schiffsverkehr zu den nahen Inseln. Die Zeit lief unentwegt weiter. Nur die Menschen verhielten sich so, als ob ihre Zeit niemals abliefe.

Nördlich von La Rochelle legte die deutsche Besatzungsmacht einen wichtigen U-Bootversorgungshafen an. Man errichtete gleichzeitig dort einen großen U-Bootbunker, in dem die laufenden Reparaturen oder die Verproviantierung der U-Boote vorgenommen werden konnten.

Bei der Lohnabrechnungsstelle für die zivilen französischen Besatzungsangehörigen, die ich im Auftrage des stellvertretenden Lagerleiters aufzusuchen hatte, traf ich den gesuchten Verwaltungsbeamten nicht an.

„Herr Müller kommt erst morgen Vormittag wieder zurück“, hieß es.

„Und wo soll ich nun übernachten, da sich für heute eine Rückfahrt nach Saujon nicht mehr lohnt?“

Freundlich erwiderte der Schreiber:

„Sie können in der Schlesierkaserne übernachten und morgen Mittag um zwölf Uhr einen Lastwagen von uns benutzen, der zum Pionierpark nach Saujon fahren muss. Warten Sie bitte einen Augenblick, ich werde die Schreibstube der Schlesierkaserne anrufen!“

Nach dem Anruf sagte er zu mir: „Man erwartet Sie heute Abend in der Schlesierkaserne. Begeben Sie sich aber zuerst in die Schreibstube der Kaserne und halten Sie genau die Zeit ein.“

Ich dankte ihm herzlich.

Den freien Nachmittag nützte ich für einen langen Spaziergang durch die schönen Parkanlagen von La Rochelle. Hohe, uralte Bäume, glatt geschnittene Rasenflächen, bunt leuchtende Blumenbeete, gepflegte Wege und bequeme Ruhebänke gab es hier. Die französischen Gärtner schienen trotz der kriegerischen Zeiten noch alle Anlagen zu pflegen.

Auf einer Bank des Parks nahm ich Platz und bemerkte erst jetzt, dass ich fast der einzige Spaziergänger in der großen Parkanlage war. Nur ein anderer deutscher Soldat ging noch durch den sommerlichen Park spazieren. Besonders aufmerksam musterte er die hohen, uralten Bäume. Dann blieb er vor meiner Bank stehen und bat mich, sich zu mir setzen zu dürfen.

Der Mann verwickelte mich rasch in ein anregendes Gespräch. Er war von Zivilberuf Förster in den ausgedehnten Forsten der Umgebung von Berlin. Von den großen Waldungen sprach er, die jetzt Göring gehörten. Von den Wäldern rund um den Wannsee herum erzählte er mir, auch von Babelsberg wusste er zu plaudern. Ganz ungeniert sprach er von dem „Bock von Babelsberg“ und meinte damit den Reichspropagandaminister Goebbels. Zu dem jetzigen Arbeitsbereich meines Gesprächpartners gehörte auch die Betreuung der ausgedehnten Waldungen der Insel Ré. Die von Offiziersgesellschaften veranstalteten Treibjagden fielen ebenfalls in sein Ressort.

Nachdem ich am nächsten Morgen meine dienstlichen Obliegenheiten erledigt hatte, fand ich mich schon eine halbe Stunde vor Abfahrt des Lastwagens in der Nähe des Bahnhofs ein, als es ganz unerwartet Fliegeralarm gab, der mich lieblos aus der Muße des beschaulichen Betrachters herausriss. Unheimlich klangen die Heultöne durch den sonnenhellen Vormittag. Alles Leben auf dem großen Bahnhofsvorplatz schien plötzlich wie erloschen. Einsam und verlassen stand ich da. Ich wusste nicht, wo ich hingehen sollte. Nirgends entdeckte ich einen Schutzbunker. Schließlich stellte ich mich in irgendeinen überdachten Hauseingang, um hier abzuwarten, was kommen würde. Es war inzwischen eine gespenstische Stille eingetreten.

Lächerlich , so überlegte ich, mich in einen Hauseingang zu stellen, als wenn mir im Ernstfall dieser Standort einen Schutz gewährt hätte. Doch kein Flugzeuggeräusch war zu vernehmen und auch keine Bombe fiel. Endlich erklangen die Entwarnungszeichen.

„Habt Ihr hier öfters Alarm?“, fragte ich den Fahrer, der kurz danach mit dem Lastwagen eintraf.

„Ja, ziemlich oft. Die Angriffe gelten aber meist dem U-Bootbunker von La Palice, einem Vorort von La Rochelle.“

Der Platz, auf dem wir standen, belebte sich dann schnell wieder.

„Nun ist alles schon so weit!“, sagte plötzlich ganz zusammenhanglos mein Fahrer auf der Rückfahrt nach Saujon.

„Wie soll ich das verstehen?“

„Haben Sie in La Rochelle nicht bemerkt, dass etwas bei unseren Marinern nicht stimmt?“, stellte er die Gegenfrage.

„Ich wüsste nicht wo!“

„Ganz einfach“, sagte er offen, „die deutschen U-Bootbesatzungen machen nicht mehr mit. Sie weigern sich, noch auszufahren. In La Rochelle sah ich eine entwaffnete U-Bootmannschaft, die unter strengster Bewachung zum Bahnhof abgeführt wurde. Es war ein richtiger Leichenbitterzug.“

„Ich bezweifle sehr, dass eine offene Rebellion jetzt schon…“

Heftig unterbrach mich der Fahrer:

„Ich sah es mit meinen eigenen Augen und würde es wahrscheinlich genauso gemacht haben wie diese armen Kerle da. Überhaupt, was hat die Ausfahrt noch für einen Sinn? Die Engländer knallen doch jedes Boot mit ihren neuartigen Tiefwasserbomben ab. Nicht lange mehr, und alle deutschen U-Boote liegen auf dem Meeresgrund. Und da soll man nicht meutern?“

Die U- Bootbesatzungen befanden sich tatsächlich in einer üblen Lage. Entweder stellte man sie an die Wand oder… Ich sah im Geiste, wie ein von einer Tiefwasserbombe getroffenes U-Boot absank, wie in den Unterkunftsräumen des Bootes blühendes Menschenleben grausam endete.

Zwischen dem stellvertretenden Leiter des Pionierparks, dem Obergefreiten Klein und mir, wollte, trotzdem ich nun schon fast fünf Wochen hier war, keine persönliche Wärme aufkommen. Unser Verkehr beschränkte sich auf das höfliche frostige Entbieten der Tageszeit und auf das Ausführen seiner Befehle. Eine halbe Stunde vor Feierabend sagte er mir gestern Abend ohne jeden Kommentar:

„Morgen früh um 7.30 Uhr halten Sie sich zu einem Holztransport bereit!“ Mehr nicht! Keine Angaben über das Wohin und welche Rolle ich dabei zu spielen hatte.

Am nächsten Morgen erwarteten mich vor der Lagerbaracke ein Dutzend Franzosen, von denen ich niemanden kannte. Die Leute begrüßten mich freundlich, und wir bestiegen einen großen Lastwagen. Ganz dicht saßen wir beieinander. Ich fühlte, dass mir diese fremden Leute viel näher standen als der Obergefreite Klein nebst seinem ganzen Anhang. Die Herbstsonne meinte es heute besonders gut mit uns. Sie strahlte an diesem Morgen hell und klar vom blauen Himmel. Man verspürte nichts von der üblichen, herbstlichen Morgenkühle der vorhergehenden Tage.

Wir fuhren ostwärts aus Saujon heraus und folgten der breiten Landstraße. Sie war einige Kilometer lang mit Laubbäumen umsäumt, die sich in einem dichten Laubdach über die Straße wölbten. Still dösten wir alle vor uns hin. Keiner sagte etwas.

„Wohin fahren wir?“, fragte ich schließlich, als mir die Stille zu unheimlich wurde, den mir gegenübersitzenden Mann.

„Ich weiß es nicht!“, antwortete er freundlich.

Niemand außer dem Fahrer, der von uns getrennt in dem Fahrerhäuschen saß, schien es zu wissen.

„Wir sollen Bauholz holen“, meinte schließlich mein Gegenüber, „und ich habe mir vorsorglich etwas Proviant mitgenommen!“

Zur Bestätigung seiner Worte hob er seinen kleinen Verpflegungssack in die Höhe. Einige Minuten später reichte er mir die Weinflasche und ich tat daraus einen tiefen Zug, denn es war inzwischen drückend warm geworden.

Wir fuhren mit großer Geschwindigkeit durch die weit geöffnete Landschaft der Saintonge. Hier und da tauchte eine Gruppe Laubbäume auf. Meist begleiteten uns die längst abgeernteten kahlen Getreidefelder und die graugrünen Wiesen, auf denen geruhsam Rinder und Pferde weideten.

In den Dörfern, welche wir durchfuhren, gab es niedrige alte Bauernhäuser, deren Äußeres vernachlässigt war. Vor einigen Häusern sahen wir hin und wieder herumtollende Kinder.

Ich weiß nicht mehr genau, wie das Gespräch aufkam. Plötzlich war die Rede vom Kriege und wie lange er noch dauern könnte. Dieses heikle Thema wollte ich aber abbiegen und sagte:

„Unsere Ungeduld lässt ihn sich bis in alle Ewigkeit ausdehnen. Ich bin dafür, dass man das Wissen darüber den gescheiten Staatsmännern überlässt!“

Die Männer nickten lachend zu meinen Worten und jemand sagte:

„Der Krieg wäre eine Frage von Tagen, vielleicht auch von Stunden, wenn die einfachen, ehrlichen Menschen aller Kriegsführenden nur eine einzige Sprache sprächen!“

„Die Sprache ist das Eine, was uns trennt, und die Ökonomie das Andere, was überall große Verwirrung anstiftet. Zu guter Letzt sind es die ehrgeizigen Generale und Staatsmänner, die in einer verworrenen Situation noch den letzten Anstoß zu Unheil geben!“

Ich sagte nichts dazu. Der Mann traf den Nagel auf den Kopf. Doch zu solchen Auffassungen hatte ein deutscher Soldat in dieser Stunde zu schweigen.

Mein Gegenüber reichte mir nochmals die Weinflasche, und ich prostete dem klugen Sprecher zu:

„À votre santé!“ *(„Auf Ihr Wohl!“)*

Er erzählte mir nun, dass er eine große Mühle am Ufer der Gironde besäße und zu dieser Arbeit hier zwangsverpflichtet sei.

„Genau die Rolle muss auch ich hier spielen“, bemerkte ich.

Das allgemeine Gesprächsthema wandte sich jetzt den „Frauen“ zu. Ab und zu ertönte dabei ein lautes Gelächter, wenn ein besonders heikler Punkt berührt wurde. Man sprach über alles ganz offen, denn die Ehefrauen waren fern und der Mut der Ehemänner deshalb groß.

In einem großen Dorfe hielt unser Lastwagen. Ein weiterer Wagen erwartete uns dort, der nun die Führungsrolle übernahm. Das letzte Stück der Fahrt war das längste und unangenehmste. Der Himmel hatte sich zugezogen, und es war sehr schwül geworden. Über zwei Stunden ratterten unsere Wagen über die holprige Landstraße, bis wir schließlich in eine einsame waldreiche Gegend und dann in ein entlegenes Dorf gelangten.

Dort schien man uns schon zu erwarten, denn Männer und Frauen standen mit finster auf uns gerichteten Blicken auf der Dorfstraße. Mich, den einzigen Deutschen, schauten sie besonders feindselig an. Ein

Teil meiner Fahrtgenossen setzte sich sofort dicht um mich herum, damit kein Dorfbewohner an mich herantreten konnte.

Ich fragte den unmittelbar neben mir sitzenden Müller, ob man hier in einem Café etwas Essbares zu sich nehmen könne. Er schaute mich ganz entgeistert an: „Um Himmels Willen, Sie dürfen jetzt auf keinen Fall den Wagen verlassen, résistance!"

Die Dorfbewohner umstanden noch immer feindselig unsere beiden Wagen und ließen niemanden aussteigen. Heftig sprachen sie auf unsere Fahrer ein. Aber diese schüttelten nur mit dem Kopf. Dann rief unser Fahrer plötzlich:

„Alle Platz nehmen! Wir fahren wieder ab. Es gibt hier kein Holz."

Er ließ den Motor seines Wagens anspringen und ratterte schnell mit uns davon. Der andere Wagen übernahm wieder die Führung. Jemand von den Zurückbleibenden erhob hinter uns die Faust, und alle anderen ließen darauf wie auf ein Kommando hin ein mörderisches Geschrei erschallen.

„Was ist denn eigentlich los?", fragte ich den Müller, als die tobende Menge außerhalb unseres Gesichtskreises war.

„Meine Landsleute haben sich geweigert, Bauholz für den Bau des Atlantikwalls herzugeben. Und außerdem wollte ich Ihnen noch sagen: Es war gut, dass Sie den Wagen nicht verlassen haben. Die aufgeregte Menge hätte Ihnen bestimmt etwas angetan."

Inzwischen fing es an zu regnen. Hellgelbe Blitze zuckten am dunklen Himmel. Das dumpfe Gewittergrollen gab die Begleitmusik dazu. Wir rückten dicht zusammen. Völlig durchnässt und hungrig kamen wir ohne Holz wieder in Saujon an. Eine Überraschung hielt der französische Müller, der Mann, der während der Fahrt stets neben mir saß, beim Abschied noch für mich bereit. Er überreichte mir einen kleinen Zettel mit seiner genauen Anschrift und sagte dazu:

„Wenn Sie einmal in Nahrungsmittelschwierigkeiten geraten sollten, dann wissen Sie, wo ich wohne."

Dann begab ich mich, nachdem ich dem Obergefreiten Klein Meldung erstattet hatte, in mein Quartier in das kleine Hotel zurück.

Der Kamerad, der mit mir das Zimmer teilte, der Obergefreite Breit, erwartete mich schon. Wenn dieser Mann lächelte, reichte sein breites, von zwei wulstigen Lippen umrahmtes Lächeln von einem Ohr zum anderen. Dabei zeigte es stets sein makelloses Gebiss. Ich erinnerte mich jedes Mal, wenn ich diesen Mann anschaute, an einen gezähmten Gorilla. Sein Lächeln wirkte etwas barbarisch, besonders dann, wenn er seine dunkelbraunen Augen zukniff und seine niedrige Stirn stark hervortrat. Seine körperliche Beleibtheit zeigte sein ewiges Verlangen nach etwas Essbaren. Er war ein gutmütiger Geselle, der aber alle Dinge etwas zu grob und hart mit seinen dicken Fäusten anfasste. Obwohl er wenig sprach, war er geselliger und verträglicher Natur. Man teilte ihn dem Aufräumungskommando des Saujoner Pionierparks zu, und er arbeitete mit den Franzosen einträchtig zusammen. Mittags brachte er mir freiwillig das Essen und meine Tagesportion aus der Saujoner Soldatenküche mit. Dafür hatte ich die Aufgabe, ihn jeden Morgen aus seinem tiefen Schlaf herauszureißen, wobei ich meist heftig an seinen Armen zerren musste, bis er erwachte.

Abends pflegte ich spazieren zu gehen, da mir auf die Dauer der ständige Anblick dieses Mannes etwas auf die Nerven ging. Doch heute Abend musste ich seine Gesellschaft teilen, weil es immer noch regnete, und in der Gaststube einige Radaubrüder zechten und randalierten, deren Gesellschaft mir noch weniger behagte. Zur Ablenkung schaltete ich daher einmal den Radioapparat ein, und ich hörte zu meiner großen Überraschung eine außergewöhnliche Neuigkeit:

„Englische Bomber statten Berlin einen Besuch ab!"

„Der Angriff auf Berlin ist also keine fixe Idee, und es wird gewiss nicht mehr lange dauern und ganz Berlin wird mit Bomben eingedeckt sein!", bemerkte ich dazu.

Mein Gegenüber lächelte, schüttelte seinen Kopf und sprach:

„Det globe ich nich!"

Genauso hatte er gesprochen, als ihm aus Jux ein Kamerad in der vorigen Woche erzählt hatte, in einem Saujoner Stall sei ein Kalb mit zwei Köpfen geboren worden.

Ich schwieg. Es war sinnlos mich bei ihm im einzelnen über die Berlin bevorstehenden Revanchemaßnahmen der Engländer auszulassen.

Nachdem der Regen etwas nachgelassen hatte, entschloss ich mich, meinen abendlichen Spaziergang nachzuholen. Als ich am Stadtrand anlangte, hörte der Regen ganz auf, und die Abendsonne lag noch einmal mit ihren hellen Strahlen über den weiten, ausgedehnten Wiesen und Feldern. Nicht weit ab von meinem Weg floss ruhig die Seudre, die heute viel Wasser führte. Die Gezeiten des zwanzig Kilometer entfernten Ozeans machten sich hier noch bemerkbar.

Eine große innere Ruhe überkam mich beim Anblick der stillen, regungslosen Abendlandschaft. Der besänftigende Einfluss der Natur half mir auch jetzt – wie schon so manches Mal in meinem Leben – über die Widerwärtigkeiten des Alltags hinweg.

Ich schritt gemächlich an einem kleinen Hang vorüber. Fast hätte ich die dicken, schwarzen Beeren übersehen, die in dichter Fülle dort in den grünen Sträuchern hingen. „Brombeeren", sprach ich laut. Es waren ungewöhnlich dicke Beeren von einer mir gänzlich unbekannten Größe. Ich führte sie mir pausenlos zum Munde, da sie mir vorzüglich schmeckten.

Ein anderer des Weges kommender, mir unbekannter deutscher Soldat schloss sich meiner Tätigkeit an. Ich fragte ihn:

„Gibt es so etwas auch in ihrer Heimat?"

„Det jibt et nich in Berlin!", sagte er.

„Berliner?", stellte ich die eigentlich überflüssige Frage. Ich kannte die Berliner aus meiner früheren Vergangenheit als besonders verbindliche Menschen, mit einem warmen Herzen und mit einer schnoddrigen offenen Kaltschnäuzigkeit. Hier in Saujon hatten mich die Berliner bisher alle enttäuscht. Aber dieser Mann bestätigte meine alten Erfahrungen. Sogleich bewies er seine Hilfsbereitschaft, als es galt, an meinen Beinen die lästigen Brombeerranken zu entfernen und spitze, schmerzende Stacheln aus den Händen zu ziehen.

Am Wegesrand sitzend verweilten wir noch eine geraume Zeit im nachdenklichen Gespräch über das, was heute Abend das Radio gemeldet hatte und welche Gefahren den Berlinern nunmehr drohten.

Im Westen ging gerade der feurige Ball der Sonne unter. Wir schauten innerlich bewegt diesem Schauspiel zu. Dann sagte der Berliner:

„Ick werde meiner Ollen schreiben, det se mit det Klene nach Mecklenburg jeht!"

Die böse Zukunft schreckte mich nur ab und zu in Gedanken auf, denn meist nahm mich der prosaische Alltag ablenkend in Anspruch.

In meinem Arbeitsraum herrschte auch tagsüber ein graues Dämmerlicht. Das an der Nordseite liegende Fensterchen ließ nur wenig Licht herein. Meist musste ich die Lampe einschalten, wenn ich über meiner schmutzigen Arbeitskladde hockte, Namen und Zahlen eintrug oder sie auf einer Seite addierte. Meine primitive Buchführung war ein Musterbeispiel dafür, wie man es nicht machen sollte. Doch Befehl ist Befehl und die höchste Weisheit war hier, wie man aus Nichts etwas machte. So fügte ich eine Zahl zu der anderen.

Ab und zu lugte mein einziger Mitarbeiter in meinen kleinen Arbeitsraum herein. Es war der Franzose Michel Dupont aus Saujon, der nebenan in den etwas größeren Lagerräumen die Schrauben, Schraubenschlüssel, Handwerkszeuge und Ersatzteile in die Regale einordnete oder gegen einen Schein herausgab. Er brauchte sich hier nicht abzuplagen und nahm gerne jede Gelegenheit wahr, mit mir ein Schwätzchen zu halten und mir die letzten Neuigkeiten aus Saujon mitzuteilen.

Michel war ein waschechter Sohn der französischen Erde. Er war geistig beweglich, mitteilsam und besaß außerdem ein gutes Gemüt. Heute Morgen überraschte er mich mit den ersten Weintrauben der diesjährigen Ernte. Und auch an den vorhergehenden Tagen hatte er wiederholt mit edlen Früchten aus dieser Landschaft aufgewartet. Ich wurde nach Saujon wie auf eine einsame Insel verschlagen, doch erfuhr ich, dass es hier Menschen gab, die hin und wieder an mich dachten und mir eine Freude bereiten wollten. Es verhält sich im Leben oft so: Womit man am wenigsten rechnet, das trifft ein. Die wunderlichen Schachzüge des Lebens werden oft ohne unser Zutun gezogen.

Plötzlich änderte sich meine persönliche Lage. Der alte Lagerfeldwebel stand an einem schönen Septembermorgen unerwartet im Türrahmen meines Arbeitszimmers und sprach:

„Sieh mal an, Sie sind auch noch da! Ich werde Sie sofort nach Royan zurückbeordern. Für diesen Dienst hier scheinen Sie mir nicht geeignet. Mit dem Mittagszug können Sie wieder nach Royan zurückfahren."

Der Feldwebel war zurückgekehrt und hatte seine Rache genommen!

Mein Abgang von Saujon vollzog sich etwas unschön, doch die große Freude über meine Rückkehr nach Royan überdeckte im Augenblick alle meine Gemütsregungen. Nur eine Sache würde für mich immer unerledigt bleiben müssen: Während meines Aufenthaltes in La Rochelle versprach ich meinen gastfreundlichen Kameraden in der Schlesierkaserne, ihnen gelegentlich ein Paket mit guter Saujoner Landbutter zu schicken. Die gute Landbutter war in La Rochelle schon zu einer Rarität geworden. Meinem Mitarbeiter Michel erzählte ich von meinem Vorhaben, und er versprach mir, zum Wochenende einige Pfund guter Butter zu besorgen. Nun werden mich meine Kameraden in La Rochelle wohl für einen simplen Großsprecher halten!

Beim Mittagessen in Saujon erfuhr ich noch, dass der Lagerfeldwebel mit einigen Wochen gelinden Arrestes davongekommen war. Ich dachte: „Auch der Atlantikwall hat seine zwielichtigen Bausteine."

Der Hauptmann empfing mich in der Kompanieschreibstube mit ausgesuchter Höflichkeit. Er las aufmerksam den Grund meiner Zurückbeorderung. Ich erklärte ihm den ganzen Vorgang.

„Halten Sie über diese Dinge den Mund. Ich hörte auch schon einiges über die Angelegenheit munkeln. Im übrigen machen Sie sich darüber keine Gedanken. Morgen früh melden Sie sich wieder bei mir. Dann will ich sehen, was ich für Sie tun kann und mit Ihnen anfange. Ich werde außerdem dafür sorgen, dass Sie in den nächsten Tagen Ihren Heimaturlaub antreten können!"

Am Abend empfingen mich meine ehemaligen Kameraden, die zur gewohnten Zeit von ihrer Arbeit zurückkehrten, so freundlich wie immer.

# 4.
# GRAND HOTEL

## ERINNERUNGEN UND NEUES
### (Oktober – November 1943)

Das fahle Abenddämmerlicht fiel bereits in unser Zimmer. Mein Stubengenosse saß auf seiner Bettpritsche und las aufmerksam in einem Buche. Ab und zu schaute er verwundert zu mir auf, wenn ich wieder einmal unruhig von meinem Stuhle aufstand, einige Schritte durch das Zimmer machte, mich wieder an den Tisch setzte und doch nicht schrieb, obwohl ich alle Anstalten dazu traf. Es sollte der längst fällige Brief an meine Frau werden. Seit der Rückkehr aus meinem Heimaturlaub vor ungefähr drei Wochen hatte ich ihr noch nicht ausführlich geschrieben. Auch heute schien mir das Schreiben nicht recht zu gelingen. Ich vermochte mich nicht zu konzentrieren und fand nicht den rechten Anfang. Zu viele Dinge bewegten mich innerlich:

Der Hauptmann hatte mir einen dreiwöchigen Urlaub gewährt. Es waren Wochen der Glückseligkeit, aber auch des großen Abschiedsschmerzes. O, wie schön war es doch gewesen, wieder einmal ein Mensch, ein freier Zivilist zu sein, dessen Tagesablauf nicht mit einem „Jawohl“ beginnt und endet!

Ich suchte in den ersten Tagen meines Heimaturlaubes die Ruhe des Waldes und versuchte mir wieder einmal vergeblich Klarheit darüber zu verschaffen, wie es nur möglich sein konnte, dass ein so simpler und brutaler Narr wie Hitler so viele kluge und intelligente Menschen übers Ohr zu hauen vermochte, um nun selbstherrlich und unbeschränkt über sie zu bestimmen. Oder auch wie es nur möglich sein konnte, dass so viele selbstbewusste deutsche Männer ihren Stolz und ihre Menschenwürde aufgaben, um bedingungslos einem solchen Narren zu gehorchen. Und wie ein Bleigewicht lastete die Frage in mir: „Wie soll das alles enden?“

Meiner Frau ließ ich nichts von meinen Zukunftskümmernissen anmerken, und mein kleines Töchterchen plapperte lustig und fröhlich. Der Spätherbst hing noch in den bunten Blättern der Waldbäume. Doch morgens und abends stiegen schon dichte, weiße Nebel in unserem stillen Wiesentale auf.

Am Anfang des Urlaubs empfand ich es so: Eine lange Reihe, goldner freier Tage lagen noch vor mir. Sie schien unendlich lang zu sein. Und dann flogen diese Tage nur so davon. Sie vergingen im freundlichem Gespräch mit Frau und im hellen Auflachen unseres Kindes, im goldenen Sonnenschein, der durch das weit geöffnete Fenster hereindrang, im faulen Räkeln auf dem Chaiselongue, in erholsamen Spaziergängen über grüne Wiesen, in dem beschaulichen Blick vom hohen Berge auf die herbstbunte Welt... Man dachte nicht an das schnelle Vergehen dieser schönen Tage. Und dann waren es auf einmal nur noch vier, drei, zwei Tage.

„Morgen früh musst Du abfahren!“, meinte meine Frau traurig zu mir. Mich befiel ein tiefes Erschrecken. „Ja, morgen!“

Und am Abend sagte ich zu meiner Frau:

„Ich lasse Dir meinen Trauring hier. Man kann nie wissen!“

Und dann weinte sie still vor sich hin. Wir dachten an das Gleiche.

Jetzt war ich schon wieder drei Wochen hier in Royan und seelisch auf dem Nullpunkt angekommen. Das Soldatenspielen war mir auf einmal unerträglich geworden. Am liebsten wollte ich einfach davonlaufen. Nach Spanien? Unmöglich, meldete sich sofort meine Vernunft. Der Machtarm Hitlers reichte weit. Außerdem störte mich dabei mein Gewissen.

Ich saß noch immer wie angegossen auf meinem unbequemen Holzstuhl. Drüben im grauen Dämmerlicht des Novemberabends glitzerte die nahe Meeresbucht, an deren Gestade Royan lag. Plötzlich verspürte ich Lust, das Fenster weit zu öffnen. Die frische Abendluft tat mir gut und besänftigte meine erregten Sinne. Ich fühlte nun, wie meine seelischen Kräfte wieder zunahmen und meine Feder plötzlich wie von selbst über das Papier lief. Ich überflog noch einmal die Begebenheiten der letzten Wochen. Es hatte sich in der Tat nichts Wesentliches ereignet. Der Hauptmann hatte mich zu dem langweiligsten aller Stützpunkte abgeschoben. Auch die stille Hoffnung, meine alten französischen Freunde wiederzusehen, erfüllte sich nicht.

Ausgerechnet in diesem Gebäude musste ich landen! Dieses Hotel nahm sich von innen genauso trist aus wie von außen. Über vier Stockwerke zogen sich die zahlreichen Räume hin, die etwa von dreißig deutschen Soldaten belegt waren. Unten, im ersten Stock, befanden sich die ehemaligen Empfangsräume und Säle. An der Decke hingen noch immer die vielen Kristalllüster. Die Wände zierten noch die riesigen Wandspiegel. Aber der Glanz von gestern war längst entschwunden. Kein eifriger Geschäftsführer trat mehr im schwarzen Frack, weißgestärktem Hemd und leichten Verbeugungen aus dem großen Portal heraus auf die Freitreppe, um die illustren Gäste selbst zu begrüßen und zu verabschieden. In dem großen Festsaal fanden keine rauschenden Feste mehr statt, wo die Herren dunkle Gesellschafsanzüge trugen und die Damen in eleganter Toilette auftraten. Doch den Geist und die Seele des „ancien siècle" vermochte niemand, trotz der gegenwärtigen Leere und Verstaubtheit der Räume, ganz zu verdrängen.

Wer war eigentlich auf die Idee gekommen, aus diesem ungeeigneten Hotelbau einen militärischen Stützpunkt zu machen?

In den Kellerräumen und einigen Zimmern des ersten Stockwerkes lagerte Munition in ungeheueren Mengen: Artilleriegeschosse, Handgranaten, Leucht- und Gewehrmunition, Munition für die zahlreichen Maschinengewehre. Eine einzige, gut gezielte Fliegerbombe würde genügen, und alles flöge im Bruchteil weniger Sekunden hoch in die Luft. Wir saßen sozusagen auf einem Pulverfass, bei der nur jemand die Feuerlunte zu halten brauchte. Und das alte 7,5 cm Feldgeschütz, das wir jeden Morgen vor die Kaimauer, vor das Hotel, schieben mussten, stellte nur ein lächerliches Kinderspielzeug dar, gemessen an… Mir kam beim Anblick dieses Geschützes immer die alte Kanone aus dem Siebenjährigen-Krieg in den Sinn, die ein werbetüchtiger Gastwirt vor seinem Gasthof in der Nähe meiner Heimatstadt aufgestellt hatte.

Der Befehlshaber dieses Stützpunktes, der Stabsfeldwebel Guttaler, war im Zivilleben Maurermeister aus Kärnten. In seinem Antlitz stand ein ehrliches, freundliches Lächeln. Er verfügte über jenes angeborene Naturell, welches allen Dingen des Lebens nur die Sonnenseite abnahm.

Er war ein unkritischer Optimist. Er glaubte noch unvoreingenommen an alle Propaganda-Prophezeihungen des Dritten Reiches, die den deutschen Endsieg als die klarste und sicherste Angelegenheit in alle Welt hinausposaunten. Das Böse fand bei ihm keinen Eingang, da seine eigene Seele nur die wohlgemeinten Vorsätze von sich selber sah. Alle Lebensenttäuschungen gingen bei ihm spurlos vorüber. Trotz des Vexierspiels des Lebens blieb er in seinem Herzen ein reines, unschuldiges Kind. Die ihm unterstellten, abgebrühten Landser kicherten versteckt hinter seinem Rücken her. Seine Befehle bewirkten bei diesen Leuten höchstens ein vordergründiges Scheintun. Man betrachtete diesen Feldwebel als einen gutmütigen Trottel!

Ich reichte diesem Manne die stützende Hand und bemühte mich, ihm über die Widerwärtigkeiten hinwegzuhelfen, die bei der Verwaltung dieses Stützpunktes auftraten. Zwar besaß ich keine großen Erfahrungen in militärischen Dingen und hatte selbst auch kein Talent, einen mustergültigen Soldaten abzugeben. Doch ich wusste, wie man einem Vorgesetzten formgerecht zu schreiben hatte und was seine Leute zu tun hatten, um sie nicht den letzten moralischen Halt verlieren zu lassen. Der Stabsfeldwebel freute sich deshalb sehr über meine Anwesenheit, denn instinktiv fühlte er seine Unzulänglichkeit als Autoritätsperson dieses Stützpunktes.

Mein Aufgabenbereich wurde daher auf einmal sehr umfassend. Er begann mit der ordnungsgemäßen Lagerung und Betreuung der Munition und endete damit, jederzeit dem Stabsfeldwebel hilfsbereit zur Seite zu stehen. Wenn ein höherer Offizier zur Besichtigung des Stützpunktes erschien, verließ der Feldwebel fluchtartig das Hotel. Aus seinem gesunden Instinkt heraus scheute er das Gespräch mit den „hohen Tieren" und überließ mir die unangenehme Führung eines solchen Herrn durch den Stützpunkt. Ich musste nun ständig im Hintergrund für den Stützpunktleiter bereitstehen. Mein Rang als einfacher Pioniersoldat entsprach nicht dieser einflussreichen Stellung. Ich versöhnte meine rangmäßig über mir stehenden Kameraden dadurch, dass ich auch den niedrigen Dienst mitmachte, insbesondere den wenig geschätzten Wachdienst. Jetzt hatte ich immer voll zu tun und keine Zeit mehr für geruhsame Spaziergänge in die nahe Stadt.

# VERSCHIEDENE VORFÄLLE
## (November-Dezember 1943)

Eine Woche nach Abfassung meines ausführlichen Briefes an meine Frau trat ich wieder einmal um Punkt acht Uhr abends meinen Wachdienst an. Der ehemalige Empfangsraum des Hotels diente als Wachraum für die Nacht. Sechs Bettmatratzen mit dicken Wolldecken standen an einer Wandseite des Raumes, worauf sich die Leute, die nicht gerade ihren Wachdienst versahen, ausruhen durften. Wenn der Wachkommandoführer ruhte, musste einer von den Wachmannschaften stellvertretend an seinem kleinen Tisch, auf dem eine Tischlampe und ein Telefon standen, Platz nehmen. Die Nachtwache draußen währte in der Regel zwei mal zwei Stunden.

Nach zwölf Uhr nachts herrschte auf der vor dem Hotel vorbeiführenden Quaistraße absolute Ruhe, welche nur gelegentlich von einem betrunkenen Soldaten unterbrochen wurde. Wir nahmen diese Betrunkenen meist nicht wie angeordnet „ins Gebet“ oder mit auf die Wache, sondern leiteten sie mit wohlgemeinten Mahnungen und Ratschlägen weiter, damit sie nicht einer Feldgendarmeriestreife direkt in die Arme liefen. Sonst gab es nur Stille und Einsamkeit und das Wellenrauschen des nahen Ozeans.

Die Innenstadt von Royan drüben am jenseitigen Ufer war in eine undurchdringliche Dunkelheit gehüllt. Man ging gelangweilt einige zwanzig Schritte auf und ab, und das klappernde Geräusch des am Koppel hängenden Stahlhelms und das Auftreten der genagelten Stiefel auf das Pflaster verursachten die wenigen Laute, welche uns ständig begleiteten.

Meine Armbanduhr zeigte ein Uhr an. Das grölende Singen eines betrunkenen Mannes drang wieder einmal, etwas ungewöhnlich für diese fortgeschrittene Stunde, in mein Ohr. Ich bereitete mich daher insgeheim auf die Rolle des freundlichen Ratgebers vor. Aber wen erblickte ich da zehn Meter vor mir in dem Lichtkegel meiner Taschenlampe? Nein, ich täuschte mich nicht! Ich erkannte eindeutig das fette, rote Bulldoggengesicht des Majors aus Saujon, der mich damals in einer so unangenehmen Weise visitierte. Er befand sich offensichtlich in einem stark berauschten Zustand. Was sagte er noch in Saujon zu mir? „Das nächste Mal werde ich Sie einsperren lassen!“ „Jetzt ist die Reihe an ihm!

Ein Wachposten ist Herr über Tod und Leben, auch wenn vor ihm ein General stehen sollte." Wurde uns dieser Satz in den zahlreichen Instruktionsstunden nicht immer wieder eingebläut? Der Versucher hatte schelmisch lächelnd die Hand auf meine Schulter gelegt und hatte mir zugeflüstert: „Los ran!"

Ich ließ den Major auf fünf Meter herankommen und rief:

„Parole!"

Ich wusste genau, dass dem Manne in seinem Zustand die Abgabe einer lästigen Parole sehr schwerfallen dürfte, und siehe da, es traf alles so ein, wie ich es mir gedacht hatte. Der Major antwortete trotzig:

„Schei...Parole!"

„Begeben Sie sich bitte sofort zur Wachstube!", rief ich, als wäre ich sehr entrüstet.

„Kommt gar nicht in Frage!", bellte er mir entgegen.

Insgeheim hatte ich mir eine solche Antwort gewünscht. Ich riss nun vorschriftsmäßig mein Gewehr von der Schulter, hielt dem Major die Waffe dicht unter die Nase und sagte jede Zahl besonders akzentuierend: „Eins... zwei... und..."

Die letzte Zahl brauchte ich nicht mehr auszusprechen. Ich hatte die Feigheit dieses Menschen richtig in mein Kalkül einbezogen. Mit plumpen, eiligen und torkelnden Schritten schwankte er die Freitreppe des Hotels hinauf zum Wachlokal. Die Waffe richtete ich noch immer drohend hinter ihm her, bis er in der Hoteltür verschwunden war. Eine halbe Stunde später kam der Major laut polternd und schimpfend wieder die Treppe herunter. Ich störte mich nicht an dem Geschrei des davon schwankenden Offiziers.

Schon in der Frühe des nächsten Tages teilte mir der Stabsfeldwebel mit, dass eine telefonische Beschwerde des Majors eingelaufen sei. Der Mann habe ihm erklärt, dass er seine Beschwerde an höhere Stelle weitergeben werde.

„Das soll er ruhig tun", erwiderte ich und beschwichtigte den aus der Fassung geratenen Feldwebel, der in jedem höheren Offizier eine Art Herrgott sah. Noch am gleichen Nachmittag kam der entscheidende Anruf von der Festungskommandantur. Zufällig befand ich mich im

Zimmer des Stabfeldwebels. Auf meinen Wunsch überließ der Feldwebel mir den Telefonapparat. Die Stimme im Telefonapparat brummte:

„Herr Major Müller hat sich beim Festungskommandanten darüber beschwert, dass ein Wachposten Ihres Stützpunktes ihn auf das gröbste beleidigt und schikaniert habe. Ich ersuche Sie daher im Auftrage des Festungskommandanten, sofort zu diesem Vorfall Stellung zu nehmen!“

Zunächst bat ich den Sprecher einmal um seinen Namen und antwortete ihm sodann:

„Ich belobige den fraglichen Wachposten. Der Mann tat seine Pflicht. Ein betrunkener, ihm unbekannter Offizier verweigerte um ein Uhr nachts die ordnungsgemäße Abgabe der Parole, wobei er unflätige Worte ausstieß. Nur unter Drohung mit der Waffe ließ sich dieser Offizier bewegen, zwecks Überprüfung seiner Personalien in die Wachstube zu begeben. Alle dort anwesenden Soldaten können bezeugen, dass der Major eine für einen deutschen Offizier unwürdige Haltung einnahm.“

„Ich danke Ihnen für diese Aufklärung!“, erwiderte die Stimme im Telefon. „Das hört sich ganz anders an als die Aussage des Majors Müller. Der Fall ist für Sie erledigt.“

Jetzt beruhigte sich auch der Feldwebel.

Ich blickte einige Minuten nach diesem Gespräch auf die Straße hinaus und bemerkte, wie heute ausnahmsweise ein junges Mädchen über die Straße ging, die vor dem Grand Hotel vorbeiführte. Ein solcher Anblick war uns hier im allgemeinen nicht vergönnt, denn schöne, begehrenswerte Frauen waren im Grand Hotel in eine weite, unerreichbare Ferne gerückt. Es gab nur einige ältere, unansehnliche Putzfrauen, die an einigen Wochentagen die unteren Räume und die Korridore des Hotels reinigten. Ansonsten kam uns kein weibliches Wesen zu Gesicht.

„Wir sind von aller Welt abgeschnitten!“, klagte der Gefreite Ruschmüller, der immer gern einem schönen, jungen Mädchen nachschaute und nun überall vergeblich danach Ausschau hielt.

Da kamen einige Freunde Ruschmüllers auf eine lustige Idee, ihm doch noch zu einer Abwechslung zu verhelfen. Sie legten ihm eines abends unbemerkt eine mit Reizwäsche bekleidete große Modellpuppe, die sie in irgendeinem Royaner Geschäft aufgetrieben hatten, in sein Bett. Am anderen Morgen verriet Ruschmüller kein Sterbenswörtchen von seiner nächtlichen Überraschung. Kein Mundwinkel zuckte bei ihm, und seine Augen schauten so ruhig und ernst drein wie immer. Aber die Modellpuppe lag am nächsten Abend ebenso still und heimlich im Bett des vermeintlichen Übeltäters. Jetzt wanderte die Puppe nächtens von Bett zu Bett und keiner wusste offiziell davon. Es hieß nur:

„Das treulose Mädchen von Ruschmüller ist auf Wanderschaft."

Eines Tages ereilte diese Puppe jedoch ihr längst verdientes Schicksal. Ein sittlich empfindsamer, älterer Kamerad, der keinen Spaß verstand, verbrannte die aus Stoff und Holzwolle bestehenden Einzelteile der Modellpuppe einfach in seinem Zimmerofen. Den Porzellankopf aber mit seinen rosarot angestrichenen Bäckchen, mit den wasserblauen Glasaugen fasste er wütend an dem hellblonden, gut ondulierten Haarschopf und zerschlug ihn auf dem harten Fußboden. Jetzt raunte es durchs Grand Hotel:

„Ruschmüllers Braut hat uns durch den Schornstein wieder verlassen."

Dieser aber sehnte sich immer noch vergeblich nach zwei blonden Mädchenzöpfen. Wir aber hatten alle Verständnis für seine Sehnsucht.

Seit einigen Tagen wehten die Herbststürme besonders heftig. Furchtbar war die Gewalt dieser Stürme, die von der Biskaya in unsere kleine Bucht drangen. Die Männer von der Wache konnten kaum noch ihrem Dienst nachgehen. Die Bucht vor uns glich einem mit Wasser gefüllten, brodelnden Kessel, der überkochen wollte. Obwohl die drei Meter hohe, dicke Quaimauer uns schützte, war es, als ob die ungebärdigen, wilden Flutwellen sie jeden Augenblick zum Einsturz bringen könnten. Einige Wellen schlugen sogar über die hohe Mauer hinweg, spritzten mir Wasser ins Gesicht und überfluteten die breite Quaistraße. Alle Elemente schienen entfesselt zu sein, und sogar die kahlen Laubbäume an der Seite der Straße peitschten mit ihren nackten Zweigen wie besessen durch die Luft.

Ich sah dem ungebärdigen Toben der Sturmflut ohnmächtig zu. Einige bläulichweiße Möwen flogen dicht über meinen Kopfe und sausten dahin, als wollten sie mit den rasenden Wellen und den dahinjagenden Wolken an Geschwindigkeit wetteifern.

***Das Grand Hotel vor dem Krieg***

Plötzlich rief ein Kamerad, der mit mir draußen an der Quaimauer stand: „Die Artillerieübungsscheibe ist los!“

In der Tat hatte sich diese große Holzscheibe, die wir uns zu Übungszwecken von einer Marineabteilung ausgeliehen hatten, von ihrer Verankerung losgelöst und trieb schon in zwanzig Metern Entfernung in der Bucht umher. Ich setzte sofort den Stabsfeldwebel davon in Kenntnis. Der Feldwebel schaute sich mit mir gemeinsam die immer weiter in die Bucht hinaustreibenden Scheibe an und meinte:

„Wir müssen unbedingt die ausgeliehene Scheibe herbeischaffen!“

„Unmöglich!“, sagte ich.

Doch der Stabsfeldwebel trommelte alle Leute des Stützpunktes zusammen. Eine andere große Flutwelle hatte die Scheibe inzwischen etwa zweihundert Meter seitwärts abgetrieben. Sie näherte sich wieder der Quaimauer.

„Wer wagt es, sie wieder aus der See herauszufischen?“, fragte der Stützpunktleiter uns alle.

Der Obergefreite Hoch meldete sich. Wir umschnürten seinen Leib mit dicken Stricken und gaben ihm ein Tau mit einer großen Schlinge in die Hand.

Es war ein tolles Unterfangen! Ein wildes Fangspiel begann, dessen Ausgang völlig ungewiss war. Immer wieder entwischte Hoch die Scheibe. Aber der Mann stand wie ein Fels auf dem kleinen Plateau, auf welches wir ihn mit Stricken herabgelassen hatten. Schließlich, nach unendlichen Mühen, gelang es dem tollkühnen Obergefreiten, die Scheibe in seine Schlinge zu bekommen. Wir atmeten erleichtert auf. Das ganze Manöver hätte auch schiefgehen können.

Über vierundzwanzig Stunden tobte der wilde Sturm ums Grand Hotel. Und noch im Schlafe hörte ich das Brausen des Meeres.

Die vor dem Gebäude angerichteten Verwüstungen waren groß. Wir hatten alle Hände voll zu tun, um die Schäden wieder zu beseitigen und die verschlammte Straße in Ordnung zu bringen.

Eines Tages trat ein Ereignis ein, dass mich aufscheuchte. Der Stabsfeldwebel war wie vom Erdboden verschwunden! Vor mir stand ein Subalternoffizier und fragte mich:

„Wo ist der Stützpunktleiter?“

Ich antwortete diplomatisch: „Zu einer Besprechung zum Kompaniechef nach Pontaillac und zum Festungskommandanten.“

„Wer ist hier Waffen- und Gerätewart?“, fragte er weiter.

„Leider ich!“, erwiderte ich.

„Gut“, sagte er, „ich bin mit der Kontrolle aller Waffen und Geräte vom Festungskommandanten beauftragt worden. Auch Sie können mir alles zeigen. Das Wörtchen ‚leider‘ dürfen Sie sich ruhig sparen!“

Nachdem ich seinen Dienstausweis eingesehen hatte, wandelten wir beide treppauf und treppab. Die Bestandslisten in der Hand haltend durchschritt er mit mir alle Räume. Bei den Artilleriegeschossen zählte er sogar jedes einzelne Stück nach. Die Zahl stimmte auf Anhieb. Gott sei Dank! Ich hatte jetzt sogar das Empfinden, als wenn die Amtsstrenge seines Gesichts sich gelockert hätte. Er sagte:

„In den oberen Hotelräumen darf die Munition nicht liegen bleiben!“

„Uns fehlen in diesem Hotel leider die geeigneten Unterbringungsmöglichkeiten“, entgegnete ich.

Er nickte und sprach: „Freilich, auch mir erscheint dieses Hotel für kriegerische Zwecke wenig geeignet!“

„Ein Pulverfass“, kommentierte ich. Wir verstanden uns beide.

Die Munitionskisten wurden genau auf ihre Stückzahl hin überprüft. Die Waffen zählte er wieder einzeln. Zuletzt kamen noch die „eisernen“ Lebensmittelbestände an die Reihe, die im Keller lagerten. Ich atmete erleichtert auf. Es stimmte alles, trotz des ewigen Durcheinanders im Grand Hotel. Es hätte sich ebenso gut durch eine unglückliche Verlagerung der Bestände irgendein kleiner Fehlbestand ergeben können. Mir fiel ein Stein vom Herzen! Der Kontrolloffizier hatte nur ganz wenig zu beanstanden. Alle Maschinengewehre und Waffen waren gut durchgeölt, und die Munitionskästen standen wohl geordnet in den unpassenden Räumen.

„Die Artilleriemunition muss aber unbedingt in die sicheren Kellerräume verlagert werden!“, erklärte er zum Schluss noch einmal.

„Wenn eine schwere Bombe trifft, schlägt sie ganz gewiss auch durch die dünne Kellerdecke“, wandte ich höflich ein.

„Sie mögen recht haben“, meinte er, „aber beim Militär sind die Befehle nun einmal dazu da, dass sie ausgeführt werden!“ Er lächelte dazu und ging.

Eine halbe Stunde später kam der Stabsfeldwebel zurück. Er hatte sich wieder einmal bei der Ankunft des Kontrolloffiziers verdrückt.

„Es hat alles geklappt!“, sagte ich nur, und er freute sich.

Wir verlagerten, wie der Kontrolloffizier angeordnet hatte, einen Teil der Munition in die Kellerräume und ordneten die Artilleriegeschosse in neue Gestelle ein. Das Grand Hotel blieb trotzdem ein leicht entzündliches Pulverfass!

Von einer übergeordneten Stelle erging an uns die Aufforderung, die französischen Eierhandgranaten, die auch zu unseren Munitionsbeständen gehörten, auf ihre Zündfähigkeit hin zu überprüfen. Klagen waren laut geworden, dass die Zündungen dieser Granaten bei einer Übung versagt hätten.

So zogen wir denn eines Morgens in einen entlegenen Steinbruch in der Nähe von Saint-Georges, um die beanstandeten Handgranaten zu überprüfen. Schon die ersten Würfe brachten die ganze Misere an den Tag. Der äußere Mechanismus dieser Granaten funktionierte zwar noch ausgezeichnet. Aber die Handgranaten verhielten sich im entscheidenden Augenblick so stumm wie Fische im Wasser. Wir brachten daher alle Eiergranaten, nachdem wir deren Zündschnur entfernt hatten, zu einem in unmittelbarer Nähe sich befindlichen Schuttabladeplatz.

Heute Morgen trat der Stabsfeldwebel mit einer delikaten Angelegenheit an mich heran, deren innere Zusammenhänge mir schon lange bekannt waren:

Der Obergefreite Jakob Hundt war ein typischer Quartalssäufer. Auch der Krieg und die besonderen Zeitumstände hatten keinen dämpfenden Einfluss darauf genommen. Im Gegenteil, wir hatten den Eindruck, als habe die unruhige Zeit seine Neigung zum Suff noch gefördert. Im nüchternen Zustand war Jakob ein durchaus passabler, anstelliger und verträglicher Mensch. Seine handwerklichen Fähigkeiten konnte man im Rahmen einer Baukompanie sogar gut gebrauchen. Aber da er meist betrunken war und daher unzuverlässig wurde, hatte der Hauptmann ihn einfach ins Grand Hotel abgeschoben.

„Jakob“, sagte ich eines Tages zu ihm, „Du wirst einmal im Alkohol ertrinken wie eine Wespe in einem mit Sirup gefüllten Topf!“

„Macht nichts!“, erwiderte er mir. „Besser mit dem Gefühl der höchsten Glückseligkeit gestorben als ewig mit einem nüchternen Geist in der letzten Trübsal herumgesponnen.“

Gegen seine Lebensphilosophie war nicht viel einzuwenden.

So kam es, dass der Gefreite Friedel Quast gestern Abend über eine halbe Stunde auf seine Ablösung vom Wachdienst warten musste. Sein Ablöser war Hundt. Ich sah zufällig Quast auf Hundt wartend an der Quaimauer stehen. Er fragte mich:

„Hast Du den Jakob nicht gesehen?“

„Soviel ich weiß, ist er heute Nachmittag zur Schreibstube nach Pontaillac gegangen und muss jeden Augenblick zurückkommen.“

Eine halbe Stunde später hörte man Jakob grölend vorm Grand Hotel ankommen. Bei genauem Hinhören konnte man auch die Melodie des Liedes erkennen: *„Ich hab mein Herz in Heidelberg verloren…"*

Quast rief nun ungeduldig Hundt entgegen:

„Jakob, wo bleibst Du denn nur? Du musst mich doch vom Wachdienst ablösen!"

*„in einer lauen Sommernacht…"* sang Jakob weiter und kam vor Quast an.

„Mensch, lass mich erst einmal in Frieden dieses schöne Lied aussingen! Du bist auch keine Spur musikalisch."

Hundt grölte den Schlager bis zum letzten Vers und Quast musste darüber lachen, obwohl ihm gar nicht zum Lachen zumute war.

„Und jetzt zur Sache!", lallte sodann der Jakob. „Ich bin doch nicht verrückt. Warum sollen wir denn hier noch Wache schieben? Erstens passiert hier niemals etwas! Und zweitens: Wir verlieren den Krieg sowieso, ob wir hier Wache schieben oder nicht. Friedel, ich rate Dir gut, wirf Dein Gewehr über die Quaimauer da! Ich meinerseits habe die ernste Absicht, heute Abend keine Wache vorm Grand Hotel zu schieben."

„Jakob, mach keine Scherze! Du musst mich jetzt von der Wache ablösen. Ich schiebe schon eine Dreiviertelstunde für Dich Wache. Besitzt Du denn überhaupt keine kameradschaftlichen Gefühle mehr?"

Hundt setzte sich auf die Quaimauer und fing an laut zu lachen, so laut, dass ihn der wachhabende Unteroffizier Groß in der Wachstube hörte und herauskam.

„Jakob, Befehl! Stahlhelm und Gewehr sofort holen und hier zum Wachdienst antreten!"

Doch Jakob blieb ruhig auf der Mauer sitzen und lachte den Unteroffizier laut aus, als gingen ihn seine Worte gar nichts an. Nun schüttelte auch der Unteroffizier den Kopf: Mit Hundt war heute wieder einmal nichts anzufangen.

„Ich werde für eine andere Ablösung sorgen", sagte der Unteroffizier zu Quast gewandt. „Warten Sie einen Augenblick!" und verschwand in der Wachstube.

Quast trat nun an Hundt heran und gab ihm links und rechts eine schallende Ohrfeige. Das ließ sich Hundt nicht gefallen. Es gab nun ein richtiges Handgemenge, bei dem Quast der Unterlegene war.

Der Unteroffizier und der mit ihm zugleich erschienene Gefreite Bruse sahen sich eine Weile dieses Handgemenge an, dann sprangen sie dazwischen und rissen Hundt von seinem Opfer los. Hundt brüllte laut auf, als die beiden Männer ihn gewaltsam zwischen sich nahmen. Er rief unentwegt:

„Es wird von heute an keine Wache mehr geschoben! Ich bestimme dies Kraft meines gesunden Menschenverstandes!"

Erst als der Unteroffizier Hundt die Pistole unter die Nase hielt, bequemte er sich, mit ins Grand Hotel zu gehen, wo er in Arrest genommen wurde. Sie schlossen die Tür von außen ab. Mit seinen Stiefeln stieß Hundt nun in ohnmächtiger Wut gegen die verschlossene Tür und schrie: „Vergewaltigung, Vergewaltigung! Wo bleiben hier die Menschenrechte!"

Ja, und diese peinliche Geschichte, die mir der Unteroffizier Groß schon gestern Abend brühwarm erzählte, teilte mir auch der Stabsfeldwebel noch einmal mit und sagte:

„Der Obergefreite Jakob Hundt ist in dieser Woche schon dreimal total betrunken zum Dienst erschienen. Gestern Abend hat er sogar die Kameraden, die für ihn zum Wachdienst einsprangen, an der Ausübung ihres Dienstes zu hindern versucht. Soll ich hier einmal energisch durchgreifen?"

„Ganz gewiss, Sie müssen hier etwas tun, wenn Sie sich nicht zum Gespött von ganz Royan machen wollen", war meine Antwort.

Ich hütete mich, mich in diesem Zusammenhang über meine Vorstellung zu ähnlichen Fällen zu äußern, die aber auf das Schuldkonto der vorgesetzten Dienststelle zu buchen waren.

Zur mitternächtlichen Stunde einer stockfinsteren Nacht stand ein junger Franzose in völlig berauschtem Zustand vor dem Grand Hotel und sagte zu mir:

„Fernandel, das Leben ist so schön! Da gibt es nur einige engherzige Deutsche, die gönnen mir noch nicht einmal dieses lustige Abendstündlein. Prosit!"

Sodann nahm er aus einer halbgefüllten Weinflasche, die er aus seiner Rocktasche zog, einen Schluck und schaute mich groß an. Ich hörte den Wein in seinem Bauche gluckern.

Dieser junge Mann, Louis Garnet, hatte im Stützpunkt 29 oft mit mir gearbeitet, war stets ein lustiger und lebensfroher Geselle gewesen und wartete seinen Arbeitskollegen gern mit einem kleinen Späßchen auf.

Louis stak in diesem Augenblick in einer peinlichen Klemme. Er war auf der Flucht vor der Feldgendarmerie. Seit einigen Tagen hatte man die allgemeine Feierabendstunde für Zivilisten um einige Stunden vorgezogen. Wehe den Franzosen, die sich jetzt noch zu einer späteren Stunde auf der Straße blicken ließen! Ich sagte deshalb leise zu ihm:

„Jeden Augenblick kann die Feldgendarmerie hier vorbeikommen. Verhalten Sie sich zuerst einmal mäuschenstill, damit diese Herrschaften nicht zusätzlich durch Ihr lautes Sprechen auf Sie aufmerksam werden!"

„Das ist es ja gerade. ‚Die Kettenhunde' sind hinter mir her, und ich glaube, dass sie bald hier sein müssen", entgegnete er lachend.

„Was soll ich jetzt nur mit Ihnen anfangen?", fragte ich, ihn ratlos anschauend. Louis lachte noch immer.

Vor der Quaimauer hatte man für den Ernstfall in einem Stollen einige hundert Artilleriegeschosse eingelagert. In diesen Stollen stieß ich den Franzosen nun hinein und leuchtete gleichzeitig das Dunkel des Raumes mit einer Taschenlampe ab, damit er es sich auf einigen dort liegenden Sandsäcken bequem machen konnte. Es verlief danach nahezu alles planmäßig. Fünf Minuten später trafen die Feldgendarmen ein.

„Haben Sie einen jungen französischen Zivilisten gesehen?"

Ich verneinte: „Vor etwa acht Minuten hörte ich das Geräusch eines Fußgängers hinterm Grand Hotel. Ich darf aber leider meinen Platz nicht verlassen, um auch dort nach dem Rechten zu sehen!"

„Schade!", sagten die beiden Feldgendarmen wie aus einem Munde, „das ist er bestimmt gewesen. Aber das Ganze ist trotzdem kaum zu glauben. Wir gabelten diesen Mann in einem betrunkenen Zustande in der Innenstadt Royans auf. Er beleidigte uns noch durch die Worte ‚ihr Kettenhunde'. Dann riss sich dieser unverschämte Bursche plötzlich von uns los und rief uns noch laut nach ‚Boches'. Vor dem Ehrenmal verloren wir ihn aus unseren Augen. Er bewegte sich in Richtung Grand Hotel und müsste Ihnen eigentlich direkt in die Arme gelaufen sein!"

„Dann ist er wahrscheinlich kurz vorher in eine Seitenstraße eingebogen und versucht, in den nahen Wald zu entkommen. Es tut mir leid, Ihnen nicht behilflich sein zu können“, antwortete ich ihnen und nahm meinen Wachdienst wieder auf. Die beiden Gendarmen verschwanden daraufhin in der von mir angezeigten Seitenstraße.

Ich schritt noch über eine Stunde vor dem Grand Hotel herum, ehe ich wagte, mich in den Stollen zu begeben. Grell ließ ich den Scheinwerfer meiner Taschenlampe auf den Gesichtszügen des ruhig schlafenden Mannes spielen. Erst durch einige heftige Rippenstöße gelang es mir, den Schläfer wieder ins Bewusstsein zurückzurufen. Er schaute mich ganz erschrocken an: „Wo bin ich?“ „In einem sicheren Gewahrsam!“, witzelte ich. Dann wurde ihm die ganze Situation wieder klar.

„Sie müssen unbedingt weiter! Gleich kommt meine Wachablösung.“ Als er den Stollen verlassen hatte, führte ich ihn die kleine Treppe an der Quaimauer hinunter und sagte zu ihm:

„Gehen Sie etwa fünfhundert Meter in Richtung St. George weiter! Sie wissen ja Bescheid. Aber halten Sie sich immer an der Quaimauer, denn die Flut beginnt schon aufzukommen. Dann stoßen Sie auf die Ihnen bekannte kleine Treppe, die wieder zur Quaimauer hinaufführt, und Sie befinden sich dann auf der breiten Landstraße. Der schützende Wald ist von dort nicht mehr weit.“ Der Vollmond zeigte dem Flüchtigen den Weg.

„Keine Vorkommnisse!“, wusste ich nur zu berichten, als ich von meinem Wachdienst abgelöst wurde. Ich ging erleichtert die große Hoteltreppe hinauf, froh darüber, dass alles gut abgelaufen war.

Meine Gedanken verweilten jetzt mehr als vorher in der Heimat, denn das Weihnachtsfest stand vor der Tür. Doch sang- und klanglos verflossen die hohen Feiertage. An das Weihnachtsfest erinnerte ich mich nur wegen der etwas größeren Fleischportionen zum Mittagessen, zu dem noch einige Süßigkeiten gereicht wurden. Zu Silvester fehlte der übliche Punsch. Wir gingen wie gewohnt unserem Wachdienst nach.

Es war eigentlich nichts über dieses Weihnachtsfest zu berichten, das die Deutschen als ihr gemütlichstes Fest bezeichnen, auch nicht über jene Nacht, die einen vergangenen, unruhigen Zeitabschnitt von dem zukünftigen Jahre schied, von dem man noch nicht wusste, ob er endlich das längst erwartete dicke Ende des nationalsozialistischen Regimes bringen würde. Nur eine Kleinigkeit wäre für diese Tage noch zu sagen:

Der Stabsfeldwebel klopfte wieder einmal an meine Zimmertür. Seine feine Schnuppernase hatte in der Silvesternacht gerochen, dass in irgendeiner Stube des Hotels ein guter Kaffee gebraut worden war, und nun stieg der stille Verdacht in ihm auf, dieser Kaffee käme aus der im Grand Hotel unter sicherem Verschluss lagernden „eiserne Reserve".

„Ich muss noch einmal an unserem guten Kaffee im Keller riechen!", sagte er zu mir.

Wir zogen gemeinsam zu dem Vorratsraum, da ich allein im Besitze des Schlüssels war, der uns alle Herrlichkeiten erschließen konnte. Ich öffnete alle Kisten und Kästen und siehe, der gute Bohnenkaffee war noch da, an dem der Feldwebel mit seiner Nase roch und dabei sagte:

„Der Geruch dieses Kaffees ist für mich unwiderstehlich!"

Was er wirklich dachte, darüber kam kein Wort über seine Lippen. Es stand einwandfrei fest, dass die Kaffeetrinker in der Silvesternacht nicht aus diesen Vorräten geschöpft hatten! Der Stabsfeldwebel ließ es sich auch nicht entgehen, an dem echten chinesischen Tee zu riechen, sowie die Erdbeerdosen und alle sonstigen Leckereien Revue passieren zu lassen. Ich hatte mir schon längst über diese Vorräte, die in jedem Stützpunkt unter strengstem Verschluss standen, meine eigenen Gedanken gemacht. Würde das neue Jahr enden, wie jeder denkende Mensch es jetzt schon mutmaßen konnte, dann müssten wir diese Vorräte in die Luft sprengen oder sie fielen unversehrt in feindliche Hände. Mit unserem Gaumen würden die Leckerbissen niemals in Berührung kommen!

## JANUAR/FEBRUAR 1944

Dicht und flockig fiel heute der Schnee vom grauen Himmel. Wie lange war ich diesen Blick nicht mehr gewöhnt! Winter an der Gironde! Ein weißes Märchen aus dem Nordland. Es schneite ununterbrochen. Auf diesem oder jenen Dache der Nachbarhäuser blieb schon etwas Schnee haften. Und sogar auf der dunklen Erde der Bürgersteige und auf der breiten Quaimauer bildete sich bereits eine dünne Schicht.

Nur die breite, asphaltierte Straße wollte durchaus die weiße Pracht nicht akzeptieren. Nur wenige Minuten brauchte die dem Boden noch anhaftende, warme Feuchtigkeit, um den Schnee wieder in das Grau seiner Umgebung zu verwandeln. Der Winter an der Girondemündung leuchtete und glänzte nicht in glitzerndem Weiß. Er war sozusagen nur ein Augenblickskind. Der Schnee verging wieder so schnell wie er gekommen war. Und auch die Dächer und Mauersimse, an denen er etwas länger haften geblieben war, nahmen schnell wieder die Farbe ihres üblichen Alltags an. Das weiße Märchen aus dem Nordland an der Girondemündung weckte in mir nur eine leichte Wehmut und die stille Sehnsucht nach Winter, Heimat und lustiger Eisbahn.

Jetzt, da mich dieses Schneetreiben an die Heimat erinnerte, wurde es mir auf einmal wieder bewusst, wie die Präsenz eines nagenden Gewissens: Zweihundert Reichsmark hatte mir mein Friseur während meines Heimaturlaubs gegeben, als ich mich in seinem Salon verschönern ließ, und dabei gesagt: „Du kannst mir dafür in Frankreich einige gute Fressalien auftreiben. Frankreich ist noch ein Land, wo Milch und Honig fließen."

Obwohl ich das verneint hatte und ihm sagte, dass in Frankreich keine Reichsmarkscheine, sondern nur deutsche Darlehensscheine angenommen würden, meinte er: „Ich vertraue auf Deinen Spürsinn." „Ich kann für nichts garantieren!", hatte ich ihm noch geantwortet.

Nun drückten mich seit mehr als acht Wochen diese Reichsmarkscheine. Beim besten Willen vermochte ich sie nicht gegen gute Ware einzutauschen und mein überschüssiger Sold war für die Wünsche meiner Frau reserviert. Als mich die Reichsmarkscheine wieder einmal in meiner Brieftasche quälten, nahm ich einen Teil von dem Geld, welches für meine Frau bestimmt war und kaufte von einem mir unbekannten, deutschen Soldaten, fünfhundert Gramm Kakaopulver.

„Direkt aus Spanien! Gestern brachte es ein Freund von mir von der spanischen Grenze mit", erklärte er mir.

Ich war froh, dieses Kakaopulver dem Friseur schicken zu können.

Später bekam ich von meiner Frau einen Brief, in dem stand:

„Ich traf Dienstagnachmittag die Frau Deines Friseurs, und da sie mir ein so böses Gesicht machte, sprach ich sie einfach daraufhin an.

„Das Kakaopulver, welches Ihr Mann uns geschickt hat, bestand nur aus einem Gemisch von gemahlenen Kakaoschalen und echtem Pulver. Man kann dieses Zeugs beim besten Willen nicht trinken!"

Der mir unbekannte deutsche Soldat hatte mich also betrogen, und ich war dabei meine guten Frankenscheine losgeworden. Ich würde die Reichsmarkscheine wohl bis Kriegsende mit mir rumschleppen müssen.

Der größte Teil meines Frankensoldes diente meiner zusätzlichen Verpflegung. Mit der Zeit wurde jedem die eintönige Kompaniekost überdrüssig. Man wünschte sich etwas anderes als den nach immer gleichen Rezepten gewürzten, in überdimensionalen Kesseln gekochten und verrührten Speisebrei mit einer kleinen Zugabe von Sago. Man sagte dieser Beimischung nach, sie bewirke, dass wir nicht übermütig würden. Auch war es uns längst zuwider, jeden Tag mit ansehen zu müssen, wie ein schmuddeliger Koch mit einem großen Schöpflöffel die Speisebrühe lieblos in unser blechernes Kochgeschirr klatschte.

Ich entdeckte einige Straßenzüge vom Grand Hotel entfernt ein kleines, sauberes, auf gute Küche bedachtes Restaurant. In gewissen Zeitabständen suchte ich nun mittags dieses Speiselokal auf, um meinem Magen gelegentlich zu einem etwas delikaterem Genuss zu verhelfen.

Die französische Küche war sehr phantasiereich und stand in großem Kontrast zu der uns gereichten Massenkost. Man saß außerdem auch wieder einmal wie ein zivilisierter Mensch an einem sauber gedeckten Tisch, aß von guten Porzellantellern und nahm die Speisen mit silbernen Bestecken zu sich, welche von einer höflichen Kellnerin gereicht wurden. Nach dem Mittagessen verweilte man gerne noch ein Stündchen am Tisch und trank gemächlich sein Gläschen Wein.

Als ich mich heute Mittag wieder einmal in das kleine Restaurant begeben und mich dazu beim Stabsfeldwebel beurlauben lassen wollte, sagte er völlig unerwartet zu mir:

„Ich gehe heute auch einmal mit!"

„Und wer bleibt da, wenn plötzlich unerwarteter Besuch im Grand Hotel eintreffen sollte?"

„Das ist mir ganz einerlei! Ich möchte auch einmal etwas anderes essen und sehen!“

„Ich lasse Ihnen gerne den Vortritt, denn meine besonderen Speisegelüste kann ich auch noch bis morgen zurückstellen“, erwiderte ich.

„Wenn Sie nicht gehen, dann bleibe ich auch hier!“, meinte er nun störrisch. So gingen wir beide nicht.

Etwas später nahm ich ihn mit zum Mittagessen. Er fand in mir an diesem Nachmittag einen schlechten Gesellschafter. Öfter stieß er mich an und fragte mich:

„Ist Ihnen heute eine Laus über die Leber gelaufen? Oder passt Ihnen meine Gesellschaft nicht?“ Ich schüttelte meinen Kopf:

„Durchaus nicht! Ich dachte gerade daran, wie meine Frau mit meinem Töchterchen bei Tische sitzt und das kleine Mädel fragt: ‚Mama, wann kommt Papa wieder nach Hause?‘ “

„Man muss sich damit abfinden, dass noch Krieg ist. Und Ihrer Frau bleibt auch nichts anderes übrig. Glauben Sie, bei mir zu Hause wäre es anders? Trinken wir also zusammen eine Flasche Royaner Rotwein!“

Er hatte sein altgewohntes Lächeln aufgesteckt., und ich war froh, dass er mich etwas ablenkte. Ich hatte ihm nichts vom Brief meiner Frau erzählt, der mich bedrückte. Meine Frau hatte mir zum ersten Mal einen Klagebrief geschrieben, was sie sonst nie tat. In diesem Brief klang deutlich das Unheimliche und Furchtbare des Krieges hindurch:

*„Englische Bomber haben schon einige Male in der Nähe unseres Dorfes ihre tödliche Last abgeworfen. Allnächtlich surren sie über* unsere *Köpfe hinweg. Gestern wurden einige Häuser von Gummersbach vollkommen zerstört. Eine Frau und einige Kinder liegen noch unter den Trümmern begraben. Die Heultöne der Sirenen reißen uns sogar nachts aus dem Schlaf. Man muss immer die notwendigen Kleidungsstücke in greifbarer Nähe liegen haben. Wie soll das noch alles enden?“*

Welche Ruhe genossen wir dagegen hier in Royan! Nichts störte den ruhigen und gemächlichen Ablauf der Dinge. Die ständigen Unkenrufe über die drohende Invasion regten uns hier an der Gironde nicht weiter auf. Wir waren weit ab vom Schuss! Die Invasion würde unmöglich von der strategisch ungünstigen Girondemündung ihren Anfang nehmen, so dachte ich.

Wie eine dicke, hässliche Kröte, die an einem regnerischen Morgen vor dem Kellerloch unseres Hauses herumhüpft, so tauchte eines Morgens im Grand Hotel eine Gestalt auf. Der Stabsfeldwebel stellte den Mann der versammelten Mannschaft vor:

„Unteroffizier Blum!"

Ein kleiner, untersetzter Herr mit einem dicken, rötlichen Antlitz und verschwollenen Gesichtszügen nickte uns zu. Unteroffizier Blum wurde in der Folge die ständige Sorge und der Schrecken unseres Stützpunktleiters. Bei jeder passenden oder unpassenden Gelegenheit sagte er nur:

„Der Führer will es so!"

Blum gehörte zu den alten Kämpfern, die Anfang der dreißiger Jahre einen SA-Sturm geführt hatten. Als der Führer wirklich an die Macht gekommen war, waren sie als ewige Stänkerer schnell wieder „abgebaut" worden. Er passte nicht auf das Parkett der hoffähig gewordenen Nationalsozialisten. Man verlieh ihm zwar das goldene Parteiabzeichen, aber fortan sprach er immer nur in einem gekränkten Tone von den kleinen Führern, die dem Führer ständig ins Handwerk pfuschten. Unglückseligerweise zählte er unseren harmlosen, gutmütigen Stabsfeldwebel zu den kleinen Führern. Er wies ständig bei jeder ihm günstig erscheinenden Gelegenheit auf den großen Führer hin, an dem man sich zu jeder Stunde seines Lebens ein Beispiel nehmen müsse. So brachte er unseren Stabsfeldwebel bald ganz durcheinander, und der war schließlich sehr froh darüber, als der Unteroffizier Blum anfing, Nachmittag für Nachmittag heimlich aus dem Stützpunkt zu verschwinden. Aber ebenso unglücklich war er darüber, dass dieser dann abends meist völlig betrunken wiederkehrte. Er machte sich große Sorge, wie alles noch enden sollte.

„Kann ich dem Unteroffizier Blum einen Transport mit Munition und Maschinengewehren anvertrauen?", fragte mich der Stabsfeldwebel eines Tages. „Wir müssen einen Teil unserer Waffen nebst Munition gegen Munition von anderen Stützpunkten eintauschen."

Ich bejahte seine Frage, denn ich erkannte in diesem Auftrag die Chance, Unteroffizier Blum loszuwerden.

„Aber nicht ohne Ihre Begleitung!", meinte er.

„Glauben Sie, dieser selbstherrliche Mann ließe sich von mir etwas sagen?", erwiderte ich.

So kam es, dass Unteroffizier Blum allein mit der Führung des Transportes betraut wurde. Vorher ließ ich mir von Blum den Empfang der Munition und Waffen bestätigen.

„Glückliche Fahrt!“, rief ich seinem deutschen Fahrer noch zu. „Passen Sie immer schön auf!“

Schon in den späten Nachmittagsstunden quälte mich der Stabsfeldwebel ständig mit der bangen Frage: „Wo bleibt Unteroffizier Blum?“

Um die neunte Abendstunde überbrachte uns ein Mann von der Feldgendarmerie die Botschaft:

„In der Nähe des Royaner Pavillons liegt an der Straßenseite ein umgekippter Transportwagen, der mit Waffen und Munition beladen ist. Neben dem verunglückten Wagen befindet sich der Unteroffizier Blum in einem sinnlos betrunkenen Zustande. Wir nahmen den Mann sofort in Haft. Der Beifahrer steht nun an der Unglücksstelle. Schicken Sie sofort einige Leute, die den Wagen wieder flottmachen, damit die Munition von der Straße kommt!“

Unsere Leute machten den Lastwagen bald wieder fahrbereit. Der Beifahrer erzählte uns:

„Schon in La Coubre begann er mit dem Saufen und keine der Weinkneipen ließ er aus. Schließlich brachte er mich noch in eine besonders große Verlegenheit, als er im ‚Namen des Führers‘ selbst den Wagen übernahm und steuerte. So landeten wir schließlich im Straßengraben.“

Unteroffizier Blum kam nicht wieder zurück und so kehrte wieder Ruhe im Grand Hotel ein.

Man muss dem Erfinder des Skatspiels ein Denkmal setzen! Ebenso groß und eindrucksvoll wie das Denkmal des großen Napoleons in La Roche! Denn wer denkt nicht an die vielen leeren Stunden, die durch dieses Spiel unterhaltsam ausgefüllt werden.

Das Skatspiel ist eine gelungene Mischung aus Glücks- und Verstandesspiel. Es stellt gewisse Ansprüche an den Verstand, um mit den Glücks- oder Pechsituationen fertig zu werden, aber es zwingt auch gleichzeitig dazu, auf die möglichen Gedanken und Vorstellungen des jeweiligen Mitspielers einzugehen, eine Fähigkeit, die häufig in unserem Alltag abhanden gekommen zu sein scheint.

Auch unsere leeren Stunden im Grand Hotel wurden durch das Skatspiel ausgefüllt. Man kann sich kaum vorstellen, welche Ausdauer viele Kameraden dabei besaßen! Eine nächtliche Stunde verrann nach der anderen, und noch immer schauten der Obergefreite Bolz und der Gefreite Kleinebrecht gespannt auf, wenn die gereizten Zahlen eine interessante Partie ankündeten und ein gewagtes Spielchen riskiert wurde. Es kam dabei weniger auf das geldliche Risiko an, als vielmehr auf den Triumph des Siegers und die verdiente Niederlage des Übermütigen.

Nur wenige von uns unternahmen tagsüber noch Spaziergänge in die nähere Umgebung. Zu diesen Leuten gehörte ich. Wie trist sich auch die Natur in dieser Jahreszeit gegenüber der üppigen Fülle des Frühlings und Sommers ausnehmen mochte, so ließ sie doch das Triste und Trübe des Alltags in Grand Hotel vergessen.

Die Hartlaubgewächse, wie Rhododendron und Kirschlorbeer, gediehen in den milden Wintern hier noch in besonderer Fülle und oft glaubte ich bei ihrem Anblick, man befinde sich schon im April und nicht erst im Februar. Viele Vogelarten verließen infolge der linden Witterung Royan nicht, sondern hüpften wie im Sommer zwitschernd von Zweig zu Zweig.

Größere Ausflüge in die weitere Umgebung verboten sich bei mir, denn der ängstliche Stabsfeldwebel wollte mich immer „griffbereit" in der Nähe vom Grand Hotel wissen. So saß ich in meinen dienstfreien Stunden meist auf einer Bank in der nahen Parkanlage oder ging am Meeresstrand spazieren.

Wenn der Himmel aber grau verhangen war, und der Regen leise herabrieselte, hockten wir verdrossen zwischen unseren vier Wänden und spielen Skat oder lasen in irgendeinem langweiligen Schmöker, wenn sich zum Skatspiel nicht der zweite oder dritte Mann fand. Gestern las ich zur Abwechslung auch einmal ein interessantes Buch:

*„Ich fuhr die reißenden Ströme des Amazonas hinab"*

Ein Südamerika-Reisender beschrieb in diesem Buch seine abenteuerliche Fahrt hin zu den Quellflüssen des Amazonas. Plötzlich hatte ich vergessen, dass ich im Grand Hotel war, die schäbige Uniform eines Bausoldaten tragen musste und sehnsüchtig auf das Ende des Krieges wartete, so sehr ergriff mich diese lebendig geschriebene Geschichte.

Ich erlebte das Wagnis dieses tollkühnen Mannes mit und mich durchschauerte die Angst und die Spannung, als beführe ich selbst mit einem kleinen Boot die Stromschnellen des Amazonas.

Neben der Langweile gab es noch andere Dinge, die in unseren Alltag hineinspielten. Dazu gehörten bei mir besonders die Zahnschmerzen. Bohrend und heftig ziehend können sie unsere seelischen Grundfesten erschüttern. Dieser blöde, unruhige Nerv an irgendeiner Zahnwurzel will keinen Augenblick Ruhe geben. Er ist präsent mit einer furchtbaren Realität, mit der man sich auseinanderzusetzen hat.

Schon über eine Woche quälte mich der Nerv eines faulenden Backenzahns. Nachts ließ er mir keine Ruhe, und auch tagsüber machte der Schmerz sich in unangenehmster Weise bemerkbar. Es wird sich schon wieder geben, dachte ich. Man braucht nur etwas Geduld zu haben. Aber auch die Idee der Geduld lässt sich nur eine gewisse Zeit lang strapazieren, und dann ist es aus. Es musste etwas geschehen, sei es was es wolle, und wäre es die blanke Nickelzange des Heereszahnarztes, die mit wildem Zerren und heftigem Rütteln in Aktion treten würde.

Ich hasste schon im zivilen Leben alle Zahnärzte wie die Pest, erst recht die Heereszahnärzte. Ich sah sie in einer Linie mit den Stabsärzten, von denen man berichtete, dass sie rücksichtslos wie Barbaren unsere heiligsten Gefühle zertrampelten.

Mit unangenehmen Vorstellungen trottete ich also, nachdem ich nicht mehr ein noch aus wusste, die Quaistraße entlang zum deutschen Heereszahnarzt, der in der Nähe von St. George seine Tätigkeit ausübte. Eine Reihe Soldaten warteten schon im Vorraum. Als sich für mich die Tür des Behandlungszimmers öffnete, meinte ich auf einmal, ich hätte keine Zahnschmerzen mehr. Aber trotz der scheinbar verschwundenen Zahnschmerzen ließ ich mich ruhig auf dem mir zugewiesenen Behandlungsstuhl nieder. Dann kam der Heereszahnarzt mit seiner blanken Nickelzange. Ich wollte schon aufschreien, aber der Zahnarzt hatte das Übel mit seiner Zange zu meinem Erstaunen schon an der Wurzel gefasst und den stark vereiterten Backenzahnstumpf vollkommen schmerzlos gezogen.

„Man kann tatsächlich auch schmerzlos Zähne ziehen!“, meinte lächelnd der Arzt, in dem ich die letzte Verkörperung der Barbarei vermutet hatte. Ich hatte wieder eine sachlichere Auffassung über die Wirksamkeit unserer Stabsärzte. Ich fühlte mich wie neugeboren! Dazu trug auch bei, dass in diesen Tagen endlich der Frühling in Royan seinen Einzug hielt.

## MÄRZ 1944

Der Frühling war da, obwohl wir erst Mitte März schrieben. Ich öffnete ganz weit das Fenster meines Zimmers und hörte, wie ein Rotkehlchen in dem nahen Gebüsch seinen Lockruf erklingen ließ. Die kleinen Pfirsichbäumchen blühten rosarot, und die geschwollenen Knospen der Ziersträucher zeigten schon ihre ersten grünen Spitzen. Die ewige Verzagtheit und der ewige Katzenjammer waren auf einmal wie weggeblasen, und ich ertappte mich dabei, wie ich Uhlands Verse vor mich hinsprach: *„Nun muss sich alles, alles wenden!“*

Auch andere Kameraden hatten ihre Zimmerfenster weit geöffnet und schauten hinaus in den hellen Vorfrühlingstag. Es war eine seltsame Gesellschaft hier im Grand Hotel beieinander, die nun aus verschiedenen Fenstern in den Frühling hinaus schaute. Trotz des gemeinsam erlebten Alltags, trotz der Gemeinsamkeit in so vielen Dingen, fand sie nie wirklich zusammen.

Das Wort Kameradschaft war im Grand Hotel nur eine große Phrase, die keinen Pfifferling wert war. Mich störte vor allen Dingen die große Missachtung, die der brave, harmlose Stabsfeldwebel bei den meisten Männern fand.

Ich konnte an den Fingern einer Hand die Leute abzählen, die mir etwas näher standen, mit denen ich gemeinsame Interessen teilte:

Mit dem Obergefreiten Ramsdörfer wohnte ich zeitweise in einem Zimmer zusammen. Ramsdörfer war ein Vollblutösterreicher vom Neusiedler See. Er wollte nichts von Großdeutschland und noch viel weniger von Adolf Hitler wissen. Schon nach wenigen Tagen meines Hierseins vertraute er mir an: „Nee, wissens, ich halte nix von Adolf!“

„Aber er ist doch ein geborener Österreicher!“, wandte ich ein.

„Er ist halt nur ein wild gewordener Hottentott, den wir Euch gern überlassen haben!“

Er musste sich in seinem Leben als einfacher Tagelöhner immer schwer plagen und zu guter Letzt musste er noch wider Willen als Großdeutscher für eine völlig unbegreifliche Sache in den Krieg ziehen. Ich gewann diesen Menschen mit der Zeit lieb, weil er immer das praktizierte, wovon die Anderen nur laut redeten. Er half mir stets, wenn ich mit meinem Schullatein nicht weiterkam.

Der vierzigjährige Gefreite Jakob Kiepenheuer war ein urwüchsiger Westfale. Er kam aus einem einfachen Bauernhaus und seine wohlmeinenden Eltern hatten ihn in die Verwaltungslaufbahn gesteckt. Meist blickte er still und versonnen vor sich hin.

Dieser wortkarge Westfale hatte das Herz auf dem rechten Fleck. Seinen Gegnern aber konnte er auch böse Boxschläge austeilen und dort, wo er hinschlug, gab es blaue Flecke. Wenn er abends mit einem kleinen Weinrausch zum Grand Hotel zurückkehrte, dann hörte man schon von weitem seinen Gesang: *„Heimat, deine Sterne …“*

Im Munde dieses Mannes war das Lied kein sentimentales Lied, sondern ein echter innerer Aufschrei.

Der fast zwei Meter lange Unteroffizier Karl Barhaupt war von Beruf Diakon und ein fanatischer Nazifresser. Meist sah man ihn mit dem ebenso langen Obergefreiten Friedrich Rück zusammen, der wie auch Barhaupt, aus dem Schwabenland stammte.

Schließlich muss ich noch den Obergefreiten Weber aus Stuttgart erwähnen. Weber gehörte zu den wenigen Menschen, mit denen man nicht nur über das Essen und über die zweckmäßigen Dinge des Alltags sprechen konnte. In seinem Ohr fanden auch die transzendenten Klänge jenseits der Sichtbarkeit Eingang. Sein Herz war geöffnet für alle erhabenen Dinge dieser Welt. Er bezeugte mir bald ganz offen seine Freundschaft. Und das kam auf folgende Weise an den Tag:

Auf Geheiß des Hauptmanns musste ich als Richtkanonier für das kleine Feldgeschütz am Grand Hotel ausgebildet werden. Ich saß ratlos auf der Lafette dieser Kanone und musste den ersten Schuss meines Lebens abgeben. Ich zog aber beim Abschuss nicht den ruckartigen Rückstoß des Geschützes in Betracht und flog unter schallendem Gelächter der anwesenden Männer etwas unsanft auf den Erdboden. Der Hauptmann, der zusah, rief zornig aus:

„So etwas! Mensch, wie können Sie nur! Festhalten müssen Sie sich, nicht zucken!"

Alle lachten noch immer, nur Weber nicht. Er trat vor den Hauptmann und bat, die mir zugedachte Rolle übernehmen zu dürfen.

„Mir soll's recht sein, wenn Sie es besser machen können."

Weber konnte es in der Tat besser als ich, und ich erkannte gleichzeitig, dass dieser Mann mir mehr bedeutete.

Die vielen leeren und müden Stunden, die wir im Grand Hotel schon zusammen verlebt hatten und über die wir uns oft im besinnlichen Gespräch hinweggeholfen hatten, hatte ich bis jetzt als pure Selbstverständlichkeit angesehen. Mein neuer Freund war ein unpolitischer Mensch. Nur aus diesem Grunde vermochte ich mir zu erklären, dass ihm die Schallmaienklänge Goebbels über das bessere und größere Reich noch hatten verführen können. Aber er blieb bei alledem ein nobler und gerader Charakter, der nur die Wahrheit suchte. Ich träufelte ihm hin und wieder einige Tropfen des Zweifels in seine Seele. Aber er wehrte nur scheu ab. Er wollte nicht sehen.

Da traf Weber ein harter Schicksalsschlag. Sein Vater, ein pensionierter Förster, war ganz plötzlich gestorben. Ich geleitete meinen Freund, dem man großzügig einen Sonderurlaub gewährt hatte, zum Bahnhof. Er kam völlig verwandelt, blass und verhärmt, zurück. Wortkarg sagte er: „Der Urlaub hat mich sehr mitgenommen!" Erst einige Tage später kam er mit der Sprache heraus:

„Unsere ehrgeizigen und kurzsichtigen ‚Goldfasanen' – er meinte die gut uniformierten höheren Parteibonzen – beherrschen die Stunde. Unglaubliche Gräueltaten sind in den Konzentrationslagern im Osten begangen worden. Kinder, Frauen und Greise hat man nicht verschont. So etwas kann niemals gut ausgehen!"

Sein schöner Traum von einem besseren Reich war kläglich zerronnen. Ich erfuhr bei diesem Gespräch gleichfalls, dass die Eisenbahnfahrt in die Heimat kein Vergnügen mehr war. Die französische Widerstandsbewegung machte sich überall in Frankreich bemerkbar. In der Heimat selbst ginge alles drunter und drüber. Die Bombardierungen der deutschen Städte wollten kein Ende nehmen.

„Es wird wohl mein letzter Urlaub gewesen sein", meinte er.

Aber ich gab insgeheim die Hoffnung nicht auf, dass ich doch noch in Urlaub fahren könnte. In fünf Monaten wäre ich wieder an der Reihe.

Als unser Hauptmann heute dem Stützpunkt Grand Hotel einen Besuch abstattete, fragte er mich:

„Soll ich Sie auf die Liste der Offiziersanwärter setzen?"

Ich musste ihn bei dieser Frage doch etwas zu dumm angeschaut haben, denn er wartete meine Antwort nicht ab und fuhr fort:

„Ich kann mir gut denken, dass diese Frage sich erübrigt."

Ich nickte lebhaft. Besonders dachte ich dabei an die vielen Felddienstübungen, die einen Anwärter erwarteten. Außerdem war ich nicht aus dem Stoffe gemacht, aus dem…

„Ja, und ich habe noch etwas Besonderes für Sie", schloss der Hauptmann sein Gespräch. „Sie sind mit dem heutigen Tage zum Gefreiten befördert worden. Ich gratuliere Ihnen!"

Es war nun schon über ein Jahr her, seit ich unter Preußens Gloria dienen musste. Die Ernennung zum Gefreiten war ein rein zeitlicher Vorgang. Der Sold eines Gefreiten unterscheidet sich kaum von dem eines Oberpioniers. Im übrigen blieb ich nach wie vor ein „Herdentier". Es gab viele Gefreite und Obergefreite in unserer Armee. Vielleicht kamen noch einige Stabsobergefreite hinzu, so wie Schrings. Aber der Stabsobergefreite stellte nur einen auf Hochglanz polierten Grad der Allgemeinheit dar. Alle Gefreiten, Obergefreiten und Stabsobergefreiten waren sozusagen der Rohstoff der Armee. Sie hatten mit ihrem Blut die weiten Gefilde Russlands und anderer Länder getränkt. Im Sterben standen sie den jungen Frontoffizieren nicht nach. Meine Ernennung zum Gefreiten bedeutete daher recht wenig. Sie zeigte an, dass ich ein Jahr älter geworden war und nun zu den alten Landsern gerechnet wurde.

Im Frühjahr 1944 setzte eine allgemeine Unruhe ein, die auch mich ergriff. Die Invasion der feindlichen Streitkräfte wurde tagtäglich an irgendeiner Stelle der Küste Frankreichs erwartet. Auch bei uns hier hielt man nun eine Landung für möglich. Sogar die Minensuchboote, die in der Girondemündung ihren Standort hatten, schienen etwas unruhiger geworden zu sein. Jeden Vormittag flog ein deutsches Flugzeug dicht über die Wasser der Gironde. Man sagte, es solle mit seinen elektronischen Geräten die über Nacht abgeworfenen Seeminen zur Entzündung bringen. Nur das große, grauschwarze Sperrbrecherboot lag wie immer unbeweglich an seinem Platz in der Nähe.

Wir schoben wie gewohnt in kurzen Zeitabständen vor dem Grand Hotel unsere Nachtwachen und schauten häufiger als früher nach dem Westen, von wo die gemutmaßte Invasion beginnen könnte.

Drüben, in drei Kilometer Entfernung, meist in blauen Dunst gehüllt, lag das Südufer der Gironde. Bei klarem Wetter konnte man den Kirchturm von Soulac und die hellen Häuser am Ufer deutlich erkennen. Das gewaltige, dunkelgraue Gewirr an Bauten dort drüben verriet den großen Seebahnhof. Jetzt war drüben alles still. Keine großen Überseedampfer legten dort mehr an. Nur einmal am Tage kam die Fähre von Soulac nach Royan, um eine Stunde später wieder zurückzufahren. Sie war die einzige Verbindung des jenseitigen Ufers mit der „großen Welt".

Die blaue Verhülltheit und Konturlosigkeit des jenseitigen Ufers verführte mich zu müßigen Fragen: „Gibt es drüben auch aktuelle Probleme? Baut man dort auch Betonbunker für kriegerische Zwecke? Und mühen sich die Menschen dort auch unsinnig mit dem kriegerischen Alltag ab?" Es war schon fast ein Jahr her, da hatte man bei unserer Kompanie Freiwillige für das jenseitige Ufer gesucht. Da sich nicht genug Männer meldeten, verriet uns der Spieß „ganz vertraulich":

„Drüben werdet Ihr es bestimmt besser haben als hier. Bei einem kleinen Haufen geht es immer gemütlicher zu. Und drüben sind noch nicht alle Brosamen von der Erde aufgelesen worden."

Das alles klang etwas nach Werbeslogan. Die Männer, die sich daraufhin damals gemeldet hatten, habe ich nicht wieder gesehen. Einmal erfuhr ich aus dem Munde des Kompanieschreibers:

„Sie bauen dort genauso Bunker und schieben genauso Wache wie ihr hier in Royan. Ihr Dienst unterscheidet sich nicht von dem Euren." Auch verriet mir der Schreiber, dass sie alle die Ablenkung einer größeren Stadt sehr vermissen würden. Außerdem fanden sie keine größeren

Brosamen. Die großen Waldgebiete drüben waren zwar schön, aber sehr einsam.

Die ganze Baukompanie lebte jetzt zu einem großen Teil verstreut in der näheren und weiteren Umgebung von Royan. Nur der „Stamm" der Kompanie hauste noch immer in Pontaillac. Einige Gruppen waren in Gironde Süd, ein halbes Dutzend Leute arbeitete im Pionierpark Saujon und ein paar Mann wurden schließlich beim Abteilungsstab Gironde Nord abgestellt.

Ich gehörte zu den zwanzig Mann, die man nach Grand Hotel abkommandiert hatte. Zu unserem Waffenarsenal im Grand Hotel zählte seit drei Tagen auch eine Panzerabwehrkanone. Man sah diesem verhältnismäßig kleinen Ding nicht an, was für eine furchtbare Kraft in ihm steckte. Rechnete man jetzt sogar mit einem Angriff von Superpanzern aufs Grand Hotel? Es musste offenbar eine Dienststelle geben, die an eine Invasion in Royan glaubte, denn ansonsten wäre eine Panzerkanone hier ganz überflüssig gewesen. War das Armeeoberkommando davon überzeugt, dass wir „lahme Enten" in diesem Abschnitt eine solche Landung vereiteln könnten? Niemand im Grand Hotel hatte Erfahrung im Umgang mit Panzerabwehrkanonen.

Nun veranstalteten wir unter Anleitung eines sachkundigen Unteroffiziers an jedem Vormittag Schießübungen an diesem unheimlichen Ding. Auch ich musste einmal einen Schuss damit abgeben, obwohl mir dabei nicht wohl zumute war. Und wieder widerfuhr mir dasselbe Missgeschick wie beim alten Feldgeschütz. Ich flog in hohem Bogen herunter. Ich muss zu meiner persönlichen Genugtuung aber bemerken, dass es den meisten Kameraden ebenso erging, denn der Rückstoss ist noch stärker als bei einem Feldgeschütz. Das ist nicht verwunderlich, denn ihre Geschosse durchschlagen auch die stärkste Panzerung.

Der fürchterliche Lärm der feuernden Panzerabwehrkanone erfüllte nun am Vormittag das ruhige Gestade vom Grand Hotel. Das Geknatter der zu Übungszwecken gleichzeitig eingesetzten Maschinengewehre schloss sich meist dem ohrenbetäubenden Krach an. Was Wunder, dass wir alle nervös geworden waren!

# PROBEALARM
## (Mai 1944)

In der Stimmung einer mitternächtlichen Stunde einer schönen Mainacht wurde bei mir eine Idee geboren. Es war keine große, weltbewegende Idee, aber in ihr steckte ein Stückchen Vergeltungssucht an den Unsinn dieser Zeit und ein bisschen Lust daran, dieses wichtigtuerische, unruhige Treiben der Menschen, mich selbst eingeschlossen, einmal lächerlich zu machen.

Ich schaute zu dieser Stunde wie gewöhnlich hinaus in Richtung Pointe de Grave, wo die Gironde unmittelbar in den Ozean fließt. Die große Entfernung und der dichte Dunst verhinderten jede klare Sicht. Aber tat sich nicht dort etwas am Horizont? Stieg nicht fern bei Point Grave eine winzige rote Rakete auf, das Zeichen der beginnenden Invasion? Es war höchst wahrscheinlich gar nichts, nur die Halluzination meines überhitzten Gehirns. Aber könnte ein pflichteifriger Wachposten nicht einmal annehmen, dass in der dunstigen Ferne rote Leuchtkugeln abgeschossen würden? Ich wusste außerdem genau, dass der wachhabende Unteroffizier ein sehr sensibler, leicht zu täuschender Mann war. So rief ich vom Telefon in der Nähe meines Standortes die Wachstube an:

„Bringen Sie mir bitte die Pistole mit den roten Leuchtkugeln! Aber überzeugen Sie sich vorerst selbst!“

Der Unteroffizier kam und blickte angestrengt in die von mir angedeutete Richtung. Dann sagte er schließlich, wie es nicht anders zu erwarten war: „Es könnte sein.“

Mit zitternder Erregung ergriff ich nun die Pistole und schoss eine Reihe roter Leuchtkugeln ab. Gespenstig rot zogen sie ihre Bahn zur nahen Bucht hin. Die nachfolgende Wirkung war unbeschreiblich:

In der Spanne von weniger als einer Minute stiegen überall rote Leuchtkugeln auf. Diesmal zogen wirklich rote Kugeln ihre breite Bahn von St. George bis in die blasse Ferne des Atlantiks. Es spielte sich alles wie in einer Silvesternacht ab, in der die Feuerwerker gute Arbeit leisteten. Ich hörte von meinem Standort aus, wie in unserer Wachstube unausgesetzt das Telefon rasselte. Das schlafende Hotel war auf einmal quicklebendig geworden. Kameraden stürzten mit Maschinengewehren und Munitionskästen zur Hoteltüre hinaus. Sie eilten alle zu den planmäßig ihnen zugewiesenen Plätzen an der Quaimauer. Ein dutzend Leute zogen die alte, kleine Feldkanone aus ihrem Betonstall und stellten sie gleichfalls an der Kaimauer auf, den Lauf drohend auf den Atlantik gerichtet. Andere schichteten neben dem Geschütz Munition auf. Ich schaute belustigt diesem unruhigen Treiben und Hasten zu und dachte:

„In allen Stützpunkten und Panzerwerken dieses Küstenabschnitts wird sich wahrscheinlich dasselbe Schauspiel abspielen."

Der Stabsfeldwebel hatte sein gewohntes Lächeln verloren. Wie eine aus dem Schlaf gescheuchte Henne lief er ratlos hin und her. Plötzlich erblickte er mich, eilte auf mich zu, als erkenne er in mir den rettenden Engel. Er befahl mir, mich sogleich an das Telefon in der Wachstube zu begeben. Dort liefen alle Drähte zusammen, die uns mit der Außenwelt verbanden. Einen Grund, unruhig zu sein, hatte ich begreiflicherweise nicht. Ich wusste, im Ernstfall wäre es uns wahrscheinlich schlimm ergangen. Ich ergriff den Hörer des Telefons und meldete der Festungszentrale:

„Der Stützpunkt Grand Hotel steht seit drei Minuten gefechtsbereit!" Ich hatte mit einer gekünstelt selbstbewussten Stimme gesprochen. Ich fühlte dabei: In jedem Menschen steckt ein kleiner Hang zum Schauspieler. Im übrigen verfolgte ich mit meiner Meldung die Nebenabsicht, der Festungskommandantur zu dokumentieren, dass ausgerechnet in dem von einem vertrottelten Feldwebel geleiteten Stützpunkt alles vorzüglich klappte. Insgeheim musste ich aber über meine Meldung doch etwas lächeln. Die Zeit bis zur Herstellung unserer Gefechtsbereitschaft stellte ein Wunder an Schnelligkeit dar.

Nun überstürzten sich eine Reihe völlig bedeutungsloser Nachrichten. Halt, da war eine Nachricht, die vielleicht Bedeutung gewinnen konnte. Mir dünkte aber auch, als wenn der Übermittler dieser Nachricht uns warnen wollte: „Ist bei Ihnen schon der Kontrollwagen mit den Herren eingetroffen?" Ich verneinte.

Also Kontrolloffiziere waren unterwegs! Wozu? Hatte man vielleicht oben gemerkt, dass jemand blinden Alarm geschlagen hatte und jetzt sollte der Übeltäter ausfindig gemacht werden? Aber wie sollte ich die Geschichte mit dem Kontrollwagen nur unserem Stabsfeldwebel sagen? Da trat er in den Wachraum.

„Herr Stabsfeldwebel, gleich wird vielleicht ein Wagen mit einigen Kontrolloffizieren eintreffen. Die Herren werden wahrscheinlich überprüfen, ob wir gefechtsbereit sind. Vielleicht müsste bei dieser Gelegenheit eine ordnungsgemäße Meldung Ihrerseits erstattet werden. Zum Beispiel: ‚Der Stützpunkt Grand Hotel steht seit zehn Minuten in voller Gefechtsbereitschaft!‘ “

Den guten Mann bedrückte meine Nachricht sehr, denn er war gar nicht der Mann für offizielle Angelegenheiten.

„Herr Stabsfeldwebel“, sprach ich daher beruhigend auf ihn ein, „in dieser schicksalsschweren Stunde wird es wohl nicht mehr allzu sehr auf die äußere Form ankommen.“

Die Kontrolloffiziere kamen nicht. Der Himmel begann schon zu grauen und der Morgen dämmerte schon herauf, als von der Nachrichtenzentrale der erlösende Spruch kam:

*„Der Probealarm ist beendet!“*

Ich musste mich festhalten, um nicht vor lauter Verwunderung von meinem Stuhl zu fallen. Hatte ich richtig gehört?

## NEUIGKEITEN
### (Juni 1944)

In unserem Bau herrschte auf einmal reges Leben und Treiben. Die Schritte von ständig kommenden und gehenden Männern hallten durch die Flure und Räume. Es wurden wieder häufiger die Türen zugeschlagen und ebenso geräuschvoll geöffnet. Und überall ertönten Rufe und Kommandos: Grand Hotel hatte vor einigen Tagen Zuwachs von etwa fünfzig jungen Männern der Flakabteilung bekommen. Die schmucken, jungen Soldaten in den graublauen Uniformen gaben dem großen Gebäude ein besonderes Kolorit und einen vernehmbaren Pulsschlag. Als wir noch allein hier gewesen waren, hatten wir uns im Grand Hotel wie ein einsamer Gast in einem großen Speisesaal verhalten. Die Männer besaßen ihre eigene Funkstation, die sie in dem kleinen Bunker im Hofraum unseres Hotels aufbauten. Nun hatte Grand Hotel eine direkte Verbindung mit der großen Welt.

Ich fühlte mich sofort mit diesen jungen Männern verbunden. Besonders beeindruckt war ich von ihrer großen Vertrauensseligkeit. Sie blickten alle noch zuversichtlich ohne Zweifel in die Zukunft. Die ewig muffige, abgestandene Stimmung in Grand Hotel war wie weggeblasen. Ständig flogen Scherzworte hin und her, und jeder wurde mitgerissen, ob er wollte oder nicht.

Der leitende Offizier dieser Leute, von Beruf ein Rechtsanwalt, schaute mit wachen Augen in die Weltgeschichte. Er wusste genau, was erforderlich war, um diese jungen Männer bei guter Laune und bei der Stange zu halten.

Schon wenige Tage nach dem Einzug der Flakabteilung ins Grand Hotel gab es für uns einen unterhaltsamen Filmabend. Es war das erste Mal, seit ich in Royan weilte, dass ich einer Filmvorführung beiwohnen konnte. Und es gab sogar den richtigen Film:

*„Die Feuerzangenbowle"*, eine kurzweilige Komödie aus der seligen Schulzeit: Junge Burschen, voller Schalk und Tücke, ergötzen sich an der Unvollkommenheit und den Schwächen ihrer Erzieher.

Noch lange nach der Vorstellung unterhielten wir uns über die Probleme, welcher dieser Film aufwarf. Wir wurden uns aber nicht ganz einig, ob die seelische Unzulänglichkeit eines älteren Mannes Gegenstand des Spottes von ausgelassenen Halbstarken sein darf. Eins wurde uns aber klar: In jedem Menschen steckt ein kleiner Kobold, der sich gern über die Schwächen anderer lustig macht. Aber lachen mussten wir über das schöne Lustspiel doch aus vollem Herzen. Wir bliesen uns sozusagen unsere verstaubten Lungen wieder einmal frei, frei von unseren Sorgen über die ungewisse Zukunft.

Die Nächte wurden nun auf einmal ganz kurz. Wir standen voller Unruhe auf, obwohl wir es nie offen zugegeben hätten. Aber es passierte nichts. Nur in einer Nacht schien sich etwas getan zu haben. Zuerst registrierte ich praktisch im Unterbewusstsein tiefes Gebrumm am Himmel, und dann wurde es von mir ganz deutlich wahrgenommen: Es war wie ein fernes, nachhallendes Gewittergrollen. Ich wendete mich in meinem Bette ein paar Mal hin und her, und als dieses Grollen nachließ, legte ich mich wieder ruhig auf die Seite, um weiter zu schlafen. Vielleicht kam mir noch in den Sinn: Irgendwo in der Ferne tut sich was.

Ich dachte erst wieder daran, als mich mein Freund Alfred Weber am Vormittag fragte: „Hast Du in der vergangenen Nacht auch das laute Brummen am Himmel und das nachfolgende Grollen gehört?"

„Ja, doch es muss ziemlich weit von uns entfernt gewesen sein!"

Und so wäre dieses Ereignis bei mir wieder in Vergessenheit geraten, wenn nicht am Spätnachmittag beunruhigende Nachrichten zu uns gedrungen wären. Der Stabsfeldwebel teilte mir ganz aufgeregt mit:

„Die Bahnhofsanlagen von Saintes mit dem wichtigen Verschiebebahnhof wurden heute Nacht durch Fliegerbomben vernichtet!"

Saintes lag etwa dreißig Kilometer östlich von uns. Über den Bahnhof dieser Stadt liefen praktisch unsere gesamten Versorgungsgüter, weil kein Schiff mehr Royan anlaufen konnte. Nun schien es doch ernst zu werden! Wollte man Royan vom Land her blockieren, um es dann von See her besser angreifen zu können? So fängt eine Invasion immer an. Zuerst isoliert man die Angriffsstelle und dann wird angegriffen. Und wieder quälte mich bei diesem Puzzlespiel der Ungewissheiten der Gedanke: Weil allgemein nicht mit einem Angriff auf die vom Hauptkriegsschauplatz so entlegene Girondemündung gerechnet wurde, könnte vielleicht doch... Aber wir taten so, als könnte uns nichts aus der Ruhe bringen. Innerlich waren wir alle so gespannt wie ein Hazardspieler, der auf das Glück hofft, weil er mit dem Pech rechnet.

Mitten in einer lauen Juninacht, als ich gerade von der Nachtwache zurückkam, teilte mir der Funker Konrad Brambach vertraulich mit:

„Die Amerikaner und Engländer sind zwischen der Normandie und der Seine an der Nordküste Frankreichs gelandet!"

Er hatte das Telegramm soeben aufgenommen und bereits entschlüsselt. Auch einige Einzelheiten wusste er mir schon zu berichten: Tausende feindliche Fallschirmjäger seien im Hinterland des Landungsgebietes abgesprungen. An der Küste hätten sich schon schwere Kämpfe entwikkelt. Soviel man bisher erkennen könne, hätte der Feind an der Küste bereits festen Fuß gefasst.

Ich fühlte: Die Würfel waren gefallen. Bei uns in Royan wird sich mit höchster Wahrscheinlichkeit nichts mehr tun!

In größter Aufregung eilte ich in die Wachstube, biss mir aber fest auf die Lippen, um kein Wort über die mir anvertraute Nachricht verlauten zu lassen. Stillschweigend löste ich den am Telefon sitzenden Wachkommandoführer ab, damit dieser sich auch etwas ausruhen konnte. Nachdem ich mich ganz alleine fühlte, kritzelte ich auf ein Blatt eine Skizze der Küste Nordfrankreichs. Mir war auf einmal ganz klar, dass die Landestelle der neuralgische Punkt der ganzen Küste war: Ein erfolgreicher Vorstoß des Feindes nach Westen schnitt die Normandie und die Bretagne ab. Der Vorstoß nach Süden gefährdete Paris und brachte unsere Front an der Westküste Frankreichs ins Wanken. Ich war mir nun sicher: Das war der Anfang vom Ende!

Selbst am nächsten Vormittag schwieg der deutsche Nachrichtendienst noch über dieses sensationelle Ereignis. Bei mir hatte die seelische Spannung nachgelassen. Ich wusste, dass wir nicht die unmittelbar Betroffenen waren.

Etwa acht Tage später, Mitte Juni, begegnete ich vor dem Grand Hotel einen für das Bauwesen des hiesigen Abschnitts zuständigen Feldwebel der Festungskommandantur. Ich kannte ihn von den Außenarbeiten an einem Stützpunkt. Seine freundlichen, offenen Äuglein schauten mich verschmitzt an. „Was tun Sie jetzt?"

„Ich bin als Wachsoldat ins Grand Hotel abgestellt worden."

Der Feldwebel schüttelte den Kopf. „Ich weiß eine interessantere Aufgabe für Sie, die Ihnen wahrscheinlich bekömmlicher sein dürfte."

„Überzeugen Sie davon unseren Hauptmann in Pontaillac!"

„Kleinigkeit!", lächelte er. „Ein Hauptmann muss immer wollen, was sein Abteilungskommandeur will!"

Schon am nächsten Tag kam die Nachricht von meiner Abkommandierung zur Festungsbaupionierabteilung Nord. Ich packte schnell meine Siebensachen. Der Abschied vom Stabsfeldwebel fiel mir nicht leicht. Der Mann war mir während der langen Monate im Grand Hotel ein guter Freund geworden. Auch der Abschied von meinem Kameraden Alfred Weber ließ Wehmut in meinem Herzen zurück.

Soldaten am Strand, im Hintergrund (verdeckt) das Grand Hotel
(Sammlung Sicard)

Soldaten am Badestrand von Foncillon
(Sammlung Sicard)

Deutsche Wachsoldaten an der Hafenbucht von Royan
(Sammlung Sicard)

Flak oberhalb des Hafens von Royan
(Bundesarchiv, TDR)

# TEIL II

# DIE FESTUNG

# 1.
# DIE AMERIKANER ROLLEN DIE FRONT AUF

## KONTROLLEUR IN DER BAUKOMPANIE
### (Juni-September 1944)

Der Wallfeldwebel des Abteilungsstabes Gironde Nord hatte in der Tat für mich einen guten Job gefunden. Meine neue Tätigkeit schenkte mir eine Freiheit, die ich mir in meinen kühnsten Vorstellungen nicht hätte träumen lassen. Zudem verschaffte sie mir ein zusätzliches Tagesgeld von 130 Franken, ein Himmelsgeschenk bei meinem armseligen Sold. Mein dienstlicher Auftrag lautete ungefähr so:

„Sie besuchen die Stützpunkte und Panzerwerke unseres Abschnitts und schauen sich die Einrichtungen aller Bauwerke genau an. Wo Sie Mängel feststellen oder etwas fehlt, berichten Sie mir. Nehmen Sie sich für Ihre Aufgabe ruhig Zeit. Es kommt auf eine Woche mehr oder weniger nicht an. Am besten lassen Sie immer einige Berichte zusammenkommen, damit der Weg zur Abteilung sich auch lohnt."

Meine neue Ordre schenkte mir also die volle Freiheit in der Nutzung meiner Zeit und in der Gestaltung meiner Aufgabe. Schon wenige Tage nach der Aufnahme meiner neuen Tätigkeit wies man mir ein behagliches Zimmer in einer kleinen Villa in der Nähe des Abteilungsstabes zu.

Überall, wo ich hinging, war nun die helle Frühsommersonne meine ständige Begleiterin. Baum, Strauch und Wiesen prangten noch im lichten Grün, und selbst die kümmerlichen, dünnen Kiefernwälder, die sich an der Küste des Royaner Festungsgebietes hinzogen, übten auf mich einen angenehmen Reiz aus.

Oft lag ich zu einer besonders schönen Tagesstunde an einem versteckten Waldeshang. Die Unruhe der Zeit zehrte nicht mehr an meinen Nerven. Abends, wenn ich von meinen weiten Gängen und Fahrten zurückgekehrt war, mehr ermüdet durch die frische Luft als durch meine

Arbeit, erwartete mich meist in einem behaglichen Restaurant ein bekömmliches Abendessen, bei dem niemals der Royaner Wein fehlte. Hier saß ich nun oft mit meinen ehemaligen französischen Mitarbeitern, trank mit ihnen Wein und unterhielt mich über die allgemeine Kriegslage. Die Landung der Amerikaner bei Marseille an der Südküste Frankreichs war der neue Gesprächsstoff. Mit hoffnungsvollen Gefühlen begleiteten die Bürger Royans das zügige Vorrücken der Amerikaner die Rhone aufwärts.

„Fernandel, wie steht es mit der Kriegslage?“, fragten sie mich häufiger mit einem etwas spöttischen Untertone, aus dem das Bewusstsein sprach, dass wir Deutschen nun vollends in die Zwickmühle genommen worden waren. Die Hoffnungen der meisten Bürger Royans schossen üppig ins Kraut. Nur wenige waren nicht von dem optimistischen Taumel ergriffen worden.

In der Nähe des Casinos traf ich an einem Nachmittag meinen alten Freund Charles. Über neun Monate waren verflossen, seitdem wir uns zuletzt gesehen hatten, obwohl wir in derselben Stadt weilten. Am liebsten wären wir uns vor Freude um den Hals gefallen:

„Sie leben noch?“, fragte er mich vorwurfsvoll.

Ich erzählte, wie es zu unserer Trennung gekommen war, von meiner plötzlichen Abordnung nach Saujon. Charles nickte leicht zu meinen Worten und sagte: „In jedem Soldatenspiel steckt immer ein Stück Barbarei. Kein Soldat weiß in Kriegszeiten, ob er am anderen Morgen noch lebt oder wo er zu Gaste weilt.“

Mein französischer Freund wusste mir mancherlei zu erzählen:

„Es hat sich in der Zwischenzeit Einiges getan. Royan hat sein friedliches Aussehen gänzlich verloren. Wo man hinschaut, überall sieht man um Royan herum die grauen, hässlichen Bunker. Sie wachsen alle wie Pilze aus der Erde!“ Die Entwicklung der Dinge in Royan bereitete meinem Freund die größte Sorge:

„Wissen Sie was? Royan scheint in Zukunft noch eine besondere Starrolle spielen zu wollen. Warum wird die Stadt nun plötzlich rundherum mit Bunkern umgeben? Man will ganz offensichtlich im Ernstfalle den Girondestrom und die Häfen an seiner Mündung blockieren, um jegliche Landung von Material und Menschen zu verhindern. Ich befürchte, aus diesem Grunde wird man in Royan noch kämpfen, während man andere Teile Frankreichs schon längst geräumt hat. Zuletzt wird man diese schöne Stadt auch noch in einen Trümmerhaufen verwandeln."

Ich blickte meinen Freund betroffen an. Die äußeren Symptome gaben ihm ganz offensichtlich recht. Wir Baupioniere waren mit großem Eifer dabei, Royan in eine gut befestigte Stadt zu verwandeln. Panzerwerk I, II und III waren inzwischen in fieberhafter Eile fertig gestellt worden. Diese sollten dazu dienen, jeden Angriff von der Landseite her abzuwehren. Royan sollte nicht nur eine Seefestung sein. Sie konnte sich zwar nicht mit den anderen großen Festungen an der Küste Frankreichs messen, doch die um die Panzerwerke verlegten Minenfelder genügten, um einen Angriff auf die Stadt für jeden Gegner verlustreich zu gestalten. Nur wenige Straßen führten noch unvermint aus dem Bereich der Stadt ins Hinterland.

***Bunker in den Dünen***
***(Bundesarchiv, TDR)***

Die Kontrollgänge in die Umgebung Royans nahmen nun meine ganze Aufmerksamkeit in Anspruch. Ich merkte bald, dass dies nicht nur Spaziergänge und eitel Wonne waren, wie es mir am Anfang schien. Schon nach einer Woche stellte sich bei mir eine gewisse Unrast und Unruhe ein.

Außerdem musste ich große Abbitte tun über meine früheren völlig unberechtigten Klagen über den „öden und langweiligen Stützpunkt" Grand Hotel. Nun wusste ich, wie es in den anderen Stützpunkten, besonders in den einsamen und entlegenen Werken, aussah. Grand Hotel stellte im Vergleich dazu einen luxuriösen und bequemen Palast dar mit einem abwechslungsreichen Tagesprogramm. Der Daueraufenthalt in den von mir besuchten Stützpunkten war für einen geistig gesunden Menschen eine seelische Tortur:

Da standen drei oder vier graue Betonklötze mitten im Sand am Meer. Dicht daneben befand sich eine kleine Verpflegungsbaracke, in der es einige wenige Tische und Stühle gab. Die Aussicht zum Meer hin versperrte meist eine sich dicht an der Küste hinziehende Sanddünenwelle, die den Stützpunkt zum Meer hin gut tarnte. Zur Landseite hin verwehrten niedrige Stacheldrahtverhaue und Minenfelder den Zutritt zu den sich unmittelbar anschließenden trostlosen Wäldern. Man sah nur Sand und die grauen Betonklötze, in denen der Soldat schlief, wenn er gerade keine Wache zu schieben brauchte. Eine primitive Pritsche mit einer dünnen Wolldecke war praktisch alles, was man hier vorfand. Vielleicht gab es in den kahlen Bunkerräumen auch noch einen wackligen Schemel und einen kleinen Spind, auf dem die Karbidleuchte stand, damit man in stockfinsterer Nacht seine Zelle finden und erleuchten konnte. Doch der störungsfreie Schlaf war in solchen Bunkerzellen eine köstliche Rarität. Schon nach wenigen Augenblicken des wohlverdienten Schlafes kamen hinterhältige, tückische Koboldgeister angehüpft, die Sandflöhe. Zu Hunderten umsprangen sie den Schläfer und quälten ihn mit ihren Bissen, die sich wie Stecknadelstiche ausnahmen, bis man vor Raserei aufsprang. Man konnte sich beim besten Willen dieser Bisse nicht erwehren. Als ich mir zum ersten Male den mit roten Flecken übersäten Körper eines so gequälten Mannes ansah, fragte ich ihn in aller Unschuld: „Haben Sie die Masern?"

Er grinste und sagte: „Nein, die Sandflöhe!"

Ebenso schlecht wie mit dem Schlaf war es meist auch mit der Kost in den entlegenen, einsamen Stützpunkten bestellt. Diese standen bei der Belieferung von Frischgemüse und Lebensmitteln an letzter Stelle, obwohl sie an die erste Stelle gehört hätten. Unter solchen Voraussetzungen war es für einen Stützpunktleiter nicht immer leicht, die Leute bei guter Laune und bei der Stange zu halten. Man versuchte zwar, die Leute durch leichte Arbeiten oder einen in die Stadt Royan gewährten Kurzurlaub abzulenken. Wenn sich aber der Aufenthalt in den entlegenen Stützpunkten über einen zu großen Zeitraum erstreckte, überfiel die Männer oft der große Katzenjammer, allgemein „Bunkerkoller" genannt. Dann suchte man Vergessen im Alkohol, es sei denn, der von dieser Krankheit Befallene war seelisch schon so abgestumpft, dass er nur noch blöd vor sich hinzustarren vermochte.

Meine Berichte bereiteten mir am Anfang einige Schwierigkeiten, bis ich endlich den richtigen Bogen heraus hatte. Ich wusste nun, wie man delikate Missstände in das Blickfeld des Abteilungsstabes brachte, auch wenn sie nur am Rande in mein Aufgabengebiet fielen. Meist richtete ich das Augenmerk auf die Sache, mit der ich mich im eigentlichen Sinne zu befassen hatte. Ich fing mit den Bettpritschen an:

„Zehn Bettpritschen in Bunkerwerk I müssen unbedingt erneuert werden. Durch Holzwurmfraß und Fäulnis hat sich die Holzbekleidung dieser Pritschen schon fast aufgelöst!"

Sodann lenkte ich die Aufmerksamkeit auf andere, meinen Dienstauftrag berührende Einrichtungsgegenstände, wie z.B.:

„In Bunker II und III fehlen sechs Tische, vier Kleider- und sechs Vorratsspinde. In vier Räumen müssen dringend die alten Karbidleuchten ersetzt werden."

Der Hinweis auf die Mängel bei hygienischen Einrichtungen war delikaterer Natur, denn sie gingen eigentlich nur den Stabsarzt und die Sanitäter dieser Stützpunkte etwas an. Ich musste darauf achten, keinen Kompetenzstreit heraufzubeschwören. Aber ich unterließ nie, diese Mängel in meine Kritik einzubeziehen:

„In fast allen Bauwerken fehlen wichtige Artikel. Es gibt keine Wasserkübel, Latrineneimer und Bürsten. Besen zum Reinigen der Räume sind auch nicht vorhanden, ganz abgesehen von den Strohmatten, die vor den Bunkereingängen zu liegen hätten, damit die Leute vor dem Eintritt in den Bunker ihr Schuhwerk von Sand und Schmutz befreien können."

Das Kapitel Verpflegungsbaracke, an sich nur eine Angelegenheit des Stützpunktleiters, war gleichfalls ein heikles Thema. Richtig gelenkter Gemeinschaftsgeist hätte hier Wunder bewirken können. Ich bezog diesen Gegenstand auch in meine Kritik mit ein:

„In der Verpflegungsbaracke sind viel zu kleine Tische. Es ist dringend angebracht, sie durch zwei größere Tische zu ersetzen. Auch die Anschaffung von zwanzig bequemen Stühlen halte ich für erforderlich. An den Wänden fehlt jeglicher Schmuck, um den Männern den Aufenthalt etwas angenehmer zu machen."

Das traurige Kapitel mit den Sandflöhen ging mich ebenso wenig etwas an. Diese Angelegenheit war Sache des zuständigen Sanitäters und Stabsarztes. Nichts desto trotz machte ich einige Vorschläge, wie man es eventuell von der technischen Seite ein wenig abmildern könnte, z.B. durch spezielle Farben.

Insgeheim hoffte ich ein bisschen darauf, dass man vielleicht in dieser oder jener Richtung etwas unternehmen würde.

Auf meinen einsamen Kontrollgängen war meist der blauklare Himmel mein alleiniger Begleiter. Dieser Himmel hing auch an diesem Julitage wie eine durchsichtige Glasglocke über Royan. Es war ein Tag, an dem sich wie an jedem anderen Tage zuvor, die hellen Häuser in der Nähe des Ufers klar und festumrissen in dem Wasser des mächtig dahin fließenden Girondestromes widerspiegelten. Mitten im Strom zog die deutsche Minensuchflottille ruhig ihre Bahn. In der Nähe des Ufers lag unbeweglich das grauschwarze Sperrbrecherschiff. Alles war so, wie es am Vortage auch gewesen war. Ich hatte an dem Morgen dieses Tages über zwei Stunden in der Nähe vom Grand Hotel auf das Fahrzeug gewartet, welches mich zu irgendeinem entlegenen Stützpunkt bringen sollte. Da mir das Warten schließlich zu langweilig wurde, zog ich es vor, wieder in mein Quartierhaus zu gehen, das direkt hinter dem Grand Hotel lag.

In dem kleinen Vorgärtchen des Hauses saß ich nun mit dem Obergefreiten Pütz, den eine schwere Armverstauchung ans Haus fesselte, müßig herum. Die am Spätvormittag fast senkrecht über uns stehende Sonne brannte heute besonders heiß auf uns hernieder. Die Luft flimmerte vor Hitze. Wir unterhielten uns über die Gefahren, die damit verbunden waren, jetzt noch in die Heimat zu fahren.

„Neulich haben sie in der Nähe von Chartres wieder zwei Eisenbahnzüge, die in Richtung Heimat fuhren, in die Luft gesprengt. Über hundert deutsche Soldaten sollen dabei ums Leben gekommen sein. Ich verzichte darauf, unter solchen Umständen noch in die Heimat zu fahren", meinte Kamerad Pütz. Ich pflichtete ihm bei und sagte:

„Auch ich verzichte auf eine Heimfahrt, bei der man in jedem Augenblick das Gefühl haben muss, auf unerwünschte Weise in der Luft herumzufliegen. Ja, so etwas kann einem leicht dabei passieren!"

„Ja, leicht dabei passieren", wiederholte Pütz meine letzten Worte und schaute plötzlich zum blauen Himmel empor.

„Passieren kann hier in Royan auch etwas", sagte er und zeigte mit dem Zeigefinger zum Himmel. Ich bemerkte dort vier oder fünf winzige, schwarze Punkte und vernahm auch ein leichtes Flugzeuggeräusch.

„Das kann nett werden", antwortete ich etwas erschrocken, „das fehlte uns gerade noch an diesem schönen Sommertag!"

Das Surren nahm an Stärke zu und wir sahen, wie die Flugzeuge blitzschnell in Richtung des Girondestromes herabstießen.

„Das sind bestimmt die gefährlichen englischen Moskitobomber, die es auf unsere Schiffe abgesehen haben", meinte Pütz.

Kaum hatte er diese Worte ausgesprochen, als schon einige gewaltige Detonationen die Luft erschütterten! Uns war die Sicht zum Strom hin durch den vor uns liegenden großen Hotelbau genommen. Aber wir sahen aufgeregte Soldaten zur nahen Quaistraße hineilen. Wir schlossen uns ihnen an.

Von den sechs silbergrauen Minensuchbooten, die wir eben noch im Strome gesehen hatten, waren nur noch zwei da. Aber das große, graue Sperrbrecherschiff lag immer noch unbeweglich am nahen Ufer, als wenn in der Zwischenzeit nichts geschehen wäre. Nur auf der Oberfläche des Stroms war eine kleine Veränderung vor sich gegangen. Überall trieben auf den Wellen Schiffstrümmer herum. Man sah Köpfe von schwimmenden Schiffsbrüchigen, die uns aber infolge der Entfernung nur stecknadelkopfgroß erschienen, und hin und her fahrende Rettungsboote, die Menschen aufnahmen.

„Dieses war der erste Streich!", sprach einer von den Gaffern, die das Schauspiel von Anfang an mit angesehen hatten, laut vor sich hin.

„Und der zweite folgt sogleich!", ergänzte der Obergefreite Pütz den Vers von Wilhelm Busch.

Wieder vernahmen wir in der Luft das Summen von Flugzeugen, wieder bemerkten wir, wie diese Punkte zusehends größer wurden und wie sie dann wie Raubvögel auf die beiden unruhig hin und her kreuzenden Minensuchboote herabstießen.

Das erste Boot wurde am Vorderschiff von einer Bombe getroffen. Das Schiff sackte nach vorn hin ab, richtete sodann sein Hinterteil kerzengerade in die Höhe, um sogleich in die Tiefe zu versinken. Die Köpfe der Männer, die kurz zuvor ins Wasser gesprungen waren, damit der Sog des Wassers sie nicht erfasste, tauchten kurze Zeit später schwimmend wieder auf. Erneut kamen die kleinen Rettungsboote, dazwischen trieben zahlreiche Schiffstrümmer.

Das zweite Minensuchboot wurde mittelschiffs schwer beschädigt. Eine hohe gelbe Stichflamme stieg aus dem Schiffsbauch auf. Hier wiederholte sich fast genau die gleiche Tragödie wie bei den anderen versenkten Schiffen. Wiederum sah man herumtreibende Schiffstrümmer, schwimmende Menschen und hin und her fahrende Rettungsboote.

Schließlich kam das große Sperrbrecherschiff an die Reihe. Da es in der Nähe des Ufers lag, und das Wasser hier nicht tief genug war, vermochte es nicht ganz zu versinken.

Es gab anscheinend nur durch den Bombenabwurf verursachte Unglücksfälle. Das Gros der Mannschaft konnte sich vollzählig an das nahe Ufer retten. Wir hörten noch das Brummen der davon fliegenden Flugzeuge, und dann wurde alles wieder so ruhig wie zuvor. Von der deutschen Flugzeugabwehr hatten wir während dieser Aktion nichts bemerkt.

Gespannt warteten wir auf die Ankunft der ersten sich unserm Ufer nähernden Rettungsboote. Alle Boote waren voll mit Schiffsbrüchigen beladen. Die schwer verletzten Männer wurden als erste ans Ufer gebracht, dann erst folgten die Unverletzten. Allen stand der überstandene

Schrecken noch ins Gesicht geschrieben. Wir umstanden einen jungen Matrosen, der uns die Vorgänge auf seinem Schiff schilderte:

„Die Angst kroch uns allen in die Glieder, als wir die auf uns zukommenden Flugzeuge und die herabsausenden Bomben sahen. Wo sollten wir hinlaufen? Unsere Welt war ja unser kleines Schiff, und es gab für uns kein Erdloch und keine Deckung, die man hätte aufsuchen können. Wenn so ein Pott absäuft, dann müssen alle, die auf ihm sind, mit versaufen, wenn sie nicht vorher kopfüber ins Wasser springen. Aber das galt nicht für die Kameraden im Kesselraum. Sie wurden zwar nicht unmittelbar von den Bomben getroffen, aber als es hieß ‚Schotten herunter!', war für sie schon alles aus. Wir mussten so handeln, denn wenn ein Schiff zu schnell absinkt, kann sich niemand mehr retten. Wie Besessene und Wahnsinnige haben die im Kesselraum Eingeschlossenen mit den Fäusten gegen die heruntergelassenen Schotten getrommelt. Sie haben laut geschrien: ‚Kameraden, helft uns doch!'

Diese Rufe gingen uns durch Mark und Bein. Doch die Schotten konnten nicht mehr hochgezogen werden. Das Schreien der Männer wurde immer schwächer, je mehr sie absanken. Und dann wurde es grabesstill. Wir saßen in unserem kleinen Boot mit schlechtem Gewissen und trieben dem rettenden Ufer zu, noch die Schreie der im Kesselraum Eingeschlossenen im Herzen hörend."

Der Matrose wischte sich bei seinen letzten Worten die Tränen aus den Augen. Es war noch ein blutjunges Kerlchen.

An diesem schönen Julitage verloren wir unsere schnittigen Minensuchboote in der Girondemündung, und kein Wehrmachtsbericht gab dem deutschen Volke davon Kunde.

Die Besatzung der Festung bekam infolge dieses Ereignisses den unerwarteten Zuwachs von fast tausend jungen Leuten. Der Chef der versenkten „Armada" musste sich jedoch nach einem andern Kommando umsehen.

Einige Tage später glich Royan einem krabbelnden, kribbelnden Bienenkorb. Mit Soldaten beladene Lastwagen fuhren in die Stadt. Andere verließen sie wieder. Es bestand keine Ordnung und Planmäßigkeit mehr in diesem nervösen und hastigen Kommen und Gehen. In allen

Gesichtern stand die helle Aufregung. Nur noch eine Kleinigkeit mehr an Durcheinander und von allen Straßenecken und Plätzen würde die Parole ertönen: „Rette sich wer kann!“ Die Nachrichten von den Kampffronten waren alarmierend genug und deuteten auf die letzte Entscheidung des Krieges hin. Den Amerikanern gelang der Durchbruch. Die Bretagne war schon abgeschnitten. Die ganze Westfront war in Bewegung geraten oder schon aufgerollt!

Und eine zweite, für uns ebenso wichtige Nachricht, steigerte unsere Ungeduld bis zum Zerreißen:

*„Attentat auf Hitler! Hitler tot?“*

Der feindliche Nachrichtendienst meldete schon den Tod. Der Krieg schien jetzt nur noch eine Frage von Tagen zu sein. Dem amtlichen Widerruf dieser Todesnachricht folgte eine allgemeine seelische Lähmung.

Wohl aus diesem Grunde musste die ganze Baukompanie zu einem besonderen Appell in Pontaillac antreten. Der Hauptmann blieb vor der angetretenen Kompanie stehen und sagte mit todernstem Gesicht:

„Der militärische Gruß wird fortan nicht mehr wie gewohnt durch Anlegen an der Mütze ausgeübt, sondern…“

Und nun machte er uns vor, wie man es macht. Es wirkte so überzeugungslos wie der alte Soldat, der schon unter Kaiser Wilhelm gedient, sich im ersten Weltkrieg höchste Auszeichnungen erworben hatte und trotz aller inneren Ablehnung die rechte Hand zum „Heil Hitler“ Gruß erhob. In diesem Augenblick war seine soldatische Vorstellungswelt zusammengebrochen.

Nach dem grotesken Schauspiel trat der zweite Offizier der Kompanie, Leutnant Müller, vor und zeigte brutal und offen das wahre Gesicht des herrschenden Regimes:

„Wer von jetzt an noch meckert, den lass ich verhaften!“

Ich war sehr erstaunt, als mich der Hauptmann nach dem Appell noch einmal persönlich anredete:

„Wir haben in unserer Kompanieküche infolge der augenblicklichen Nachschubschwierigkeiten einen gewissen Mangel an Nahrungsmitteln“, sagte er zu mir. „Sehen Sie keine Möglichkeit, für unsere Küche etwas Zusätzliches aufzutreiben?“

Einen Augenblick lang zauderte ich mit meiner Antwort. Da fiel mir plötzlich die Adresse des mir wohl gesonnenen Müllers ein, der mich in Saujon bei der abenteuerlichen Fahrt in das entlegene Walddorf begleitet und der versprochen hatte, mir in Notfällen zu helfen. Den Zettel mit seiner Adresse trug ich noch immer in meiner Rocktasche. Aber der Mann wohnte weit weg von hier. Seine Mühle lag mindestens dreißig Kilometer Gironde aufwärts. Ich bat den Hauptmann deshalb um Ausstellung eines Fahrbefehls und um Unterstützung durch den Kameraden Julius Dickel, der ein Motorrad besaß. Der Kompaniechef antwortete:

„Diese Verantwortung kann ich nicht übernehmen! Jedermann weiß, dass das ganze Royaner Hinterland von französischen Partisanenverbänden kontrolliert wird."

Und dann sagte der Hauptmann: „Es wäre mir lieb, auch in einer anderen Angelegenheit einmal Ihre persönliche Meinung kennenzulernen!" Er zog aus seiner Rocktasche den Brief eines Kompaniekameraden und überreichte ihn mir. „Lesen Sie ihn bitte aufmerksam durch, und dann sagen Sie mir Ihre Meinung!"

Der Brief, den der Obergefreite Gutknecht an seine Eltern gerichtet hatte, war in hölzernen und ungelenken Worten und Buchstaben geschrieben. Einige Sätze des Briefes waren vom Militärzensor dick mit Rotstift unterstrichen worden. Diese Sätze lauteten:

*„Die Amis haben uns hier in Royan richtig in einer Mausefalle eingefangen. Da können wir nun nicht mehr heraus. Den Krieg haben wir ganz bestimmt verloren!"*

Und unter dem Brief stand in Rotstift: *Zur Stellungnahme an den Kompaniechef. Der Mann ist unbedingt zu bestrafen!*

„Und was nun?", fragte mich der Hauptmann.

„Darf ich ganz offen mit Ihnen reden?"

„Gewiss, darum möchte ich Sie gerade bitten. Es ist außerdem niemand in der Nähe, der uns hören könnte!"

„Der Obergefreite Gutknecht hat Pech gehabt, dass gerade sein Brief geöffnet wurde. Gutknecht ist ein offener Mensch, der die Wahrheit niemals heimlich in seinem Herzen verschließt. Zudem ist er auch ein treuer und zuverlässiger Mensch."

Der Hauptmann pflichtete meinen Worten lebhaft bei.

„Aber wenn ich meine Meinung ganz frei sagen darf," fuhr ich fort, „der Mann hat ganz offen nur das geschrieben, was wir alle zu dieser Stunde denken. Viele von uns haben wahrscheinlich schon einmal das gleiche mit versteckten Worten in Briefen angedeutet, ohne dass die Zensurbehörde irgend einen Anstoß daran nehmen konnte!"

Der Kompaniechef stimmte mir freimütig zu und sagte:

„Aber ich soll Gutknecht bestrafen und den Strafvollzug nach oben melden. Wie soll ich mich da aus der Klemme ziehen? Ich sehe außerdem nichts Strafbares darin, wenn ein Mann die Wahrheit sagt."

Ich nickte dem Hauptmann zu:

„Es gibt hier nur einen Ausweg. Sie erteilen Gutknecht vor der angetretenen Kompanie einen strengen mündlichen Verweis und melden dann nach Oben, dass sie den Mann angemessen bestraft haben!"

„So ähnlich habe ich mir es auch gedacht!", antwortete der Kompaniechef, grüßte mit der Hand an den Mützenrand, als wolle er den vorhin angeordneten Gruß negieren und legte die Nahrungsbeschaffung stillschweigend in meine eigene Verantwortlichkeit.

Ich bin dann mit dem Kameraden Julius Dickel, unserm „Hans Dampf in allen Gassen", zu der Mühle an der Gironde gefahren.

Als ich Julius von meinem Plan erzählte, war er gleich Feuer und Flamme für das waghalsige Unternehmen. Er besorgte uns schnell einen täuschend echt erscheinenden Fahrbefehl, der mit einer geschickt nachgemachten Unterschrift des Hauptmanns und einem echten Stempel der Kompanieschreibstube versehen war. Die Fahrt ins Niemandsland konnte nun auch formell ordnungsmäßig starten.

Uns war doch etwas mulmig zumute, als wir den letzten Vorposten von Royan hinter uns ließen. Zu viele, vertraulich verbürgte Dinge über das von unsern Truppen schon geräumte Hinterland waren zu uns gedrungen. Wir verzichteten daher auf jede besondere militärische Ausrüstung und ließen auch unsere Gewehre und den Stahlhelm zuhause. In einem beängstigenden Tempo jagten wir mit Julius Dickels Motorrad die Gironde entlang Ich kannte die Ortschaft, in der die Mühle lag, nur dem Namen nach. Zu unserer Rechten begleitete uns der majestätisch dahin fließende Girondefluss und eine grüne, hügelige Wiesenlandschaft. Wir fuhren schon fast eine Viertelstunde, ohne das besagte Dorf anzutreffen.

„Das wird das Dorf sein!“, schrie plötzlich Julius. „Da ist auch die Mühle! Donnerwetter, sie besitzt sogar eine eigene Kaianlage!“

Julius hatte sich nicht geirrt. Ich folgerte sogleich, dass die kleine Villa neben der Mühle die Wohnung des Müllers sein musste.

Zaghaft zog ich an der Messingklingel der Eingangstür. Kamerad Julius verharrte wie ein treuer Wächter neben mir.

Der gesuchte Mann erschien im Türrahmen. Trotz des freundlichen Willkommensgrußes stand die große Verblüffung über unser unerwartetes Erscheinen deutlich in seinem Gesichte geschrieben.

„Wir überstanden damals gemeinsam eine gefährliche Situation, und ich wünsche Ihnen von Herzen, dass Sie auch heute das Glück nicht im Stiche lässt!“, meinte er, nachdem er sich etwas gefasst hatte.

Ich erinnerte den Mann an sein damaliges Versprechen, und er führte uns in seine Mühle. Sein ausgeprägter Besitzerstolz musste uns aber schnell noch die moderne Einrichtung des Betriebes zeigen. In der Mühle stellte man vor allen Dingen Griesmehl her, das wir gut gebrauchen konnten. Wir verstauten sofort zwei Zentner von diesem kostbaren Nahrungsmittel in den Beiwagen unseres Motorrades.

Danach lud uns der Müller noch zu einem Umtrunk in sein Landhaus ein. Zum Abschied überreichte er uns beiden eine Flasche Pernod.

„Falls Sie nochmals den Mut haben sollten, hierher zu kommen, stehe ich Ihnen, wie heute, wieder gern zur Verfügung!“, rief er uns noch nach.

Auf der Rückfahrt brausten wir mit der höchsten Geschwindigkeit über die Landstrasse, denn es ging noch immer um Tod und Leben. Jedes unbedachte Zaudern hätte uns in eine gefährliche Situation bringen können. Erst als wir den ersten deutschen Wachposten erreicht hatten, atmeten wir erleichtert auf.

*„Keine Post für Sie da!“* so lautete schon seit vier Tagen die stereotype Antwort des Überbringers unserer Briefe aus der Heimat. Meine Frau pflegte mir fast jeden zweiten Tag zu schreiben. Das war nun für mich sehr beunruhigend. Es war immer so unendlich beruhigend, wenn von

zu Hause eine Nachricht eintraf. Die Post aus der Heimat gehörte zu unserem täglichen Brot, wie alle guten Dinge des Alltags auch. Sie war echte Seelenmedizin. So ein Brief bedeutete uns viel mehr als eine Zeitung, die nur von Krieg und ähnlichen Dingen zu berichten wusste. Die Briefe von zu Hause glichen einem bunten Bilderbuch, in dem jeder Soldat gerne blätterte:

*Weißt Du das Neuste? Ellen bekam gestern einen neuen Backenzahn, und das ging nicht ganz ohne Schmerzen vor sich.*
*Vor unserm Wohnzimmerfenster blühen jetzt wieder in verschwenderischer Fülle die Rosen. Die „Polianta" blüht in diesem Jahr purpurrot. Ich schenkte Deiner Schwester Luise davon zum Geburtstag einen ganzen Strauß.*
*Kleinmeyers Golda erwartet von ihrem kriegsgefangenen Franzosen, der in der Bäckerei tätig ist, etwas Kleines. Nach dem Kriege, wenn alle Hindernisse fortfallen, wollen sie heiraten. Die Nachbarschaft gönnt der kratzfüßigen Golda den bildschönen Franzosen nicht.*

Damit brachte meine Frau eine Saite des heiteren seelischen Bereiches in mir zum Klingen.

Jetzt war meine Post überfällig, und ich machte mir ernstliche Sorgen. Ich dachte daran, dass feindliche Bomber unserem Heimatort einen Besuch abgestattet haben könnten, dass meine Frau vielleicht ernstlich erkrankt sein könnte und viele andere Dinge mehr. Doch ich tröstete mich. Es konnte schon passieren, dass die Post irgendwo liegen blieb, dass ein Postbeutel verloren ging, dass meine Frau vor lauter Arbeit einmal nicht dazu kam, mir zu schreiben. Morgen wird bestimmt wieder ein Brief für mich eintreffen!

Am nächsten Tag führte mich mein Weg etwas weiter in das Royaner Hinterland. Dort, wo in einem abgeflachten Bogen die Küste nördlich der Girondemündung weit in das Meer hinausstößt, liegt La Coubre. Der Besuch des Panzerwerkes gehörte zu meinem regulärem Arbeitsprogramm.

La Coubre ist ein wilder, betörender Singsang von Wellenschlag, Waldesrauschen, Sonnenschein und Einsamkeit, ein Edelstein dieses Teils der Küste, welche die Franzosen stolz die *„Küste der Schönheit"* nennen. In dunklen Nächten warf in Friedenszeiten ein hoher Leuchtturm seine

Blinkfeuer weit hinaus in den Ozean, um der christlichen Seefahrt den sicheren Weg in die Girondemündung zu weisen.

In den Landhäusern saßen einst an kühlen Sommerabenden die Gäste, die tagsüber in den schattenreichen Wäldern der Umgebung Erholung fanden oder sich am Sandstrand die Haut braun brennen ließen.

Heute hatte sich hoch oben auf dem längst erloschenen Leuchtturm ein Artilleriebeobachter eingenistet, welcher den am Strande aufgestellten Mammutkanonen, die da wie gewaltige, sprungbereite Tigerkatzen hockten, anzeigte, wann im Bedarfsfalle blitzschnell ein Hagel von Stahl und Eisen auszustoßen sei, um den ruhig dahinträumenden Stützpunkt in ein wütendes Feuerglut speiendes Ungeheuer zu verwandeln.

Zur Mittagszeit kam ich in La Coubre an. Die Sonne strahlte heiß vom stahlgrauen Himmel, und ich verspürte gewaltigen Hunger und Durst. Ich sprach einen der geschäftig zwischen den überdimensionalen Bunkern laufenden Soldaten an: „Wo ist hier die Kantine?"

Er zeigte mir ein Schild, welches mir den Weg wies.

Ich trat in einen großen, gut ausgestatteten Raum ein. Hier gab es sauber gedeckte Tische, große mit bunten Vorhängen behangene Fenster, die das helle Tageslicht hereinließen, und eine langgestreckte Theke mit glänzenden Wein- und Biergläsern. Alles war so wie in einer gut ausgestatteten Gaststätte. Nur der von Tisch zu Tisch eilende Kellner fehlte, der fragt: „Was wünscht der Herr?"

Der Soldat, der lässig hinter der Theke stand, aber gab mir ebenso alles, was ich mir wünschte: eine Flasche Rotwein und kaltes Kotelette, wozu ich mein mitgebrachtes Butterbrot aß.

Die Besatzung des Panzerwerkes war gut untergebracht. In ihren Mußestunden fanden die Männer überall Kurzweil genug, um sich in den ausgedehnten Wäldern die Füße zu vertreten oder sich auf die Ruhebänke zu setzen, die vor den Restaurants oder den Landhäusern standen, um einen Blick auf das Meer zu werfen.

Der Kommandant dieses Panzerwerkes war ein sehr angenehmer und aufmerksamer Mensch. Er begleitete mich überall persönlich hin. Nirgends gab es einen Grund zur Klage. Schließlich bestiegen wir den hohen Artilleriebeobachtungsturm. Ein grandioses Bild bot sich:

Zu meinen Füßen brandete das gewaltige unruhige Meer. Die weißgekrönten Wellen, die bei Flut bis hierhin vordrangen, zeugten von dem ewigen Kampf zwischen Land und Meer. Fast 6000 Kilometer ist die Küste Nordamerikas von dieser Stelle entfernt. Beim Anblick des Meers vermochte ich mich nicht des unheimlichen Gefühls zu erwehren, dass es wohl für den Feind ein Leichtes sein dürfte, unerwartet mit einer großen Schlachtflotte vor dieser Küste aufzukreuzen. Lange würden unsre beiden Kanonen dieser Übermacht nicht standhalten.

Bei meinem nächsten Kontrollgang verhielt sich alles ähnlich:
Am nördlichsten Punkt unseres Royaner Besatzungsgebietes, wo die großen Wälder von La Coubre endeten und die Seudre ihren Lauf verlangsamte, ehe sie sich in den Atlantischen Ozean ergoss, lag der schöne Badeort Ronce. Reizende Villen und behagliche Erholungsheime zierten wie bunte, von einem expressionistischen Maler kühn auf die Leinwand geworfene Farbtupfen, die grüne Landschaft. Überall verspürte man Stille und ländliche Abgeschiedenheit. Jeder, der nicht wüsste, dass wir in einem turbulenten Kriege lebten und mit seinen Augen nicht hin und wieder die Uniform eines deutschen Lanzers sähe, hätte geglaubt, er lebte hier noch im tiefsten Frieden.

Den Konstrukteuren des Atlantikwalles war die strategische Bedeutung dieses Ortes sehr gut bekannt: Von Ronce aus war die nahe Seudremündung leicht zu kontrollieren, gleichzeitig war die nördliche Flanke von La Coubre von hier aus gut zu decken.

Meine Kontrollgänge in Ronce waren ebenso schnell beendet wie in La Coubre. Ich nutzte daher den schonen, hellen Sonnentag aus, um einige Stunden am nahen Seudreufer spazieren zu gehen und zu vergessen, dass wir uns schon im vierten Kriegsjahr mit den Franzosen befanden, und dass es vielleicht nicht mehr lange dauern würde, bis die Kriegsfurie uns auch hier heimsuchen würde.

Nachdem ich den Wald von La Coubre hinter mir gelassen hatte, führte mein Rückweg an einem besonders auffälligen Gebäude vorbei. An der Vorderfront dieses Gebäudes war attraktiv ein großes Schild angebracht worden: *Haus Heidelberg*. Es handelte sich ganz offensichtlich um ein Soldatenheim, welches sich vorgenommen hatte, die fröhliche, weinselige Tradition vom Neckarstrand hier weiter zu führen.

Eine Stunde später durchschritt ich das kleine Landstädtchen La Tremblade. Schöne Fachwerkhäuser standen zu beiden Seiten der Hauptstraße.

„Die Bürger von La Tremblade wussten ihre Austern immer gut zu versilbern“, erzählte mir ein alter leutseliger Bauer, der vor seinem Hause stand, mit dem ich beim Heimweg ein Gespräch angeknüpft hatte. Anschließend sah ich auch die Austernteiche, die Quelle des Reichtums der Bürger von La Tremblade.

Einige Dörfer, die noch wie im tiefsten Frieden dahinträumten, durchwanderte ich, ehe ich mich wieder in Royan, mitten in der kriegerischen Gegenwart befand.

Um die angeordnete Verbrennung aller Geschäftspapiere des Abteilungsstabes verständlich zu machen, mussten schwerwiegende Entscheidungen gefallen sein. Das wurde uns am Abend des gleichen Tages drastisch vor Augen geführt:

Der Gefreite Fritz Ellert stand neben mir. Ellert hatte endlich nach langem Herumirren und intensivem Betreiben des Hauptmanns einen Dauerplatz in einer der Schreibstuben des Abteilungsstabes gefunden. Lange hatten die Herren Unteroffiziere mit diesem armen Kerl ihren Schabernack getrieben, ihn von Baustelle zu Baustelle geschickt und zynisch festgestellt: „Der Mann ist für praktische Zwecke absolut nicht zu gebrauchen!“ Fritz Ellert schaute mich groß an, als ich sagte:

„Nun wird es mit Deiner Büroarbeit hier bald zu Ende sein. Die Ratten verlassen das sinkende Schiff!“ Er antwortete etwas pikiert:

„Vielleicht wird doch alles nicht so schlimm. Noch ist nichts offiziell bekannt. Ich würde es außerdem schon wissen, wenn…“

„Aber die Tatsachen reden dafür eine um so beredtere Sprache!“

Wir beide und einige Kameraden vom Abteilungsstab schleppten aus dem Gebäude alle Geschäftspapiere, Pläne und Bauskizzen, schichteten sie auf einen großen Haufen, gossen Benzin darüber und zündeten das Ganze an. Die Flammen fraßen gierig das trockene Papier und warfen hohe Feuersäulen in den Himmel. Der ganze Fleiß der Bauzeichner, die jede betonierte Festungsanlage in den verschiedensten Phasen fein säuberlich verewigt hatten, alle Verfügungen und alle Anordnungen des Abteilungsstabes sanken wieder ins Nichts zurück, aus dem sie Vorstellungskraft, Ordnungssinn und Emsigkeit für kurze Zeit herausgehoben hatten. Auch meine Berichte über den inneren Zustand der militärischen Bauwerke teilten das gleiche Schicksal. Ebenso erging es den vom Kameraden Ellert angefertigten Schriftstücken mit kalligraphisch so schön gezeichneten Buchstaben. Wir schauten beide verlegen in die hohen Flammen.

„Eigentlich nur das Schicksal von allen irdischen Dingen!“, sagte ich nach einer längeren Weile, die Situation beschwichtigend und fügte noch hinzu: „Wir haben uns beide mächtig angestrengt, um unsere Daseinsberechtigung vor unserem Gewissen auch hier vertretbar zu machen!“

„Wollen wir uns streiten?“, sagte Fritz Ellert. „Ich habe niemals den Ehrgeiz gehabt, mich beim Kommis besonders hervorzutun und habe auch keine sittlichen Werte hier gesucht!“

„Und ich?“, entgegnete ich ihm, „ich habe mir tatsächlich eingebildet, ich könnte den armen Burschen in den gottverlassenen Stützpunkten ein wenig Erleichterung verschaffen.“

„Warum der ganze Zauber?“, fragte der Gefreite Wald.

„Es dürfen keine wichtigen Papiere in feindliche Hände fallen!“, antwortete der Obergefreite Gutmann.

„Drohen irgendwelche Gefahren?“, fragte zum Schluss der Gefreite Feld.

Den Grund für die Verbrennung erfuhr ich bereits am anderen Morgen. Ich weilte gerade im Panzerwerk III:

„Der Abteilungsstab Gironde Nord und die Baukompanie verlassen in Kürze Royan. Nur der Wallfeldwebel bleibt mit einigen Spezialisten in Royan. Du gehörst auch zu diesen Spezialisten“, raunte die Stimme des Kameraden in die Telefonmuschel. „Ich weiß nicht, ob Du mit dieser Nachricht noch etwas anfangen kannst. Vielleicht ist es richtig, wenn Du Dich hier einmal zeigst. Sie sind noch am Beraten.“

Zur Mittagsstunde, noch zur rechten Zeit, kam ich vor dem Amtsgebäude des Stabes an. Unser Kompaniechef stand dort mit einigen anderen Offizieren in ein erregtes Gespräch verwickelt. Unentschlossen blieb ich zwanzig Schritte vor der Offiziersgruppe stehen. Als der Hauptmann sich von den anderen Offizieren verabschiedet hatte, fasste ich mir ein Herz und ging schnurstracks auf den Kompaniechef zu. Ich wollte Klarheit darüber haben, ob noch etwas an dem Beschluss zu ändern war.

„Herr Hauptmann, gehöre ich noch Ihrer Kompanie an?", fragte ich ihn kurz entschlossen. Er verstand sofort meinen unausgesprochenen Vorwurf.

„Ich kann gar nichts machen, absolut nichts! Sie müssen mit drei oder vier anderen Kompaniekameraden hier in Royan bleiben. Ich redete mir soeben den Mund fusselig, ohne etwas ändern zu können!", erwiderte er mir und gab mir dann die Hand, wie jemandem, von dem man sich endgültig verabschiedet.

Schon am nächsten Morgen verließ er in aller Frühe mit etwa fünfzig Mann der Baukompanie auf einem Lastwagen die Stadt. Die Männer von Gironde Süd, die schon am Nachmittag des vorhergehenden Tages nach Royan zurückgekehrt waren, fuhren auch mit.

## ZURÜCKGELASSEN
### (Oktober 1944)

Der Zeitabschnitt „Baukompanie" lag nun für immer hinter mir, und ich wartete gespannt auf die neuen Dinge, die auf mich zukommen würden. In diesen für uns so ereignisreichen Tagen gerieten alle Arbeiten ins Stocken. Kein französischer Zivilist verließ mehr sein Haus, um sich zu einer Arbeitsstelle zu begeben. Auch für mich gab es keine unaufschiebbaren Sonderaufgaben mehr. Fast war es so, als ob die Maurer ihre Kelle, die Zimmerleute ihr Winkeleisen, die Erdarbeiter ihre Schaufel mitten in der Arbeit fallen gelassen und nicht mehr aufgehoben hätten, als wenn sie das Ende ihrer Arbeit der Laune einer unbekannten Schicksalsmacht überlassen hätten.

Auch die zurückgebliebenen Männer unserer Baukompanie lungerten arbeitslos herum. Sie gingen planlos die Quaistrasse auf und ab, liefen ein Stück des Weges in die Innenstadt und wieder nach Pontaillac zurück, verbrachten die eine oder andere Stunde auf dem wie verlassenen Bahnhof von Royan, strolchten müßig im Hafen umher und fanden nirgends ein Objekt, das sie für längere Zeit hätte fesseln können. Ihr Dasein in Royan hatte seinen Sinn verloren. Sie dachten nur: Weshalb noch etwas tun? Bald wird doch alles zusammenbrechen. Es hatte den Anschein als ob die ganze Befehlsmaschinerie in Royan durcheinander geraten und kein Ziel mehr vorhanden sei, auf das wir hätten gerichtet werden können. Unsere Rolle als Puppen, die man wie an einem Gummiband auf und nieder fuppen lassen konnte, schien beendet zu sein.

Die zurückgebliebenen Kameraden von der Baukompanie warteten nun schon über zwei Wochen vergeblich auf den für sie noch vorgesehenen Abtransport. „Man hat uns vergessen!“, klagten sie. Das Schlupfloch im Osten der Stadt wurde von Tag zu Tag kleiner.

Die Partisanenverbände kontrollierten schon die meisten Ausfallstraßen der Stadt. Mancher Transport wurde von ihnen abgefangen.

Vergangene Nacht wurde zur dritten Morgenstunde heftig an unserer Haustür geklopft.

„Was ist los?“, rief ich zwei im Dunklen stehenden Gestalten zu.

Es waren Abgesandte von dem Teil der Kompanie, die auf ihre Abfahrt warteten, wovon der eine mein Kamerad Julius Dickel war. Beide riefen: „Es ist soweit. Wir haben Euch nicht vergessen. Der Eisenbahnzug fährt in einer Stunde vom Bahnhof ab. Fünf Plätze sind für Euch frei gehalten worden. Leutnant Müller ordnete es ausdrücklich an.“

Eine unheimliche Verlockung trat an mich heran, doch sofort meldete sich die Vernunft wieder zu Wort:

„Der Funkspruch des Festungskommandanten läuft schneller als Euer Eisenbahnzug. Der Leutnant kann nichts mehr für uns anordnen. Wir sind verurteilt, hier zu bleiben!“

„Quatsch,“ schrien die Männer von unten, „in dieser verrückten Zeit ist alles erlaubt!“

Ich blieb fest. Mit lauten Schritten stampften die treuen Kameraden in die Dunkelheit davon.

Der Wallfeldwebel, der uns „Spezialisten“ angefordert hatte, lud alle, die auf sein Geheiß hin zurückbleiben mussten, zu einem fröhlichen Umtrunk in sein Quartierhaus ein. Wir hatten bei dieser Einladung alle das Gefühl von einer Henkersmahlzeit, die uns zu „Tode Verurteilten" gereicht wurde, während die anderen Kameraden in unserer Vorstellung fröhlich den heimatlichen Gefilden entgegenfahren durften. Wir waren endgültig abgeschrieben und hatten nur noch den Tod oder die Gefangenschaft zu erwarten. Gefangenschaft? Dafür gab es aller Voraussicht nach nur eine kleine Chance, denn der Feind, der bald hier sein würde, würde uns vernichten, genau so, wie unser Herr Reichspropagandaminister es in seinen Thesen über die totale Kriegsführung verkündet hatte: „Es wird unbarmherzig und rücksichtslos zugeschlagen!" Außerdem war uns allen bekannt, dass in der jüngsten Vergangenheit in Frankreich manche Dinge geschehen waren, die das Tageslicht scheuten und uns allen aufgehalst würden.

Wir saßen schweigsam und verdrießlich in den weichen Sesseln um den großen Esstisch des Wallfeldwebels herum, schauten auf die hohen Weinkelche und die zierlichen Likörgläschen, auf die vielen Flaschen mit erlesenen Weinen, Cognacs und Likören. Wir brauchten uns nur zu nehmen, wonach uns gelüstete. Doch keiner griff zu, und die meisten blickten sich nur stumm an. Was bedeutet denn dies alles hier gemessen an der Tatsache, dass wir einem hoffnungslosen Schicksal entgegeneilten, so dunkel und undurchdringlich wie die Nacht, die draußen vor unseren Fenstern stand.

Wir fünf oder sechs Soldaten, die hier zusammenhockten, kamen aus den verschiedensten Lebensbereichen, aus den verschiedensten Teilen Deutschlands, mit sehr unterschiedlichen Lebenserwartungen. Der Älteste von allen war ich. Die anderen waren erst knapp vierzig Jahre alt, und der Wallfeldwebel war der jüngste von uns. Wir ließen eine schöne, bunte, erfüllte Welt, die wir Heimat nannten, hinter uns zurück: eine Frau, eine Mutter, die von uns umsorgten und geliebten Kinder, schöne Zukunftspläne, viele kleine Besitzgegenstände, die unsere Phantasie mit einem geheimnisvollen Nimbus umgaben, und mit denen wir in Gedanken oft spielten. Vor unseren Augen war nur das Wenige geblieben, was da vor uns auf dem Esstisch stand: die bunten Flaschen, die glitzernden Kristallgläser, die herbstbunten Blumen in den hohen Vasen, die geschmackvoll zusammengestellte Zimmereinrichtung und das aufmunternde Lächeln des Wallfeldwebels, der uns zum Trinken aufforderte.

Nur einer von uns tat so, als ob alles, was sich in den letzten Tagen ereignet hatte, ihn gar nicht berührte: Unteroffizier Gries. Vielleicht berührte ihn tatsächlich alles recht wenig, denn keine liebende Frau erwartete ihn zu Hause und keine Mutter. Die Häuser seiner Heimatstadt waren längst in Schutt und Asche gefallen, und auch seine politische Überzeugung war inzwischen recht wurmstichig geworden. Er glaubte nicht mehr an den Endsieg, obwohl er als überzeugter Nationalsozialist und ehemaliger SA-Sturmführer allen Anlass dazu hätte. Nur der ewige „Landsknecht" spielte noch in ihm und ließ ihn nach dem kleinen Augenblicksglück schielen, was da in den Wein- und Cognacflaschen winkte und lockte. Wir anderen beneideten ihn etwas wegen dieser wurstigen Haltung.

Der Wallfeldwebel forderte uns nochmals zum Trinken auf und zögernd griffen wir nun zu, damit man uns keiner Unhöflichkeit und Taktlosigkeit zeihen möge. Er machte ein zuversichtliches und frohes Gesicht und tat so, als sei uns ein großes Glück widerfahren, dass wir bei ihm bleiben durften. Wir hoben das erste Glas Wein, prosteten uns gegenseitig zu und tranken. Der Gefreite Roth, der Obergefreite Stein und mir schmeckte dieser Schluck vom edelsten Wein noch bitter, da wir unsere triste Stimmung, unsere düsteren Ahnungen mit herunterschlukken mussten.

„Ihr macht ein Gesicht, als ob Ihr gleich einen Grabgesang anstimmen wolltet", sagte der Wallfeldwebel zu uns Dreien. „Wir werden einmal etwas Lustiges singen."

Er liebte Musik und Gesang und holte aus dem Schrank eine Gitarre. Sogleich stimmte er an: *„Hab mein Wagen vollgeladen, voll von alten …"*

Nachdem die erste Strophe etwas müde geklungen hatte, sagte er:

„So, die erste Strophe passte wie angegossen zu Euren Gesichtern. Aber gleich, wenn die jungen Mädchen kommen, macht doch bitte ein etwas freundlicheres Gesicht!"

Wir hatten bisher kein Wort gesprochen. Nur aus Höflichkeit lächelten wir zu dem kleinen Scherz. Noch stand uns nicht der Sinn nach Lustigkeit. Vielleicht wäre es richtiger gewesen, uns vorher über alles auszusprechen, über alles Schwere, was uns bedrückte.

Aber der Wallfeldwebel ließ uns nicht dazu kommen. Ein Lied und ein großer Schluck aus dem Wein- oder Likörglase wechselte nun in bunter

***Feiernde deutsche Soldaten***
***(Bundesarchiv, TDR)***

Reihenfolge. Wir sangen zuerst noch etwas verhalten mit und dann, als der Alkohol anfing in uns zu wirken, befreiter.

Und bald lebte nur noch Beschwingtheit und Ausgelassenheit in unseren Herzen. Wir söhnten uns mit dem Gedanken aus, dass wir in Royan bleiben mussten. Das Lied von Lili Marleen, das von allen Soldaten dieses Krieges schnoddrig und gemütsinnig wie eine ewig wahre Begebenheit gesungen wurde, begeisterte auch uns plötzlich. Wir fanden in dieser Stunde unseren Frohsinn und unsere Unbeschwertheit wieder.

Der Morgen graute schon, als wir uns auf den Heimweg begaben. Der Wallfeldwebel hatte uns in den Wermut des Scheidens und des Zusammenbruchs einige süße Tropfen der Freude und der Aufmunterung gegossen.

Das folgende unbedeutende, fast alberne Ereignis des nächsten Tages, das sich überall und zu jeder Zeit hätte zutragen können, hatte mich seelisch doch ein bisschen aufgerüttelt. Ich wartete in einer dienstlichen Angelegenheit schon über eine Stunde vor einer der vielen Zimmertüren der Festungskommandantur. Durch die hohen vorhangslosen Fenster des langen Korridors fielen die grellen Strahlen einer heißen Augustsonne auf den glatt gebohnerten Parkettboden. Mit mir wartete ein junges Mädchen vor einer etwa zehn Meter entfernten Tür. Ihr volles, pechschwarzes, gekräuseltes Haar fiel in dichten Wellen auf ihren Nacken. Die großen, mandelförmigen, braunen, etwas mongolischen Augen schauten traurig durch ein Fenster auf die grünen Bäume des Vorgartens, auf denen einige Vögel herumhüpften und lustig zwitscherten. Das Mädchen lächelte keinen Augenblick lang, und ihr edel geformter Mund blieb dicht verschlossen. Ihr blasser, etwas gelbliche Teint ließ auf einen malaiischen Einschlag schließen. Ihre schmalen Hände strichen unnachahmlich graziös über das enganschließende dunkelbraune Kostüm. Der Anblick des Mädchens erinnerte mich lebhaft an ein Frauenbildnis von Gauguin, der einst vor der lärmenden Zivilisation in die Einsamkeit der Südsee floh. Ich konnte meinen Blick von dieser eigenartigen Schönheit nicht lassen. Ich ertappte mich sogar dabei, wie ich über die Ursache ihrer Anwesenheit hier nachgrübelte.

Da ging plötzlich eine Zimmertür neben ihr auf, und es trat ein Feldwebel der Festungskommandantur heraus, der für die Vermittelung von Stellungen des Putz- und Küchenpersonals zuständig war. Er eilte diensteifrig auf das Mädchen zu und fragte es französisch: „

„Entschuldigen Sie bitte! Haben Sie schon lange gewartet?“

„Oh, nein!“, sagte sie wieder besseres Wissen mit einer tiefen, heiseren Altstimme. Diese Stimme zeriss in mir plötzlich die von mir gesponnenen, feinen Zauberfäden, und als sie ihren Mund öffnete, da war ich mir über alles im Klaren. Sie zeigte ein hemmungslos sinnliches Lächeln. Ich fühlte deutlich, dass da nicht ein reines, unschuldiges Geschöpf sondern… Eine bunte, schillernde Seifenblase zerplatzte, eine zauberisch schöne Fata Morgana löste sich auf.

Dieser Tag brachte noch etwas Besonderes: Es gab nachmittags ein wildes Stimmengewirr und Durcheinander in der Menge, die mit mir vor einer Wirtshaustheke stand. Von der Räumung der Stadt war die Rede, von dem siegreichen Vormarsch der Amerikaner. Ich stand mitten zwischen den französischen Zivilisten, als gehörte ich zu ihnen, als stünde es mir wie selbstverständlich zu, ihre Gefühle und Sorgen zu teilen. Da packte mich unvermittelt ein alter, lieber französischer Bekannter unter die Arme, schleppte mich abseits in eine Ecke des Raums und flüsterte mir zu:

„Komm mit uns, wir besorgen Dir Zivilkleider, um unauffällig zu verschwinden. Hier ist nichts mehr für Dich zu reißen. Bald werden einige afrikanische Divisionen hier sein, darunter auch Senegalneger. Sie werden die Stadt einschließen und was dann kommt, kann sich jeder an den Fingern abzählen. Ich rate dir gut!“

Die Aufforderung brachte meine Gedankenwelt aus dem Gleichgewicht. Aber ich riss mich schnell wieder zusammen und antwortete:

„Ich bin leider verurteilt, hier bis zum bitteren Ende auszuhalten!“

Der Mann ließ enttäuscht meinen Arm los und sagte:

„Du wirst es einmal bitter bereuen!“

Das Gefühl innerer Unruhe bewegte mich nur einen Augenblick, dann hatte ich mich wieder gefangen, denn ich war mir klar darüber, dass meine Flucht eine große Feigheit dargestellt hätte. Erziehungsmäßig steckte in mir: „Eine Sache, in die man verwickelt war, musste man pflichtgemäß bis zum guten oder bösen Ende durchstehen.“

Die Stadt Royan wurde von der Zivilbevölkerung geräumt. Das militärische Denken war unerbittlich konsequent. Einige tausend hungrige Mäuler mehr könnten für eine eingeschlossene Stadt zum Verhängnis werden. Die Lebensmittelvorräte gehörten der kämpfenden Truppe und ihren Helfern, von denen erfolgreich Widerstand geleistet werden konnte. Nur etwa zweitausend Bürger durften in der Stadt bleiben. Darunter befanden sich auch mein Freund Charles und seine Frau. Seine beiden Söhne hatte er schon einige Wochen zuvor zu seinen Schwiegereltern aufs Land gebracht. Der Auszug selbst verteilte sich auf einige Transporte, die an verschiedenen Wochentagen durchgeführt wurden.

Das Leid der Erwachsenen ob dieser Maßnahme war groß. Nur Notdürftigstes, so viel zwei Menschenarme zusammenzuraffen vermochten, durfte mitgenommen werden. Wichtiges wurde dabei, nachträglich nicht mehr korrigierbar, oft vergessen. Die Evakuierung von Menschen aus ihren gewohnten Heimstätten ist immer grausam, wie sehr auch ihre Urheber sich hinter staatspolitischen Gründen verschanzen mögen oder sie aus der Kriegslage heraus verständlich ist. Das Zuckerwasser der „Vorläufigkeit" verfing sich nur bei wenigen Gemütern, die glaubten, dass die Ereignisse sich bald wieder zum Guten einrenken würden. Einige der scheidenden Männern riefen mir daher wohlgelaunt zu:

„Fernandel, wir kommen bald wieder!"

Ich winkte diesen Leuten freundlich nach. Mein Freund kommentierte kurz: „Dann wird alles schon zu spät sein!"

Ich musste insgeheim Charles recht geben, doch wer greift in seiner seelischen Not nicht nach dem Trost des „rettenden Strohhalms"? Der Heereszug der Evakuierten war groß. Dann waren die Straßen Royans still und leer.

***Evakuierung Royaner Zivilbevölkerung: am Bahnhof in Saujon***
***(Museum Poche von Royan)***

Noch einmal versetzte uns eine Nachricht in große Erregung: Der letzte Brief nach Hause durfte geschrieben werden. Ein im Hafen liegendes Lazarettschiff wollte alle Briefe mitnehmen.

Wird es tatsächlich unser letzter Brief sein? Dies wusste freilich niemand im Voraus. Trotzdem kam eine gewisse Feierlichkeit beim Schreiben auf: Der Geist konzentrierte sich nur noch auf die wichtigsten Dinge, die noch einmal ausgesprochen werden mussten. Alles Nichtige, Nebensächliche und Unbedeutsame wurde zur Lächerlichkeit vor der Majestät des „Letzten".

***Bauarbeiten***

## 2.
# AUFGEWÜHLTE ERDE
### (Oktober 1944)

In den folgenden Wochen lernte ich unseren Wallfeldwebel, jetzt mein unmittelbarer Vorgesetzter, genauer kennen. Dieser Mann imponierte mir. Ihn zeichnete vor allen Dingen das aus, was den meisten Menschen fehlte: „Zivilcourage". Wenn er mit seiner verkrüppelten rechten Hand, die Folge einer schweren Kriegsverletzung aus dem Jahre 1940, irgendwo mit anfasste, fühlte man deutlich, wie der Wille einen brüchigen Körper überwinden konnte, wie jemand aus dem „Nichts", das einen grüblerisch und passiv veranlagten Menschen zur Verzweiflung gebracht hätte, etwas gemacht hatte.

Ich schaut ihn immer wieder bewundernd an, wenn er ungeachtet seiner schweren Verletzung mit anpackte. Ich will nicht bestreiten, dass ein bisschen Ehrgeiz mit dabei im Spiele zu sein schien. Dieser bei andern Unteroffizieren bis zur Übertreibung gepflegte Charakterzug verschwand bei ihm aber sofort wieder, wenn seine Augen schalkhaft aufblitzten, wenn sein großer Einfallsreichtum zur Geltung kam, und er seine Initiative entwickelte. Der Wallfeldwebel war kein politischer und geistiger Sinnierer, sondern ein mit Phantasie begabter und von Lebensfreude erfüllter Tatenmensch.

So riss er ein Blatt aus seinem Notizbuch und kritzelte einige Striche darauf. Er stand unmittelbar vor mir und reichte mir kaum bis zu den Schultern. Aber ich gewann bei dem Anblick dieses Mannes die Überzeugung, er wäre in diesem Augenblick im Wachsen begriffen, wäre schon über meinen Kopf hinausgewachsen und händige mir nun triumphierend ein Meisterwerk aus. In der Tat reichte er mir mit selbstbewusster Miene ein Blatt Papier und sagte dazu:

„Sehen Sie, so stelle ich mir die Geschützstellung vor. Morgen früh beginnen Sie mit den Ausschachtungsarbeiten!" Kein Wort mehr.

Er übergab mir nur die Bleistiftskizze, stieg in seinen Wagen und brauste davon. Ich stand ziemlich ratlos vor dem mit Bleistiftstrichen kreuz und quer bemalten Stück Papier und überließ das Studium und die Lösung dieses Bauskizzenrätsels meinen Mitarbeitern oder dem Zufall.

Die neue Arbeitsstelle befand sich bei dem pompösen Casino, wo man das Rauschen des Meeres noch deutlich hörte.

„Eigentlich schade um die schönen Blumenbeete und den gepflegten Rasen, die das Gebäude umgeben, die nun ein Opfer der Spitzhacke werden sollen!“, dachte ich. Mit so viel Liebe und Kunstsinn hatte man dieses Stückchen Erde in die schönste gärtnerische Anlage umgewandelt. Dass aus einer Mischung der verschiedenen Stilelemente von Barock, Rokoko und der Renaissance zusammengesetzte Äußere des Casinos verband sich mit dem Grün des Rasens, den bunten Blumen und dem Blaugrün des Wassers zu einer harmonischen Einheit.

**La Facade de Foncillon, vorne Casino**
*(Bundesarchiv, TDR)*

Am nächsten Morgen stellten sich meine französischen Helfer auf dem Platz zur Arbeit ein. Der Älteste unter ihnen war mein Freund Charles. Da ich nicht wusste, was ich mit der rätselhaften Bleistiftskizze des Wallfeldwebels anfangen sollte, zeigte ich sie ihm. Er schaute sie aufmerksam an, lächelte leise vor sich hin und hatte ihren Sinn erkannt.

Als ich mir im Laufe der nächsten Stunde meine neuen Mitarbeiter näher betrachtete, bemerkte ich mit einem gewissen Unbehagen, dass sich da ein nicht besonders einträchtiges Arbeitsteam zusammengefunden hatte. Es gab zu große Unterschiede in Herkunft, Beruf, Bildung und Charakter. Mit Sorge dachte ich daran, wie hier alles reibungslos vor sich gehen sollte. Zwei junge Männer aus Paris, die auch zu meinem Arbeitshaufen gehörten, wollten partout nicht spuren. Etwas verächtlich schauten sie auf ihre emsigen Arbeitskameraden aus der „tiefen" Provinz herab.

„Welcher Wind hat Sie nur, meine Herren, aus der schönen Metropole Frankreichs hier in dieses entlegene ‚Nest' verschlagen?", fragte ich spöttisch. Sie lächelten ironisch und sagten:

„Die Boches haben uns aus Paris vertrieben, und in Royan sind wir ihnen wieder direkt in die Arme gelaufen!"

„Sie wollen mir doch nicht erklären, dass Sie sich hier besonders abrackern müssen", erwiderte ich. Ich vermied, darauf hinzuweisen, dass ich ständig übersah, wie sie sich für ein oder zwei Stunden in die nahe Stadt verdrückten oder sich während ihrer Anwesenheit am Arbeitsplatz nur scheinbar beschäftigten. Ihre Arbeitskollegen waren inzwischen über diese Drückebergerei, die auf ihre Kosten ging, unwillig geworden.

„Ihr Idioten!", sagten die Pariser ‚Herren' zu ihnen. „Vielleicht müsst ihr alles schon in vier Wochen wieder zubuddeln!"

Trotz aller Schwierigkeiten ging das Werk nach drei langen Arbeitstagen seiner Vollendung entgegen. Eigentlich hätte ein ganzer Arbeitstag vollkommen für diese Arbeit genügt. Zum Glück gab es aber keinen Terminplan.

Eine schreckliche Verwüstung hatten wir angerichtet! Für den Bau eines etwa ein Meter tiefen Rondells und eines zwei Meter langen Zugangsgraben, hatten wir wahllos den Sand, den Kreideboden und die Steine neben den Graben geworfen. Am Nachmittag des letzten Arbeitstages stellten einige Marinesoldaten ein 3,5 cm Geschütz in dem

Rondell auf. Auch der Festungskommandant, ein etwa sechzigjähriger Herr, war dazu gekommen und zeigte ein sehr ernstes Gesicht. Stumm, ohne ein Wort zu verlieren, schaute er sich die Geschützstellung an, nickte nur ab und zu mit seinem Kopfe und verschwand unauffällig wieder. Die kleine Kanone richtete nun „drohend" ihren Lauf auf den Atlantik, wie ihre etwas größere Schwester am Grand Hotel. Ob der Festungskommandant wirklich davon überzeugt war, dass dieses Kanönchen einen entscheidenden Beitrag zur Royaner Kriegsgeschichte liefern könnte?

Ich versäumte während des Baues dieser Artilleriestellung nicht, ab und zu einen Blick zur nahen Bucht hin zu werfen, an deren gegenüberliegenden Gestade das Grand Hotel lag. Tot und verlassen hockte jetzt das langgestreckte Gebäude am anderen Ufer. Immer wieder erinnerte ich mich bei seinem Anblick, wie ich vor ihm Wache schieben musste und mit Unbehagen an eine mögliche Landung des Feindes gedacht hatte. Kein Schiff belebte mehr die weite Bucht vor uns. Nur das große, grauschwarze Sperrbrecherboot, welches immer noch nicht ganz abgesunken war, wirkte wie ein großer, unbestatteter Leichnam. Die Amerikaner und Engländer waren zwar hier nicht gelandet, aber wir waren, ohne dass ein einziger Schuss fiel, vom Hinterland abgeschnitten worden.

Einen ebenso „tauben" Beitrag zur Royaner Kriegsgeschichte stellte meine nächste Aufgabe dar:

Nicht zu Unrecht hatte schon der Kommandant des Panzerwerkes III darauf aufmerksam gemacht, dass das elektrische Licht in den Bunkern immer noch fehlte, obwohl sich in der Nähe eine nicht genutzte Akkumulatorenstation befand und auch in den einzelnen Räumen schon längst die elektrischen Leitungen eingebaut waren. Nur die Kabel von der Akkumulatorenstation zu den Bunkern mussten noch verlegt werden. „Warum soll die Besatzung dieses Panzerwerkes kein elektrisches Licht haben, so wie alle anderen auch?", meinte der Wallfeldwebel. „Gehen Sie morgen nach Panzerwerk III und überwachen Sie die erforderlichen Arbeiten!"

Ich hatte in den Sommermonaten 1943 schon einmal in diesem Panzerwerk gearbeitet. Es lag ganz unauffällig auf einer kleinen Anhöhe, drei Kilometer östlich von Royan, an der großen Landstraße, die nach Saujon führte. Von hier aus konnte man gut das weite Land überschauen und auch einen Rückblick nach Royan werfen, das mit seinem weißen Häusergewirr sich an der gegenüberliegenden Höhe hinaufrankte. Die Schwierigkeiten, denen ich auf dem Arbeitsplatz vor dem Casino ausgesetzt war, fand ich hier verstärkt wieder. Der Wallfeldwebel hatte wohl mein Talent zur Beschwichtigung erregter Gemüter überschätzt, ebenso die Durchsetzung von „verrückten“ Arbeiten mit widerspenstigen Arbeitskräften.

An einem kühlen Septembermorgen stand ich ratlos vor etwa 120 Männern. Ein wirres Durcheinander von mir teilweise unverständlichen Sprachfetzen schwirrten um mein Ohr: Französisch, Polnisch, Spanisch, Baskisch und Deutsch. 120 Männer musterten mich drohend, als ich mutterseelenallein vor ihnen stand und nach einer Anrede suchte. Und schließlich hatte ich auch nichts Handfestes in meinen Händen: Keinen Plan und keine klare Anweisung von oben, wonach ich diese Leute hätte leiten können. Eine Überzeugung? Meine Absicht zu überzeugen, hatte ich im Laufe der Zeit längst aufgegeben. Ich hatte lediglich den Wunsch, mit diesem buntscheckigen Menschenhaufen zu einem einigermaßen verträglichen Einvernehmen zu gelangen. Deshalb rief ich zuerst einmal den Leuten zu:

„Setzen Sie sich und verschnaufen Sie sich ein Stündchen von den Beschwerden des Anmarschweges! Die ganze Zeit wird Ihnen voll bezahlt!“ Das ließ man sich nicht zweimal sagen, und im Nu hatte man sich hingelagert, steckte sich ein Pfeifchen oder eine Zigarette an.

Als ich den Kommandanten des Panzerwerkes nach dem Plan für die auszuhebenden Gräben fragte, schaute dieser mich entgeistert an:

„Mann, so etwas fragen Sie ausgerechnet mich? Ich meine darüber müssten Sie selbst Bescheid wissen. Meine Aufgabe beschränkt sich nur auf die Führung des Panzerwerkes. Wenn ich nicht irre, kommen Sie doch von der Planungszentrale.“

Die Antwort des Kommandanten brachte mich in Verlegenheit, denn ich besaß nur eine mündliche, sinngemäße Anweisung des Wallfeldwebels. Der Offizier sah mich noch erstaunter an, als ich ihn um Zeichenpapier bat, und da dieses nicht vorhanden war, einfach Makulaturpapier wünschte. Und ich brachte es irgendwie zuwege, in drei Stunden einen provisorischen Plan für die Anlage der Gräben zu entwerfen und die festgelegten Linien mit entsprechenden Zeichen auf dem Erdboden zu markieren. Danach begab ich mich zu den wartenden Arbeitsleuten:

„Ich weiß genau, wie es in Ihnen aussieht. Vielleicht hängt ihr Interesse aber doch noch ein wenig an dem anfallenden Lohn.“

Aber es war nur wenig Verständnis vorhanden. Nach längerem Zureden begaben sich schließlich einige Arbeitswillige mit Spitzhacke und Schaufel zu den markierten Linien. Andere schlossen sich eher notgedrungen an. Es gab wenig effektive Arbeit, aber dafür lange Ruhepausen und viel Geschwätz. Eines Tages waren alle Gräben jedoch ausgehoben und die elektrischen Kabel hätten nun verlegt werden können, wenn…

Es kam zu einer neuen Schwierigkeit, zur Freude der Männer, die mich schadenfroh umstanden: Monsieur Bois und Monsieur Bonatt, zwei Franzosen, die mir als Kabelverleger zugeteilt worden waren, waren nicht zur Arbeit erschienen. Sie kamen auch nicht am nächsten Tag. Ich machte zuerst kein großes Aufheben davon, dachte insgeheim, vielleicht hättest du es auch so gemacht, wenn es um ein feindliches Panzerwerk gegangen wäre. Schließlich bat ich aber den Wallfeldwebel um Hilfe, der mir umgehend einen deutschen Elektriker zuteilte. Nun konnte die Arbeit weitergehen.

Bei der weiteren Arbeit war das Hauptproblem aber nicht der Ausfall der französischen Kabelverleger, sondern der mir zugewiesene Elektriker. Er war Unteroffizier und konnte sich nicht damit abfinden, dass ich als simpler Gefreiter hier im Auftrage des Wallfeldwebels und des Kommandanten des Panzerwerkes zu bestimmen hatte. Ein weiterer mir zugeteilter Unteroffizier verhielt sich ebenso. Und um den ganzen die Krone aufzusetzen: Von der Kabelverlegung verstand der Elektriker-Unteroffizier auch nicht viel. Wenn mir nicht ein alter Praktikus aus dem Panzerwerk aus der Patsche geholfen hätte, dann wären die Kabel nie ordnungsgemäß in die Erde gekommen.

Das im Panzerwerk lagernde Kabelmaterial reichte bei weitem nicht aus, um alle Leitungen zu verlegen. Daher musste ich an einem Morgen stundenlang durch Royan ziehen, um das fehlende Kabel ausfindig zu machen. Jemand hatte dieses Material in eine entlegene Reparaturwerkstatt verlagert. Sodann musste ich noch einen Lastwagen auftreiben, um das Kabel zum Panzerwerk III zu bringen.

Meine Abwesenheit genügte, um mein mit Ach und Krach zusammengehaltenes „Arbeitsteam“ wieder auseinanderfallen zu lassen. Als ich zurückkam, saßen alle beschäftigungslos am Straßengraben herum, und der Unteroffizier Heim rief mir schon von weitem händeringend zu:

„Wo bleiben Sie denn nur? Die Leute wollen nicht mehr spuren. Ich habe den Wallfeldwebel schon angerufen!“

„Das war sehr nett von Ihnen“, entgegnete ich verärgert, „und nun möchte ich Sie bitten, die Leute anzuweisen, Erde in die Gräben zu werfen, in denen die Kabel schon verlegt sind. Auf diese Idee hätten Sie eigentlich auch selbst kommen können!“

Der Unteroffizier erwiderte kaltschnäuzig:

„Sie haben hier gar nichts zu sagen. Sie haben vor allen Dingen selbst Ihre Arbeitszeit einzuhalten. Ich pfeife auf Ihre Anordnungen!“

So blieb mir nichts anderes übrig, als den Wallfeldwebel erneut anzurufen. Dieser erklärte mir:

„Unteroffizier Heim hat bereits telefonisch mit mir gesprochen und sich über Sie beschwert. Sie erschienen unpünktlich zum Dienst, und die Arbeiter säßen müßig herum. Ich habe ihm klar gemacht, dass er wahrscheinlich noch im Bett gelegen habe, als Sie sich um Ersatzkabel in Royan bemühten. Im Übrigen hat Unteroffizier Heim Ihren Anordnungen Folge zu leisten.“

Heim hielt es für ratsam sich zu fügen, und auch die Zivilisten nahmen auf mein gütliches Zureden ihre Arbeit wieder auf.

Die Angelegenheit mit dem Unteroffizier Stanislav, der mir zugewiesen worden war, um die Arbeit hier voranzutreiben, hatte üblere Folgen. Er war nicht bereit, von mir Arbeitsanweisungen entgegenzunehmen. „Ich verweigere, den Befehl eines Gefreiten auszuführen“, sagte er kurz und bündig. Er war ein ehemaliger polnischer Hauptfeldwebel.

„Es geht hier nicht um mich und um einen Befehl“, versuchte ich zu einer gütlichen Einigung zu kommen. „Es geht darum, der Besatzung des Panzerwerks, der auch Sie angehören, so schnell wie möglich zu elektrischem Licht zu verhelfen. Außerdem gebe ich Ihnen nur eine Anordnung Ihres Kommandanten weiter.“

„Ich verweigere trotzdem die Ausführung des Befehls eines Gefreiten!“, erwiderte er störrisch

So blieb mir auch hier nichts anderes übrig, als dem Kommandanten des Panzerwerks darüber Meldung zu erstatten. Der griff sofort rigoros durch: „Drei Tage strengen Bau für Unteroffizier Stanislav!“

Allen Widerwärtigkeiten zum Trotz wurde schließlich doch noch alles fertig. Man brauchte jetzt nur noch die Akkumulatoren einzuschalten. Aber sie wollten beim besten Willen nicht anlaufen. Technische Störungen? Ich habe niemals den wahren Grund des Versagens erfahren. Neue Aggregate ließen sich nicht mehr auftreiben.

Unsere ganze Arbeit war also „für die Katz“ gewesen! In den Bunkern des Panzerwerks III musste man sich wie bisher mit Karbidleuchten oder mit Kerzenlicht behelfen. Doch auf dem Papier waren alle Panzerwerke und Stützpunkte fix und fertig und Royan eine gut ausgebaute Festung.

Gestern traf uns ein neuer Tiefschlag. Auch der letzte Rest der Freiheit wurde uns fünf „Spezialisten“ entzogen. Wir durften fortan nicht mehr allein durch die Gegend ziehen, um die gelegentlichen Aufträge des Wallfeldwebels durchzuführen, sondern wir mussten uns nun einem größeren militärischen Verband anschließen. Zu uns Fünf gesellte sich ein Teil des militärischen Bedienungspersonals des aufgegebenen Pionierparks Saujon und einige deutsche Zivilisten, die bisher im Auftrage deutscher Firmen bestimmte technische Anlagen überwacht hatten.

Als „technischen Zug“ schloss man uns sodann zwei in Royan stationierten Pionierzügen an. Wir hießen von nun an: „Pionierkompagnie Royan“. Der Wallfeldwebel war unter Gewährung einer gewissen Selbstständigkeit der Chef des technischen Zuges. Unsere Quartiere verlegte man in eine stille Villenstraße Pontaillacs, wo die beiden anderen Pionierzüge schon untergebracht waren.

Der Festungskommandant wollte mit dieser Maßnahme wohl den auffälligen Mangel an aktiven Soldaten ausgleichen, denn die ganze Royaner Streitmacht zählte nur etwa siebentausend Köpfe, von denen aber ein großer Teil infolge Überalterung nicht mehr aktiv verwendet werden konnte.

Ich war nun sehr neugierig darauf, was der Festungskommandant für neue technische Ideen entwickeln würde.

Die erste Idee wurde uns schon heute vor Augen geführt: Eine große Panzerglocke, eines von den Ungetümen, die man als stählerne uneinnehmbare Türme in ein Verteidigungssystem einzubauen pflegte, sollte auf dem Bahnhofsvorplatz aufgestellt werden. Schon vor einigen Tagen brachte ein Güterzug aus dem Pionierpark in Saujon dieses Ungetüm und zwei weitere, ebenso große Panzerglocken. Weshalb eine Panzerglocke ausgerechnet da aufgestellt werden sollte, wusste niemand, denn in drei Kilometer Entfernung schirmte Panzerwerk III die östliche Einfallsstraße schon gut ab.

Drei Mann vom technischen Zug der Pionierkompanie Royan und ein Unteroffizier vom ersten Zug standen mit etwa hundert französischen Zivilisten an einem trüben, nebligen Septembermorgen auf dem Bahnhofsvorplatz herum und schauten auf die fünfzehn Meter hohen Laubbäume, in denen der nahende Herbst schon das Laub gelb färbte. Unteroffizier Seidel, der Leiter des Arbeitskommandos, war ein Unteroffizier von der üblen Art. Er kannte nur die blinde Ausführung von Befehlen, das Wörtchen „Jawohl" und sich sputende Soldaten. Hier schaute er nun in die Gesichter grinsender Franzosen, die ihre Hände tief in den Hosentaschen vergraben hielten und nicht die geringsten Anstalten machten, irgendein Handwerkszeug anzurühren. Er mochte noch so sehr brüllen und herumspringen, niemand bewegte sich. Die Leute weigerten sich ganz einfach, die hohen Laubbäume zu fällen, nur um dem schweren Maschinengewehr in der Panzerglocke ein freies Schussfeld zu schaffen. Wie ungebärdig sich auch der Unteroffizier Seidel anstellen mochte, er stieß bei allen Franzosen immer nur auf das gleiche herausfordernde Grinsen und müßige Herumstehen. Auch wir Männer vom technischen Zug, die zu dieser Arbeit abkommandiert waren, verspürten keine Lust, mit Hand anzulegen und erklärten diplomatisch:

„Unmöglich, dass wir drei schwachen Männer diese Arbeit allein schaffen können!" Zum Schluss rief der Feldwebel uns erbost zu:

„Ich werde umgehend den Festungskommandanten von dieser frechen Meuterei in Kenntnis setzen!"

Über eine Stunde hockten wir nun schon müßig neben den Franzosen am Straßenrand, ließen uns die inzwischen aufgekommene Sonne ins

Gesicht scheinen und harrten der Dinge, die da kommen würden. Die Zivilisten holten aus ihren Verpflegungsbeuteln ihre Weinflaschen, taten ab und zu einen stärkenden Zug daraus und steckten sich eine Zigarette oder ein Pfeifchen an. Was hatten sie schon zu befürchten? Es gab keine militärische Gewalt, die sie hätte zwingen können, gegen ihr Gewissen zu handeln.

Plötzlich stand der Festungskommandant höchst persönlich mitten unter uns. Mit strengem Blick sah er jeden einzelnen Zivilisten an. Sie erwiderten seinen Blick, ohne mit der Wimper zu zucken. Niemanden sprach er an. Es war nur ein stummer Austausch von Blicken. Der Kommandant verhielt sich genauso wortkarg wie vor vierzehn Tagen bei der Visitation der Artilleriestellung vor dem Casino.

Dann sahen wir, wie der Unteroffizier in unterwürfiger Haltung zu den Bäumen hinwies, wohin der Festungskommandant nun auch schaute, um dann seine Augen wieder den Franzosen zuzuwenden. Schließlich verschwand er in seinem PKW.

Kurze Zeit später rückte eine Kompanie junger Soldaten an. Es waren dieselben jungen Leute, die immer dann eingesetzt wurden, wenn man mit der bloßen Überredungskunst nicht mehr weiterkam. In fieberhafter Eile sägten sie alle Bäume ab und rollten sie zur Seite. Wie kahl lag nun der einst so schöne Bahnhofsvorplatz da!

Verbissen wurde dann der Sand mit Hilfe von Loren zu der aufgestellten Stahlglocke geschoben. Bald erhob sich ein hoher, hässlicher Sandhügel mitten auf dem Bahnhofsvorplatz.

Eine andere Panzerglocke wurde, etwa drei Kilometer vom Bahnhof entfernt, mitten auf der still gelegten Eisenbahnlinie, die aus Royan herausführte, aufgestellt. Der stille und besonnene Obergefreite Walter Grün, ein echter Berliner Junge, musste sich mit mir die Beaufsichtigung dieser Arbeit teilen.

Etwa fünfhundert Meter von unserem Arbeitsplatz entfernt lagen schon die ersten Häuser von Medis, das bereits unter Kontrolle der Belagerungstruppen stand. Die niedrigen, grünen Hügel zu beiden Seiten der Eisenbahnlinie atmeten noch den stillen ländlichen Frieden. Zur rechten Seite, versteckt auf der Höhe, lag Panzerwerk III. Aber kein Geräusch drang mehr von dort zu uns herunter. In der Ferne grüßte die ehrwürdige Kirche St. Pierre.

Wir arbeiteten hier mit etwa zehn Franzosen zusammen. Unter ihnen befand sich auch wieder Charles. Während der Arbeit pflegten wir unsere Waffen und unser Koppelzeug an einem nahen Baum abzulegen. Jeder hätte ohne Federlesen unsere Waffen ergreifen, einen Schuss auf uns abgeben und auf Nimmerwiedersehen in das nahe Medis verschwinden können. Doch Grün und ich setzten ein unbekümmertes und grenzenloses Vertrauen in unsere französischen Helfer. Ab und zu ergriff jemand ein Gewehr, zielte in die Luft und sagte dabei lächelnd:

„Schade, dass wir keine Wildenten schießen dürfen!“ In dieser Gegend gab es noch sehr viele Wildenten.

Unsere täglichen Arbeitsergebnisse waren kümmerlich, und wir waren froh, dass niemand unseren entlegenen Arbeitsplatz kontrollierte. Wir schichteten Sand unter einen Eisenbahnplattenwagen, der auf dem Hauptgleis stand und auf dem sich eine Panzerglocke befand. Unterhalb der Glocke sägten wir ein Loch in den Wagen und bauten durch den aufgeschütteten Sand zu diesem Loche hin einen gut abgestützten Zugang. In der Panzerglocke selbst sollte ein schweres Maschinengewehr installiert werden.

In unseren ausgedehnten Mittagspausen plauderten wir miteinander, erzählten unsere Lebensgeschichte, wärmten unser Essen an einem kleinen Holzfeuer auf und verzehrten als Nachtisch die köstlichen Weintrauben aus den umliegenden, nun herrenlos gewordenen Weinfeldern. Danach machte ich meist einen kleinen Spaziergang.

Ausnahmsweise wählte ich an diesem Tage meinen Weg über die Eisenbahnschienen in Richtung Medis und trat dabei versehentlich auf eine Eisenbahnschwelle, an der unsichtbar ein Draht befestigt war. Ein gemeines Zischen hob plötzlich an. „Eine Mine!“, ging es mir tödlich erschrocken durch den Sinn. Ich besaß keine Zeit mehr, mich irgendwo platt hinzuwerfen. Die ersten kostbaren Lebenssekunden hatte ich ungenutzt verstreichen lassen. Das grausige Zischen klang noch immer unbarmherzig in meinem Ohr. Ich war totenbleich geworden.

„Gleich muss die Mine losgehen!“ dachte ich nur. Einen Augenblick später stieg eine grelle, weiße Flamme vor meinen Füßen auf. Keine Detonation folgte. Ich wartete bis die Flamme gänzlich erlosch. Erst dann kehrte ich um.

Als ich kurze Zeit später wieder meinen Arbeitsplatz erreichte, war mir sehr übel. Meine Arbeitskameraden schauten mich erstaunt an, doch ich konnte den Leuten nicht meine dumme Geschichte erzählen. Am selben Tag erklärten mir die Kameraden vom Panzerwerk III, dass es eine in der Eisenbahnschwelle eingebaute Signalmine gewesen war.

Unser Quartier in Pontaillac lag über fünf Kilometer von meiner Arbeitsstätte entfernt. Ungewollt beflügelten wir immer unsere Schritte, wenn wir die Innenstadt Royans durchquerten. Sie ähnelte jetzt einer Totenstadt. Selten unterließen wir es jedoch, noch einen Rundgang über den städtischen Markt zu machen. Die einzelnen Marktstände wurden immer noch gut mit Obst und Gemüse beschickt. Hin und wieder stellte ich den Händlern die Frage, wo denn alles noch herkäme und verwundert hörte ich, dass die meisten Waren noch von jenseits der Festungsgrenze herrührten. Es gab offenbar noch offene Verbindungswege, die nach außen führten.

Alle militärischen Einheiten verfügten schon über einen Betonbunker. Da für die Einrichtung eines Betonbunkers für uns Pioniere keine Zeit und kein Material mehr vorhanden waren, hatte der Wallfeldwebel beim Festungskommandanten durchgesetzt, dass wir uns einen Erdbunker bauen durften. Der Erdbunker wurde im Walde von Bellamy errichtet, ganz in der Nähe unserer Quartierstraße. Der ganze technische Zug musste sich an dieser Arbeit beteiligen. Auch französische Zivilisten halfen mit. Der schmierige und zähe Kreideboden machte allen schwer zu schaffen. Oft musste Dynamit nachhelfen. Viele stattliche Laubbäume des Wäldchens wurden Opfer unserer Tätigkeit. Galgenhumor begleitete stets unsere Arbeit. Meine seelischen Aufheiterungsspritzen beantworteten die Franzosen immer mit einem lauten Gelächter.

„Fernandel“, sagten sie, „Du musst bei uns in Royan bleiben! Wir werden dann nach diesem Kriege gemeinsam diese Löcher wieder zubuddeln und uns dabei gegenseitig Vorträge über den tieferen Sinn der menschlichen Arbeit halten.“

Charles erhielt den Auftrag, die Gräber der gefallenen Soldaten auf dem städtischen Friedhof wieder in Ordnung zu bringen.

Auf Anordnung des Wallfeldwebels hatte ich zwischendurch noch eine besondere Aufgabe durchzuführen. Die U-Eisen mussten auf eine für unseren Bunker entsprechende Länge zurechtgeschnitten werden. Da eine Schneidemaschine nicht vorhanden war, kam der Wallfeldwebel auf die Idee: „Sie sprengen einfach das Eisen mit Dynamit auf die richtige Länge!“ Hilfsbereit brachte er mir noch die Kunstgriffe bei, wie man mit einer Würgezange die gefährliche Sprengkapsel mit der Zündschnur verbindet. „Seien Sie vorsichtig“, warnte er mich, „und halten Sie bei dieser Arbeit den Arm weit ausgestreckt!“

Ich bemühte mich, sein folgsamer und gelehriger Schüler zu sein, doch stand mir bei dieser Arbeit der Angstschweiß auf der Stirne. Die Sprengung selbst war ungefährlich. Man brauchte nur einen geeigneten Schutzplatz aufzusuchen, damit die abgesplitterten Eisenteile nicht wie Sprengstücke von Granaten wirkten. Tagelang unterbrachen nun Detonationen die Stille. Ich verwandte zuerst zu viel Dynamit und legte es auch unsachgemäß unter die großen U-Eisen. Die total verbogenen Eisen ließen sich beim besten Willen nicht mehr verwenden. Durch stete Übung bekam ich jedoch den richtigen Bogen bald heraus. Die Eisen wiesen zwar keinen einwandfreien Schnitte auf, aber sie ließen sich verwenden. Die Materialvergeudung war aber groß, denn über die Hälfte der gesprengten Eisenstücke wurde Schrott.

Die Abdeckungsarbeiten an unserem Bunker gelangen hervorragend. Er war mit dicken Baumstämmen, Sand, U-Eisen und wieder Sand von oben her abgeschirmt. Aller menschlichen Voraussicht nach konnte der Bunker nur noch durch einen Bombenvolltreffer zum Einsturz gebracht werden.

Dann musste noch die letzte Panzerglocke aufgebaut werden. Auch diesmal wurde der Unteroffizier Seidel mit der Leitung betraut. Es wiederholte sich ein ähnliches Schauspiel wie bei der Aufstellung der Panzerglocke auf dem Bahnhofsvorplatz. Kurz nach Arbeitsbeginn hatte offenbar ein französischer Mitarbeiter unauffällig einen dicken Stein unter die Räder des mit Bausand beladenen Güterwagens geschoben. Dieser entgleiste unter lautem Gepolter. Unteroffizier Seidel sprang wie ein Verrückter zwischen die Leute, packte unter den Wagen, als könne er ihn allein samt der schweren Last auf das Gleis heben, lief schnell der

Menge voraus, um sie aufs Neue zu einem Versuch anzuspornen. Es gab eine Arbeitsverzögerung von einigen Stunden. Während der Aufstellung dieser Panzerglocke bekam Seidel von den Franzosen ständig Knüppel zwischen die Beine geworfen.

Man gewöhnt sich zwar mit der Zeit an manches, ohne sich noch groß aufzuregen, doch war ich in Wahrheit zu einem großen Meuterer geworden. Ich weigerte mich, meinen französischen Arbeitskollegen etwas Unbilliges abzuverlangen. Ich gönnte ihnen von ganzem Herzen die kurze, nicht vorgesehene Zigarettenpause, bei der sie ihr Schwätzchen hielten. Ich überhörte ihre Kritik an unserer unsinnigen Arbeit und bemühte mich, ihnen klar zu machen, dass sie für mich Menschen waren, Menschen mit Herz und Seele und dem Recht der freien Meinungsäußerung.

In diesen „leeren" Tagen hatten wir auch einmal eine vernünftige Aufgabe zu erledigen, denn der Wallfeldwebel dachte nicht ausschließlich an die „Festung", sondern auch an unser persönliches Wohl.

„Wir werden uns eine Sauna bauen", sagte er gestern, und wir werkten und hämmerten nun unermüdlich an diesem Gebäude. Irgendwo in der Nähe des Hafens hatten wir einen großen Wasserkessel aufgetrieben, den wir auf ein Holzgerüst montierten, um den Wasserduschen der Sauna auch den erforderlichen Druck zu geben.

Die Männer des technischen Zuges erhielten das Vorrecht, zuerst die heilsame Wirkung eines Dampfbades auszukosten. Die heißen Sitzungen öffneten unsere Hautporen, und wir waren alle erstaunt, wie viel Staub und Schmutz sich in unserer Haut angesammelt hatte. Eine wohltuende Mattigkeit durchzog danach unsere Körper, und wir fühlten uns fast wie neu geboren. Eine Flasche Rotwein schmeckte nach einem solchen Bade doppelt so gut. Schnell gerieten wir in jene beschwingte Stimmung, die alles Widerwärtige um uns herum vergessen ließ. Wir waren in diesem Augenblick davon überzeugt, dass der Spuk hier in Royan schnell vorbeigehen würde.

Einen Tag nach diesem erfrischenden Bade lernte ich auf ungewöhnliche Weise den französischen Chefbuchhalter kennen, der für die Lohnabrechnungen aller bei der deutschen Wehrmacht beschäftigten französischen Zivilarbeiter verantwortlich war. Ein Arbeiter beklagte sich bei mir, dass einige Arbeitsstunden bei seiner Lohnabrechnung nicht berücksichtigt worden waren. Da ich aber genau wusste, dass dieser Mann in der fraglichen Zeit mit mir zusammengearbeitet hatte, begab ich mich in die Lohnabrechnungsbaracke am Rande der Stadt.

Dort empfing mich nicht gerade freundlich ein bebrillter Mann mit einem buschigen Schnauzbart. Er berichtigte zwar sofort die fragliche Lohnabrechnung, aber er warnte mich dabei eindringlich vor dem politischen und moralischen Geist meiner Helfer. Mit fanatisch leuchtenden Augen sprach er auf mich ein. Von der Arbeitsauffassung, die ein echter Nationalsozialist haben muss, redete er. Sodann griff er zur Bekräftigung seiner Worte nach einem Buch, welches auf einem Regal über seinem Schreibtisch stand. Es war ein Werk von Professor Grimm. Ich wagte nur eine zögernde, verklausulierte Gegenrede über den Begriff Sozialismus. Doch sogar meine vorsichtig gewählten Worte brachten ihn in neue Erregung. Wild gestikulierend wollte er mich von dem „nationalen" Sozialismus überzeugen. Ich nickte nur noch stumm zu seiner Rede und dachte: „Besser du schweigst! Der fanatische Herr könnte Dir sonst noch gefährlich werden."

Eines Tages überbrachte uns der Wallfeldwebel eine etwas ungereimt erscheinende Nachricht:

„Heute Mittag, punkt zwei Uhr, müsst ihr euch alle die Ohren zuhalten und den Mund weit dabei öffnen. Es wird eine große Sprengung vorgenommen werden!"

Es war ein schöner Herbsttag und die letzten Blätter fielen von den Bäumen. In der Tat erschütterte zum angegebenen Zeitpunkt eine gewaltige Detonation das gesamte Festungsgebiet. Die Erde zitterte und bebte. Der große Seebahnhof am jenseitigen Ufer der Gironde war mit Hilfe von ungeheueren Mengen Dynamit in die Luft gesprengt worden. Riesige Erdfontänen sah man hoch in den Himmel steigen. Danach war am anderen Ufer der Gironde nur noch ein weit ausgedehnter wüster Trümmerhaufen im blauen Nebeldunst zu sehen.

Einige Tage darauf, an einem ebenso sonnenhellen Tag, wurde auch das große, moderne Hotel Océanic oben auf der Höhe von St. George dem Erdboden gleich gemacht. Die anmutige, grüne Anhöhe wurde jetzt nur noch von einer trostlosen Ruine gekrönt.

Der mündliche Kommentar zu diesen Sprengungen lautete:

„Die feindlichen Flieger dürfen keine Orientierungspunkte haben!"

„Ob die Girondemündung nicht schon ein guter Orientierungspunkt genug ist?", fragte sich jeder.

***Militär vor dem Hotel Golf in Pontaillac, der Kommandozentrale***

*(Sammlung Sicard)*

# 3.
# DER GESCHLOSSENE RING
## (Oktober-Dezember 1944)

Der neue Festungskommandant, einst Chef der in der Girondemündung stationierten „Armada“ der Minensuchboote, hielt uns in einem kleinen Saal in Pontaillac einen Vortrag über das Verantwortungsbewusstsein eines Soldaten. Das war ein ungewöhnliches Ereignis, denn im allgemeinen lernte der einfache Soldat seinen General oder sonst ein „hohes Tier“ nur aus der Distanz oder durch die zahlreichen Erlässe, Aufrufe und Befehle, die er aus dem Munde eines Hauptfeldwebels entgegennahm, kennen. Diesmal hatte sich der Herr Befehlshaber höchst persönlich dem einfachen Manne gestellt.

Ein älterer, gut angezogener, jovialer Herr, der sehr verbindlich zu lächeln wusste, sehr sparsam mit seinen Gesten umging und jede Deklamation mied, stand da vor uns. Manche Gedanken würzte er mit Erfahrungen aus seinem eigenen Leben. Er machte einen erstaunlich wendigen Eindruck und an bestimmten Stellen seiner Rede wusste er unauffällig diplomatische Akzente zu setzen. Zwischen ihm und dem alten schweigsamen Festungskommandanten lagen Welten.

„Warum bemüht sich der neue Herr in so außergewöhnlicher Weise um unsere Gunst?“, fragten wir uns alle.

Seit einigen Tagen waren über den alten Kommandanten die tollsten Gerüchte im Umlauf. Aus „ganz zuverlässiger Quelle“ wusste der Obergefreite Max Schöneborn aus Dresden interessante Dinge zu erzählen:

„Der alte Kommandant, wisst Ihr, hat sich geweigert, den Seebahnhof in die Luft zu sprengen oder vielmehr, er tat so, als ginge ihn der Befehl gar nichts an. ‚Das wäre der größte Unsinn, den ich je in meinem Leben getan hätte!‘, soll der wortkarge Mann einem guten Freund gesagt haben. ‚Der Seebahnhof ist im Augenblick für niemanden mehr nutze. Ich lasse auf keinen Fall den Tollhans mit mir machen. Ich nicht‘. Und das dicke Ende kam gleich hinterher. Der Führer ließ ihn mit einem Sonderflugzeug abholen und vor ein Kriegsgericht stellen!“

Alle Gerüchte waren in dieser verrückten Zeit glaubhaft! So wurde über den Kommandanten der uns benachbarten Festung La Rochelle ebenso Erstaunliches berichtet. Der Gefreite Emil Beier, der einige Wochen lang in einem Lazarett in La Rochelle gelegen hatte, erfuhr die Geschichte auch aus „todsicherer“ Quelle. Ein Sanitäter des Lazaretts habe ihm alles unter dem Siegel der Verschwiegenheit anvertraut:

„ ‚Weißt Du, dass der Krieg für uns in La Rochelle jetzt schon beendet ist?‘, habe er gesagt.

‚Kaum zu glauben!‘, habe ihm Beier geantwortet. ‚Wir in Royan haben noch nichts davon gemerkt!‘

Darauf antwortete ihm der Sanitäter:

‚Ja, Euer Kommandant lebt ja auch noch auf dem Mond und unserer steht mit beiden Füßen auf der Erde. Ein bisschen Glück mag wohl auch mit dabei im Spiele gewesen sein. Sie müssen wissen, unser Festungskommandant und der Befehlshaber der hiesigen französischen Streitkräfte sind Studienkameraden. Und jetzt das Interessante: Nichts einfacher, als dass zwei Jugendfreunde sich arrangieren und insgeheim übereinkommen, sich gegenseitig nicht wehe zu tun. Man tut zwar nach außen so, als ob. So hatte unser Kommandant einen großen Anfangserfolg zu melden und bekam dafür vom Führer einen dicken Orden. Aber alles war nur Theater!‘ “

Ich glaube fast, die Geschichte des Gefreiten Beier ist wahr, und wenn sie es nicht ist, ist sie doch gut erfunden. Ich weiß nicht, ob in La Rochelle verlustreiche und wilde Kampfhandlungen stattgefunden haben.

„Aber bei unserem alten Kommandanten wäre so etwas bestimmt nicht möglich gewesen!“, plauderte der Gefreite Beier weiter und berichtete mir anschließend von einer Begegnung, die kurz nach unserer Einschließung zwischen dem Kommandanten und einem höheren amerikanischen Offizier, der „drüben alles managt“, stattgefunden haben soll:

„Da trafen sich nun die beiden, unser ‚Alter‘ und der Amerikaner. Ganz erschüttert kehrte der unserige wieder von der Unterredung zurück. Und weißt Du, was er seinem Adjutanten erzählte, weshalb er so erschüttert gewesen war: ‚Der saloppe Amerikaner legte seine Beine auf den Verhandlungstisch, einem Partner gegenüber, der das Patent eines Oberstleutnants besaß, während er selbst nur den Grad eines Majors innehatte! Er nahm nicht einmal beim Sprechen die Zigarette aus dem Mund. Er ließ sie nur ab und zu von einem Mundwinkel in den anderen rutschen und sprach über den Krieg und seine Folgen, wie ein erfolgreicher Fußballspieler über sein Spiel spricht. Besitzt dieser Herr überhaupt kein Unterscheidungsvermögen mehr? Dieser Krieg ist doch schließlich eine bitterböse Angelegenheit. Ich bin ganz erschüttert!‘

So fanden keine weiteren Verhandlungen mehr statt, soweit man bei der sturen Haltung unseres alten Kommandanten überhaupt von ‚Verhandlungen‘ sprechen kann!“

Über das, was bei unserem neuen Festungskommandanten durch ‚Verhandeln‘ erreicht wurde, ist uns nichts zu Ohren gekommen. Wir wussten nur, dass er ein geschickter Verhandlungspartner war, aber auch, dass er den Seebahnhof in die Luft sprengen ließ. Auch sagte er uns während seines Vortrages in Pontaillac: „Wir besitzen in der Festung Vorräte auf Jahre hinaus!“

Anfang Oktober 1944 war Royan von der Landseite her vollkommen abgeschnitten. Die großen Landstraßen waren dort, wo sie ins „Niemandsland“ hinübergingen, vermint, und das unsichtbare Auge irgendeines Panzerwerks oder Stützpunkts bewachte Tag und Nacht alles, was sich jenseits der „Grenze“ abspielte. Ein seltsames Gefühl beschlich mich jedes Mal, wenn ich von einer Anhöhe auf „Feindesland“ schaute. Es lag alles dort drüben noch im gleichen Frieden wie vordem. Es gab für uns erst einige wenige einschneidende Symptome, die uns unmittelbar deutlich machten, dass man es dort drüben mit dem Kriegführen ernster meinte:

Zuerst stellten wir fest, dass der Royaner Markt nicht mehr von außerhalb mit Früchten beliefert wurde.

Ein Zweites machte uns sichtbar, dass alle Brücken zur Außenwelt abgebrochen waren: Abends konnte man nicht mehr das elektrische Licht einschalten. Eine Kerze stand jetzt auf dem Tisch des Zimmers, deren Flamme nur ein unklares Licht verbreitete und alle Gegenstände unscharf werden ließ. Düstere Ahnungen und bange Zukunftssorgen gediehen in uns wie Pilze in einem feuchtwarmen, schattigen Walde. Mit dem Licht fiel auch der Radioapparat aus, der an unsere elektrische Leitung angeschlossen war. Die Stimme des „Führers“ vermisste ich nicht, auch nicht die Nachrichten aus Berlin. Wir verloren aber unsere kritischen Vergleichsmöglichkeiten, da wir auch die Stimmen aus Amerika und der Schweiz nicht mehr hören konnten. Wir waren nun abgeschnitten, wenn nicht ab und zu unsere französischen Mitarbeiter uns aus ihren Quellen auf dem Laufenden hielten.

Wir mussten immer lächeln, wenn wir an unseren bisherigen Stromlieferanten dachten. Unseren elektrischen Strom hatten wir bis dahin von dem Elektrizitätswerk in Saintes bezogen, etwa 30 Kilometer jenseits unserer Festungsgrenze mitten im „Feindesland“. Zu unserem Erstaunen stellten wir fest, dass der Strom bisher gegen genaue Abrechnung und Zahlung geliefert worden war. Für den dringendsten Strombedarf arbeitete jetzt nur noch an einigen Stunden am Abend eine kleine Lichtmaschine in der Innenstadt Royans. Die „Lichtmaschine“ war die auf die elektrische Stromerzeugung umgestellte Lokomotive unseres einstigen Bähnleins. Sie verzehrte jetzt die Kohlen.

***Unsere „Hafermotore“***
*(Original Bundesarchiv, TDR)*

Überall mussten wir jetzt zu Fuß hinlaufen, denn kein Bähnlein fuhr mehr in die Stadt und kein Auto konnte mehr unsere Wünsche erfüllen. Nur der Festungskommandant und einige Herren seines engeren Stabes waren noch motorisiert. Daher waren unsere „Hafermotore" wieder modern geworden. Falls uns nun etwas für unseren Buckel zu schwer war, zogen wir unsere Pferde aus dem Stall, spannten sie vor den kleinen Bauwagen und kutschierten durch die Gegend. Die „motorlose" Kriegsführung hatte sich bei uns in Royan wieder eingebürgert.

Durch eine dritte Sache merkten wir wirklich, dass auch bei uns der Krieg begonnen hatte:

Die feindlichen Flieger wagten sich schon am hellen Tage ganz offen über das Festungsgebiet. Die weißen Wölkchen unserer Flackgeschosse stiegen nicht mehr in die Luft, um ihnen einen „warmen" Empfang zu bereiten. Hoch über unseren Köpfen schwirrten sie ständig herum. Es war „ lustig" anzuschauen, wenn vier oder fünf dieser silbernen Vögel sich im hellen Sonnenschein herumtummelten, als wollten sie uns nur ihre Flugkünste zeigen. Ich stand oft am Straßenrand und schaute diesem munteren Treiben hoch in den Lüften zu. Hin und wieder löste sich auch einmal aus einem ein Bömbchen. Es flog in großartiger Parabel zu uns hernieder. Wirklich ausgezeichnete, mathematische Figuren bildeten diese Bomben bei ihrem Herniederkommen. Unserem alten Physiklehrer, dem bedächtigen weißhaarigen Professor Krumm, hätte beim Anblick dieser Figuren das Herz im Leibe gelacht, und er hätte todsicher ausgerufen:

„Seht, Ihr Kerle, da habt Ihr das Musterbeispiel einer echten Parabel, wie die Natur sie zeichnet, die durch Flieh- und Schwerkraft zugleich entsteht. Für die nächste Physikstunde fertigt Ihr einmal auf einem großen Bogen Eueres Zeichenblocks säuberlich eine solche Parabel an, mit der genauen Berechnung, wenn sie uns erreicht!"

Wenn der blaue durchsichtige Himmel sich über Royan wölbte und die feindlichen Flugzeuge uns gestatteten, ruhig über die Straße zu spazieren, dann hatten wir gewisslich keinen Grund zur Klage.

Auch ein anderes, besonderes Flugzeug bereitet uns noch keine Kümmernisse. Wir begrüßten es jeden Mittag wie einen guten, alten Bekannten und nannten es unsern „UVD Flieger", unseren „Unteroffizier vom

Dienst Flieger". Es gab der feindlichen Artillerie die Ziele an, die sie kurz danach ohne jegliche Wirkung mit Artilleriesalven belegte.

Was mich am meisten frappierte: Es lief alles bürokratisch planmäßig ab. Einen wilden Artillerieüberfall hatten wir in Royan noch nicht erlebt. Die bürokratische Schießerei bezog sich nur auf die großen Ausfallstraßen der Stadt, dort wo es nichts gab, weil sich begreiflicherweise kein deutscher Soldat dort sehen ließ, und es auch dort keine strategisch bedeutsamen Ziele gab. Bis heute war uns noch nicht bekannt geworden, dass irgendein Mensch oder Haus getroffen worden war. So zahm und vorsichtig vollzogen sich die feindlichen Kanonaden!

Nur die Tatsache, dass wir vollkommen von unserer Heimat abgeschnitten waren, beunruhigte uns bisweilen. Wir empfingen keine Briefe mehr von zu Hause und auch unser „Briefkasten" wurde nicht mehr geleert. Wir brachten wohl gelegentlich noch einen Brief zu unserer Feldpoststelle, und der dort diensthabende Obergefreite pflegte stets zu sagen: „Es ist doch zwecklos! Kannst Du das nicht begreifen!", und legte den Brief zu dem großen Haufen der anderen Briefe, die nie abgesendet wurden.

Aber ein „Ersatz" für unsere nie abgesendeten Briefe wurde eines Tages doch noch gefunden! Wofür hatten wir denn in Royan eine eigene Funkstelle? An die private Nutzung dieser Stelle hatte bisher niemand gedacht, bis schließlich jemand entdeckte, dass man nur einmal „Oben" anzufragen brauchte, um zum Ziele zu gelangen. Und da unser Festungskommandant für die private Nutzung dieser Funkstelle sein „Amen" gab, waren schnell alle Schwierigkeiten aus dem Wege geräumt, um der Heimat anzuzeigen, dass wir noch alle am Leben waren. So kam denn einige Male der Obergefreite Haas von der Funknachrichtenstelle in die Schreibstube unserer Kompanie und sagte:

„Morgen sind die Pioniere an der Reihe!" Der Kompanieschreiber händigte ihm dann eine Liste mit den Heimatadressen unserer Leute aus, damit deren Angehörige erfuhren, dass wir noch lebten.

Nachts schliefen wir meist ruhig, denn der Krieg fand in Royan bis dahin nur am Tage statt. Doch in der vorigen Woche stellten wir alle fest, dass sich während einer ganzen Nacht über unseren Dächern etwas laut brummend bewegt und seine Kreise gezogen hatte. Feindliche Bomberflugzeuge? Wir wurden aus unserer gewohnten Lethargie gerissen und sagten:

„Auch das noch! Sie sollen uns in Ruhe lassen!"

„Es liegt etwas in der Luft. Unsere ruhigen Tage in Royan sind gezählt!", unkte der Obergefreite Mühlens.

Diesmal stellte sich die Angelegenheit nicht als eine feindliche Störaktion heraus. Die brummenden Flugzeuge wollten nur Glücksbringer sein. Der Gefreite Kurt Wagner, der immer alles wusste, berichtete uns von Postflugzeugen, die in der Nacht vergeblich einen Landeplatz gesucht und dabei den ruhestörenden Lärm verursachten hätten. Zu guter Letzt hätten sie, da ihnen keine andere Wahl geblieben sei, alle Postbeutel wahllos über Royan abgeworfen.

Ich sah am gleichen Vormittag, wie zwei Feldwebel von der Festungskommandantur ein kleines Wäldchen, das in der Nähe unserer Quartierhäuser lag, nach Briefen absuchten. Ein Nachrichtenbeutel hatte sich unglückseligerweise schon vor der Landung geöffnet, und die Post verstreute sich über das ganze Wäldchen. Hoch oben im dichten Gezweig der Bäume hingen noch einige Briefe.

Royan schrumpfte nach der letzten großen Evakuierung zu einer kleinen Stadt mit wenigen tausend älteren Männern und Frauen zusammen. Etwa hundert jüngere Leute blieben für die laufend anfallenden Arbeiten bei uns. Es berührte mich immer traurig, wenn ich durch Royan ging und nirgends mehr junges, frohes Leben verspürte. Zwischen den Ritzen der Pflastersteine begann das Unkraut schon mächtig zu wuchern.

Tot und verlassen lag jetzt auch in der Innenstadt Royans das ehemalige große Warenhaus da, ein nackter, kalter Betonbau. Seit mehr als einem halben Jahr gingen in diesem Gebäude keine Käufer mehr ein und aus. Damals hatte ich in diesem Warenhaus noch ein kleines Fläschchen Parfum erstehen können, um meine Frau damit zu überraschen. Es war ein reiner Gefälligkeitsverkauf. Der Geschäftsführer hatte mir das kleine Fläschchen persönlich besorgt. Ich sah im Geiste noch diesen freundlichen, verbindlichen Herrn vor mir. Jemand flüsterte mir zwei Monate später zu: „Von der Gestapo abgeholt! Ein Jude!"

Einst gab es in Royan, dort wo jetzt das alte Fort liegt, eine lustige Reitbahn. Die großen planierten Festungsanlagen waren ein ideales Terrain für diesen Sport. Heute sprang kein Reiter mehr über die breite verlassene Reitbahn. Royan war zu einer Festung geworden, die keine überflüssigen Sportkünste mehr kannte. Den letzten Reiter sah ich vor einem dreiviertel Jahr täglich in der Nähe des Grand Hotel. Es war der erste Offizier des Divisionsstabes, ein großer schlanker Herr, der mit seinem breiten, karmesinroten Hosenstreifen vergnügt über die Straßen von Royan galoppierte, als ginge ihn der Krieg und das große Geschrei in aller Welt gar nichts an.

Und das alte Fort: Vor zweihundert Jahren mochte dieses Fort mit seinen dicken Mauern und großen Kasematten noch seinen Sinn erfüllt haben. Heute waren diese Bauwerke überaltert. In dem Stützpunkt „altes Fort" hauste die deutsche Besatzung hinter dicken feuchten Mauern, durch die das Tageslicht sich nur trüb hinein stahl.

In einem anderen Gebäude Royans ging es ebenso trostlos zu. Niemand, der an diesem großen, schönen Landhaus an der breiten Avenue von Pontaillac nach Royan vorüberging, würde vermuten, dass die Besatzungsangehörigen der Festung Royan, die eine längere Haftstrafe zu verbüßen hatten, hier untergebracht wurden.

Neulich gab es in diesem Hause einen besonders exquisiten Besuch. Eine junge Wehrmachtshelferin musste dort einsitzen. Auch die deutschen Wehrmachtshelferinnen unterstanden der militärischen Strafgerichtsbarkeit. Man erzählte sich, dass, nachdem eine Reihe deutscher Soldaten in einem Lazarett wegen Erkrankung einer Lustseuche eingeliefert worden waren, man auf die Ursache in Gestalt dieser Maid gestoßen war. Nach der üblichen „Kur" in einem Lazarett, habe man diese Frau zu einigen Wochen Haft verdonnert und in dieses „Haus" gesteckt.

In dem vor einem Jahr in der Nähe von Grand Hotel errichteten Soldatenheim II ging es meist lustiger zu. Es wurde dort nicht nur ein kräftiges, billiges Mittagessen, sondern auf Wunsch auch eine gute Flasche Wein verabreicht. Heute Nachmittag traf ich zufällig in diesem Heim meinen guten, lieben, alten Freund Alfred Weber. Er war inzwischen zum Unteroffizier avanciert und ich hatte ihn weiß Gott wie lange nicht mehr gesehen. Weber bestellte sofort eine Flasche „Royaner".

„Ich habe heute Geburtstag und unser Zusammentreffen kommt da wie bestellt!“, rief er frohgelaunt aus. Wir befanden uns schnell im trauten Gespräch. Mein Freund war in der Zwischenzeit mächtig grau geworden. Von dem alten Optimisten war nichts mehr übrig geblieben.

„Prosit!“, sagte ich, „auch ich habe das Gefühl, als gliche unser Sprung in die Zukunft einem Salto Mortale, bei dem man sich leicht das Genick brechen kann!“ Leise fügte er hinzu:

„Wir stehen nun ganz in Gottes Hand.“

Wir wussten nichts Genaues über die noch bestehenden Verbindungswege von Royan über die See nach La Rochelle und anderer Häfen Frankreichs. Die Nachricht von der Abfahrt eines Lazarettschiffes Ende August, welches unsere letzte Briefpost mitgenommen hatte, drang noch an unsere Ohren. Aber es schienen auch jetzt noch immer Nachtzeitfahrten unternommen zu werden. Einen verhältnismäßig gefahrlosen Verbindungsweg sollte es nach La Rochelle über die Insel Oléron geben. Die Seudremündung wäre dann per Schiff zu überqueren, um zur Insel Oléron zu gelangen. Und dann müsste man noch einmal von der Nordspitze der Insel bis zum Hafen von La Rochelle das Fährschiff benutzen.

An einem der letzten Sonntage promenierten wir wieder einmal auf den breiten Bürgersteigen der schönen Avenuen Pontaillacs und schauten zu den „fashionablen“ Villen, die uns rechts und links auf unseren Wegen begleiteten und an die gute, längst vergangene Zeit erinnerten.

Unterwegs begegneten wir einer sehr sonderlichen Frau. Der Gefreite Hausmann lachte und sagte:.

„Wisst Ihr, wer das ist? Das ist die Freundin unseres Kameraden Erich Kohnert, dem Maurer. Er hält sich nachts mehr bei dieser alten Frau auf als in seinem Quartier.“

Die Alte trug altmodische Kleider, die trotz ihrer Länge ihre ungewöhnlichen O-Beine nicht zu verbergen vermochten. Auf ihrem grauen, ungeordneten Haarschopf saß ein kleines Kapotthütchen. Ständig wakkelte sie mit ihrem kleinen Kopf wie eine Bachstelze. Sie besaß ein faltiges, warziges Antlitz, aus dem eine gerötete Knollennase hervorstach und freundliche Luchsaugen sich wachsam umsahen..

„Wie kommt Erich nur an diese komische Vogelscheuche?“, fragte ich meinen Begleiter.

„Ich will es Euch mit den gleichen Worten sagen, wie es Erich tat, als ich ihn das fragte: ‚Mensch, die backt tolle Pfannkuchen, und sie hat ein schönes warmes Federbett, das ich hier so sehr vermisse. Seid Ihr denn mit dem Fraß zufrieden, seit wir in Royan von der Welt abgeschnitten sind?“

Und dann ergänzte der Gefreite Vogel aus Duisburg:

„Seine Alte zu Hause sieht nicht viel besser aus. Auch sie kann besonders gut Pfannkuchen backen!“

***Boulevard Frédéric Garnier***

Gestern Morgen, sieben Wochen nach unserer Einschließung, herrschte am Arbeitsplatz bei den jungen französischen Arbeitern große

Niedergeschlagenheit, die ich bei diesen sonst so lebensfrohen jungen Menschen nicht gewöhnt war. Michel Bernage, ein junger Mann aus der Vendée, machte ein Gesicht wie zehn Tage Regenwetter. Ich fragte ihn deshalb etwas spöttisch:

„Michel, die Sonne ist ganz dicht mit Wolken verhangen. Hat Marie ihr Gesicht gestern Abend auch so verhangen?"

Der junge Mann schaute verlegen zur Seite und würdigte mich keiner Antwort. Auch Charles Dupont, ein Mann aus der Bretagne, und alle anderen blieben für mich unansprechbar.

„Was haben denn eigentlich unsere jungen Leute?", fragte ich unauffällig im Laufe des Tages den sechzigjährigen Louis Charpentier.

„Sie haben einen Stellungsbefehl bekommen."

„Stellungsbefehl? Gibt es so etwas noch in unserer eingeschlossenen Festung für junge Franzosen?", antwortete ich ungläubig.

Charpentier erzählte mir, dass die jungen Männer tatsächlich eine Abordnung nach außerhalb der Festung bekommen hätten. Morgen früh sollten sie schon abrücken. Er spöttelte während des ganzen Nachmittages über ihre Abreise:

„Ihr bekommt bald eine schöne Uniform, ein Gewehr und den Befehl, Euch als Helden zu bewähren. Prägt Euch gut die Anlage des Bunkers hier ein, damit Ihr alles eurem neuen militärischen Vorgesetzten angeben könnt!"

In den Worten des Spötters lag grausame Wahrheit. Heute Morgen fehlten die fraglichen, jungen Männer. Sie verließen anscheinend aus den angegebenen Gründen die Festung. Vollständig also schienen die Verbindungen des Festungskommandanten zur feindlichen Außenwelt nicht abgeschnitten zu sein. Machte man sich gegenseitig Konzessionen?

Charpentier und all die anderen älteren Männer mussten wohl oder übel bis zum bitteren Ende bei uns ausharren. Von ihnen hatte ich besonders Monsieur Naupert in mein Herz geschlossen. Er gefiel mir und zog mich irgendwie in seinen Bann. Es war da von keiner Heldentat zu erzählen, von keinem herben Schicksalsschlag und auch von keiner handwerklichen Leistung, die übermäßiges Lob verdiente. Der Schuhmacher Paul Naupert war ein Schuhmacher, wie es sie in allen anderen

Städten und Dörfern der Welt gab. Sie reparierten Schuhe oder machten neue. Man gab ihnen bei einem Geschäftsbesuch höflich die Hand, unterhielt sich über das Wetter, um dann nach dem Preis zu fragen. Wie oft war ich schon an seiner Werkstatt in der Innenstadt Royans vorübergegangen, ehe ich ihn entdeckte! Mein erster Gruß fiel noch etwas zaghaft aus, nachdem ich ihn vielleicht schon ein dutzend Mal gesehen hatte. Wusste ich doch nicht, ob ihm mein martialisches Äußeres missfiel. Und eines Tages hörte ich, wie aus seiner zur Straßenseite hin geöffneten Werkstatt sein markanter Gesang ertönte. Ich fing nun an, ihn etwas offener zu grüßen, und er erwiderte meinen Gruß ebenso offen. Und irgendwann fiel auch das erste Wort zwischen uns, Worte die zwei Menschen miteinander wechseln, die sich nur vom Ansehen her kennen und nun aus Höflichkeit miteinander reden. Wie zufällig schaute er auf meine Schuhe und sagte: „Schlecht, sehr schlecht repariert! Wie können Sie überhaupt noch in diesen Schuhen laufen?“

„Ein Soldat wird nie gefragt, ob schlecht oder gut!“, erwiderte ich.

„Bringen Sie mir heute Abend diese Schuhe! Ich werde Sie reparieren.“

Ich erfuhr dann von ihm, dass er mich schon lange kannte. Er hatte im vorigen Sommer vorübergehend dem zivilen Arbeitstrupp auf Stützpunkt 29 angehört und die Szene mit dem anmaßenden Feldwebel miterlebt. An sein Gesicht konnte ich mich nicht erinnern. Ich brachte ihm von diesem Tage an meine Schuhe und Stiefel, wenn sie reparaturbedürftig geworden waren, und wir tauschten bei dieser Gelegenheit unsere Gedanken miteinander aus.

„Ihr siegt ständig an Euren Fronten und wir an unseren, und mit jedem Sieg werden unsere Völker ärmer!“, sagte er eines Tages zu mir.

Ich nickte beifällig: „Genau so ist es, Meister!“

„Aber gibt es eigentlich nur solche Siege?“, und er gab sich selbst die Antwort: „Wenn wir imstande sind, unsere Gefühle zu beherrschen, wenn wir jemandem die hilfreiche Hand reichen, wenn ein Techniker eine Gutes bringende Erfindung macht und wenn die Völker aufhören, sich gegenseitig zu vernichten, dann...“

Er konnte diesen Satz nicht beenden, denn ich musste ihm aus begeisterter Zustimmung heraus die Hände drücken und ihm sagen:

„Vielleicht wird nach diesem Wahnsinn, den wir jetzt noch durchleben müssen, dieser Tag kommen!“ Wir waren in der Folgezeit die besten Freunde geworden.

Heute stieg unser vollends abgesunkenes Stimmungsbarometer durch ein unerwartetes Ereignis. Es war eine Sensation:

Aus der Heimat, die uns in unerreichbare Ferne entrückt schien, war ein Flugzeug angekommen. Wir waren alle „wie aus dem Häuschen“ und liefen zu der kleinen Wiese hin, auf welcher das Flugzeug gelandet war. Neugierig umstanden wir das kleine, silberne Ding, aus dem ein Offizier herauskletterte. Er entledigte sich schnell seiner Lederhaube, und fragte: „Ich bin doch ganz richtig in Royan gelandet?“

Wir riefen zustimmend: „Jawohl, Herr Major! Und wo kommen Sie her?“

„Direkt aus Deutschland!“, war die Antwort, als wenn diese Fahrt nur ein Katzensprung gewesen wäre. „Wo finde ich Hauptmann Kosten?“

„Das ist ja unser Hauptmann!“, entgegneten wir lachend.

„Ausgezeichnet, den muss ich sofort haben!“

Der Flug des Majors war in unseren Augen ein Kunststück sondergleichen, welches die gewohnten Vorstellungen weit überstieg. Dieser Mann musste ein Tausendsassa sein, der keinen Pfifferling um sein Leben gab! Schon die Landung auf dieser kleinen Wiese war eine sportliche Sonderleistung. Vielleicht war es gerade die Winzigkeit dieses Eindeckers, welche ihn diesen über tausend Kilometer weiten Sprung, von der Westgrenze Deutschlands bis hier, erfolgreich überstehen ließ, denn ständig patrouillierten englische und amerikanische Jagdflugzeuge über dem gesamten Gebiet. Auch die feindliche Flugabwehr war sehr stark.

Zufällig befand sich der Hauptmann in der Nähe. Es fehlte nicht viel, und die beiden Männer hätten sich vor unseren Augen umarmt.

Unser Hauptmann und der kühne Pilot waren gute Freunde. Wir erfuhren aus ihrer Unterredung, dass es der Major aus einem gewissen Sportsgeist heraus gewagt hatte, seinen Freund im entlegenen Royan einfach einmal aufzusuchen. Bevor die beiden sich entfernten, sagte der Hauptmann: „Sagt allen Männern der Kompanie, sie könnten einen kurzen Brief an ihre Angehörigen in der Heimat schreiben. Mein Freund, Herr Major Harnisch, wird alle Briefe mitnehmen.“

Am nächsten Tage musste der Major wieder fort. Wir umstanden ihn alle, um von ihm Abschied zu nehmen.

Ein Schock durchfuhr uns Anfang der vorigen Woche. Ein fünfundzwanzigjähriger Mann unserer Kompanie kam in einem Minenfeld um. Kamerad Siegfried Neu erzählte uns die fast unglaublich klingenden Einzelheiten dazu:

„Wir verlegten in der Nähe von St. George das letzte größere Minenfeld, um unsere ‚Festung' rundherum zu schließen. Der Abend brach früh herein, und wir warteten sehnsüchtig auf den Abschlusspfiff. Feldwebel Neumann, wie Ihr alle wisst, ein wilder Antreiber, war an diesem Tage besonders scharf hinter uns her. Den ganzen Tag hörten wir seine Aufforderungen: ‚Macht gefälligst voran! Ihr seid hier nicht in einer Sommerfrische! Wird's bald!' Aber wir ließen uns nicht aus der Ruhe bringen, denn wir wussten genau, wie gefährlich der Umgang mit Minen war. Und so lauerten wir alle sehnsüchtig auf den Schlusspfiff. Exakt auf die Minute schrillte seine Pfeife, die in punkto Pünktlichkeit immer sehr korrekt war. Man merkte ihm die strenge preußische Erziehung auf Schritt und Tritt an. Außerdem gehört er zu den Leuten, die noch den Krieg gewinnen wollen.

Wir machten uns schnell zum Abmarsch fertig und sammelten uns auf der etwa zweihundert Meter entfernten Landstraße. Zwischen dem Minenfeld und der Landstraße lag ein kleines Wäldchen, welches schon in Abendnebel gehüllt war. Noch einmal, ehe wir abmarschierten, schritt Feldwebel Neumann die Front seines Zuges ab. Jeden Einzelnen von uns musterte er mit kritischen Augen, ob das Koppelschloss auch genau in der Mitte des Uniformrockes saß, der Mantel vorschriftsmäßig zugeknöpft war, und die Feldmütze nicht zu keck, aber auch nicht zu lässig aufgesetzt war. Keine Kleinigkeit entging seinen aufmerksamen Blicken. Irgendetwas fand er immer bei jemandem.

An diesem Tag war es der Gefreite Karl Roth. Roth selbst merkte es erst in diesem Augenblick. Er hatte vergessen, seinen Mantel anzuziehen und ihn im Minenfeld liegenlassen. Und nun schlotterten ihm vor Erregung die Knie und Arme, denn was der Feldwebel sagen würde, wusste er im voraus. ‚Wo haben Sie Ihren Mantel, Gefreiter Roth?' Ja, diese Frage musste jetzt kommen, so wie das Amen in der Kirche. Er hatte sie im Geiste schon vorweggenommen. Ganz einfach wäre seine Antwort gewesen und sie lag ihm schon auf der Zunge. Aber als diese Frage tatsächlich gestellt wurde, wollten die Worte nicht mehr fließen, seine Zunge nicht mehr gehorchen und seine Stimmbänder nicht mehr schwingen. Nur das erste Wort vermochte er noch mit Mühe zu sagen:

‚Ich' Der Feldwebel musterte ihn zynisch. Einige Kameraden lachten. Auf die erneute Anfrage fand er seine Sprache wieder:

‚Herr Feldwebel, ich muss ihn wohl im Minenfeld liegen gelassen haben. Ich bemerkte es erst in dem Augenblick, als sie mich anschauten.'

‚Gefreiter Roth, wo haben Sie Ihre Gedanken? Mensch, zurück marsch, marsch! Beeilen sie sich! Wir haben keine Zeit zu verlieren!'

Wir sahen, wie der Gefreite Roth erbleichte, wie er zauderte zu gehen. Feldwebel Neumann hielt seine Augen noch immer starr auf die an allen Gliedern schlotternde Gestalt des Gefreiten Roth gerichtet, wie ein Richter nach Verkündigung des Todesurteils seine Augen auf den Delinquenten richtet. Dann hörten wir seine Stimme:

‚Mensch, wird's bald! Ich brauche meinen Befehl wohl nicht noch einmal zu wiederholen.'

Nun ging Roth nicht, nein, er lief im Eilschritt davon. Seine Arme flogen dabei ungewöhnlich aufgeregt hin und her. Man merkte ihm an, dass er furchtbar aufgeregt war. Wir standen in Reih und Glied und warteten ängstlich auf seine Rückkehr. Nebel lag nun schon undurchdringlich über dem Wäldchen. Bald verhüllte der Nebel auch Wiesen und Felder. Nicht lange mehr und es würde überall dunkel sein.

Feldwebel Neumann schritt nervös vor unserer Front auf und ab, und wir scharrten vor lauter Unruhe den Erdboden mit den Stiefeln auf. Da ertönte eine Detonation direkt hinter dem nahen Wäldchen. Und jetzt ertönte noch eine zweite, ganz eindeutig. Wir starrten nun alle in die gleiche Richtung und dachten alle das Gleiche. Feldwebel Neumann sagte, als wolle er einen Schlussstrich ziehen:

‚Der Obergefreite Maxeiner und die Gefreiten Mengel, Kreuz und Leidig schauen nach, was los ist!'

Der Obergefreite Maxeiner war der Sanitäter des Zuges und die anderen Männer seine Helfer. Maxeiner packte seinen Verbandskasten unter den Arm, ohne dass es ihm ausdrücklich befohlen worden war, und die drei anderen folgten ihm schweigend.

Nach zehn Minuten näherte sich uns langsam eine triste Gruppe. In der Mitte trugen die vier Männer einen leblosen Körper, den sie mit einem Mantel zugedeckt hatten. Es war der Mantel des Gefreiten Roth.

‚Was ist mit dem Gefreiten Roth los?', fragte der ganz außer Fassung geratene Feldwebel.

Der Sanitäter antwortete halblaut mit gesenktem Kopfe:

‚Der Gefreite Roth ist tot. Ein Splitter drang ihm in den Hinterkopf.'

Wir schritten nun mit unserem toten Kameraden, den wir sorgsam in eine Zeltplane einwickelten, zu den Bunkern des etwa zwei Kilometer entfernten Artilleriestützpunktes. Dort bahrten wir ihn im Halbdunkel eines Bunkers auf."

Der Hauptmann ordnete eine feierliche Beerdigung für Roth an. Sein Leichnam wurde auf dem Friedhof von Royan beigesetzt. Die ganze Pionierkompanie folgte seinem Sarg.

Diese Bestattung war mehr als ein bloßer Routinevorgang. Der Hauptmann richtete noch, nachdem der Militärgeistliche gesprochen hatte, einige mahnende Worte an uns. Wir vernahmen die Worte „Pflichtgefühl", „Einsatz des Lebens". Wie aus weiter Ferne hörten wir diese Worte klingen. Sie erreichten uns nicht. Wir trugen in unseren Herzen nur den stummen Protest gegen den Kadavergehorsam.

Seit einigen Tagen munkelte man von einem Kriegsgerichtsverfahren gegen den Feldwebel. Doch der Zugführer übt weiterhin seine alte Funktion aus. Heute Morgen wurde er sogar mit einigen anderen Kameraden der Kompanie mit dem eisernen Kreuz dekoriert. Sprach das Kriegsgericht ihn frei? Oder streute der Kamerad, der mir alles so eindrucksvoll erzählte, nur eine üble Verleumdung aus? Wer konnte in dieser verworrenen Zeit noch die reine Wahrheit finden, Unschuld und Schuld, Gut und Böse unterscheiden? Alle Konturen verschwammen im grauen Novembernebel dieser Tage.

Das waren echte Novembertage, grau in grau und nebelverhangen, an denen die Morgendämmerung unauffällig in die Abenddämmerung überging. Abends saßen wir um das trübe Licht einer Wachskerze.

Seit einigen Wochen geriet ich immer ins Grübeln, besonders wenn ich allein war. Meine deutschen Freunde, die mir hätten helfen können, darüber leichter hinwegzukommen, waren schon längst nicht mehr in Royan: Der liebe, ewig hilfsbereite Lukas war nicht mehr da und nicht mehr der „Hans Dampf in allen Gassen", der Julius, auch nicht mehr der Fritz, der Nörgler mit dem anständigem Herzen. Und Freund Alfred weilte auch in einem unbekannten, unerreichbaren Winkel der Festung. Mit meinen neuen Kameraden der Pionierkompanie war ich bis heute noch nicht so recht warm geworden. Blieben nur noch meine französischen Freunde, von denen Charles seit einigen Wochen stark an Herzasthma litt. So fiel ich seit einigen Wochen immer wieder in Grübeleien über alles Unsinnige, was so in der Weltgeschichte vor sich ging. Meine Gedanken verloren sich oft ins Uferlose. Das Schwere, was in Royan auf uns zukommen könnte, beherrschte mich. Doch ein tiefgründiges Gespräch, das ich mit meinem französischen Freund Maurois führen konnte, vermochte mich wieder zu erfrischen und zu stärken. Wir stellten fest, dass es besonders die fixen Ideen waren, die uns zu schaffen machten, mehr noch als die raue Wirklichkeit.

„Unsere Festung hier ist eigentlich nur die fixe Idee unseres ‚Führernarren'. Es gibt nichts, was unsere ‚Festung' erst zur Festung macht, sondern nur sechs- bis siebentausend bange Soldatenherzen, die nur daran denken: ‚Wie kommen wir schnell und heil aus dem ganzen Debakel!'", so stellte ich schließlich fest. Maurois versprach, mir zu helfen, falls ich einmal in Not geraten würde und er noch leben sollte.

Der Tagesablauf brachte uns hin und wieder auch Aufregung. In der vergangenen Woche sagte der Wallfeldwebel beim Skatspiel:

„Am Montagabend startet bei anbrechender Dunkelheit: ‚Unternehmen Isabella'."

„Unternehmen Isabella?" Ich dachte an die Decknamen bekannter militärischer Unternehmen.

„Ist die ‚Herzdame mit bei der Partie'?", forschte ich weiter.

„Nein, nein!", antwortete er, „es ist eine sehr wichtige Angelegenheit. Unsere Kompanie erhielt den ehrenvollen Auftrag, den Ring der Belagerer einmal zu durchstoßen." Er sprach nicht weiter, sondern lächelte statt dessen nur geheimnisvoll vor sich hin

Man gab uns an dem angekündigten Tage morgens früh offiziell das „Unternehmen Isabella" bekannt. Die höchste Schweigepflicht wurde geboten. Wir erwarteten halb sorgenvoll, halb gespannt, die hereinbrechende Dunkelheit. Die geheimnisvollen Vorbereitungen ließen mancherlei vermuten. Einige Leute umwickelten die Räder der Pferdewagen sorgfältig mit Lumpen. In den letzten Stunden vor dem Aufbruch nahm man mit den Hufen der Pferde die gleiche Prozedur vor. Die leeren Schläuche unserer Schlauchboote wurden noch einmal auf ihre Dichtigkeit hin überprüft und die mitzunehmenden Maschinengewehre gut geölt. Die letzten Befehle wurden uns im Flüstertone gegeben.

Der lange, dreigliedrige Zug der Kompanie bewegte sich im Schnekkentempo vorwärts. Es herrschte Neumond und die Sterne verbreiteten nur ein dünnes Licht. Geräuschlos folgten den marschierenden Männern die beiden Pferdewagen, auf denen alle möglichen Gerätschaften und zusätzliche Munitionskisten verstaut waren. Doch der harte Schall der Tritte von benagelten Stiefeln ließ sich nicht verheimlichen. Der Kamerad zu meiner Linken fluchte ununterbrochen:

„Vielleicht wäre es besser gewesen, der Kompanieführer hätte unsere Stiefel auch mit dicken Lumpen umwickeln lassen."

„Wie lange gedachtest Du zu marschieren?", fragte ich nur. Er schwieg. Wir beide trugen keuchend einen schweren Kasten mit Maschinengewehrmunition und dazu noch unsere Gewehre. Auch unsere Patronentaschen waren prall mit Munition gefüllt, und unter dem Koppel steckten noch vier Handgranaten.

„Es kommt mir alles unheimlich vor. Kurz vor Toresschluss noch einen verpasst zu bekommen, ich danke!", meinte dann mein Kamerad.

Auch mir war nicht wohl zumute. Ich hatte mein Taschentuch um meine Hand gewickelt, da der schmale Tragriemen des Munitionskastens mir schon die Haut durchscheuert hatte. In der gespenstigen Stille der Nacht passierten wir Panzerwerk II. Das schwere Geschütz des Panzerwerkes war drohend feindwärts gerichtet. Wir redeten nicht mehr vor lauter Anstrengung. Unruhig dachten wir: „Was ist geplant?"

Über eine Stunde marschierten wir schon und es war noch kein Ende des Marsches abzusehen. Es durfte nicht einmal ein Streichholz angezündet werden, um in den kurzen Ruhepausen eine Zigarette anzuzünden. Wir kamen schließlich bei einigen verlassenen Bauernhäusern an. Vor uns floss ruhig die Seudre, die an dieser Stelle ungefähr dreißig Meter breit war. Zur Rechten lagen die mir wohlbekannten Austernteiche.

Von dem nahen Bahnhofe verschickte man in normalen Zeiten die Austern an die Leckermäuler in Paris.

Neue Befehle erteilte man nur noch durch Handbewegungen oder im Flüstertone. Unsere Unruhe wurde prickelnd, als die Schläuche aufgepumpt wurden. Es schien wirklich ins feindliche Land zu gehen. Die beiden letzten Gruppen, denen auch ich angehörte, waren froh, als es hieß: „Ihr bleibt zur Bewachung der Pferdewagen und zur eventuellen Deckung unseres Rückzuges hier!“

Das Übersetzen der anderen Kameraden in den Schlauchbooten über die Seudre ging reibungslos in der gleichen Stille vonstatten. Bald verschluckte sie die große Dunkelheit. Ein Unteroffizier wies mir einen Platz an der Böschung eines Austernteiches an. Ich musste mich mit Gewehr im Anschlag hinlegen. Eine Stunde verrann und auch eine zweite. Nichts war zu hören und zu sehen. Ein dichter, kühler Nebel stand über dem Wasser. Ich fröstelte, hatte längst mein Gewehr aus der Hand gelegt und die beiden Hände in die wärmenden Manteltaschen gesteckt. In weiter Ferne tackte nur einmal ein Maschinengewehr. „Kampfhandlungen?“ Nach drei oder vier Stunden vernahmen wir am anderen Ufer der Seudre das erlösende Geräusch. Die Kameraden kehrten von ihrem „kriegerischen Unternehmen“ zurück. Was war passiert? Dem ersten Rückkehrer flüsterte ich daher erregt zu:

„Was gibt‘s?“

Er lachte breit über sein Gesicht und sagte leise:

„Gleich kommt's!“

Die große Überraschung tappte in Gestalt einer völlig abgemagerten Kuh an uns vorüber.

Der Sinn des Unternehmens war mir auf einmal sonnenklar. Es handelte sich lediglich um einen heimlichen Ausfall in das feindliche Hinterland, um unsere leeren Fleischtöpfe zu füllen. Die Ausbeute war aber sehr gering, da alle Ortschaften in der Nähe der Seudre vom Feind schon längst von Mensch und Vieh geräumt worden waren. Nur in einem entlegenen Stall fand man eine völlig abgemagerte Kuh. Viele Ställe wurden erfolglos abgesucht. Als man aber auf den ersten feindlichen Maschinengewehrposten stieß, zog man sich schnell wieder zurück.

Just in dem Augenblick, als wir das marode, vorbeitappende Tier angafften, brach es vor unseren Augen zusammen. Der „stolze Erfolg“ des Unternehmens musste nun in einem der beiden Bagagewagen mitgenommen werden.

Das helle Morgenlicht hinderte uns daran, die breite Straße zu benutzen, die von der gegenüberliegenden Höhe vom Gegner leicht eingesehen werden konnte. Wir mussten zuweilen wie Indianer auf dem Kriegspfad, in gebeugter Haltung über Feldwege dahin schleichen, bis wir uns wieder in dem unmittelbaren Schutz des Panzerwerkes II befanden.

Das „Unternehmen Isabella“ wird nicht als besonderes Ereignis in die Annalen der Kriegsgeschichte eingehen, es sei denn unter dem Motto: „Tant de bruit pour une omelette.“ *(„So viel Lärm für ein Omlette.“)*

Der Kompanieführer ließ sich auf kein zweites Unternehmen dieser Art mehr ein. Aber noch immer gab der Festungskommandant seine Theorie von der Verteidigung der Festung auf „Jahre“ hinaus nicht auf.

Auch das Trinkwasser wurde plötzlich knapp in der Festung. Man musste aus tiefen Brunnen fauliges Wasser schöpfen. Und wenn morgens die Wasserträger nicht pünktlich zur Stelle waren, musste man ungewaschen zur Arbeit gehen. Heute Morgen mangelte es wieder an Waschwasser. Ich konnte nicht einmal meine Zahnprothese reinigen. Zum Überdruss bereitete mir ein fauler Backenzahn die ganze Nacht über große Schmerzen.

„Morgen früh gehe ich zum Zahnarzt“, entschied ich in nächtlicher Stunde. Damit mein Vorhaben nicht wieder zerrann, machte ich mich nach dem Aufstehen und dem schnellen Herunterschlingen eines Butterbrotes sofort auf den Weg zum Zahnarzt.

Im vornehmen Golfhotel, wo auch der Festungskommandant seinen Amtssitz hatte, befanden sich seit dem Spätsommer die Behandlungsräume des Heereszahnarztes. Wider Erwarten brauchte ich nicht lange zu warten. Die Tür des Behandlungsraumes öffnete sich sogleich, als ich in das Wartezimmer eintrat.

„Mein Gott, schon so früh!“, meinte der Zahnarzt.

„Ich hatte die ganze Nacht über heftige Zahnschmerzen.“

„Dann muss ich Ihnen ja sofort helfen. Einen Augenblick bitte!“

Kurz darauf rief er mich ins Behandlungszimmer. Zwischen mir und dem Zahnarzt fing alles ganz hoffnungsvoll an. Er fragte:

„Was ist‘s?“

„Ich habe einen faulen Backenzahn, der mich seit einigen Wochen ständig peinigt und der gezogen werden muss!“

„Das kann ich tun. Ja, dann nehmen Sie einmal Ihre Zahnprothese heraus!“, antwortete er freundlich.

Ich ahnungsloser Träumer! Mir fiel nun tief erschrocken ein, dass ich mir heute Morgen nach dem Verzehr des Butterbrotes mein Gebiss nicht gereinigt hatte. Nun war die Bescherung da! Als ich ihm meine ungereinigte Zahnprothese vorwies, schaute er mich an wie ein Dienstvorgesetzter. Ich konnte ihm nicht alles erklären, denn er sagte direkt:

„Eine Schweinerei! Sie haben sich noch nicht ein …“

Ich ließ ihn nicht ausreden und sprang kurzerhand von meinem Behandlungsstuhl auf. Vielleicht hatte die schlaflose Nacht meine Nerven doch mehr strapaziert als mir bewusst war. Ich war auf einmal nicht mehr Herr meiner Sinne und Gefühle.

Der Heereszahnarzt sah mich äußerst erstaunt an, und ich rief ihm im Fortgehen zu:

„Hier in diesem komfortablen Hotel gibt es wahrscheinlich noch zu jeder Tages- und Nachtzeit Wasser. Bei uns gibt es kein warmes und kein kaltes Wasser!“

„Mein lieber Mann, ich habe es doch gar nicht böse gemeint. Sie haben keinen Grund, den Beleidigten zu spielen!“, rief er noch, als ich schon draußen vor der Tür war. Ich wurde mir erst in diesem Augenblick bewusst, dass ich überstürzt und nicht richtig gehandelt hatte.

So stand ich nun gottverlassen mit dem wieder heftig schmerzenden Zahn auf der Straße! Als ich hoffnungslos mit meinen Zahnschmerzen ohne jedes Ziel durch die Straßen Royans ging, fiel mir ein, dass es in dieser Stadt noch einen zivilen französischen Zahnarzt gab, den ich sogar gut kannte. Mit schlechtem Gewissen klopfte ich an dessen Haustür in der Innenstadt. Freundlich öffnete er und war erstaunt, dass ein deutscher Soldat ihn aufsuchte. Er hatte Verständnis für meine Situation, über die ich ihn sofort informiert hatte. Er zog mir schmerzlos den faulen Backenzahn und nahm kein Honorar, auch nicht das Päckchen Zigaretten, welches ich ihm als Dank überreichen wollte.

Man versuchte den Mangel an den Dingen, die zu einem zivilisierten Leben gehören, zu vertuschen. Besonders lächerlich erschien mir aber der Bürokratismus, den die deutsche Heeresleitung auch jetzt noch mit der minutiösen Übermittlung der deutschen Wehrmachtsberichte trieb, die nur halbe Wahrheiten verkündeten. Die Aushängetafel mit den täglichen Wehrmachtsberichten war zu einem echten Anachronismus geworden. Aber pünktlich morgens heftete ein Schreiber der Festungskommandantur den mit Schreibmaschine geschriebenen Bericht an eine Hauswand. Ich gehörte zu den wenigen Passanten, die regelmäßig einen Blick auf den Bericht warfen, wenn sie tagsüber an dieser Tafel in der Nähe des großen Kaufhauses vorbeigingen. An jedem Tage war in ihnen von siegreichen Abwehrbewegungen im Osten die Rede. Aber wenn der Leser dieser Berichte einen Atlas zur Hand nehmen würde, dann wüsste er sofort, dass dort ein atemberaubender Rückzug vor sich ging. Ebenso wüsste er, dass die amerikanischen und englischen Truppen sich schon den deutschen Westgrenzen näherten.

Heute Morgen erzählte mir der Kamerad Erich Piontek von einem „Durchgreifen". Es war eine sehr traurige Geschichte, die mich so erschütterte, dass ich den ganzen Tag darüber nachdenken musste. Die Erschießung seines Freundes stand mir so leibhaftig vor Augen, als sei ich selbst dabei gewesen. Und so kam mir die alte, schöne Volksweise *„Es geht bei gedämpften Trommelschlag…"* nicht aus dem Sinn. Jetzt wusste ich, dass diesem Volkslied ein wahrer Kern zugrunde liegt. Ich versuche, das Geschehen mit den Worten wiederzugeben, wie es Erich Piontek mir erzählte:

„ ‚Piontek', sagte Unteroffizier Rietmüller, ‚morgen auch mit antreten! Um zehn Uhr Abmarsch von der Kompanieschreibstube!'

Es fanden sich zu diesem Zeitpunkt etwa zwölf Mann aus dem 1. und 2. Zug der Pionierkompanie ein, lauter junge Leute, alles Angehörige der Volksgruppe III. Wir musterten uns gegenseitig neugierig und fragten uns: ‚Was soll das heißen?' Jeder wusste von dem anderen, dass er den Krieg bis oben hin satt hatte und aus seiner Meinung keinen Hehl mehr machte. Wollte man an uns ein Exempel statuieren? Unteroffizier Rietmüller trat zu uns heran und hielt eine kurze Ansprache:

‚Sind alle Helden da? Heute werdet Ihr erfahren, wie es einem Helden ergeht, der glaubt, den heiligen Fahneneid auf seinen ‚Führer' brechen zu können. Gottlob, im letzten Augenblick griffen wir unseren Helden, der sich auf Numero sicher glaubte, auf. Er bekommt nun seine gerechte Strafe und Ihr sollt Zeuge dabei sein. So wird es Euch allen ergehen, wenn es Euch einfallen sollte, das Gleiche zu tun! Antreten!'

Einige Minuten später schloss sich uns noch eine weitere Gruppe unserer Kompanie an. Gemeinsam marschierten wir in Richtung des Waldes von La Coubre. Der Himmel war bleigrau verhangen. Es war ein lustloser Marsch. Vor unserer rechten Seite stolzierte der Unteroffizier Rietmüller mit grimmigen Gesicht, ab und zu etwas Unverständliches knurrend. Wir marschierten etwa eine Stunde, denn der Wald von La Coubre ist über fünf Kilometer breit.

Vor einem grauen Bunker machten wir halt und nahmen einen Mann aus diesem Bunker in unsere Mitte. Er war an den Händen gefesselt. Gleich erkannte ich, wer es war. Ich wollte schon ‚Ronny' rufen, aber als ich das böse Gesicht Rietmüllers sah, unterdrückte ich meinen Ausruf. Eins wusste ich aber: Ronny ist ebenso unschuldig an diesem Krieg und dem Elend wie wir alle, die hier marschierten.

Der Himmel war inzwischen noch trüber geworden. So bleigrau und düster erschien er mir, als sei die Welt im Begriffe unterzugehen, und es gäbe nichts mehr zu hoffen als Leid, Kummer und Sorgen. Rietmüller schnitt noch immer das gleiche grimmige, böse Gesicht.

Nach fünf Minuten kam eine unruhige Bewegung auf. Wir standen auf einem kleinen Platz im Walde, der von rotbraunen Kiefernstämmen umgeben war. Der Unteroffizier führte uns auf die rechte Seite des Platzes, und ein dutzend Männer mit Stahlhelm und Gewehr stellten sich in Reih und Glied auf.

Ronny stand noch immer gefesselt da, etwa 15 Meter vor der Soldatenreihe. Ein Gerichtsoffizier las lustlos etwas von einem Blatt Papier ab. Wir verstanden nur einige Worte: Fahnenflucht, Erschießen… Es muss das Todesurteil gewesen sein, was ihm da vorgelesen wurde.

Sehr traurig und verstört blickte Ronny drein, ehe sie ihm die Augen mit einem Tuch zubanden. Jeder Blutstropfen war aus seinem Gesicht gewichen. Neben ihm befand sich der militärische Seelsorger, der ihm noch einige begütigende Worte ins Ohr flüsterte. Dann wurde es auf einmal ganz still. Ein Fluch entfuhr meinem Munde, worauf Rietmüller sich zornig nach mir umsah. Er ist ein Mensch ohne Herz, ein lebloser Automat, der immer nur die offizielle Meinung vertritt und ausführt!

‚Durchladen!', hörten wir nun die Stimme eines Feldwebels, der das Erschießungskommando leitete. Die Soldaten des Erschießungskommandos nahmen ihre Gewehre in die Hand und machten sich an dem Bügel des Gewehrschlosses zu schaffen. Dann ertönten die letzten Kommandos.

Alle Eindrücke liefen in meiner großen Aufregung durcheinander. Doch ich hörte noch genau, wie die Kugeln aus dem Gewehrlauf pfiffen und sah, wie von einem Baum in der Nähe einige große, schwarze Vögel aufflogen. ‚Galgenvögel', dachte ich. War es eine optische Täuschung oder eine innere Vision? Ich glaubte, einige dickleibige Generäle mit karmensinroten Hosenstreifen und gut genährten, geröteten Gesichtern zu sehen. Und sie trugen viele Orden an der Brust. Daneben glotzte das blasierte Lebemanngesicht von Ribbentrop, eine Zigarette lässig in seinem Mund haltend. Vor ihm auf einem weiß gedeckten Tische stand ein hochkelchiges, halb gefülltes Sektglas. Ich dachte: ‚Da sind ja die Schuldigen, da haben wir sie endlich!' ‚Fasst sie!', wollte ich gerade schreien. Doch als ich genauer hinsah, bemerkte ich, dass kein Ribbentrop und keine ordensgeschmückten Generäle da standen. Es war alles eine durch meine große Aufregung erzeugte Illusion.

Ich schloss nach den Schüssen einen Augenblick meine Augen. Das Sterben von Ronny konnte ich nicht mit ansehen. Ich hätte laut aufschreien mögen. Als ich meine Augen wieder aufmachte, lag Ronny leblos am Boden. Über ihn beugte sich die lange Gestalt des Militärarztes, wahrscheinlich nur um festzustellen, ob er auch tatsächlich tot war. Aber das war bestimmt der Fall, wenn zwölf Kugeln aus zehn Meter Entfernung einen Menschen treffen."

Wie mir Piontek das so erzählte, murmelte ich leise vor mich hin:

*„Es haben die neun wohl angelegt.*
*Acht Kugeln die sind vorbeigefegt!"*

„Der Wind war auf einmal heftiger geworden“, setzte Piontek seine Erzählung fort, „rüttelte an den Zweigen der Bäume, und die Regenschauern fegten uns ins Gesicht. Ronnys Körper warfen sie in ein schon ausgehobenes Erdloch. Nachdem sie Ronny begraben hatten, kam neues Leben in das Gesicht Rietmüllers, der während des Erschießungsaktes wie eine Marmorsäule dagestanden hatte. Dann sagte er noch einmal kaltschnäuzig zu uns:

‚Nun wisst Ihr alle, was es mit dem heiligen Eid auf unseren Führer auf sich hat. Das mag Euch zur Lehre dienen.‘

Mit einem Lastwagen wurden wir alle zurücktransportiert. Nun ist der liebe Ronny nicht mehr unter uns Lebenden, und ich weiß nicht, wie ich alles seiner Mutter erzählen soll, wenn ich wieder in die Heimat zurückkehren sollte!“

„Erich“, sagte ich, „wie kam Ronny nur auf die verrückte Idee, jetzt noch so leichtsinnig der Wehrmacht den Rücken zu kehren ?“

„Das kann ich Dir einfach erklären“, antwortete Piontek. „Das weißt Du auch: Wir sind fast alle den Krieg bis zum Überdruss satt. Wir denken nur noch: ‚Wann ist dieser Blödsinn zu Ende?‘ So dachte auch Ronny, und da ihm alles nicht schnell genug ging, fasste er einen Fluchtplan. Aber er beging dabei eine große Dummheit: Er vertraute sich einem anderen Kameraden an. Dieser hatte nichts Eiligeres zu tun, als den Plan von Ronny an die große Glocke zu hängen. Und siehe, kurz nachdem Ronny fort war, wusste man schon an maßgeblicher Stelle Bescheid. Man hetzte die Feldgendarmerie hinter ihm her, die ihn genau einige Meter vor dem Überqueren des letzten Minenfeldes, das Ronny mit angelegt hatte, schnappte. Für Ronny war der Fahneneid, wie für uns alle auch, nur eine leere Farce. Weshalb noch das ganze Theater kurz vor Toresschluss!“

„Die kleinen Tragödien werden hier in Royan weiter gehen wie bisher, auch wenn an den Hauptfronten die Entscheidung schon gefallen sein sollte, solange Gestalten wie Rietmüller noch Hände haben“, sagte ich.

Etwa acht Tage später machte eine andere Geschichte bei uns die Runde, obwohl sie bei näherer Betrachtung lange nicht so schlimm war. Die allgemeine Vorstellung von Gut und Böse war wieder einmal aufs Tiefste verletzt worden:

Ein Feldwebel unserer Kompanie benötigte für sein neues, kleines Heim ein Klavier, einen Teppich und zwei Polstersessel. Und wie es in einem solchen Falle nicht anders zu erwarten war, wurde ein Requisitionskommando zusammengestellt, um die gewünschten Dinge zu beschaffen. Dieses Kommando stand ausgerechnet unter Leitung des Unteroffiziers Seidel, der, wie allgemein bekannt war, alles ohne Bedenken und Gewissensbisse durchführte. Das „Unternehmen" des Unteroffiziers führte diesmal nach La Tremblade und dieses schöne, vom Kriege fast noch unberührte Städtchen erlebte einige üble Stunden. Das Aufkreischen des von Haus zu Haus fahrenden Lastwagens gab dazu die dissonante Begleitmusik ab. Wilde Flüche, ungezügeltes Aufreißen von Türen, laute Schritte benagelter Stiefel über blank geputzte Fußböden... In diesem Städtchen gab es noch komplette, teure Wohnungseinrichtungen. Solche Requirierungsmaßnahmen wurden im vierten Kriegsjahre nicht mehr besonders tragisch genommen. So abgestumpft waren alle schon geworden! Man nannte einen solchen Willkürakt in der Soldatensprache „Organisieren".

So fiel zu guter Letzt nochmals ein Schatten auf den Ruf der Royaner Besatzungsstreitmacht.

„Neue Tatsachen" des Royaner Alltags nahmen bald wieder meine ganze Aufmerksamkeit in Anspruch:

„Panzerwerk II antwortet nicht", sagte der Feldwebel lakonisch, als wir morgens auf einer Straße Pontaillacs müßig herumstanden. Wiederum erschütterte eine feindliche Artilleriesalve die Luft. Wir blieben aufrecht stehen, denn das Ziel der feindlichen Geschütze lag weit entfernt. Vielleicht dort, wo die Seudre sich ins Meer ergoss.

„Warum antwortet Panzerwerk II nicht? Man müsste ihnen endlich das Maul stopfen!", meinte jemand von uns, worauf der Feldwebel sagte: „Ja, das wäre sehr nett. Aber die Artilleriemunition für die beiden schweren Geschütze in Panzerwerk II wurde radikal rationiert."

„Das haben wir schon längst bemerkt", stellte ich fest. „Am Anfang gab es noch lebhafte Artillerieduelle. Dann beschränkte sich unsere Antwort nur noch auf ein oder zwei Schüsse."

„Ja, ein oder zwei Schüsse wurden vor vierzehn Tagen noch erlaubt, dann wurde auch das noch von der Liste gestrichen", fuhr der Feldwebel fort. „Es gibt jetzt nur noch eine Gegenwehr im äußersten Notfalle. Die Munitionsvorräte für beide Geschütze sind erschöpft. An Ersatz ist nicht mehr zu denken."

Die feindliche Kanonade hatte sich verstärkt. Panzerwerk II blieb stumm. Ein Kamerad sagte:

„Der Festungskommandant sprach doch: ‚Wir besitzen Vorräte auf Jahre hinaus'. Gehört die Artilleriemunition nicht zu diesen Vorräten?"

Alle schwiegen. Niemand wollte sich den Mund verbrennen.

Anfang Dezember drang auch einmal eine gute Kunde zu uns. Ein kleines Wunder war geschehen:

Etwas abseits, in der ländlichen Umgebung des Kirchdorfes Les Mathes, gab es nun für alle kranken und verwundeten Soldaten unseres Besatzungsbereiches ein Genesungsheim. Und was fast unglaublicher erschien: Die Exterritorialität des ganzen Gebiets um das Kirchdorf wurde vom Feind garantiert, obwohl es mitten in unserem Festungsgebiet lag. Les Mathes rückte auf diese Weise in den Blickwinkel des Royaner Interesses. Ich konnte mir noch das saubere Dorf vorstellen, durch das ich im Frühsommer einige Male kam. Dicht nebeneinander standen die ein- oder zweistöckigen Häuser in langer Reihe an der breiten Dorfstraße. Es sah aus wie ein Dorf, deren es wohl mehr als ein Dutzend in diesem Departement gab, in denen gewöhnlich ein hoher Kirchturm wie ein warnend erhobener Zeigefinger an die Dinge mahnte, die außerhalb des prosaischen Alltags lagen. Dort wurde das Genesungsheim für unsere Soldaten in einem ehemaligen Sanatorium für großstadtmüde Menschen eingerichtet.

Beim Mittagessen entstand zwischen den Kameraden des ersten und dritten Kompaniezuges fast ein Streit darüber, wie der „Vertrag" des Festungskommandanten mit den Feindmächten zustande gekommen war. Der etwas engstirnige Obergefreite Wächtler aus Solingen sagte:

„Da siehste wieder einmal das feine Händchen unseres Führers, das bis in den letzten Winkel unserer Front reicht. Der Führer denkt Tag und Nacht an das Wohl seiner Soldaten!"

„Ich glaube nicht daran, dass unser ‚Führer' jetzt noch für so etwas Zeit hat. Er hat den Kopf voll von wichtigeren Dingen!", meinte diplomatisch der Gefreite Schön.

„Ich befürchte sogar, er würde für diesen Vertrag gar nicht seine Zustimmung gegeben haben, denn wie ich hörte, gab es da eine Reihe wichtiger Konzessionen unsererseits", stellte ein alter Obergefreiter fest.

„Ganz meine Meinung!", sekundierte der Gefreite Schön. „Im weiten Umkreis von Les Mathes darf sich nun kein bewaffneter deutscher Soldat mehr zeigen. Kein Geschütz darf an diesem strategisch wichtigen Platze mehr aufgestellt und auch andere Verteidigungsmaßnahmen dürfen dort nicht mehr getroffen werden. Das ist die Gegenrechnung."

„Das ich nicht lache!", entgegnete der Obergefreite Wächtler. „Hitler hat nach meiner Ansicht den Franzosen und Amis zu verstehen gegeben, dass er etwas Besonderes in seiner Hand hält, womit er sie ärgern kann. Und da haben sie einfach nachgegeben."

Der Obergefreite Friedrich Müller aus Krefeld, der mit an unserm Tische saß und seine Suppe gerade ausgelöffelt hatte, lachte bei diesen Worten schallend auf.

„Ihr seid doch alles Narren! Die Wahrheit ist schlicht und einfach: Der Festungskommandant hat diplomatisch diesen Vertrag ausgehandelt."

„So ist's, genau!", riefen drei oder vier Mann am Tische gleichzeitig, andere stimmten dem nicht zu.

Und wenn nicht der Spieß erschienen wäre und Ruhe geboten hätte, dann wären sie sich gegenseitig in die Haare geraten.

Heute dachte ich zufällig, leise lächelnd, wieder an eine andere Veränderung: Kurz nach meiner Ankunft standen deutsche Soldaten noch Schlange vor dem Mannschaftsbordell dieser Stadt. Heute ist es um das Freudenhaus, welches in eine abseitige Straße Royans umgezogen war, ganz still geworden. „Der Personalbestand" des Hauses wurde bis auf zwei oder drei „Bedienstete" abgebaut, die nur in „Spitzenzeiten" voll beschäftigt waren.

In Punkto Liebe tat sich in der Kompanie nur recht wenig. Es wäre lediglich zu vermerken, dass unsere lange, magere Dolmetscherin, eine gutmütige mitteilsame Person, endlich einen Liebhaber gefunden hatte. Es war ein muskulöser und robuster Handwerker unserer Kompanie. Man konnte fast sagen, dass das Mädchen seinen zweiten Frühling durchlief. Die Dolmetscherin entwickelte nun auch in den Dienststunden einen Charme, den wir bisher nicht an ihr gewöhnt waren.

Von unserem Festungskommandanten erzählte man sich, dass er vom Tugendpfade eines verantwortungsbewussten Mannes, so wie er ihn uns in einem psychologischen Schulungsvortrag in Pontaillac skizziert hatte, abgewichen war. Er habe sich auch eine französische Geliebte zugelegt und habe mit dieser einen kleinen, schönen Sohn.

Der Ring um die Festung war nun dicht geschlossen. Nichts konnte mehr heraus oder herein. Nur einige jüngere Franzosen wurden noch nach außerhalb der Festung abgerufen. Zum Militärdienst? Von Lorient bis zur Girondemündung waren jetzt viele tausend deutsche Soldaten genau so hoffnungslos wie wir in „Festungen" eingeschlossen. Der große „Führernarr" wollte wohl mit diesen Festungen demonstrieren, dass Frankreich noch nicht aufgegeben worden war und es nur des Winks seines militärischen Zauberstabes bedurfte, um das weite Land zwischen der deutschen Westgrenze und der atlantischen Küste wieder in seinen Griff zu bekommen.

In unserer Festung, der besatzungsmäßig kleinsten, gebrach es an allem. In den abgelegenen, schlecht versorgten Stützpunkten unserer Festung drückte jetzt das ewige Einerlei besonders zermürbend auf die noch immer dort „vegetierenden" Soldaten. Fälle von Bunkerkoller waren an der Tagesordnung.

An den besonders gefährdeten Stellen des Besatzungsgebietes versahen junge Soldaten unermüdlich Tag und Nacht ihren Wachdienst.

Die Stadt Royan wurde in diesen Tagen zu einem Schatten ihrer selbst. Die Winzer der näheren Umgebung ernteten in diesem Jahr nicht mehr ihren Wein. Die vollen Trauben verfaulten an den Rebstöcken.

Unser Dienst lag schon im Lichte des herannahenden Weihnachtsfestes, als es eine besondere Aufregung gab:

Ein surrendes Flugzeuggeräusch in unmittelbarer Nähe unseres Quartierhauses riss uns lieblos von dem mageren Mittagstisch fort. Wir eilten wie aufgescheuchte Hasen, Haken schlagend um unser Haus herum. Doch ein Schutz spendendes Loch oder eine schützende Mulde fanden wir nicht. Wahllos warfen wir uns daher auf die blanke Erde des Vorgartens. Gott sei Dank stellte sich heraus, dass unsere Bemühungen überflüssig gewesen waren, denn der Angriff galt uns nicht. Leider lässt sich so etwas immer nur nachträglich feststellen! Die heftigen Detonationen betrafen einige etwas weiter von uns entfernte Häuser. Beunruhigt erfuhren wir eine halbe Stunde später, dass es sich um die Häuser handelte, welche die Baukompanie nach ihrer Ankunft in Royan in der rue Falaise bezogen hatte. Zehn oder zwölf Fliegerbomben richteten unsere ehemaligen Quartiere übel zu. Wir dachten erschrocken:

„Morgen sind vielleicht wir an der Reihe!" Unser bisheriges Sicherheitsgefühl wurde erschüttert und über die Fortdauer unseres „beschaulichen Daseins" stellten sich die ersten ernsthaften Zweifel ein.

Kurz vor Weihnachten musste ich mit meinen beiden Stubengenossen in ein anderes Haus umziehen Der ewige Wechsel war bei unserem Soldatenleben von Dauer. An das neue Quartier in derselben Straße konnte ich mich nicht so recht gewöhnen. Es fehlte an jeglicher Behaglichkeit. So besuchte ich noch am selben Nachmittag meinen Freund Charles in der Altstadt. Er freute sich sehr über meinen Besuch. Noch immer verharrte er in der gleichen, bewegungslosen Stimmung: missmutig, pechschwarz in die Zukunft schauend. Auch diesmal vermochte ich ihn nicht aus seinen dunklen Vorstellungen zu reißen.

Als ich spät abends heimkehrte, saßen meine Stubengenossen mit einem weiteren Mann um den schweren, dunklen Eichentisch herum und tranken beim Schein einer Kerze Wein.

„Setz Dich zu uns und trink mit!", forderte mich der Obergefreite Wächtler, der Schmied aus Solingen, auf. Ich gesellte mich dazu, und sie schenkten mir ein Wasserglas voll Rotwein ein.

„Wir feiern heute den deutschen Sieg!", sprach Wächtler feierlich. Seine Augen hatten heute einen besonders glasigen Ausdruck.

„Weißt Du das Neueste noch nicht? Die neuesten Nachrichten von der Front lassen das Beste erwarten!", fuhr er fort.

„Ich weiß von nichts!", erwiderte ich.

„Dann höre zu!", ergriff nun der Obergefreite Hermanns das Wort: „Das Ereignis, welches unsere besten Zukunftserwartungen erfüllt, mag schon ein paar Tage zurückliegen. Die Nachrichten erreichen uns immer etwas verspätet. Unsere Truppen durchbrachen in den Ardennen die feindliche Front. Nichts hält ihren Siegeslauf mehr auf. In vielleicht vier zehn Tagen werden sie hier sein und uns befreien!"

Ich blickte Hermanns verständnislos an.

„Es stimmt“, fügte Wächtler zur Bekräftigung hinzu, „ich las es selbst im Wehrmachtsbericht!“

Der dritte Kamerad an unserem Tisch lächelte sarkastisch. Er gehörte zu den zivilen Technikern, die man kurz vor unserer endgültigen Einschließung in eine Uniform gesteckt hatte. Er sagte:

„Ihr seid wieder einmal auf Goebbels Leimruten hereingefallen. Es wird sich zu guter Letzt mit diesem Sieg ähnlich verhalten wie mit der sagenhaften deutschen Geheimwaffe. Glaubt Ihr wirklich daran, dass das amerikanische Waffenmaterial diesen möglichen Anfangserfolg nicht wieder zum Stoppen bringen wird?“

Er hatte offen gesprochen, vielleicht zu offen. Die beiden anderen Männer sprangen wie elektrisiert auf und waren im Begriffe, sich voller Wut auf ihn zu stürzen. Ich stellte mich beruhigend zwischen beide Parteien und sagte:

„Na, wir werden ja bald alles sehen!“, woraus jeder entnehmen konnte, was er sich wünschte oder insgeheim dachte.

„Und Du“, sprach ich dann zu dem unvorsichtig offenen Kameraden, „Du hältst jetzt den Mund!“ Ich stieß ihm dabei beschwichtigend und warnend in die Rippen. Ein offener Streit über diesen heiklen Gegenstand hätte unheimliche Folgen haben können.

In aller Heimlichkeit traf das „Festkomitee“ der Pionierkompanie die Vorbereitungen für das Weihnachtsfest. Allgemeines Geraune und Gemunkel darüber, was zum Feste geboten würde, war nicht ganz zu vermeiden, genau wie daheim, wenn etwas heimlich getan wurde.

Der geräumige Speisesaal eines Landhauses wurde zur Feier festlich hergerichtet. Lange, weiß gedeckte Tische mit weißen Porzellantellern, silbern blinkenden Bestecken, säuberlich gefalteten Servietten und daneben die kunstvoll gezeichneten Tischkarten, die besagten, was dem einzelnen von den auf den Tischen aufgestapelten Kostbarkeiten gehörte. In hohen Vasen befanden sich die letzten Blumen des Jahres, und an den Wänden standen grüne Lorbeerbäume. Kein Kompanieangehöriger fehlte an diesem Abend. Niemand schob zu dieser Stunde Wache. Jedermann war überzeugt, dass auch der Feind die Heiligkeit dieser Stunde achten würde.

Festlich gekleidete junge Mädchen und Frauen trugen die dampfende Fleischbrühe auf. Ich saß neben dem Unteroffizier Klucke vom ersten Zug. Als ich mich umsah, bemerkte ich, dass heute hier alles durcheinander saß: der Offizier neben dem einfachen Mann, der lässige Muskote neben dem gestrengen Unteroffizier, der Handwerker neben dem Herrn mit dem „hohen Stehkragen", der alte Mann neben dem jungen. Ich sah zum ersten Mal, seitdem ich Soldat war, dass die Rangordnung durchbrochen worden war.

Die köstliche Fleischbrühe mundete jedem. Vielleicht besonders deshalb, weil uns seit vielen Monaten nur lasche Wassersuppen gereicht worden waren. Es klimperte überall an den Tischen, denn die nachrollenden Gerichte standen an Qualität der Suppe nicht nach, und jeder wollte den Genuss, wieder mal an einem gedeckten Tisch zu sitzen, so richtig auskosten. Unteroffizier Klucke neben mir sagte:

„Mensch, da staunste! Genau wie bei uns im Adlon!"

Klucke hatte wahrscheinlich noch nie in seinem Leben das Berliner Hotel Adlon von innen gesehen. Seine soziale Stellung als Handwerker ließ dies vermuten. Für ihn war dieses Hotel der Inbegriff von höchstem Lebensgenuss und Luxus.

„Nicht ganz so", antwortete ich. „Es fehlt in jedem großen, vornehmen Hotel meist das Intime und Persönliche."

„Wie ich sehe, steht auf meiner Tischkarte alles, was mir an Geschenken gehört: drei Flaschen Wein, zwei Tafeln Schokolade und ein Teller voll Leckereien", stellte ich dann fest.

„Das Gleiche habe ich auch!", erwiderte Klucke.

Der Hauptmann schlug leicht einige Male mit dem Löffel an seinen Teller. Er erhob sich dann von seinem Sitze und verhielt sich einen Augenblick still, bevor er sprach. Es waren zu unserem großen Erstaunen nicht die üblichen leeren Phrasen, die einer Festrede sonst das Gepräge geben. Die Wärme des Tonfalls ließ erraten, dass sein Herz in seinen Worten mitschwang. In knappen Sätzen umriss er den Ernst der Stunde, verweilte einen Augenblick mit seinen Gedanken in der Heimat. Aber er vermied es taktvoll, das auszusprechen, was uns alle bewegte: Wie unsere Städte von Tag zu Tag immer mehr in ein chaotisches, hoffnungsloses Trümmermeer versanken. Schließlich wünschte er uns trotz aller schmerzlichen Gedanken einige Stunden der ungetrübten Freude.

Zuerst stimmten einige dutzend Kameraden auf der kleinen Estrade des Speiseraums ein bekanntes Weihnachtslied an, und dann fielen alle ein in *„O, Du fröhliche, o, Du selige, gnadenbringende Weihnachtszeit....“*

Im bunten Wechsel folgten unsere bekannten Weihnachtslieder. Aber das Lied von der *„Stillen heiligen Nacht“* wollte nicht so recht gelingen. Die Vorstellung von der durcheinander geratenen Welt stand allzu sehr in unserem Bewusstsein.

Draußen vor der Haustür fehlte auch der dicke, weiße Schnee, der Dächer, Bäume, Sträucher und Straßen einmummt. Ebenso war der Weihnachtsbaum, an dem hell die weißen Kerzen brannten, nur die schlechte Imitation eines Tannenbaumes. In dieser Landschaft gedieh die schlanke, dunkelgrüne Fichte nicht. Unsere kleine, knorrig verwachsene Kiefer versah nur kümmerliche Hilfsdienste.

Wir leerten das erste Glas auf unsere baldige, gesunde Heimkehr zu unseren Lieben. Nach dem vierten oder fünften Glas Wein tauten unsere gefrorenen Seelen auf. Nun vermochten wir auch das Lied von der *„Stillen, heiligen Nacht“* zu singen. Die harte Wirklichkeit drapierte sich mit einem sanften, versöhnlichen Glanz.

Der zweite Weihnachtsfeiertag brachte vielen Männern der Pionierkompanie eine besondere freudige Überraschung. Keiner hatte mit so etwas gerechnet! Eine große Anzahl Funksprüche von unseren Angehörigen aus der Heimat waren unerwartet durchgekommen. Sie wurden uns sozusagen als zusätzliche Weihnachtsgabe präsentiert.

So standen wir denn an dem etwas kühlen, regnerischen zweiten Weihnachtstag 1944 in der Nähe des Wäldchens Bellamy dicht gedrängt, aufgeregt und etwas ungeduldig um einen Sprecher herum, der von einem erhöhten Standort aus die an uns gerichteten Telegramme verlas. Jeder wartete gespannt, ob sein Name genannt wurde.

„Obergefreiter Heinrich Müller. Vater, Mutter und Liese wohlauf. Gretel bei Onkel Fritz in Süddeutschland.“

„Obergefreiter Herbert Salz. Essen verlassen. Sind bei Schwiegersohn in Tannheim. Alles gesund. Else und Kinder.“

Viele Telegramme wurden verlesen. Meist waren es frohe Botschaften. Nur selten klang versteckt auch eine Hiobspost auf. Gegen Schluss gab es auch für mich ein gutes Telegramm. Meine Frau teilte mir alles Wesentliche in drei oder vier Sätzen mit. Es war im Verhältnis zu den anderen Funksprüchen ein ausgesprochen langer Spruch. Nun wusste ich, dass meine nächsten Angehörigen bisher unversehrt über das große Debakel hinweg gekommen waren. Meine Schwiegereltern waren aus Sicherheitsgründen auch in unsere Wohnung auf das Land gezogen.

Die Empfänger der Funksprüche waren überglücklich. Diejenigen aber, denen keine Nachricht zukam, ließen traurig den Kopf hängen. Meist waren es Leute aus dem Osten Deutschlands.

Am nächsten Tage buddelten wir wieder im Walde von Bellamy. Die beiden anderen Bunker, die für den ersten und zweiten Pionierzug bestimmt waren, sollten auch noch fertig gestellt werden. Vierzig oder fünfzig französische Zivilisten halfen uns dabei. Ein feiner, dünner Dauerregen rieselte hernieder und durchnässte alles. Der klebrige Kreideboden verschmierte Kleider und Stiefel. Meine aufmunternden Worte und Späße wollten heute nicht ziehen.

Das warnende Augenzwinkern einiger französischer Arbeitsfreunde verständigte mich, dass sich irgendein unangenehmer Besuch näherte. Es war Monsieur Renard, den ich seit Monaten nicht mehr gesehen hatte. Er trat unmittelbar an mich heran und begrüßte mich wie einen guten, alten Freund. Mit strahlendem Gesicht erzählte er mir, dass die deutsche Sache an der Ardennenfront ausgezeichnet stünde. Er entwikkelte eine ähnliche Theorie wie Wächtler aus Solingen. Seine Sprache wirkte immer noch glatt und werbend wie früher. Monsieur Renard fühlte instinktiv, dass er auch heute mit seinen Worten bei mir nicht landen konnte. Aber er redete unablässig wie ein Sprechautomat weiter. Dann sagte er unerwartet offen zu mir:

„Hm, wenn es hier ganz mulmig werden sollte, ziehe ich einfach eine deutsche Uniform an. Vom Festungskommandanten erhielt ich ausdrücklich die Erlaubnis, sie zu tragen."

Ich war froh, dass er sich schnell wieder verabschiedete. Meine französischen Kameraden schnitten wieder Fratzen hinter ihm her.

Wir waren bald alle bis auf die Haut durchnässt. Ich empfahl daher den Franzosen, sich stillschweigend zu verdrücken. Der kurz danach erschienene Wallfeldwebel akzeptierte meinen Entschluss. Er mochte Soldaten, die selbstständig und verantwortungsbewusst handelten.

**Vor dem Markt**
*(Sammlung Sicard)*

**Der zerstörte Markt**
*(Sammlung Sicard)*

# 4.
# DIE ZERSTÖRUNG DER STADT
## (Januar 1945)

Ich nahm, wie befohlen, Anfang des neuen Jahres die Arbeiten für den neuen Erdbunker in der Nähe des Royaner Wasserwerkes auf. Es war außerhalb der Stadt, unweit der uralten Kirche St. Pierre. Meistens benutzte ich bei meinen Gängen dorthin nicht die Straße durch die Stadt, sondern den etwas weiteren Weg über die neue Landstraße, die sich durch grüne Wiesen, abgeerntete Felder und vorbei an einsamen Landhäusern schlängelte. Hier herrschte noch der stille ländliche Frieden.

Hinter einem grauen, alten Haus wurde mit den Ausschachtungsarbeiten für den neuen Bunker begonnen. Einige hundert Meter von uns entfernt lag der hohe Wasserturm, der ständig zu uns hinüberblinzelte. Die kleine Marineabteilung, die diesen Turm betreute, sollte noch einen Schutzbunker bekommen. Das Wetter hatte sich seit einigen Tagen sehr verschlechtert. Meist hingen niedrige Regenwolken am Himmel.

Unter meinen Mitarbeitern befand sich auch der gastfreundliche Winzer Jules Bonnot, den ich vor mehr als einem Jahre mit einem Remscheider Kameraden in seinem Dorfe aufgesucht hatte. Seitdem hatte ich ihn nicht wieder gesehen. Er begrüßte mich so freundlich, als wenn wir uns gestern zum letzten Male getroffen hätten und wunderte sich darüber, dass ich ihn nicht wieder in seinem Dorfe aufgesucht hatte.

„Lisette, meine jüngste Tochter“, so erzählte er mir, „hat oft gefragt, ob Sie noch in Royan seien.“ Dann lächelte er mich ganz verschmitzt an und fuhr fort: „Ich glaube, sie hat ein Auge auf Sie geworfen!“

Eine ganze Weile lächelte mich mein alter Gastfreund vielsagend an. Nach einem Zögern erwiderte ich:

„Wenn ich nicht irre, so ist Lisette doch verlobt, und wie Sie wissen, bin ich verheiratet, kurzum, Lisette ist glücklich verlobt und ich bin ebenso glücklich verheiratet. Was soll denn das noch alles?“

Wiederum verzog sich das Gesicht Bonnots zu einem spitzbübischen Lächeln. Es war das Lächeln eines Weingenießers, der über das Leben und Treiben dieser Welt wohlwollend und nachsichtig dachte und alles gestattete und duldete.

„Aber Lisette langweilt sich immer so sehr, und Sie wissen doch: Ihr Bräutigam und Ihre Frau weilen im fernen Deutschland. Ein bisschen Zerstreuung und Liebe, was tut das?“

Ich musste auflachen und fragte ihn:

„Wissen Sie nicht, dass die Liebe oft sehr delikate Folgen hat?“

Prompt antwortete der Winzer:

„Wofür leben wir denn eigentlich? Ein bisschen Liebe und Freude ist doch jeder sich und seinen Kindern schuldig. Außerdem darf man so etwas nie bis zum St. Nimmerleinstage verschieben. Das Leben ordnet schon alles hübsch und ordentlich wieder ein.“

Ich konnte den Winzer nur schwer davon überzeugen, dass in dieser Zeit ein Spaziergang bis in sein entlegenes Dorf nicht mehr gestattet würde. Mein gastfreundlicher Mitarbeiter nahm etwas verstört und beleidigt seine Arbeit wieder auf.

Ständiger Fliegerbesuch machte uns hier die Arbeit zur Qual. Auch konnten sich die Leute nicht an die nasse Kälte der ersten Januartage gewöhnen. Wenn es heftig regnete, verschwanden sie in ein in der Nähe liegendes Haus. Ich schloss mich ihnen meist an. Sie hockten dort in einem fast leeren Raum dicht beieinander. Im Kamin verheizten sie die alten, wackligen Holzstühle, die noch im Zimmer herumstanden, plauderten über die unselige Zeit, wärmten sich die Hände am Feuer und taten hin und wieder einen Schluck aus der Weinflasche.

Jules Maurois, der kleine, dicke Maurergeselle, den ich während meines Royaner Aufenthaltes lieb gewonnen hatte, gehörte auch zu den Leuten, die um das wärmende Feuer herumsaßen. Er hatte den ehemaligen, vor einigen Jahren verstorbenen Besitzer dieses Hauses gut gekannt und sagte mit seinem trockenen Humor:

„Wenn Jean Gilbert sähe, wie seine Sitzmöbel sich in der heißen Feuerglut auflösen, würde er sich entrüstet in seinem Grabe umdrehen, denn er saß für sein Leben gern mit seinem Hinterteil auf einem Stuhl und trank dazu Wein, den er selbst gekeltert hatte! Er würde uns sagen: ‚Soll man sein Gläschen Wein jetzt im Stehen trinken?‘ “

Ich hatte am Nachmittag während eines Fliegeralarms die Gelegenheit, mich mit Jules, diesem lebensklugen Manne, auszusprechen.

„Wie lange soll dieses Ganze hier noch andauern?", fragte ich ihn.

„Bis die Hasenherzen auf beiden Seiten endlich einmal Mut fassen, etwas Entscheidendes zu tun", erwiderte er spontan.

„Jules", sagte ich ernst zu ihm, „ich habe seit einigen Tagen das dumme Gefühl, das ‚unsere' und ‚euere Hasen' aus Feigheit irgendeine Dummheit anrichten werden und ausgerechnet nicht das tun, was man ohne Schwierigkeit von Mann zu Mann regeln könnte. Aber wenn jeder ‚Hase' sich ängstlich in sein Loch verkriecht, und jeder glaubt von dem anderen, er würde das tun, was er selbst unterlässt, dann kann es leicht zu einem Kurzschluss kommen."

„Siehst Du, genau das Gleiche habe ich in den letzten Tagen auch immer gedacht. Die Fliegeraufklärungstätigkeit kommt mir in der letzten Zeit suspekt vor, aber…" Ich schnitt ihm unhöflich das Wort ab:

„Sie müssten drüben eigentlich auch wissen, dass die Kriegsentscheidung nicht hier stattfindet und dass nach der Entscheidung dem Sieger die ‚reife Frucht Royan' von selbst in den Schoß fällt. Hoffentlich kommt es nicht vorher noch zu einem Kurzschluss!"

„Ich habe seit einigen Tagen auch Bedenken, die ich sonst nicht kenne, aber es hilft nichts, prosit!", erwiderte Jules, erhob seine halb gefüllte Flasche Rotwein und tat daraus einen tiefen Zug.

Als unser Fliegerbesuch sich verzogen hatte, standen wir kurz darauf erneut an unserem Arbeitsplatz. Es war ein diesiger, trüber Januartag. Es regnete nur noch ganz leicht, so dass wir nicht an unserer Arbeit gehindert wurden. Doch wir waren alle missmutig. Uns fehlte jener innere Mut, der sich mit einer gewissen Wurstigkeit über alle Dinge hinwegzusetzen weiß und zu stillem Ausharren ermuntert. Ich hörte Jules sagen: „Alle Probleme, groß oder klein, werden so oder so einmal gelöst."

Auf dem langen Rückweg zum Quartier musste ich oft wegen des ständigen Artilleriebeschusses im Straßengraben Deckung suchen. Das Glück ließ mich aber nicht im Stich. Wohlbehalten kam ich auch heute wieder in meinem Quartier an.

Aber es ließ sich nicht länger verheimlichen, dass der Krieg in Royan ernstlich begonnen hatte. Alles Bisherige war nur ein Vorspiel gewesen. Der technische Zug zog überstürzt in die geräumige Villa Montevideo um. Die Südseite des Baus grenzte unmittelbar, nur durch einen kleinen Hohlweg getrennt, an das Wäldchen Bellamy. Der Umzug kam für uns sehr überraschend. Besaß der Wallfeldwebel einen sechsten Sinn für etwas, was geheimnisvoll in der Luft lag? Bestimmt wollte er uns in der Nähe des sicheren Erdbunkers wissen. Wir beobachteten, dass die feindliche Luftaufklärung seit etwa vierundzwanzig Stunden besonders rege war. Sonst tat sich nichts. Alles verlief wie üblich. Man trat morgens zum Zählappell an. Die einzelnen Trupps des technischen Zuges zogen zu ihren Baustellen ab, und die beiden Pionierzüge wurden geschlossen zu ihren besonderen Aufgaben eingeteilt. Nachmittags kehrte man müde von der Arbeit zurück, schlang heißhungrig die magere Kohlsuppe herunter, und abends trank man seinen Schoppen Rotwein und verzehrte dazu den üblichen Imbiss aus einigen Scheiben Kommisbrot mit Büchsenwurst. Der Nebel passte zu unserer Stimmung von müder Hoffnungslosigkeit und Traurigkeit.

Gegen Abend überraschte mich der Obergefreite Wächtler, der engstirnige Schmied aus Solingen, mit einer besonderen Neuigkeit. Er flüsterte mir geheimnisvoll zu:

„Ein Bataillon der aktiven Royaner Besatzungsstreitkräfte macht heute Nacht einen Ausfall aus der Festung. Für die ganze Nacht ist Großalarm angeordnet worden." Er wollte damit gleichzeitig sagen:

„Schau, Du Kleingläubiger, Du Zweifler, in Kürze wird etwas Entscheidendes geschehen!" Wächtler glaubte noch immer felsenfest an den deutschen Endsieg.

Wir hatten keuchend unsere wenigen Habseligkeiten in unser neues Quartier geschleppt: unsere prall gefüllten Tornister und die Margarinepappschachteln, gefüllt mit uns unentbehrlich erscheinenden Utensilien. Es war der gleiche Plunder, den manche Hausfrau mit der Zeit anhäuft und den sie über Jahre hinaus in ihrem Haushalt mitschleppt. Und natürlich nahmen wir auch unsere Waffen mit: die Karabiner, Handgranaten und unsere prall gefüllten Patronentaschen.

Ich brauchte diesmal den Quartierraum nur mit einem Kameraden zu teilen, dem Obergefreiten Erich Kohnert, dem Mann mit dem „Pfannkuchenliebchen". Neugierig musterte ich meine neue Quartierstube, die Wände, die Möbel, das Fenster. Das Zimmer gefiel mir. Der kleine Wohnraum strömte Wärme aus. Einige hohe, rotbraune Kiefern schauten zum Fenster herein. Ihr dichtes, dunkelgrünes Gezweig verhinderte zwar den Eintritt des hellen Tageslichtes, doch ein Zauber von Waldeinsamkeit umgab mich hier. Das Zimmer schien der Wohnraum eines Menschen gewesen zu sein, der Stille suchte, manches überdachte und in der kühlen Abendstunde in dem Wäldchen vor dem Haus spazieren ging. In den bis zur Zimmerdecke reichenden Regalen rechts und links vom Kamin standen viele dickleibige in Leder und Leinen gebundene Bücher.

Und nun saß ich bei anbrechender Dunkelheit in diesem Raume, nachdem der turbulente, kurze Umzug beendet war und bei mir eine gewisse Ruhe eingetreten war. Die im Kamin aufglimmenden und auflodernden Holzscheite verbreiteten nur einen matten Schein. Das war gerade so recht nach meinem Sinn. Vorsorglich hatte ich mir schon einen Haufen trockenes Holz aus dem nahen Walde zusammengetragen und neben dem Kamin aufgeschichtet. Kohnert hatte mich heute Abend allein gelassen. Er saß mit anderen Kameraden im Speisesaal des Hauses und spielte fröhlich lärmend mit ihnen Karten. Der Besuch seiner „Freundin" war ihm für heute Nacht ausdrücklich wegen des Alarmzustandes untersagt worden. Ich war froh darüber, dass ich heute keine lästigen Gespräche zu führen brauchte und nicht das Schnarchen eines in unmittelbarer Nähe schlafenden Menschen anhören musste. Es machte mir nichts aus, dass ich heute Nacht nicht aus den Kleidern durfte. Wächtler hatte recht gehabt: „Für die ganze Nacht war Großalarm angeordnet worden."

Und so saß ich denn, von Niemandem gestört, auf einem bequemen Sessel, schaute ruhig in das lodernde Feuer des Kamins und dachte:

„Was soll sich heute Nacht schon ereignen? Man wird bestimmt unverrichteter Dinge wieder zurückkehren. Die Aufregung und die Nervosität des Festungskommandanten wird sich wieder legen. Es ist anzunehmen, dass die feindliche Luftaufklärung sich nicht auf Angriffsabsichten bezieht, sondern nur der Abwehr von Angriffsabsichten unsererseits gilt. Der Gegner wird gewiss nicht in letzter Stunde seinen Kopf verlieren und einen Angriff starten, wo doch der Zusammenbruch unserer Fronten nur noch eine Frage von kurzer Zeit ist."

Das Feuer im Kamin verbreitete eine wohltuende Wärme, und das dämmrige Licht besänftigte die letzte Unruhe in mir, und der gelegentliche Schluck aus der Weinflasche verhalf mir zu einer gewissen inneren Beschwingtheit. Bald trieben wohlgefällige Gedanken und Gefühle in mir ihr amüsantes Spiel, und schließlich flossen Gefühle und Gedanken innig ineinander über. Besonders die Bilder, die sich um die schöne Stadt Royan rankten, übten eine große Anziehungskraft auf mich aus.

Auf einmal stand mir deutlich vor Augen, wie wir in die Stadt Royan einzogen, wie niemand aus der Bevölkerung von uns Notiz nahm und wie unser kriegerischer Gesang leer durch die Straßen der Stadt hallte: *„Wenn wir marschieren…"*

Es hatte eine lange Reihe von Wochen gedauert, bis die Menschen in Royan sich öffneten und mir die schöne Stadt wie eine köstliche Frucht zufiel. Es war ein unruhiges Auf und Ab von bösen und schönen Tagen gewesen, von Hoffnungen und Enttäuschungen, von müden Gefühlen und von Augenblicken wilden Aufbäumens gegen das blinde Schicksal. Alles erschien mir von Anfang bis zum Ende als vorbestimmtes Schicksal von dem Zeitpunkte an, als mir Fritz Ellert in die Telefonmuschel raunte: „Du und drei andere Kameraden müssen auf Anordnung des Festungskommandanten hier in Royan bleiben!"

Und dann zerflatterten wieder alle Bilder. Meine Laterna magica bekam ein ganz trübes Licht. Ich sah, wie Menschen ihre Stadt traurig verließen. Ich bemerkte wie die Fensterscheiben der Häuser blind wurden. Aber die Worte *„Fernandel, wir kommen bald wieder!"* lagen mir immer noch in den Ohren. Nahte jetzt diese Stunde? Sie schien sich jetzt tatsächlich mit Riesenschritten zu nähern. Nicht lange mehr, dann würde der Krieg zu Ende sein. Es würde, wie nach allen Kriegen, Sieger und Besiegte geben. Aber eines Tages müssen sich Sieger und Besiegte wieder miteinander vertragen. Dann wird auch diese Stadt zu neuem Leben erwachen. Die Fassaden der Häuser werden hell und bunt angestrichen werden, und das Lachen und Schreien der Kinder wird wieder in den Straßen zu hören sein. Das geschäftliche Treiben wird lärmend alle Straßen erfüllen, das Geld rollen und flinke Hände nach ihm greifen.

Vielleicht werde ich nach einer Reihe von Jahren, die Zeit heilt ja bekanntlich alle Wunden und glättet alle Wellen des Unmuts, diese Stadt wieder einmal aufsuchen. Ich komme dann ohne Uniform, ohne benagelte Stiefel. Still, bescheiden und unauffällig werde ich mich zwischen die Menschen mischen. Gott sei Dank, brauche ich dann keine unsinnigen Befehle mehr auszuführen und die Erde aufzuwühlen.

Dann sehe ich bestimmt auch meine alten, französischen Freunde wieder. Sie werden mich freundlich begrüßen wie ehedem, und einige werden mir sicher so wie früher zurufen:

„Un coup, Fernandel?" (*„Einen Schluck, Fernandel?"*)

Alle Bürger von Hüben und Drüben werden wieder miteinander ins Gespräch kommen, wie solide Geschäftsleute verhandeln oder wie gute Freunde miteinander sprechen. Man weiß mittlerweile um die Tatsache: Es sind überall die gleichen Leiden, Freuden und Hoffnungen. Weshalb sollten Franzosen und Deutsche nicht einträchtig miteinander leben können?

War es der leichte Rausch und das gemächlich im Kamin knisternde Holzfeuer, welche mich zu meinem kleinen Zukunftsspaziergang verführten? Ich bildete mir plötzlich wirklich ein, ich sei fünf oder sechs Jahre nach dem Krieg an einem sommerhellen Tag nach Royan zurückgekehrt. An einem schönen Spätnachmittage segelte ich mit meinem Freund Charles Jeu über die weiten Wasser der Gironde. Der tiefblaue Himmel hing wie eine durchsichtige Glasschale über Wasser, Land und Stadt. Der leichte, blaue Dunst in der Ferne verschleierte Pointe de Grave. Doch den hohen Kirchturm von Soulac, der aus dem grünen Waldmeer wie eine spitze Nadel herauslugte, konnte man deutlich erkennen. Heller Sonnenschein fiel auf das weiße Häusermeer von Royan. Die Musik aus dem Pavillon des Casinos klang bis zu uns herüber. Und nun befand ich mich auf der Promenade in der Nähe des Royaner Hafens. Ein Bekannter aus der turbulenten kriegerischen Zeit sprach ungestüm auf mich ein: „Fernandel, wie schön, dass Du wieder einmal in Royan bist. Kaum zu glauben! Du hast Dich kaum verändert. Wie Du damals sprachst, sprichst Du noch heute, mit dem etwas komischen Akzent, der fast allen Deutschen zu eigen ist. Du bist noch genau so offenherzig und freimütig wie damals."

Und mein Freund Jules vertraute mir an:

„Wir sind hier in Royan noch mehr Geschäftsleute geworden als damals. Das kommt von dem zunehmenden Fremdenverkehr. Vielleicht verdirbt dieser ganze Geschäftsrummel noch unseren Charakter."

Es gab noch manchen anderen Bekannten, der mir auf der belebten Promenade die Hand schüttelte. Sie sagten fast alle:
„Gott sei Dank, dass diese verrückte Zeit vorüber ist! Sie wird hoffentlich nie wiederkommen!"

„Wie heißt doch noch dieses Haus, in dem ich jetzt wohne?", fiel ich wieder mit meinen Gedanken in die Gegenwart zurück? „Haus Montevideo"! Das ist ja der Name einer großen, schönen Hafenstadt am La Plata im fernen Südamerika. Mit einiger Phantasie könnte man diesen Namen auch ganz frei übersetzen als „Berg der schönen Sicht".
Ich musste wohl sehr lange vor dem Kaminfeuer zugebracht haben und eingeschlafen sein. Die Holzscheite waren abgebrannt.

Am anderen Morgen rüttelten mich die Kameraden unsanft aus tiefem Schlaf: „Fertigmachen zum Dienst! Du hast das Aufstehen wohl vergessen? Heute musst Du wieder zum Wasserwerk!"
Und so rappelte ich mich denn wieder auf. Die Wasserträger hatten heute Morgen das Wasch- und Trinkwasser ausnahmsweise pünktlich gebracht. Die kühle Kopfwäsche trieb mir die letzte Schläfrigkeit aus den Augen, und ich machte mich wieder auf den weiten Weg zum Wasserwerk. Nichts unterschied diesen Tag von den vorhergehenden. Am Spätnachmittag erfuhr ich, dass dem nächtlichen Ausfall aus der Festung jeglicher Erfolg versagt geblieben war. Der Feind wich geschickt überall aus. Nirgends gab es irgendwelche Anzeichen für feindliche aggressive Absichten. So musste man ohne Sieg oder Trophäen zurückkehren. Der Großalarm wurde wieder abgeblasen worden, und ich freute mich darauf, in der kommenden Nacht durchschlafen zu können. Ich schlief rasch ein, als ich mich ins Bett gelegt hatte.

Das völlige Abschalten unseres Bewusstseins im traumlosen Schlaf ist in dieser ungewissen Zeit für uns ein besonderes Gnadengeschenk. In einem solchen tiefen Schlaf befand ich mich, als mich etwas in das grelle Bewusstsein zurückrief:
Zuerst war es nur ein undefinierbares, formloses Geräusch, welches mich dämmrig berührte. Und dann nahm es Formen an, war klar und fest umrissen und wurde von mir deutlich erkannt. Es war das Pochen einer harten Faust an der Tür meiner Quartierstube. Ich schlug die Augen auf. Es war noch stockfinstere Nacht. „War es die Endphase eines

bösen Traumes?", überlegte ich. Aber das Pochen an der Zimmertür war ganz einwandfrei reale Wirklichkeit. Jetzt hörte man auch lautes Getrampel in anderen Zimmern und auf den Fluren. Schreie erklangen, erst wie aus weiter Ferne, dann ganz nahe:

„Alarm! Alarm!"

Die bang erwartete Stunde schien gekommen zu sein. Nicht das leiseste Anzeichen hatte ihr Kommen angedeutet. Noch wusste ich nicht, worauf sich diese Alarmzeichen bezogen. Vielleicht auf einen mit Panzern durchgebrochenen Feind, der sich unserem Walde näherte? Es beherrschte mich das brennende Bedürfnis, mir darüber Klarheit zu verschaffen. Von draußen ertönte ein vertrautes Brummen. Ich riss das Fenster auf: Surrender Propellerlärm erfüllte die Luft. Ich blickte hinauf zum Himmel. Viele rote, gelbe und grüne Lichter glühten dort oben. Unzählige Flugzeuge flogen wohlgeordnet neben- und hintereinander. Es war die grausige Ordnung, die im Begriffe war, bei uns hier unten Tod und Verderben auf Befehl ordnungsgemäß abzuladen.

„Feindliche Bombenteppichformationen" ging es mir erschrocken durch den Sinn, und dann fühlte ich mich wie gelähmt. Es war mir, als wollte mich ein gewaltiges Bergmassiv von Gedanken erdrücken.

„Wie lange mögen diese Sendboten des Todes da oben schon kreuzen? Habe ich noch Zeit genug, mich in Sicherheit zu bringen? Wird sich schon im nächsten Augenblick die Hölle über uns entladen?"

Dann fiel mir plötzlich auf, dass Kamerad Erich Kohnert noch schlafend im Bett lag und laut gurgelnde Schnarchtöne von sich gab. Ich rüttelte ihn mit Gewalt an beiden Schultern und brüllte ihm laut ins Ohr:

„Aufstehen! Aufstehen! Alarm, Alarm, gleich werden die Bomben fallen!", rief ich.

Aufgestanden, stieß ich ihn zum nahen Fenster, und er wusste sogleich, was das bunte Spektakel dort oben am Himmel bedeutete.

Es ist seltsam, wie Menschen in kritischen Situationen reagieren, besonders wenn es um das nackte Leben geht. Mein Stubengenosse kleidete sich zwar sehr schnell an, aber er vermisste plötzlich seinen Stahlhelm. Polternd und schimpfend begab er sich nun auf die Suche, als gäbe es in diesem Augenblick nichts Wichtigeres zu tun, als hinge von diesem Stahlhelm Sein oder Nichtsein ab. Er konnte ihn trotz aller Sucherei nicht finden. Drohend und mit geballten Fäusten stand er vor mir:

„Du hast ihn weggelegt! Sage mir, wo Du ihn versteckt hast!“

Ich drückte ihn mit aller Kraft auf die Seite, ausrufend:

„Was kann mich so ein lumpiger Stahlhelm jetzt noch interessieren?“

Kohnert trat darauf schweigend auf die Seite und suchte weiter.

Ich weiß nicht mehr, wie ich in der dunklen Nacht in meine Kleider und Stiefel fand. Ich tat alles nur instinktiv. Der Instinkt ließ mich das Richtige greifen und in das Richtige hineinfinden. Alles musste sehr schnell vor sich gegangen sein. Ich scherte mich nicht im geringsten um das Suchen des Kameraden. Mochte er sehen, wo er einen anderen Stahlhelm herbekam. Als ich fertig angezogen war, eilte ich sofort ohne Zögern ins Freie. In meinen Ohren lag noch immer das grausige Flugzeuggebrause, und in meine Augen fiel der Schein der roten, gelben und grünen Lichter. Zu meinem großen Erstaunen hörte ich Kohnert hinter mir herpoltern. Anscheinend hatte er die Sucherei aufgegeben. Er rief hinter mir her:

„Wo ist mein Stahlhelm? Du weißt bestimmt, wo er ist!“

Ich wiederholte stoisch mit nach hinten gewandten Kopf:

„Ich weiß es bestimmt nicht!“

Fast wäre ich in der dunklen Nacht über die beiden kleinen Hänge des Hohlweges gestolpert, den ich schnell überqueren wollte, um in unseren Erdbunker zu gelangen. Eine unsichtbare Hand führte mich aber unversehrt durch das Gehölz bis zum Ziele. Hinter mir hörte ich die keuchende Gestalt Kohnerts. Wir beide standen im Bann der Vorstellung, dass in jedem Augenblick die Bomben vom Himmel fallen würden. Noch zwanzig, noch zehn, noch fünf Schritte, jetzt standen wir vor der Treppe, die in die Erde direkt in unseren Bunker führte. Die Tür zum Bunker war weit geöffnet. Mit erleichterten Herzen, aber völlig erschöpft und atemlos, traten wir ein. Kohnert, der mir dicht auf den Fersen gefolgt war, erreichte ihn fast gleichzeitig.

Der Erdbunker war so groß, dass alle Angehörigen des technischen Zuges bequem darin Platz finden konnten. In zwei dicht übereinander gelegenen Reihen befanden sich an der rechten Seite die Holzpritschen, links davor verlief ein breiter Gang. Auf einem Wandbrett in der Nähe der Eingangstür verbreitete eine Kerze ihr armseliges Licht. Ich erkannte im Schein dieses Lichts, dass erst wenige Leute eingetroffen waren.

„Legt Euch am besten sofort hin!“, sagte der Obergefreite Stein, indem er mit einer Hand zu den noch leeren Pritschen wies.

Stein stand am Bunkereingang und hatte freiwillig den Ordnungsdienst übernommen.

„Nur damit keine Engpässe entstehen“, fügte er erläuternd hinzu.

Wir legten uns daher sofort auf einen der ersten Plätze der unteren Pritschenreihe. Kurz danach trafen, ebenso atemlos wie wir, auch die anderen Kameraden unseres Zuges ein und machten es uns nach. Die Pritschen waren nach kurzer Zeit alle belegt, und in dem breiten Gang vor den Pritschen presste sich auch eine Menge unbekannter Soldaten dicht aneinander. Unter diesen befanden sich auch einige junge Frauen.

„Wo mögen eigentlich diese Frauen zu dieser fortgeschrittenen Stunde herkommen?“, fragte sich jeder verwundert. Verbrachten sie ein „Schäferstündchen“ bei einigen unserer Kameraden, und hatte die drohende Gefahr sie dabei überrascht? Wie welk, verbraucht und abgemagert diese Frauen jetzt aussahen!

Plötzlich gab es vor der Eingangstür einen Menschenauflauf und ein großes Geschrei. Es waren die Stimmen mir wohlbekannter Franzosen, die ich hörte: der tiefe Bass von Jules, die näselnden Laute von Jacques, das sonore Organ von Michel. Sie baten mit flehender Stimme:

„Lasst uns auch hinein! Oh mein Gott, stoßt uns doch nicht zurück!“ Ein Unteroffizier trat zu dem Wachposten am Türeingang und rief ihnen energisch zu: „Es geht beim besten Willen nicht mehr! Der Bunker dient nur zum Aufenthalt von Militärpersonen. Für alle Zivilpersonen ist der Zutritt streng untersagt.“

Wusste der Unteroffizier nicht, dass die Huren der Landsknechte, die dort in dem Gang des Bunkers herumstanden, seine Worte Lügen straften? Ich wusste aber, der Unteroffizier, welcher diese lärmende, schutzsuchende Menge so kalt abwies, erfüllte nur seine Pflicht. Die Sauerstoffmenge in unserem kleinen Bunkerraum war sehr begrenzt, und es gab bereits eine Reihe „überzähliger Atmer“.

„Zum Bau des Bunkers konntet Ihr uns gut gebrauchen, jetzt weist Ihr uns wie Bettlern die Tür!“, hörte man die Stimmen von draußen.

Im Augenblick, als die Rufe der vergeblich Schutz Suchenden verhallt waren, ergriff mich lähmendes Entsetzen. Ich vermochte mich nicht mehr von meiner Liegestatt zu erheben. Die Erde bebte, und die Verzweiflungsschreie von draußen gingen in dem ohrenbetäubenden Lärm unter. Der Unteroffizier und der Obergefreite Stein drückten gewaltsam die Eingangstür des Bunkers zu und verrammten sie mit einem dicken Eichenbalken.

Nun waren wir von der Welt da draußen, in der sich die totale Vernichtung auszutoben schien, endgültig getrennt. Wir klammerten uns um so fester an die Vorstellung, wir befänden uns in einem sicheren Schutzwinkel, und die böse Welt da draußen könnte uns hier nichts anhaben. Glaubte ich wirklich daran? Es gab Bomben von einer Tonne Gewicht, was bedeutete da schon unser kleiner Raum? Unsere Eichenbalken, unsere U-Eisen, der Sand? Es war nicht schwer sich vorzustellen, dass der ungeheuere Druck einer solchen Bombe die Decke einfach zusammendrücken und uns... Nein, nur nicht an so etwas denken! Nur Furchtlosigkeit wollen! Vielleicht besser an nichts denken, sich nichts vorstellen!

So lagen wir mit quälend klarem Bewusstsein auf unserer hölzernen Liegestatt. Sollte ich mich nicht besser still und geduldig ergeben, mich willig dem übermächtigen, unverständlichen Schicksal fügen? Klar erkannte ich meine erbärmliche Ohnmacht. Ein kleiner, weißer Nachtfalter flog um das Licht der Kerze. Mit bleichem Gesicht und halbgeöffneten Mund standen die Menschen dort im Gange. Die drei jungen Frauen hatten sich eng aneinander gepresst. Ich faltete meine Hände. Ich wollte mich still meinem Schicksal ergeben.

Die Erde um uns herum zitterte und bebte noch immer. Von der Wand rieselte und bröckelte etwas Sand. Wie lange warteten wir schon hier? Mein Nachbar schaute auf seine Armbanduhr. Ich schielte instinktiv auf meine. Drei Minuten waren erst verflossen, seit man unsere Tür mit dem schweren Eichenbalken verschlossen hatte. Wo mochten die Männer, die vergeblich um Einlass baten, sein? Hat der furchtbare Bombenhagel sie zermalmt? Drei Minuten waren erst verflossen, und es schien doch eine Ewigkeit gewesen zu sein.

Plötzlich wurden meine Gedanken in eine andere Richtung gerissen. Ich dachte an die Heimat. Werde ich Frau und Kind und alles, was man Heimat nennt, jemals wiedersehen? Wird mich dieser Kerker wieder entlassen? Ich dachte auch an Charles, der in der völlig ungeschützten Innenstadt wohnte.

Eine furchtbare Erschütterung, die durch einen Bombentreffer in unserer unmittelbaren Nähe verursacht sein musste, ließ mich auffahren. Aber es schien nichts passiert zu sein. Nur die Frauen hatten aufgeschrien, und die Kerze auf dem Wandbrett hatte unruhiger geflackert. Ich lag weiterhin still, meinem Schicksal ergeben auf meiner Liegestatt und warf ab und zu einen Blick auf meine Armbanduhr.

Nach einer unendlich lang erscheinenden Zeit, in Wirklichkeit war eine Viertelstunde verflossen, sah ich jemanden vorsichtig die Balkentür öffnen. Ich hörte das Herabrieseln von lockerer Erde.

„Der Zugang ist noch frei“, sagte der Obergefreite Stein, „und draußen ist alles still geworden!“

War dies das Ende unseres Martyriums, unseres qualvollen Wartens? Es gab niemanden in diesem kleinen Raum, in dem die Luft ganz stickig und muffig geworden war, der nicht erleichtert aufgeatmet hätte. Ich fühlte auf einmal, wie die Luft im Bunker sich schwer auf meine Lunge legte. Das Bedürfnis nach frischer Luft gierte unwiderstehlich in mir. Ich sprang von meiner harten Liegestatt auf, um mit den anderen aus diesem engen Raum herauszukommen.

Draußen sah man die Hand nicht vor Augen. Es gab nur stockfinstere Nacht. Die grausigen roten, gelben und grünen Lichter und das unheimliche Flugzeuggebrumme waren fort. Ich tastete mit meinen Augen den dunklen Nachthimmel ab, ob dort oben noch ein buntes Schreckenslicht glühte. Die Lichter waren tatsächlich verschwunden.

„Hilfe, Hilfe …!“, echote es plötzlich durch das tote Schweigen. Die Vernichtung des Bombenfalls war nicht absolut gewesen, sondern hatte qualvoll lebende Menschen übrig gelassen. Wieder ertönte der Hilferuf. Jetzt aber schon etwas lauter:„Hilfe, Hilfe…!“

Wir strengten unsere Sinne an und stellten fest, dass die Rufe aus der Richtung des Hauses „Montevideo“ kamen.

Wir machten uns sofort dorthin auf den Weg. Einige riesige Bombenkrater lagen im Schein unserer Taschenlampen und verhinderten unser zügiges Vorankommen. Auf allen Vieren krochen wir daher vorsichtig an den tiefen Löchern vorbei und ließen nur ab und zu unsere Taschenlampen spielen, um den Sturz in die Tiefe eines Bombenkraters zu vermeiden. Nach einer uns unendlich lang vorkommenden Zeit erreichten wir die Stelle, von der die Rufe herkamen. Sie kamen aus einem fast zugeschütteten Kellerloch des Hauses „Montevideo".

Die schöne Villa war zum großen Teil zerstört worden. Die hohen Kiefern vor dem Hause lagen lang ausgestreckt da, wie vom Blitze gefällt. Aus dem Kellerloch klang noch immer der klägliche Ruf:

„Hilfe, Hilfe…" Das Kellerfenster war bis auf ein kleines Loch mit Erde zugeschüttet, und aus der verbliebenen schmalen Öffnung streckte sich uns eine gespreizte Hand entgegen.

Wir scharrten mit bloßen Händen die hinderliche Erde zur Seite, da wir keine Schaufel auftreiben konnten und schnelle Hilfe vonnöten war. Es war ein mühevolles Werk, doch schließlich waren wir am Ziele und zogen einen vor Schreck fast gestorbenen Kameraden aus dem Loch.

Ich riss meine Augen weit auf, als ich im Lichte meiner Taschenlampe den Mann erkannte. Es war der Obergefreite Grün, der mir damals bei der Aufstellung der Panzerglocke auf dem Eisenbahngleise geholfen hatte. Der Mann war offensichtlich am Ende seiner Kräfte. Ein schwerer Stein hatte seine Hüfte verletzt, so dass er sich nicht mehr bewegen konnte. Mir fiel ein, dass ich ihn damals bei unserer Arbeit fast bei jedem Abmarsch von unserer Baustelle zur Eile mahnen musste, aber ohne Erfolg. Bedächtig zog er stets sein Koppel an, musterte genau, ob sein Mantel auch die richtigen Falten warf, sein Scheitel richtig gezogen und vor allen Dingen, ob die Mütze ordnungsmäßig saß. Hier war er allem Anschein nach das Opfer dieser Gewohnheit geworden.

Wir schleiften ihn in der dunklen Nacht den gleichen Weg zurück, den wir gekommen waren. In unserem Eifer hätten wir fast übersehen, dass wieder neue Flugzeuggeschwader am Himmel aufzogen, Kette auf Kette folgend, laut brummend mit den grausigen roten, gelben und grünen Lichtern. Wir beschleunigten daher unsere Schritte, sorgsam darauf achtgebend, dass wir nicht mit dem verletzten Mann in einen tiefen Bombenkrater abrutschten.

Bevor der schwere Eichenbalken die Tür unseres kleinen Bunkers wieder verschloss, lag der Obergefreite Grün bequem auf einem der Liegeplätze. Auch wir hatten uns wieder auf unsere alten Plätze niedergelegt.

Auf dem Gang befand sich die gleiche von Angst und Entsetzen erfüllte Menge. Doch wir waren jetzt alle etwas gefasster.

Wiederum zitterte und bebte die Erde, jagte uns bei jedem Erdstoß Furcht in die Glieder, und wir schauten in kurzen Zeitabständen auf die Armbanduhr, ob die Zeit des Schreckens, die quälend langsam dahin schlich, bald zu Ende ginge. Jeder Augenblick schien eine Ewigkeit zu währen. „Wird diesmal eine Bombe unseren Bunker treffen?"

Die großen Bombentrichter, die wir direkt vor unserem Bunker gesehen hatten, machten deutlich, dass der Feind die Lage unseres Schutzbunkers genau kannte. Jemand in meiner Nähe sagte plötzlich:

„Ich glaube, die Bombeneinschläge liegen nun etwas weiter weg als vorhin."

„Jetzt kommt die Stadt selbst an die Reihe!", meinte ein anderer.

„Ich glaube, auch diesmal sind wir noch einmal mit heiler Haut davongekommen", rief laut ein Dritter dazwischen.

„Man soll den Tag nicht vor dem Abend loben!", brummte zu guter letzt noch jemand.

Ein ohnmächtiger Schrecken überfiel mich, als ich an Charles denken musste. Charles und seine Frau waren schutzlos dieser zweiten Vernichtungswelle ausgeliefert! Ich fühlte in diesen Minuten, dass die schöne Stadt Royan unterging. In unserem Raum war bis vor einigen Augenblicken noch eine qualvolle, starre Stimmung, jetzt schien alles entspannt. Die Weiber fingen wieder an leise zu kichern, als einige Soldaten sie an ihren Haaren zupften. Alles dachte:

„Die Bomben, die jetzt fallen, gelten nicht mehr uns. Wir sind verschont geblieben."

Eine Viertelstunde später verließen wir zum zweiten Mal den stickigen Bunker. Wieder war es draußen ganz still geworden, und wieder atmeten wir gierig die frische Luft ein.

Aber da draußen war es nun nicht mehr stockfinster, sondern alles war in ein gespenstig gelbes, unrealistisches Licht getaucht. Der Himmel über der Innenstadt Royans war mit einer leuchtenden, roten Glut überzogen. Brandbomben waren über die Stadt niedergegangen, nachdem die Sprengbomben ihr grausames Werk vollendet hatten. Was noch stand, fiel nun dem Feuer zum Opfer. Das Wäldchen, in dem unser

Bunker sich befand, sah aus, als wenn ein furchtbarer Orkan dort gewütet hätte. Ein Bombentrichter reihte sich an den anderen. Ab und zu hörten wir noch die Explosion spät zündender Bomben.

Ich brütete schweigend vor mich hin. Ein blindes Schicksal hatte sich soeben in Royan vollzogen. Die „Angsthasen“ von drüben hatten im letzten Augenblick die Nerven verloren und eine riesengroße Dummheit angerichtet! Und wie ich so dastand und zu dem rot überzogenen Himmel schaute, den üblen Brandgeruch in der Nase verspürte und an Charles und all die Menschen dachte, die jetzt begraben unter den Trümmern lagen, musste ich unwillkürlich an die vorgestrige Nacht denken. Meine Deutung des Namens „Montevideo“ war falsch gewesen. Sie musste lauten:

*„Berg der grausigen Sicht“.*

Die französischen Zivilisten, die vergeblich um Einlass in unseren Bunker gebeten hatten, sah ich nirgendwo. Wo mochten sie sein?

Einige Kameraden unseres Zuges, die sich verspätet auf dem Weg zum Bunker begeben hatten, wurden unterwegs von dem furchtbaren Bombenhagel überrascht. In kleinen Erdlöchern fanden sie eine notdürftige Zufluchtstätte, überstanden hier, wie durch ein Wunder, dieses höllische Grauen. Sie erzählten uns mit schreckensbleichen Gesichtern:

„Wir hatten uns gerade in den Erdlöchern nieder geduckt, da ging das Spektakel schon los. Vor lauter Krach mussten wir uns die Ohren zuhalten, sonst wäre uns das Trommelfell geplatzt. Es ist unvorstellbar, wie wir diesen ‚Bombenregen‘ heil überstanden haben.“

Ich hofftc, dass dic Männcr, dic bci uns zu Bcginn dcs Bombardcments um Einlass gebeten hatten, auf die gleiche Weise vor der Vernichtung bewahrt worden waren.

Unser Erdbunker wurde in dieser Nacht für alle Angehörigen des technischen Zuges zur Quartierstube, denn es gab in diesem Augenblick keine anderen Unterkünfte mehr. Ich konnte in der stickigen, dumpfen Luft keinen Schlaf finden. Tausend Probleme beschäftigten mich, für die ich keine rechten Antworten fand.

Mit zerschlagenen Gliedern taumelte ich am nächsten Morgen über die verwüstete Fläche um unseren Erdbunker herum, die man früher den Wald von Bellamy nannte. Der Blick durch den ehemaligen Wald war trostlos. Grenzenlose Dummheit hatte ihren armseligen Triumph gefeiert wie alltäglich auf allen Kriegsschauplätzen dieser Welt! Bombentrichter reihte sich an Bombentrichter. Einige davon besaßen riesige Ausmaße. In der Nähe unseres Bunkers befand sich der größte Trichter. Ein Glück, dass diese Bombe nicht direkt auf unseren Bunker gefallen war. Sie hätte wahrscheinlich nicht die dicke Decke mit den schweren U -Eisen aufgerissen, aber die Decke hätte uns wahrscheinlich alle erdrückt und zerquetscht. Wie arme kopflose Rümpfe, die sich noch einmal instinktiv in die Höhe recken, umstanden die verbliebenen Baumstümpfe die aufgerissene Erde.

Müde schlichen wir seit einigen Stunden herum. Keine lauten Stimmen erklangen mehr. Die letzte Willenskraft in uns schien gebrochen. Eine unendliche Müdigkeit beherrschte uns. Man sprach nur noch das unbedingt Erforderliche. Unsere bleichen Gesichter drückten unsere totale Ohnmacht aus. Wir bewegten uns nur noch sinn- und ziellos wie Automaten umher.

Auch ich torkelte ziellos herum und ging gerade über den kleinen Hohlweg, der den Garten des Hauses „Montevideo“ von dem ehemaligen Wäldchen trennte. In diesem Augenblick tauchte vor mir ein „Jabo“, ein feindlicher Jagdbomber, auf. Er hielt augenscheinlich genau auf mich zu. Deutlich sah ich in das Fadenkreuz des Maschinengewehrs. Gleich musste es wohl losrattern. Ich wartete förmlich auf die todbringenden Schüsse. Alle Willensimpulse schienen in mir ausgestorben zu sein. Was hatte denn alles für mich noch für einen Sinn? Das Leben war ja doch nichts anderes als der sinnlose Ablauf von Ereignissen, ohne Zweck und Ziel. Außerdem fühlte ich mich so unsäglich müde und elend. So warf ich mich eigentlich schon aus Trotz nicht hin.

Aber es geschah etwas Sonderbares, etwas, was ich am allerwenigsten erwartet hätte! Ein weißes Papier wirbelte statt der Schüsse aus dem Flugzeug heraus. Gemächlich, sanft vom Winde getragen, wurde mir ein Blatt direkt vor die Füße geweht und fiel auf meine rechte Stiefelspitze. So schnell, wie es gekommen war, verschwand das Flugzeug wieder. Nur der weiße Fetzen Papier erinnerte mich daran, dass ein Flugzeug dagewesen war und nicht nach meinem Leben getrachtet hatte, es mir sozusagen etwas geschenkt hatte: ein Stück Papier, auf dem mit großen, schwarzen Buchstaben geschrieben stand:

*„Kamerad, komm zu uns!"*

Ich hob das Papier auf, obwohl ich anfänglich geneigt war, es einfach auf die Seite zu schieben. Aber während ich das Papier aufhob, bemerkte ich etwas Sonderliches. Ich sah, dass die Fußspitze meines rechten Stiefels in eine Richtung wies, in die sie üblicherweise nicht zu weisen pflegte. „Komisch", dachte ich, „ist die Welt bei meinen Stiefeln auch schon verdreht und verbogen? Aber das kann doch nicht sein! Diese Verdrehung, die jetzt bei den großen Dingen gang und gäbe ist, kann doch noch nicht in den kleinen Dingen stecken?"

Dann musste ich vor mich hinlachen. Es gab eine simple Erklärung: Ich hatte in der Dunkelheit der vergangenen Nacht vor lauter Aufregung die Stiefel verkehrt angezogen Da ich während der ganzen Zeit gleichgültig und apathisch gewesen war, hatte ich es gar nicht bemerkt, obwohl man normalerweise schon durch den Druck der Stiefel und das behinderte Gehen so etwas hätte wahrnehmen müssen. Ich lächelte vor mich hin, setzte mich an den Wegesrand und wechselte meine Stiefel. Ein kleines Seelenlichtlein war wieder in mir angezündet worden.

Hatte ich mich nicht in der vorigen Nacht über den Stahlhelm meines Kameraden Kohnert geärgert? Dieser Kerl behauptete einfach, ich hätte ihn versteckt. Eine dumme Frechheit! Nun wusste ich auf einmal, wie es sich mit diesem Stahlhelm verhielt: Heute Vormittag sah ich ihn am Koppel von Kohnert hängen, dort wo stets der Brotbeutel getragen wird. Ich hatte ihn sogar klappern gehört. Da Kohnert unser inzwischen zerstörtes Wohnhaus nicht mehr aufgesucht haben konnte, musste der Stahlhelm schon heute Nacht an seinem Koppel gehangen haben. Infolge seiner großen Aufregung hatte er einfach nicht bemerkt, dass er ihn mit sich herumschleppte, während er mich unsinnigerweise verdächtigte. Dieses Ereignis erinnerte mich an die Brille meines Vaters, die er eines Morgens überall vergeblich suchte, während sie schon auf seiner Nase saß.

Nun vermochte ich auch das Ereignis der vergangenen Nacht wieder in einem größeren Zusammenhang zu sehen. Mussten nicht auch unsere Frauen, Kinder und Greise in der Heimat Nacht für Nacht und Tag für Tag das gleiche Schicksal erdulden. Warum überrollte der Feind uns nach diesem Bombardement nicht einfach. In unserer seelischen Lage wäre es ein Leichtes gewesen, die ganze Festung im Handstreich einzunehmen! Aber woher konnten die „Hasenherzen" von drüben den Mut für eine solche Maßnahme nehmen? Sie hatten nur halbe Arbeit getan. Die Flugblätter, die man nach dem Bombardement abwarf, genügten nicht. Wie sollte der einzelne Mann diese Flugblattaufforderung „Kamerad, komm zu uns!" realisieren?

Ich bummelte allein ziel- und planlos über die Straßen und Wege in der Nähe unseres Bunkers, verschnaufte in kürzeren Zeitabständen am Straßenrand und betrachtete den großen Schaden, den das Bombardement in Pontaillac angerichtet hatte. Hier und da stand noch ein Haus, aber meistens gab es nur noch Trümmer.

Während meines Bummels stieß ich auf den Gefreiten Ewald Wald, aus der Gruppe Alfred Webers. Er hatte mich vor vierzehn Tagen in Pontaillac aufgesucht, um mir einen Gruß von meinem Freunde auszurichten. Nun stand er mit seinen pechschwarzen Haaren und flatternden Augen vor mir und sagte abrupt:

„Ich glaube, diesmal hat es Ihren Freund erwischt. In unserer Gruppe glaubt niemand mehr an seine Rückkehr!"

„Stopp!", unterbrach ich, „Sie sprechen für mich in Rätseln. Erzählen Sie mir bitte die ganze Geschichte einmal von vorne. Was ist passiert?"

Er redete nun etwas ruhiger:

„Ihr Freund war dabei, als wir mit unserer ganzen Gruppe und dem Feldgeschütz den Ausfall aus der Festung machten. Wir kamen ungefähr bis in die Nähe von Saujon und kehrten dann wieder unverrichteter Dinge zurück. Nichts war passiert, absolut nichts. Unser Hauptmann Roloff sagte noch zu Ihrem Freund: ‚Sie können wieder zu Ihrem Standort zurückkehren.' Darauf sagte Ihr Freund:

‚Gestatten, Herr Hauptmann, zuvor noch eine mir gut bekannte französische Familie in Royan aufsuchen zu dürfen? Sie wohnt in der Innenstadt, ganz in der Nähe des Casinos.'

‚Genehmigt!' sprach lächelnd der Hauptmann. ‚Wie lange gedenken Sie Ihren Urlaub zu nehmen?'

‚Wenn es geht bis morgen früh.'

‚Nochmals genehmigt', erwiderte der Hauptmann.

Ihr Freund verduftete sich schnell. Der Obergefreite Schalthöfer übernahm die Führung unserer Gruppe. Ja, und von diesem Urlaub ist Ihr Freund bis jetzt noch nicht zurückgekehrt."

„Ich kenne diese französische Familie, die er besuchte. Sie stammt aus Lyon und wohnt jetzt in Royan, dort wo heute Nacht die Spreng- und Brandbomben hingefallen sind", sagte ich.

„Das ist es ja gerade!", antwortete Wald.

In diesem Augenblick war ich davon überzeugt, dass mein Freund Alfred Weber auch unter den Trümmern Royans begraben lag. Wald standen die Tränen in den Augen:

„Es war ein so netter und guter Mensch, gar nicht so wie die anderen Unteroffiziere."

„Ja, das glaube ich Ihnen gern!", sagte ich. „Er war während des Aufenthaltes im Stützpunkt Grand Hotel mein bester Kamerad."

Weiter kam ich nicht, denn vor mir tauchte plötzlich der unsympathische Unteroffiziers Rietmüller auf:

„Wo treibt Ihr Euch nur alle herum, man muss jeden einzelnen von Euch suchen. Jetzt ist es mit dem Spazierengehen aus. Marsch, marsch, sofort zu den Bunkern des Nachrichtenstützpunktes! Dort soll allerhand passiert sein. Ich weiß nicht was. Aber beeilen Sie sich!"

Ich ließ Wald stehen und, nachdem ich schon einige Schritte gegangen war, wandte ich mich abschiednehmend zu ihm um.

„Mensch, lassen Sie diese Abschiedsscherze. Beeilen Sie sich!", hörte ich Rietmüller.

Der Unteroffizier schaute mir misstrauisch nach, bis ich um eine Straßenbiegung verschwunden war. Wie ein Hund sollte ich parieren: „Dalli, Nero, dalli!"

Der Nachrichtenstützpunkt lag nicht weit entfernt vom Wäldchen Bellamy. Die großen Bunker dieses Stützpunktes schauten sehr auffällig aus der Erde, so dass man sie gut von oben ausmachen konnte. In dem großen Bunker, der dicht an der Straße lag, befand sich die Telefonzentrale und die Funkstation der Festung. Ich kannte diesen Bunker schon längere Zeit, denn von hier aus gingen unsere Funksprüche in die Heimat. Etwas verstört über die bestürzende Nachricht und noch betroffen vom albernen Verhalten Rietmüllers trottete ich die dunkelgraue Landstraße entlang zu den Bunkern des Nachrichtenstützpunktes. Links und rechts von der Landstraße glotzten mich einige stehen gebliebene Baumstümpfe an. Sie schienen sagen zu wollen:

„Da trottet auch so ein uniformierter Narr daher. Heute Nacht haben diese Narren ein großes Spektakel veranstaltet und alles kurz und klein geschlagen, was fleißige und brave Menschen in nahezu einem halben Jahrtausend geschaffen haben. Seht Euch einmal diesen Trümmerhaufen an, und darunter liegt so mancher brave Bürgersmann. Wir raten Euch: Macht Schluss!"

Bevor ich den Stützpunkt erreichte, traf ich noch andere Kameraden, die Rietmüller aufgegabelt und auf den Weg gebracht hatte.

„Was ist passiert?", fragte ich sie.

„Wissen wir auch nicht. Es wird wohl dasselbe sein wie überall!"

Wie erstaunt war ich aber, als ich die Bunker des Nachrichtenstützpunktes fast unversehrt vorfand! Nur der Haupteingang des Bunkers, in dem sich die Funkstelle und die Telefonzentrale befanden, war mit Erde verschüttet. Eine Bombe hatte die Bunkerwand gestreift, den Beton angeritzt und die Wand der Böschung vor dem Haupteingang aufgerissen.

Rietmüller war inzwischen auch eingetroffen und fragte:

„Sind alle da?", wobei er sich kritisch umblickte.

„Schaufelt den Eingang frei! Das ist alles, was Ihr hier zu tun habt! Wie ich sehe, ist kaum etwas passiert!"

Wir besorgten uns Schippen und schaufelten schnell die hinderliche Erde zur Seite. Die Eingangstür des Bunkers konnte wieder geöffnet werden. Ohne unsere Hilfe wären die Leute in dem Bunker hoffnungslos eingeschlossen gewesen. Sehr überrascht war ich, als ich den ersten Mann erblickte, der zur Türe heraustrat. Es war der Funker Konrad Brombach, der mir damals im Grand Hotel zwischen Tür und Angel die Nachricht von der Landung der Amerikaner und Engländer in Nordfrankreich anvertraut hatte.

„Mensch, Sie sind's! Wo kommen Sie nur her?", fragte ich erstaunt.

„Ich war nur zur Stippvisite hier, zur Vertretung! Und ausgerechnet in dieser Zeit musste es zu dieser Bescherung kommen. Gott sei Dank, denn wie ich sehe, ist es ein sehr guter Bunker!", und er betrachtete den geringen Schaden, den die Bombe angerichtet hatte.

„Wissen Sie etwas über den Umfang des Schadens, den die Bomben heute Nacht verursacht haben?“, fragte ich ihn.

„Gewiss, unsere Telefon- und Funkzentrale hier im Bunker hat gut funktioniert. Wir sind so ziemlich über alles unterrichtet.“

„Und?“, fragte ich weiter.

„Die deutschen Streitkräfte erlitten nur ganz geringe Verluste. Das ist diesmal keine Propagandanachricht. Das ist die reine Wahrheit!“

Mit den Augen blinzelnd lächelte er mich dabei an. „Nur im alten Fort richtete ein Volltreffer einen etwas größeren Schaden an!“

„Nicht verwunderlich“, sagte ich, „ich kenne dieses morsche, graue Gemäuer und die dunklen ‚Sargverließe‘.“

„So ist‘s“, sprach Brambach, „die armen Menschen dort haben dran glauben müssen. Etwa ein Dutzend deutscher Soldaten sollen verwundet oder sogar getötet worden sein. Das alte Fort taugte nicht mehr für die moderne Kriegsführung.“

„Und wie ist es der französischen Zivilbevölkerung ergangen?“, forschte ich weiter. Brambach verzog sein Gesicht:

„Ich habe schon vorher gefühlt, dass die ganze Geschichte so kommen musste! Auf Befehl der französischen Generale, die scheinbar die Nerven verloren hatten, wurden Flugzeuge angefordert, die diese schöne Stadt zerstörten, die ein ‚Idiot‘, – er meinte unseren ‚Führer‘ *(das letzte Wort sprach er nur im Flüstertone)* – zu einer ‚Festung‘ gemacht hat. Die leicht gebauten Häuser und die schönen Villen fielen im Bombenhagel wie von selbst zusammen. Doch Häuser kann man schließlich wieder aufbauen, aber die Menschen…“ Er unterbrach plötzlich seine Ausführungen und schaute mich groß an.

„Was ist mit den Menschen?“, fragte ich ihn nun.

„Über neunzig Prozent der verbliebenen Zivilbevölkerung sind heute Nacht unter die Trümmer geraten. Ich rechne mit elf- bis zwölfhundert Menschen, geopfert zu Ehren des Kriegsgottes Mars.“

„Mein Gott, so etwas kann doch nicht möglich sein!“, sagte ich.

„Nur eine der vielen bitteren Wahrheiten!“, erwiderte Brombach.

Ich musste mich an die Bunkerwand stützen und tief Atem holen, um eine innere Schwäche zu überwinden. Es flimmerte mir vor den Augen. So etwas geschah bei mir nur in Augenblicken höchster Erregung.

„Was ist mit Ihnen los?“, fragte mich der Funker Brambach mitleidig.

„Die Aufregung der vergangenen Nacht ging mir vielleicht doch zu stark auf die Nerven“, versuchte ich meinen Zustand zu erklären.

„Allerdings, Menschen mit empfindsamen Nerven sind solche Nächte nicht zu empfehlen. Ich persönlich scheine Nerven wie Stahl zu haben. Was sollte mich jetzt noch erschüttern, nachdem sie mir in einer scheußlichen Bombennacht in Köln Frau und Kinder geholt haben? Außerdem, was bleibt einem anderes übrig, als sich damit abzufinden oder zur Abwechslung einmal kräftig zu fluchen.“

„Aber wenn man das Leid so unmittelbar vor Augen hat, dann…“

„Ich weiß, ich weiß. Die Nacht vom 4. auf den 5. Januar 1945 wird in der Geschichte dieser Stadt ewig mit schwarzen Lettern eingebrannt sein, sofern sie überhaupt beabsichtigt, ihre Geschichte von Neuem zu beginnen.“

Er gab mir die Hand, und ich schleppte mich müde fort. Ich fühlte mich unendlich müde und hatte nur noch das Bedürfnis, mich irgendwo hinzulegen und zu schlafen, einerlei wo.

Unteroffizier Rietmüller war bereits gegangen, und die anderen Kameraden hatten sich auch schon heimlich verkrümelt. Ich kroch mehr als ich ging und gelangte im Schneckentempo wieder auf die dunkelgraue Landstraße und sah wieder die Baumstümpfe zu meiner rechten Seite. Diesmal hatten sie mir nichts mehr zu sagen. Alles Erforderliche war schon gesprochen worden. Ich blickte missmutig die Straße entlang. Die Sonne hatte sich hinter der grauen Wolkendecke verzogen, und das schwache Tageslicht erstickte alle Hoffnungskeime, die sich in mir vielleicht schon schüchtern wieder hervorgewagt hatten.

In etwa dreihundert Metern Entfernung sah ich einen älteren Zivilisten, sich gleichfalls müde über die Straße bewegen. Wenn mich nicht alles täuschte, war es mein Freund Charles. Langsam näherte er sich, dann blieb er vor mir stehen, schaute mich groß an und umarmte mich stillschweigend. Seine ersten Worte waren:

„Gott sei Dank, Sie leben noch! Den ganzen Morgen habe ich nach Ihnen gesucht. Ich glaubte schon… Wie ich aber sehe, Sie leben noch!“

„Und ich bin glücklich, dass Sie noch leben und den Schrecken dieser Nacht heil überstanden haben. Doch wo ist Ihre Frau?“

Charles lächelte matt:

„Wir beide wurden wie durch ein Wunder gerettet! Als bei der ersten Angriffswelle die Bomben in Eurer Gegend niederfielen, sagte ich zu meiner Frau: ‚Ich glaube, es ist besser, wir suchen unseren kleinen Erdgraben in Chateau des Oiseaux auf.' Sie wollte zuerst nicht mitgehen. Dann gab sie doch nach und schloss sich mir an. Der kleine Erdgraben hat uns tatsächlich das Leben gerettet. Unser Haus in der Altstadt ist unter die Bomben geraten und zusammengefallen. Nichts von ihm steht mehr!"

„Besser Euer Haus als Euer Leben!"

Charles nickte mir stumm zu und erwiderte:

„Heute Nachmittag werden wir Royan verlassen und nie wieder zurückkehren, denn…" Er wies bei seinen Worten in die Richtung auf sein zerstörtes Haus in der Innenstadt. Er sprach nicht offen aus, was er dachte. In seinem bleichen Gesicht lag Hoffnungslosigkeit und Verzweiflung. Ich nahm mich zusammen, rappelte mich auf und sprach:

„Nach trüben Tagen folgen immer wieder bessere. Auch für Royan werden gute Zeiten wiederkommen. Ich habe das Gefühl, dass Royan neu erstehen wird."

Charles sah mich groß und zweifelnd an, denn er glaubte, dass ich ihm die üblichen Trostworte spenden wollte, obwohl ich tatsächlich von meinen Worten überzeugt war. Wie ein gebrochener Mann wankte er davon.

Auch ich wankte, nachdem ich meinem Freund zum Abschied noch einmal nachgewinkt hatte, müde davon. Ich hatte noch immer das Bedürfnis, mich irgendwo hinzulegen. Eine kleine Ewigkeit dauerte es, bis ich unseren kleinen Erdbunker erreichte. Vor dem Eingang stand der Gefreite Moritz Hut mit Stahlhelm und Karabiner Wache und sagte:

„Ja, seid heute Vormittag muss vor unserem Bunker Wache geschoben werden." Sodann musterte er mich genauer und rief erschrocken:

„Mensch, wie siehst Du denn aus! Du musst Dich sofort hinlegen!" Er fasste mich unter die Arme und geleitete mich in den Bunker.

„Mach Dir keine Sorgen!", sprach er, als ich mich in dem dunklen Bunkerraum auf eine Pritsche niedergelegt hatte. „Penn Dich einmal richtig aus! Das Mittagessen wird Dir hierher gebracht werden."

Die warmherzigen Worte und die unerwartete Hilfsbereitschaft des sonst so wortkargen und zurückhaltenden Mannes taten mir gut, und ich versuchte einzuduseln. Aber ich konnte nicht schlafen. Unruhig wälzte ich mich von einer Seite auf die andere. Kein Lichtstrahl drang in mein dunkles Verlies. Sogar die trübselige Kerze leuchtete zu dieser Stunde nicht. Es gab keine Gefühle und Gedanken, die mich hätten erheben können. Wo sollte ich auch den geringsten Hoffnungsschimmer hernehmen? Wir lagen hoffnungslos eingeschlossen in einer zerstörten Stadt. Kein Zauberspruch vermochte uns aus diesem Eingeschlossensein zu erlösen. Wir mussten nun durchhalten bis zum bitteren Ende. Und wann wird dieses Ende kommen? Vielleicht in vier Wochen, vielleicht noch einige Tage länger. Was hatten solche Gedanken jetzt noch für einen Zweck? Kein Mensch konnte sagen, was das Schicksal für uns bereit hielt.

Unangerührt ließ ich das Mittagessen in meinem Kochgeschirr stehen, das mir ein Kamerad mit den Worten brachte:

„Heute gibt es Galaessen: Rehkeule mit Champignons. Der Champagner wird nachgereicht.“ Es war die übliche schale Kohlrübensuppe!

Nachdem ich mich einige Stunden lang auf meiner Liegestatt unruhig hin und her gewälzt hatte, sprang ich auf:

„Besser draußen in der frischen Luft als in dem scheußlichen Mief hier, wo man nur alles schwarz in schwarz sieht!“

Ich zog mir meinen Mantel an, setzte meine Feldmütze auf, schnallte mir das Koppel um und schlich mich leise an dem Wachposten vorbei, der mich trotzdem bemerkte:

„Mensch, bleib doch liegen, Du siehst erbärmlich aus!“, rief er mir nach. Doch ich kümmerte mich nicht um seine Worte.

Die frische Luft tat mir gut. Auch die Sonne kam allmählich hinter den Wolken hervor und schien so hell und so warm wie bei uns in den Vorfrühlingstagen. Rüstig schritt ich aus und kam in die Nähe des Stadtrandes. Ein brandiger, süßlicher Geruch von verbranntem Holz und verbranntem Fleisch stieg mir in die Nase.

„Fernandel“, hörte ich eine zaghafte Stimme. Ich hätte den Mann gar nicht bemerkt, wenn er mich nicht heftig an meinem Mantel gezogen hätte, so sehr beschäftigten mich Geruch und Gedanken. Ich schaute mich etwas erschrocken um. Hinter mir stand Pierre Ribon, ein etwa sechzigjähriger Mann, mit dem ich von Anbeginn meines Hierseins zusammengearbeitet hatte. Er war mir nie sonderlich aufgefallen. Er hielt sich immer bescheiden und unauffällig im Hintergrund. Er ergriff meine Hand, wie ein Vater die Hand seines Kindes ergreift und sagte: „Fernandel, komm mit!"

Ich konnte mich seinem Wunsche nicht entziehen, obwohl mir der Sinn nicht danach stand. Unser Weg führte über eine dicht mit Trümmersteinen und zerstörtem, angebranntem Gebälk besäte Straße, die wir oft mühsam überklettern mussten. Vor unseren Augen dehnte sich ein endlos großer Trümmerberg aus. Schritt für Schritt tasteten wir uns vorwärts. Der Mann ließ mich keinen Augenblick los, als habe er Furcht, ich könne ihm davonlaufen. Plötzlich blieb er stehen, ließ meine Hand los und sagte:

„Fernandel, hier stand mein Haus!"

Ich blickte mich angestrengt um und sah nur Trümmerhaufen. Nirgendwo konnte ich die Reste eines einzelnen Hauses erkennen, denn alle Trümmer waren hoffnungslos ineinander verkeilt. Mein Begleiter fing heftig an zu weinen. Es war ein Schluchzen, dass nicht aufhören wollte. Ich umfasste daher seine Schultern und blickte ihn ernst an. Fest hatte ich Pierre in meinem beruhigenden Griff. Dann sagte er mit einer unendlich traurigen Stimme:

„Fernandel, darunter liegen meine Frau und meine drei erwachsenen Kinder!" Und es erklang wie ein Hilferuf eines Ertrinkenden:

„Hilf mir, Fernandel!"

Ich hielt noch immer seine beiden Schultern fest umklammert. Aber dann befreite er sich plötzlich von meinem Griff, ging einige Schritte vorwärts und sah mit aufgerissenen Augen auf den Trümmerberg.

„Unmöglich ist, was dieser Mann von mir verlangt, einen solchen Trümmerberg wegzuräumen!", ging es mir erschrocken durch den Sinn. Ich richtete verlegen meine Augen zur Erde. Wie sollte ich ihm die Unmöglichkeit eines solchen Unterfangens begreiflich machen? Und wenn unsere ganze Pionierkompanie Tag und Nacht gearbeitet hätte, wären wir nicht zeitig genug zum Ziel gelangt. Ein billiges tröstendes Wort konnte die Seelenqualen dieses Mannes nicht lindern. Instinktiv gab ich ihm die Hand und schüttelte stumm den Kopf. Tränen standen mir in den Augen.

Eine starke Detonation erschütterte plötzlich den Erdboden und ließ ihn leicht schwanken. Eine spät zündende Bombe war weiter entfernt explodiert. Wir richteten unsere Blicke in die Richtung, in der nun eine gewaltige Staubwolke aufgewirbelt wurde, die sich nur allmählich wieder senkte, bis die ganze Umgebung klar vor unseren Augen lag. Wir befanden uns auf einer kleinen Anhöhe, von der wir das ganze Trümmerfeld überschauen konnten. Es gab nun keinen Zweifel mehr daran:

Die schöne Stadt Royan wurde in der vergangenen Nacht ausgelöscht. Der gefräßige Moloch Krieg hatte sie mit Haut und Haaren verschlungen. So weit unser Auge reichte, sah man nur Trümmerflächen, aus denen hier und da Gebälk wirr herausragte. Nur der hohe Turm von Notre Dame erhob sich noch wie ein Warnfinger aus der trostlosen Wüstenei. Als wir ihn etwas genauer musterten, bemerkten wir, dass er schief stand. Nur seine rechte Seitenwand hatte noch Verbindung mit dem Erdboden. Ein kleiner wilder Wind vom Meer her dürfte ihn schon zum Einsturz bringen.

Doch weiter unten floss im hellen Sonnenschein, majestätisch und ruhig wie zu allen Zeiten der mächtige Girondestrom, vorbei an den Trümmermassen des ehemaligen Seebahnhofs und weiter bis zum unendlichen Ozean. Es war mir in diesem Augenblick so, als habe dieser Strom in der vergangenen Nacht sein Verlöbnis mit der einst blühenden, schönen Stadt gelöst, um weiter mächtig, breit und ungebunden dahin zu strömen.

**Notre Dame nach der Zerstörung**
*(Sammlung Sicard)*

# TEIL III

# ABGESCHOBEN NACH CHAROSSON

# 1.
# MAN SCHOB MICH AB NACH CHAROSSON
**(Januar 1945)**

Der alte, hölzerne Wegweiser an der Straßenkreuzung besagte:

**Charosson 3 Kilometer**

Ich stutzte einen Augenblick über die unglaubwürdige Entfernungsangabe. Der rechts von mir auf dem Bock des kleinen Bagagewagens sitzende Mann tat so, als kümmere ihn nichts. Er hatte ein verwittertes Gesicht, wie ein Bauer, der sein ganzes Leben in Wind und Wetter einer unwirtlichen Gegend verbrachte hatte. Seine Uniform eines Trainsoldaten war so grau wie die uns umgebende Landschaft.

Schließlich gab ich mir selbst die Antwort, nur um überhaupt etwas zu sagen: „Man kann so alten Orientierungstafeln nie recht trauen. Meist standen sie schon da, als es noch die alten Fahrwege gab und ehe die asphaltierten, gradlinig geführten Straßen kamen. Die Wegweiser sind aus der ‚guten, alten Zeit' mit übernommen worden!"

Der Obergefreite Bruno Orlowsky, so hieß der Fahrer, ein gebürtiger Pole, schien keine Notiz von meinen Worten zu nehmen und murmelte nur Unverständliches zwischen den Zähnen. Sein Gesicht machte einen verdrießlichen Eindruck. Orlowsky, vom ersten Zug der Pionierkompanie „Royan", war der ständige Fahrer des kleinen Bagagewagens, der seit einer Woche den Pendelverkehr zwischen der Kompanieschreibstube in Charosson und den in Royan verbliebenen Zügen der Kompanie unterhielt. Charosson war ein kleines Dorf, welches etwa acht Kilometer von Royan entfernt lag.

Die beiden Pferde zogen flott den Wagen. Die munter trabenden Tiere wirkten mit ihren großen, lebhaften Augen und dem dunkelbraunen, blank geputzten Fell wie ein schönes Bild aus meiner Kinderzeit.

Vielleicht hatte der nebelgraue Januartag eine angemessene Teilschuld an der schlechten Laune des Fahrers. Er blieb unansprechbar. Ich hätte ihm gerne mein Herz ausgeschüttet und etwas über die Alltagsgewohnheiten des mir nicht vertrauten Hauptmanns erfahren, der mich in Charosson „erwartete“. Orlowsky schlug nur ab und zu mit der Peitsche auf seine beiden Pferde ein, besonders wenn wir mit Erfolg eines der Schlaglöcher genommen hatten, mit denen die Straße voll bespickt war. So sah ich mich mit meinen trüben Gedanken, die ich so gerne mit jemandem geteilt hätte, allein gelassen und führte mir die Ereignisse der letzten Wochen noch einmal vor Augen:

Ich hatte nun endgültig das zerstörte Royan hinter mir gelassen, ebenso aber die Freundschaft des Wallfeldwebels, die dieser abrupt gekündigt hatte, und fuhr mit einem kleinen Stachel im Herzen unbekannten Zielen und Aufgaben entgegen.

Mir gingen die trostlosen Bilder des zerstörten Royan durch den Sinn. Dann sah ich, wie die letzten überlebenden Bürger Royans abtransportiert wurden. Mein Freund Charles und seine Frau winkten mir durch ein halbgeöffnetes Autobusfenster den letzten Gruß zu. Nur ganz wenige Zivilisten durften noch in der zerstörten Stadt zurückbleiben. Deutlich hatte ich das letzte stehengebliebene Mahnmal Royans, den hohen Turm der Kirche Notre Dame, der trotz vieler Bombentreffer stehen geblieben war, vor Augen. Schließlich mussten wir Pioniere ihn sprengen, da er jeden Augenblick einzustürzen drohte und für Passanten eine Lebensgefahr bedeutet hätte. Ich sah, wie der Turm bei der Sprengung schwankte, einen Augenblick lang still zu verharren schien, bis er dann in das große Trümmermeer sank, das ihn wie eine trostlose Wüstenei umgab.

Dann kam mir wieder in den Sinn, wie es zwischen mir und dem Wallfeldwebel zu dem ernsten Zerwürfnis gekommen war, dem Manne, mit dem ich mich bis dahin so gut verstanden hatte. Ich sah deutlich, wie der Wallfeldwebel vor uns stand und auf uns einredete. Er schien ganz der Alte zu sein, verschmitzt, einfallsreich, jovial und mit einem Mund, den immer ein leichtes Lächeln umspielte:

„Wir haben etwas Wichtiges durchzuführen, ungeheuer wichtig. Es ist vom Festungskommandanten angeordnet worden. Ein Schiff wird kommen, das uns Hilfe bringt, und wir müssen die Voraussetzungen dafür schaffen, dass es im Royaner Hafen anlegen kann. Ich verlange dafür Euere volle Einsatzbereitschaft!"

Zum Schluss legte er seinen Zeigefinger auf den verschlossenen Mund, als wolle er sagen:

„Mehr darf ich Euch über diese Angelegenheit jetzt noch nicht sagen." Und darauf trat er zu mir und sprach:

„Sie gehen sofort mit dem Obergefreiten Hans und dem Gefreiten Zabel zu dem großen Sägewerk, welches in der Nähe des Bahnhofs liegt! Sie wissen ja, wo es liegt. Dort besorgen Sie Tragebalken und Stützen in folgenden Längen!"

Er zog einen schmutzigen Zettel aus seiner Rocktasche, auf dem die Mengen und Größen standen.

„Sie werden bestimmt dort noch genug Balken in den gewünschten Größen finden. Vor dem Bombardement gab es dort Bauholz in Hülle und Fülle."

„Und wie sollen wir die Balken von dort forttransportieren?", fragte ich ihn. „Ringsherum sind ja nur Trümmer!"

„Die Voraussetzungen für den Abtransport des Holzes sind bereits getroffen worden!", war seine knappe Antwort.

Ich begab mich sofort mit den genannten Kameraden zum Sägewerk. Es war ein schwieriger Weg. Manche Trümmerhaufen mussten wir bei unserer „Wanderung" übersteigen. Wir fanden tatsächlich einen fast unzerstörten Holzlagerplatz vor. Auch das Sägewerk selbst war kaum von den Bomben beschädigt worden.

Schnell suchten wir die gewünschten Balken und Stützen zusammen Und kaum hatten wir unsere Arbeit beendet, hörten wir zu unserem großen Erstaunen, wie schon ein Traktor heranratterte, der seinen Weg über Stock und Stein nahm. Wie schwierig der Abtransport des Holzes auch erschien, es ging schließlich doch. Am Mittag des nächsten Tages lagen die Balken an der gewünschten Stelle und zwar am Strande einer kleinen Bucht, von wo sie mit kleinen Booten bis zu der zerstörten Hafenmole gebracht werden sollten.

Wieder begegneten uns tausend und mehr Schwierigkeiten. Wir legten die Balken auf zwei mit starken Stricken verbundene Kähne. Mit diesen trieben wir nun in dem stürmisch bewegten Wasser der kleinen Meeresbucht dahin. Es wehte ein eisiger Januarwind. Mehr als einmal gingen die Wellen über unsere Kähne hinweg und drohten, uns in das offene Meer fortzureißen. Unter äußerster Anstrengung gelang es uns, die Richtung einzuhalten und das Schlimmste zu verhüten. Aber wir waren pudelnass geworden und waren voller Missmut, denn zweimal mussten wir die gleiche „Seefahrt" wiederholen, bis endlich alle Balken bei der zerstörten Mole lagerten.

Als wir uns der Mole näherten, ahnten wir, welche Bewandtnis es mit diesen Balken auf sich hatte. Das Mittelstück der Mole war von Bomben weggefegt worden und unsere Balken sollten nun als Verbindungsstücke für den zerstörten Teil eingesetzt werden. Aber wie alles vor sich gehen sollte, wusste keiner, nur der Wallfeldwebel glaubte es zu wissen. Lohnte sich überhaupt noch unsere Arbeit? Würde tatsächlich noch ein Schiff durch die vom Feinde kontrollierte See hindurchschlüpfen können?

Wir erfuhren dann, welchen tollen Plan der Wallfeldwebel mit sich herumtrug. Er beabsichtigte, die Mole wieder instand zu setzen. An der Stelle, wo sie jetzt auseinanderklaffte, wollte er einen großen, mit Sand beschwerten Schleppkahn versenken. In diesen Sand wollte er Stützbalken rammen und darüber einfach die Verbindungsbalken legen. Eine Holzbrücke sollte die stehengebliebenen Molenteile verbinden, und darüber sollte der ganze Verkehr rollen.

Ganz plausibel erschien diese Idee und für jeden Laien bestechend überzeugend. Hatte der Wallfeldwebel aber den gewaltigen Wasserdruck des Atlantiks in sein Kalkül miteinbezogen? Er bekam große Augen, als ich ihn rundheraus fragte:

„Und Sie glauben wirklich daran, dass nun alles reibungslos vonstatten gehen wird?" Er antwortete mir pikiert und erzürnt:

„Auch wenn Sie es nicht glauben, es muss und es wird gehen! Und nun los an die Arbeit!"

Für einen klugen Menschen musste es doch klar sein, dass die ständige Gewalt der Atlantikflut unseren winzigen Schleppkahn wieder spielend leicht aus seiner Lage heraus bringen konnte und alles, was wir mit großer Mühe unter Lebensgefahr vollbracht hatten, schnell wieder aufheben würde. Selbst wenn der Plan des Wallfeldwebels zu verwirklichen gewesen wäre, was hätte alles genutzt? Wie sollte der Transport der mit dem „nebulösen“ Schiff gebrachten Güter vom Hafen aus weiter bewerkstelligt werden? Der größte Teil der Royaner Quaistraße in Richtung Pontaillac und St. George und viele andere Straßen, die zu den Stützpunkten und Panzerwerken führten, waren von Trümmern verschüttet. So viele zuverlässige und überzählige von der Verteidigung abziehbare Hilfskräfte waren nicht mehr aufzutreiben, um auch diese Arbeit noch zu bewältigen. Außerdem musste jeden Augenblick mit einem Großangriff des Feindes gerechnet werden, bei dem alle zur Abwehr eingesetzt werden mussten.

Fast alle Leute des technischen Zuges wurden für den Plan des Wallfeldwebels herangezogen. Der Wind wehte eisig an diesem trüben Januartag vom Meer her. Die Wogen des Meeres wollten sich nicht glätten, und wir froren. Auf der weiten Wasserfläche des Girondestromes war kein Schiff zu sehen. Scheinbar war auch der Fährdienst zum jenseitigen Ufer eingestellt worden. Bei einem solchen Wetter gab es keine Sicht zum jenseitigen Gestade. Alles lag grau in grau. Doch dieser grau verhangene Himmel war gleichzeitig ein großes Glück, denn man konnte so die Gefahr, die uns aus der Luft drohte, vernachlässigen. Die Männer, die auf dem isolierten Teil der Mole zu arbeiten hatten, waren bei Luftangriffen sehr gefährdet.

Die ganze Theorie des Wallfeldwebels wäre schon von vorneherein an der Unmöglichkeit des Abtransportes der vom Schiff gebrachten Dinge gescheitert, wenn der Festungskommandant nicht Vorsorge getroffen hätte. Was er zustande brachte, zeugte von hohem diplomatischen Geschick. Es war derselbe Mann, der dem Gebiet um Les Mathes herum die Exterritorialität gebracht hatte. Mit derselben Klugheit handelte er nun in dieser Stunde mit dem Gegner einen zehntägigen Waffenstillstand aus. Bei den Waffenstillstandsverhandlungen kam er dem Wunsch der Gegenseite entgegen, mit ihren eigenen, waffenlos einzusetzenden Männern die unter den Trümmern der Stadt begraben liegenden Bürger zu bergen. Um an diese Trümmer heranzukommen, mussten die Männer der Gegenseite aber erst die mit Steinen und Trümmern bedeckte Quaistraße und eine Reihe anderer Straßen freilegen. Das war es gerade, was der Festungskommandant zu erreichen suchte. Er wollte die durch Trümmer blockierten Zugangsstraßen, die gleichzeitig zu den Panzerwerken und Stützpunkten führten, wieder in einen befahrbaren Zustand bringen.

Jeden Morgen kamen nun waffenlose französische Soldaten mit einigen Omnibussen in die Stadt, räumten die Quaistraße und andere wichtige Straßen und bargen die Toten unter den Trümmern der zerstörten Häuser. Abends verließen sie wieder die Stadt.

Jetzt kam es darauf an, ob der Wallfeldwebel sein Werk vollbringen konnte. Jeden Morgen stellten wir uns pünktlich zur Arbeit ein, schufteten wie die Berserker, versenkten einen großen, mit Sand beladenen Schleppkahn, rammten Stützbalken in den Sand, befestigten die Verbindungsbalken und ließen uns den eiskalten Wind ständig ins Gesicht blasen. Wir froren trotz unserer dicken Mäntel.

Die Männer auf dem isolierten Teil der Mole waren am meisten dem Wind und Wetter ausgesetzt. Infolge des Waffenstillstandes drohte ihnen aber aus der Luft keine Gefahr mehr. Meist machten sie sich ein kleines Holzfeuer, an dem sie sich in kurzen Abständen ihre kalt gewordenen Hände wärmten.

Nur in den Mittagsstunden konnten sie ihren windigen Arbeitsplatz verlassen und sich mit einem Boot zur Quaistraße übersetzen lassen, um dort ihre magere Mittagssuppe in Empfang zu nehmen. Man schlang heißhungrig sein Essen hinunter, steckte sich nach dem Mittagessen sein Pfeifchen oder eine Zigarette an und schlenderte mit anderen Kameraden des technischen Zuges zu den waffenlosen Männern der Gegenseite, die zur selben Stunde auch ihre Mittagspause machten. Eine seltsame Begegnung gab es dort. Gestern noch standen wir uns mit Gewehren gegenüber. Heute schüttelten wir uns die Hände, rauchten miteinander Zigaretten und tauschten freundliche Worte aus. Das Gespräch begann erst etwas holprig mit einem gewissen Misstrauen. Als wir uns aber im Gespräch näher kamen, wussten wir, dass uns Menschen gegenüberstanden, die wie wir selbst waren, mit den gleichen Hoffnungen, Ängsten und Sorgen. Jemand von uns sagte:

„Wollt Ihr eigentlich auch diesen blödsinnigen Krieg?" Sie schüttelten Ihre Köpfe und antworteten:

„Die Kriegsmaschinerie hat uns erfasst wie ein Reißwolf die Wolle!"

„Genau das Gleiche ist auch bei uns der Fall", erwiderten wir lachend.

„Wie lange soll denn dieser Unfug noch dauern?“, fragten wir weiter.
„Bis Führer kaputt!“, war die Antwort.

Das konnte stimmen. Wir durften ihnen aber diese bittere Wahrheit nur durch unser betretenes Schweigen bestätigen.

Die Menschen vor uns waren ebenfalls zu Befehlsempfängern degradiert worden. Sie mussten, ebenso blind wie wir, alle Befehle ausführen. Es gab nicht den geringsten Unterschied. Auch in ihren Kirchen beteten sie wie bei uns zu Hause: „Du sollst nicht töten!“

Fürwahr eine komische Welt, in der jede Moral abhanden gekommen schien und doch im einzelnen Menschen zu jeder Stunde präsent war! Wir scheuten uns nicht, mit diesen Menschen, unseren Feinden von gestern und wahrscheinlich auch wieder von morgen, unsere intimen Gefühle auszutauschen.

„Wie steht‘s mit der Liebe?“, fragten einige von uns.

„Marie und Louise warten bis wir wiederkommen. Dann werden wir alles nachholen. Und bei Euch sieht es wahrscheinlich noch trostloser aus.“ Wir lächelten:

„Wir müssen erst noch einen Sprung von über tausend Kilometer machen, ehe wir bei unserer Liebsten sind. Ob dieser Sprung noch gelingen wird?“

Sie sahen uns sehr ernst an:

„Eure Zukunftsfragezeichen sind noch größer als die unsrigen!“

Eine Freudenbotschaft ging an einem der Nachmittage mit Windeseile von Ohr zu Ohr. Einige Kameraden hatten bei der Museumsruine, welche etwa fünf Minuten von unserem Arbeitsplatz entfernt lag, einen wunderbaren Fund gemacht: Unvorstellbare Mengen von Fisch- und Fleischkonserven lagen dort auf der Straße. Einige Bomben hatten das Kellergebäude des Museums aufgerissen und diesen Schatz ans Licht gebracht. Die glücklichen Kameraden wiesen lächelnd auf einen Teil der mitgenommenen Beute hin:

„Nach Beendigung der Arbeit müsst Ihr auch dorthin gehen und Euch Eueren Teil sichern! Zu Hause werden wir alles gleichmäßig verteilen.“

Nach getaner Arbeit liefen wir schnell zu der besagten Stelle. Überall lagen Büchsen mit Thunfisch, Schweinefleisch, Erdbeeren und sonstigen Raritäten. Wir füllten unsere Brotbeutel, unsere Mantel- und Rocktaschen. Der Rückmarsch zu unserem Erdbunker fiel uns förmlich schwer, so voll bepackt waren wir. In dem nur von einem Kerzenlicht erhellten Erdbunker legten wir unsere Schätze auf einen großen Haufen, und alles wurde gleichmäßig verteilt.

Auch am nächsten Tage brachten wir noch zahlreiche Büchsen mit. Dann hörte unsere Quelle auf zu fließen. Die Festungskommandantur hatte alle noch vorhandenen Bestände mit Beschlag belegt. Aber unsere Beute war groß genug, um allen Männern des technischen Zuges ein Festessen zu bereiten. Auf jeden Mann kamen zusätzlich noch zehn große Büchsen vom edelsten Thunfisch bis zum besten Schweinefleisch. Wir lebten in den folgenden Tagen sehr gut.

Unsere Arbeit an der Mole wurde unter der entschlossenen Leitung des Wallfeldwebels unnachsichtig weitergeführt. Aber jeden Mittag hielten wir noch mit unseren waffenlosen Gegnern eine gemeinsame Mittags- und Zigarettenpause, die stets mit einem freundlichen Händedruck endete. Eines Tages aber blieben die freundlichen Helfer von der Gegenseite aus. Nun wussten wir, dass der Waffenstillstand zu Ende war, und der offene Krieg wieder begonnen hatte. Als kostbares Andenken hinterließen uns die scheidenden Feinde eine gut aufgeräumte Quaistraße, auf der sich der Verkehr wieder reibungslos abwickeln konnte.

Am fünfzehnten Arbeitstage, drei Tage nach Beendigung des Waffenstillstandes, schien es tatsächlich, als ginge unsere Arbeit einem guten Ende entgegen. Der größte Teil unserer Tätigkeit an der Mole hatte sich unter dem Schutz des Waffenstillstandes vollzogen. Nur an den letzten Tagen standen wir wieder unter dem Druck eines Angriffes von Oben. Wir brauchten nur noch die letzten Bretter der provisorischen Brücke zwischen den beiden stehen gebliebenen Molenteilen zu verlegen. An diesem Tag feierten wir sozusagen ein kleines Richtfest. Der Wallfeldwebel stand mit schmunzelnder Miene dabei und in seinen Augen lag der Schein eines Triumphs:

„Seht, wir haben es trotzdem geschafft! Allen Unkenrufen zum Trotz!"

Auch ich war heilfroh, dass die großen Anstrengungen nun endgültig hinter uns liegen sollten.

War es die blinde Tücke des Schicksals oder der Zorn des großen Ozeans, der sich nie ungestraft versuchen lässt, dass es gerade in diesem Augenblick passieren musste? Seit einigen Stunden peitschte ein böser Nordostwind über die Wasser der Biskaya, und nun wurde sogar eine große Flutwelle an unser Ufer herangetragen.

„Schwankte unsere Brücke? Hatten wir uns getäuscht?"

Nein, es war keine optische Täuschung. Die Stützbalken der schwachen Holzbrücke schwankten tatsächlich. Sie standen schon ganz schief, und auf einmal plumpste die ganze Brücke klatschend ins Wasser. Die Galavorstellung des Tages fiel aus! Der ungeheure Wasserdruck hatte den Schleppkahn ins Rutschen gebracht und es war eingetreten, was ich befürchtet hatte.

Der Wallfeldwebel stand ganz betreten da. Dann raffte er sich auf und richtete seine Augen starr zur Unglücksstelle. Die alte, zwanzig Meter breite Lücke in der Mole glotzte uns wieder wie vordem an.

„Alles noch einmal wiederholen!", sprach er ruhig und gelassen.

Wir sahen uns alle fassungslos an. Die sinnlose Arbeit von fünfzehn Tagen sollte nun noch einmal wiederholt werden? Kaum zu glauben! Aber als wir in das gefasste, willensstarke Gesicht des Feldwebels schauten, wusste jeder: „Widerspruch zwecklos". Der Wallfeldwebel kam mir in diesem Augenblick vor, wie der mächtige Perserkönig vor mehr als zweitausend Jahren, der die Wellen des Hellespontes auspeitschen ließ, weil er seine Flotte bei Salamis verloren hatte.

Wir bissen grimmig die Zähne aufeinander und schwiegen. Was blieb uns auch anderes übrig? Ein kleines Einsehen hatte der Wallfeldwebel an diesem Tage doch:

„Für heute ist die Arbeit beendet, morgen Fortsetzung!"

Wir marschierten lustlos zu unserem Erdbunker zurück und ersäuften unseren Kummer in Rotwein. Ich fasste noch in derselben Nacht einen folgenschweren Entschluss, den ich bereits am nächsten Morgen ausführte:

An diesem Morgen erhob ich mich nicht von meiner Pritsche, und als die Kameraden mein Lager umstanden, klagte ich über starke Kopfschmerzen und Stiche in der Herzgegend. Ich hatte mir vorgenommen, bei diesem Spiel nicht mehr mitzumachen, einerlei was der Wallfeldwebel von mir denken würde.

Man ließ mich vorerst ruhig gewähren und brachte mir zur Mittagszeit das Essen an mein „Krankenlager". Junges Ziegenfleisch mit Kartoffeln und Sauce gab es. Die junge Ziege hatte man am Vortage irgendwo in der Umgebung aufgetrieben und sogleich geschlachtet. Ich tat bei den Essensträgern so, als würde mir heute bestimmt kein Essen munden. Als ich aber allein war, schlang ich das Essen mit Appetit herunter.

Abends erzählten mir die Kameraden, die von der Arbeit an der Mole zurückkamen, dass der Wallfeldwebel vom heutigen Tag an auch die fünfzig Häftlinge der militärischen Haftanstalt Royans zur Arbeit mit herangezogen hatte. Diese Leute mussten auf dem isolierten, vom Lande abgeschnittenen Teil der Hafenmole arbeiten, damit sie nicht davonlaufen konnten. Auch der erste Fliegerbesuch war schon da gewesen, doch alle waren mit dem Schrecken davongekommen. Mir wurde klar, dass ich richtig gehandelt hatte und beschloss, meine Krankheit durchzustehen, möge kommen was da wolle.

Am dritten Tage meiner „Krankheit" stand der Wallfeldwebel morgens in aller Frühe vor meinem Lager und sagte:

„Ich glaube nicht an Ihre Krankheit. Sie haben mich im entscheidenden Augenblick im Stich gelassen. Morgen früh geht es ab mit Ihnen nach Charosson. Sie melden sich dort beim Hauptmann und werden von ihm das Erforderliche erfahren. Der Kompaniechef ist von mir über alles unterrichtet worden. Der Bagagewagen der Kompanie wird Sie nach Charosson mitnehmen!" Ich antwortete nicht.

Das war meine letzte Unterredung mit dem Wallfeldwebel gewesen, mit dem ich seit Juli 1944 immer gut zusammen gearbeitet hatte.

Nun saß ich auf dem kleinen Bagagewagen auf der Fahrt nach Charosson und fuhr einem völlig unbekanntem Ziele entgegen. Was wird die nächste Zukunft bringen? Wird das, was der Hauptmann mir aufhalsen wird, erträglich sein? Vielleicht leuchtet mir noch einmal ein guter Stern!

„Es sind noch drei Kilometer bis Charosson“, nahm ich nach einigen Minuten meine Rede wieder auf, doch der Fahrer reagierte noch immer nicht auf meine Worte.

Zur rechten Seite lagen einige einsame Bauernhäuser und graugrüne Wiesen. Die beiden braunen Pferde holten mit ihren flinken Beinen gut aus, und nur wenige Male ließ Orlowsky seine Peitsche aufklatschen und nahm die Zügel strammer in seine Hände.

Je mehr wir uns dem Dorfe Charosson näherten, umso unruhiger wurde ich. Es konnte sein, dass mich der Hauptmann wegen Befehlsverweigerung streng bestrafen würde. Aber es schien mir auch so, als habe sich der Hauptmann in letzter Zeit mit dem Wallfeldwebel nicht mehr so recht verstanden. Ich wusste auch nicht, weshalb die Kompanieschreibstube vor ungefähr einer Woche Knall auf Fall in das über acht Kilometer entfernte Charosson verlegt worden war.

Bald erreichten wir das erste Haus von Charosson. Es war eine stattliche weiträumige Ferme mit Herrenhaus, Stallungen und Scheunen. Auf unserer rechten Seite tauchte dann ein schmuckloser Hallenbau aus Bruchsteinen auf.

„Das ist die reformierte Kirche“, sagte der Fahrer. Tatsächlich hatte der Mann doch noch ein Wort gesprochen!

„Und schräg gegenüber ist die katholische Kirche.“

Diese war aus denselben grauen Bruchsteinen errichtet worden, doch hatte sie an ihren Außenfronten, im Gegensatz zu dem anderen Gotteshaus, einige ornamentale Elemente.

„Die Leute in diesem Dorfe scheinen sehr fromm zu sein, denn zwei Kirchen auf einmal in einem kleinen Dorfe?“, stellte ich fest.

„In Wirklichkeit haben sie alle den Teufel im Leibe.“

Er konnte sogar gut sprechen, und so nutzte ich seinen Redefluss aus und fragte ihn nach der Kompanieschreibstube.

„Nicht weit mehr“, antwortete er. „Lass Dein Gepäck noch auf dem Wagen, bis der Hauptmann entschieden hat, was er mit Dir vor hat. Aber zieh wenigstens Dein Koppel an und nimm Dein Gewehr zur Hand, damit Du wie ein Soldat aussiehst! Das hat der Hauptmann gern.“

„Was er wohl mit mir vor hat?“, fragte ich mich noch immer, als ich vor der Tür der Kompanieschreibstube stand. So glatt wie damals nach meiner elenden Zementschlepperei bei dem alten Hauptmann wird es bestimmt nicht ablaufen.

Verlegen und zaghaft trat ich in die Schreibstube ein. Am Tisch saß der mir wohlbekannte Obergefreite Wertheim mit seinem glänzenden Glatzkopf und lächelte.

„Gut, dass Sie jetzt schon gekommen sind, sonst hätten Sie den Hauptmann verfehlt. Der Hauptmann will in zehn Minuten zum Festungskommandanten fahren. Sie können sofort bei ihm eintreten."

Mutig nahm ich mein Herz in die Hand, klopfte an die Tür und hörte seine Stimme: „Eintreten!"

Ich stand zum ersten Male dem Kompaniechef direkt gegenüber. Nachteiliges hatte ich bisher nicht über ihn erfahren. Seine einfache, menschlich ansprechende Rede zur Weihnachtsfeier war mir in bester Erinnerung geblieben. Der Hauptmann saß an einem großen, mit Schriftstücken bedeckten Tisch und blickte zu mir auf. Er kannte mich nur von Ansehen.

„Ja, ich weiß Bescheid", sagte er freundlich. „Das Bauprojekt am Hafen hat Ihnen wohl nicht so recht gefallen?"

Er wartete meine Antwort nicht ab, sondern fuhr sofort weiter:

„Mir auch nicht. Ich wüsste nicht, wenn ich an Ihrer Stelle gewesen wäre, ob ich weiter mitgemacht hätte. Aber gehorchen muss man trotzdem. Doch gut, dass Sie da sind. Ich habe eine ausgezeichnete Verwendung für Sie!"

Die Rede des Hauptmanns setzte mich in Erstaunen, und ich erfuhr dann, was er mit mir vorhatte.

„Es fehlt unseren Leuten am Stützpunkt Neu-Holland an Frischgemüse, Obst, Frischfleisch, kurz an allen Dingen, die ein normaler Mensch zur Erhaltung seiner Gesundheit braucht. Hier können Sie Ihr Geschick unter Beweis stellen, indem Sie etwas bei den zugeknöpften Bauern auftreiben. Offiziell kann ich Ihnen das gar nicht befehlen. Es ist verboten, unmittelbar Frischgemüse und Fleisch bei der Landbevölkerung zu kaufen. Aber in dieser verrückten Zeit muss sich jeder so oder so helfen. Sie verstehen, was ich meine? Also wie ist's?"

„An mir soll's nicht fehlen. Ich will mich bemühen, das Gewünschte für unsere Leute in Stützpunkt Neu-Holland zu besorgen!"

„Der ganze militärische Kram scheint Ihnen wohl nicht so besonders zu liegen?“, fragte er mich darauf unvermittelt.

„Jawohl!“, antwortete ich nur.

„Ich habe es bereits bemerkt“, erwiderte er. „Ihre neue Aufgabe wird Sie ganz bestimmt nicht mit dem Formkram in Kollision bringen. Sie haben mich richtig verstanden? Offiziell habe ich nichts gesagt. Wo wohnen Sie ?“, fragte er mich zuletzt zusammenhanglos.

„Wenden Sie sich an den Schreiber!“, sagte er nach kurzer Überlegung. „In Charosson wird bestimmt ein Zimmer für Sie aufzutreiben sein!“

Ich war entlassen. Das Glück hatte mich auch diesmal nicht im Stich gelassen! Es war kaum zu glauben!

Der Obergefreite Wertheim in der Schreibstube war jetzt leutselig:

„In Charosson ist alles sehr ruhig. Wir leben hier wie im tiefsten Frieden. Aber ich bezweifle, dass unsere Schreibstube noch lange in Charosson bleiben wird. Der Hauptmann muss jetzt öfters in seiner Eigenschaft als Pionieroffizier zur Festungskommandantur“.

„Wie ist es mit meinem Quartier?“, fragte ich ihn daraufhin.

„Sie müssen sich vorerst ein Zimmer mit dem Ihnen bekannten Obergefreiten von der Leyen teilen. Sie kennen diesen Mann ja. Sie müssen etwas auf Ihre Klamotten achten. Man hat diesen Mann wegen einiger Unkorrektheiten zu uns abgeschoben. Das Zusammenwohnen mit ihm wird aber nur von kurzer Dauer sein. Wenn ich nicht irre, so wartet man draußen schon auf Sie.“

„Und wo geht‘s jetzt hin?“, fragte ich noch.

„Obergefreiter Orlowsky wird Sie und den Obergefreiten von der Leyen zu Ihrem Quartier fahren. Orlowsky weiß schon Bescheid. Ihr Quartierhaus liegt am Ausgang von Charosson in Richtung St. Augustin!“

Vor der Tür saß Orlowsky noch immer auf seinem kleinen Bagagewagen, und neben dem Wagen stand der Obergefreite von der Leyen.

„Das Haus, in welches Ihr einzieht, ist von dem Eigentümer gestern geräumt worden. Ihr könnt Euch dort ein passendes Zimmer aussuchen“, stellte Orlowsky fest.

Um zu unserem Quartier zu gelangen, mussten wir das ganze Dorf durchqueren. Auf der linken Seite unseres Weges lag ein großer Friedhof, dicht neben den Plätzen der Lebenden. Nur eine niedrige Mauer trennte die Straße vom Friedhof. Von dem Bock unseres Wagens aus konnte man den ganzen Friedhof überschauen. Es war einer der üblichen französischen Friedhöfe, in denen es nur wenige gärtnerische Anlagen, Bäume und Sträucher gab und die steinernen Mahnmale den Blick beherrschten. Ein Monument in der Nähe der Trennungsmauer fiel mir besonders auf. Auf dem Postament erhob sich die Gestalt eines in Stein gehauenen älteren Mannes. Vielleicht hatte sich hier ein bekannter Schulmann oder ein ehemaliger Maire *(Bürgermeister)* des Dorfes ein bleibendes Denkmal setzen wollen. Dabei fiel mir der Ausspruch von Orlowsky ein: „Die Charossoner sind alles Teufel!"

Ich erinnerte Bruno an seinen Ausspruch, woraufhin er bemerkte:

„In Charosson ist Tod und Leben allzu innig miteinander vermischt, und so etwas tut nur der Teufel."

„Vielleicht will man durch das enge Beieinandersein von Tod und Leben die Vergänglichkeit alles Zeitlichen dartun", entgegnete ich.

„Direkt hinter dem Friedhof des Straßendorfes ballten sich einige Häuser eng zusammen. Ganz am Ende des Dorfes lag unser Quartier. Auf der gegenüberliegenden Straßenseite befand sich ein hochstämmiges Eichenwäldchen, hinter dem eine asphaltierte Straße für Fahrzeuge, die nicht die Dorfstraße passieren wollten.

Bevor wir unser Quartier betraten, wandte ich mich an meinen Stubengenossen: „Wir wollen uns doch gut vertragen, nicht wahr? Ich bin das bisher immer so gewohnt."

„An mir soll es nicht fehlen", antwortete von der Leyen. Er machte dabei sein übliches, misstrauisches Gesicht.

Zur linken Seite unseres Quartiers gab es einen kleinen Anbau, in dem Bruno in einer kleinen Stube wohnte. Dahinter lag der Stall für seine beiden Pferde. Orlowsky spannte sofort seine beiden Tiere aus, und wir betraten unser Quartierhaus, um uns ein passendes Zimmer auszusuchen.

# 2.
# IM STILLEN, WELTENTLEGENEN DORFE

Mein Wohnkulturbedürfnis war in den beiden verflossenen Soldatenjahren auf ein Minimum zusammengeschrumpft. Schon zu Anfang meiner Soldatenzeit sah es recht trostlos aus. Wir schliefen mit mehr als hundert Mann in einem Schützenhaussaal, und morgens mussten wir uns im Eiltempo an zwei oder drei armseligen Wasserkränen waschen. In Frankreich wurde es dann besser, bis wir zuletzt in dem muffigen Erdbunker landeten, in dem es überhaupt keine sanitären Einrichtungen gab.

Das Zimmer, das wir beide wählten, strömte zwar einen bestialischen Geruch aus, aber dafür war es, im Gegensatz zu allen anderen Räumen des Hauses, groß und geräumig. Doch trotz des sofort geöffneten Fensters, wollte der üble Geruch nicht weichen.

„Wo kommt der Gestank nur her?", fragte ich ratlos meinen Zimmergenossen, nachdem wir alle Möbelstücke bereits eingeräumt hatten.

„Da bleibt uns wohl nichts anderes übrig, als das ganze Zimmer genau zu durchsuchen", folgerte ich und drehte bei diesen Worten zufällig das kleine, bunte Madonnenbild um, welches an einer Wand hing.

„Da haben wir's!", rief nun von der Leyen laut.

Ich sah einige große Spinnen, die ich schnell tötete, und dann noch einige große, graubraune, schabenähnliche Insekten, die hinter dem Bilderrahmen hervor krochen. Sie strömten den widerlichen Geruch aus.

„Das sind Kakerlaken, ganz gemeine Kakerlaken, die Ursache des scheußlichen Geruchs", stellte von der Leyen fest und vernichtete alle Tiere, deren er habhaft werden konnte. Anschließend warf er das Madonnenbild in eine Rumpelkammer am Ende des Flurs.

„Das wird aber alles noch nicht genügen. Wir müssen noch eine große Zimmerreinigung vornehmen", riet mein Zimmergenosse.

Wir besorgten uns bei Orlowsky einen Wassereimer, füllten ihn mit heißem Wasser, in dem wir Kernseife auflösten und schrubbten Fußboden und Wände mit der heißen Seifenlauge kräftig ab. Diese Prozedur wiederholten wir nach einer Stunde noch einmal.

„Nun wird nach menschlichem Ermessen keine Kakerlake mehr leben“, meinte Orlowsky. Tatsächlich merkten wir, dass die Luft im Zimmer allmählich frischer wurde.

Wir machten es uns gemütlich, öffneten eine von den Thunfischbüchsen und verzehrten dazu einige Scheiben Knäckebrot. Bequem auf unseren Betten liegend, pafften wir anschließend Rauchwolken in die Luft und dachten darüber nach, was nun kommen würde.

„Nee, hier bleiben wir bestimmt nicht lange! Was sollen wir denn hier in Charosson?“, sagte von der Leyen.

„Das weiß ich auch nicht“, und verriet ihm nicht meine Aufgabe.

„Vielleicht müssen wir in ein paar Tagen wieder fort, nachdem wir die Tellerminen, die in Unmassen neben unserem Haus lagern, verladen haben und Orlowsky sie auf die einzelnen Stützpunkte verteilt hat. Hast Du die Tellerminen nicht gesehen? Gnade uns Gott, wenn hier ein Bömbchen fallen sollte, was man nicht ganz ausschließen kann.“

„Auch mir gefallen die Tellerminen neben unserem Hause nicht. Da wird Orlowsky wohl manches Mal fahren müssen, bis alle fort sind.“

„Aber wie sollen wir auf Dauer hier verpflegt werden? Am besten erkundigen wir uns gleich einmal in der Schreibstube! Ich bin auf Überraschungen gefasst!“, beendete mein Zimmergenosse das Gespräch.

So zogen wir denn nach kurzer Bettruhe zu unserer Kompaniestube, besuchten auf dem Wege dorthin das einzige Café des Dorfes, wo wir schnell ein Glas Wein tranken, ehe wir in der Kompaniestube nachfragten. Der Kompanieschreiber überraschte uns mit etwas Unerfreulichem:

„Auch Ihr seid dem Wachdienst zugeteilt. Heute Abend, Punkt acht Uhr, müsst Ihr Euch in der Wachstube bei Unteroffizier Trost melden. Die Wachstube liegt nicht weit von Eurem Quartierhaus entfernt. Ihr werdet sie schon finden!“

„Und wie steht es mit unserer Verpflegung?“, fragte ich den Schreiber.

„Unteroffizier Müller im Zimmer nebenan wird sie Euch für heute und morgen ausgeben. Dann wird sich hier alles sowieso ändern!“

„Wir wären besser nicht zur Schreibstube gegangen, dann hätte man uns heute bestimmt noch nicht dem Wachdienst zugeteilt“, sagte von der Leyen, als wir unsere Verpflegungsration empfangen hatten.

„Meinst Du, sie hätten uns in dem Quartier nicht schnell gefunden?“, entgegnete ich. Unsere Verpflegungsration bestand aus einer kleinen Dose Büchsenwurst und einem Päckchen Knäckebrot.

Wir machten anschließend noch einen kleinen Bummel durch Charosson, das man beim besten Willen kein schönes Dorf nennen konnte. Die beiden hässlichen Kirchen, der große Friedhof mitten im Dorfe, das erbärmliche kleine Café und vielleicht vier Dutzend alte, graue Bauernhäuser war alles, was es hier gab. Die meisten Häuser standen in weitem Abstand voneinander links und rechts von der Dorfstraße, abgesehen von etwa zehn Häusern, die etwas entfernter von der Dorfstraße lagen. Wie es jetzt in Charosson ausschaute, so sah es wahrscheinlich schon vor hundert Jahren aus.

In dieser „bäuerlichen Zeitlosigkeit“ machten wir unseren Bummel. Uns begegneten nur über die Dorfstraße eilende, laut gackernde Hühner und einige herumstreunende Hunde und Katzen. Die Menschen hielten sich hinter ihren Hausmauern verborgen. Gemächlich gingen wir über die Dorfstraße, und ich unterließ es nicht, einen Blick auf die schöne Umgebung des Dorfes zu werfen. Zur linken Seite schloss sich, wenn man die Umgehungsstraße des Dorfes überschritten hatte, ein Laubwald an, der sich in etwa sechs Kilometer Breite bis zum Meer hinzog. Zur rechten lagen die Weinfelder und die Viehweiden. Mitten in einer solchen Weide befand sich ein einfaches Holzhäuschen, vielleicht eine Jagdhütte. Hinter den Weiden verlief ein niedriger Höhenzug und darüber eine Landstraße, die zu beiden Seiten mit hohen Bäumen bepflanzt war.

„Diese Straße wird wohl schon im feindlichen Land liegen“, meinte von der Leyen.

„Das ist gut möglich“, antwortete ich. „Man kann von dort aus wahrscheinlich gut in das Dorf Charosson einsehen.“

Dann machten wir noch einen Abstecher in den nahen Wald. Der Himmel war ganz klar geworden, und ich fühlte überall den sich nahenden Frühling. Wohl streckten die Bäume und Sträucher ihre Zweige noch nackt und leer in die Luft, doch wenn man genauer hinsah, bemerkte man bereits die geschwollenen Knospen. Vögel hüpften munter von Zweig zu Zweig. Sie erschienen mir viel zutraulicher zu sein als bei uns daheim und ließen uns ganz nahe herankommen, ehe sie fortflogen. Ich sog die würzige Luft des Waldes tief in meine Lungen ein und war froh, der stickigen Luft des Erdbunkers und dem brandigen Verwesungsgestank des zerstörten Royans entronnen zu sein.

Von der Leyen drehte sich schnell noch eine Zigarette, ehe wir unser Abendbrot einnahmen. Dann pafften wir unser Zimmer voller Tabakrauch, bis uns einfiel, dass man hier ruhig das Fenster öffnen konnte, ohne dass üble Gerüche von draußen einzogen.

Allmählich wurde es in unserer Stube etwas zu kühl, und wir entfachten daher in unserem Ofen ein Holzfeuer, welches das Zimmer wohltuend warm und behaglich machte.

Kurz vor acht Uhr zogen wir zur nahen Wachstube, in der Unteroffizier Trost mit zwei Mann in einem nur mit einer Kerze beleuchteten Stübchen saß. Als wir in die Wachstube eintraten, sprang er auf und nörgelte: „Pünktlichkeit scheint nicht Eure Stärke zu sein. Da dies aber heute Nacht voraussichtlich eure einzige Wache ist, will ich Eure Unpünktlichkeit durchgehen lassen."

Ich schaute betroffen auf meine Armbanduhr und antwortete:

„Es ist jetzt genau acht Uhr!"

„Dann muss Ihre Uhr nachgehen! Hier ist nur meine maßgebend. Es ist schon drei Minuten nach acht."

Die Wachrunde, die sich von unserem Quartier bis zu der großen Ferme beim Dorfausgang erstreckte, hatte eine Länge von etwa zwei Kilometern. Jeder Wachposten musste seine Runde allein gehen. Zu der Wachrunde wurde uns eine Taschenlampe zur Verfügung gestellt, mit der wir die Straßenränder ableuchten konnten. Eine Stunde lang musste man mit umgehängtem Gewehr straßauf und straßab patrouillieren. Jeder Mann kam zweimal in der Nacht an die Reihe.

Mich beherrschten keine sonderlich angenehmen Gefühle, als ich um elf Uhr meinen Wachdienst antrat. Die dunkle, graue Nacht lauerte gespenstig um mich herum. Man griff immer wieder zu den unter dem Koppel steckenden Stielhandgranaten oder zu dem Abschussbügel des entsicherten Gewehrs, weil man glaubte, sich dann sicherer zu fühlen. Ich stand einsam auf der Straße des mir noch fremden Dorfes. Mit etwas beklemmten Gefühlen schritt ich die Dorfstraße entlang in Richtung der großen Ferme. Totenstille lag über allem. Wenn doch wenigstens einer von den Hunden bellen würde, die tagsüber, als wir die Dorfstraße entlang gingen, so ausdauernd gebellt hatten. Ich schritt mit Furcht im Herzen weiter. Plötzlich durchfuhr mich ein tödlicher Schreck! Raschelte da nicht etwas im dürren Laub zu meiner linken Seite? Ich hatte mich bestimmt nicht geirrt! Vielleicht ein Partisan? Ich schlich mich vorsichtig an die verdächtige Stelle heran und warf mich flach am Straßenrand hin, hob mit dem linken Arm meine Taschenlampe und ließ ihren Scheinwerferkegel über die Stelle schweifen. Gleichzeitig richtete ich den Lauf meines entsicherten Gewehres dorthin. Ich sah, wie ein kleines Wieselchen davonlief. Ich lachte, stand auf und ging weiter. Nun schritt ich mutiger über die dunkle Straße.

Alle Dinge erscheinen in der dunklen Nacht unheimlicher und gefährlich. Die Schreckgespenste in solchen Nächten stammen meist aus unseren verängstigten Gemütern. Ich konnte jetzt über alle kursierenden Gräuelgerüchte lächeln. Pünktlich meldete ich mich von meinem Streifendienst bei Unteroffizier Trost zurück und legte mich schlafen.

Am Vormittag des nächsten Tages erfuhr ich, dass die Kompanieschreibstube, der Hauptmann und die Wachmannschaften heute Charosson verlassen würden. Im Kompaniegeschäftszimmer herrschte ein großes Durcheinander! Man war dabei, die Geschäftspapiere in unseren kleinen Bagagewagen zu verpacken. Der Schreiber war sehr missmutig. Welch Wunder auch, wenn man ein so ruhiges Quartier in einem friedlichen Dorf aufgeben muss! Als er mich erblickte, schaute er mich neidisch an:

„Für Sie und Orlowsky ist eine Sonderregelung getroffen worden. Ihr habt einen Riesendusel. Der Obergefreite von der Leyen rückt mit uns ab. Gehen Sie zum Hauptmann hinein, der wird Ihnen alles persönlich sagen!"

Als ich in sein Zimmer eintrat, sah mich der Hauptmann lächelnd und wohlwollend an.

„Unsere Abmachung bleibt bestehen", sprach er. „Sie bleiben mit dem Obergefreiten Orlowsky und den Pferden hier in Charosson. Am besten ziehen Sie mit Orlowsky in eine Stube. Ihr offizieller Auftrag lautet: ‚ordnungsgemäße Betreuung der Kompaniepferde'. Eins von unseren

Pferden wird in etwa vier Wochen fohlen, und wir könnten mit einem trächtigen Pferd in dem öden Stützpunkt Neu-Holland sowieso nichts anfangen. Die Verpflegung für Euch beide holt von nun an Orlowsky vom Stützpunkt Neu-Holland ab, während er das mitbringt, was Sie an guten Dingen in Charosson ergattert haben. Vergessen Sie nicht Ihren Sonderauftrag!", legte er mir zum Schluss nochmals ans Herz. „Es fehlt in Neu-Holland Frischfleisch, Obst und Gemüse."

„Orlowsky und ich werden das Ding schon schaukeln!" Der Hauptmann lächelte und entließ mich.

Zum zweiten Male beim Militär war ich jedem militärischen Zwang enthoben worden, diesmal sogar von allen militärischen Äußerlichkeiten. Mich verband mit der Kompanie jetzt nur noch das Wort des Hauptmanns. Alles konnte ich fortan so gestalten, wie es mir passte. Mit Orlowsky würde ich schon auskommen. Heute lächelte mir in der Tat eine milde Januarsonne, die mir als eine kleine Glückssonne erschien. Der Wallfeldwebel hatte mich im Zorn verjagt, der Hauptmann hatte mich in größten Gnaden aufgenommen und mir eine Freiheit geschenkt, die vielleicht sonst niemand im Festungsgebiet besaß. Was wollte ich mehr?

Als Bruno am Spätnachmittag erschöpft seine Fahrten beendet hatte, begab ich mich in seine Quartierstube und teilte ihm den Wunsch des Hauptmanns mit.

„Du kannst ruhig zu mir ziehen. Wenn man so ganz allein in Charosson ist, dann ist es schon besser, man wohnt zusammen."

Ich betrachtete den Mann, mit dem ich nun zusammenleben musste, genauer. Es war ein kleines, krummes Männchen mit einem unrasierten Gesicht und fuchsschlauen Äuglein. Er mochte fünfzig Jahre alt sein. Sein akzentfreies Deutsch ließ vermuten, dass er wahrscheinlich eine deutsche Mutter gehabt hatte. Was er mir erzählte, war ein Kuriosum:

„Drei Nationalitäten habe ich bis jetzt als Soldat hinter mich gebracht: Österreicher, Pole und zuletzt Reichsdeutscher. An drei Feldzügen habe ich schon teilgenommen: Österreichischer Trainsoldat im ersten Weltkrieg, polnischer Soldat gegen Adolf Hitler und nun deutscher Soldat mit Adolf Hitler gegen die ganze Welt."

„Die ganze Welt" hatte er lächelnd gesagt, ein Zeichen dafür, dass er einen galligen Humor besaß. Er meinte dann:

„Wir werden wohl den letzten Dreck hier durchstehen müssen! Das dicke Ende wird nicht mehr so lange auf sich warten lassen. Ich hoffe, dass alles kurz und schmerzlos geht, und wir beide gesund und lebend daraus herauskommen. Du hilfst mir bei der Versorgung unserer Pferde, und im übrigen hast Du ja freie Hand. Am besten holst Du Deine Klamotten gleich hierher und richtest Dich bei mir häuslich ein."

Es war ein graues, niedriges Stüblein, in dem wir beide nun gemeinsam wohnen sollten. Bei gutem Willen war für zwei Mann Platz genug da. Meine Bettstelle passte gerade noch in den Raum. Dafür mussten wir aber den großen Esstisch in den Flur stellen.

Im Laufe des Abends erfuhr ich bei einer guten Flasche Wein Brunos Lebensgeschichte vor dem Krieg: Er hatte zu Hause eine kleine Landwirtschaft betrieben, besaß ein Pferd und hatte nebenher einen Schweinehandel. Gerne trank er einen Schnaps, und da seine Frau dies nicht gerne sah, musste er abends, wenn er angeheitert nach Hause kam, im Stall bei den Pferden schlafen.

Das gardinenlose Fenster unseres Zimmers gab den Blick auf die dicht vor unserem Hause vorbeiführende Landstraße frei. Man konnte alle Vorgänge auf der Straße überblicken, ohne selbst gesehen zu werden. Der Blick zur Straße war unsere Lieblingsbeschäftigung, wenn wir müßig in der Stube herumsaßen. In der linken Zimmerecke stand ein gusseiserner Ofen, den wir abends, wenn es draußen etwas kühler wurde oder wenn wir schnell einige Spiegeleier und Kartoffeln braten wollten, anzündeten. Brennholz gab es auf einem Platz neben unserem Haus in Überfülle. Abends oder in der Nacht brannte eine Stalllaterne, wenn es erforderlich war. Bruno trug Sorge, dass der Brennstoff für diese Laterne niemals ausging. Dann gab es noch eine Pfanne und einen eisernen Kochtopf.

„Sie haben mir bisher immer treue Dienste geleistet und werden für uns beide reichen", sprach Bruno beim Anblick der Küchenutensilien. „Milch, Eier, Kartoffeln und Wein können wir bei den Bauern zu Spottpreisen in beliebigen Mengen kaufen. Zu hungern brauchen wir nicht! In unser Kochgeschirr passt alles hinein: Milch und Wein..."

„Doch nacheinander!“, meinte ich lächelnd.
Verglichen mit dem muffigen Erdbunker in Royan konnte man unser Stübchen über alle Maßen gut nennen. So, wie wir es hier hatten, konnten wir es vielleicht im ganzen Festungsgebiet nicht mehr bekommen!

Bruno hielt sich aus alter Gewohnheit am liebsten im Stall bei den Pferden auf. Dort war seine eigentliche Wohnstube. Der Stall befand sich, wenn man den kurzen Hausflur überquert hatte, direkt hinter unserer Stube. Ein Holzgatter trennte Stall und Flur. Die beiden Pferde standen in der Regel vor der Futterkrippe oder der Steinraufe. Der Fußboden des Stalles war dicht mit Stroh bedeckt, und alle Abwässer flossen durch eine kleine Rinne nach draußen ab. Ein Fenster spendete dem Raum ein schummriges Licht. Hier ließ sich gemütlich plaudern.
„Zu mir kommst Du nicht ins Bett. Du stinkst zu sehr nach Alkohol!“, erzählte Bruno. „Aber meine lieben Pferdes hatten nichts gegen meinen Geruch einzuwenden und teilten gerne meine Gesellschaft, und der häusliche Frieden wurde so gewahrt.“
Er sprach am liebsten vom bäuerlichen Alltag seiner Heimat, und alle Dinge erstanden dann leibhaftig vor meinen Augen. Wenn er die Pferde im Stall stehen sah, dann wurden seine Augen immer ganz groß und warm. Er liebte sie wie ein Vater seine Kinder. Meist sprang er dann über das niedrige Holzgatter und klatschte den großen Tieren zärtlich mit seiner flachen Hand auf den Nacken, die seinen Blick mit ihren großen, braunen Augen ebenso warm erwiderten. Er sprach zu ihnen wie mit Menschen:
„Hella und Resi, habt Ihr genug zu fressen?“
Dann ging er zu dem nahen Holzschuppen und brachte ihnen einen großen Korb Hafer und Häcksel.
Als wir zum ersten Male gemeinsam vor ihnen standen, sprach er zu den Pferden:
„Seht, das ist Euer neuer Kamerad! Der hilft mir jetzt, den Stall auszumisten und betreut Euch in den nächsten Wochen auf der Weide, damit Euch nichts passiert.“
Orlowsky hatte damit gleichzeitig auf diplomatische Weise gesagt, was ich in Zukunft zu tun hatte. Gegen die mir zugeteilte Aufgabe hatte ich

absolut nichts einzuwenden. Im Gegenteil, ich war froh darüber, dass mein Leben hier in Charosson einen vernünftigen Sinn bekam.

Obwohl ich kein Pferdekenner war, hatte ich Pferde in meinem Leben stets gern gehabt. Von den verschiedenen Pferderassen verstand ich ebenso wenig wie von dem Schweinehandel, dem Bruno in seiner Heimat mit Liebe und Eifer nachgegangen war. Die Pferde aber, meine neuen Lebenskameraden in Charosson, gefielen mir von Tag zu Tag besser. Es waren große, braune Pferde mit treuen und milden Augen. Sie hatten ein reines, sauberes Fell, denn Bruno war, was die Pferde anging, stets auf größte Sauberkeit bedacht. Schon in kurzer Zeit wusste ich, wie Pferde instinktiv mit uns fühlen, dass diese hier klug, treu und fleißig waren. Sie schienen alles zu verstehen, was Bruno mit ihnen zu sprechen pflegte. Auch mich blickten sie bald mit denselben verständnisinnigen, großen Augen an und ließen sich von mir genauso streicheln wie von Bruno.

Der Hauptmann hatte mir schon mitgeteilt, dass Resi in drei oder vier Wochen Nachwuchs erwartete. Bruno erklärte mir, dass die Geburt eines Pferdes gar nicht so einfach wäre. Er habe zu Hause schon mancherlei Schwierigkeiten damit gehabt. Es könnten sich da Komplikationen ergeben. Zum Schluss meinte er:

„Ich habe immer das dumme Gefühl, dass Du hiergeblieben bist, um bei einem unzuverlässigen Volksdeutschen den Aufpasser zu spielen."

„Da hast Du bestimmt falsch geraten", entgegnete ich lachend, „denn ich bin vielleicht noch viel unzuverlässiger als die ‚Volksdeutschen'. Außerdem hat mich der Hauptmann genau wie Dich mit einer Sonderaufgabe betraut."

„Und das wäre?"

„Ich soll für die Kameraden vom entlegenen Stützpunkt Neu-Holland Obst, Gemüse und Frischfleisch besorgen. Ich denke, dabei könntest Du mir sehr gut helfen."

„Das kann ich", antwortete er prompt, „ich kenne fast alle Bauern in Charosson und in der näheren Umgebung.. Für alle Franzosen bin ich nur der Pole Bruno und Du wirst für sie immer ein Boche bleiben."

„Ich danke Dir für die angebotene Hilfe!", antwortete ich, „aber ich werde mich anstrengen, die Voreingenommenheit der Franzosen gegen einen Boche aus der Welt zu räumen."

Einige Tage später lud die ehemalige Wachmannschaft von Charosson die Tellerminen, die neben unserem Hause lagen, auf einen Lastkraftwagen. Wir halfen dabei so gut es ging. Zum Schluss riefen sie uns zu:

„In acht Tagen kommen wir wieder, um den Rest, der noch bei der Kirche liegt, abzuholen."

Die Hamstergänge, die mir jetzt ständig oblagen, waren für mich vollkommenes Neuland. Bruno stellte mir eine lange Liste von Bauern zusammen und gab mir dazu den Marschkompass.

Zuerst war da der Bauer Jules Malle. Malle besaß zwölf Weidetiere, und sein Haus lag in etwa dreihundert Metern Entfernung von unserem Quartier.

Der Weinbauer Jacques Norman wohnte in der Mitte des Dorfes und baute den besten Wein in Charosson an.

Die Ferme des Bauern Roche lag auch nicht weit von uns. Roche hatte zehn Kühe, aber auch einen guten Wein. Deutschland kannte er aus den Jahren nach dem ersten Weltkrieg. Bis zum Jahre 1922 weilte er als Besatzungssoldat im Rheinland. Heute noch stand er mit seinen damaligen Quartiersleuten in Briefwechsel.

Der Fermebesitzer, der am südlichen Ortseingang von Charosson wohnte und den größten Hof besaß, fehlte in Brunos Aufstellung:

„Bei dem kommst Du nicht an. Dieser Bauer unterhält gute Beziehungen zu dem landwirtschaftlichen Offizier der Festungskommandantur. Der Mann beachtet genau alle Verordnungen."

„Auch von dem Bauernhof direkt neben uns bekommst Du nichts. Der Bauer war beim Einzug der deutschen Truppen plötzlich wie vom Erdboden verschwunden." Die Ortskenntnis und die Lebenserfahrung Orlowskys waren für mich von unschätzbaren Wert. Sie erschlossen mir schnell alle Quellen, und meine französischen Sprachkenntnisse halfen mir in kurzer Zeit, alle Voreingenommenheit aus dem Wege zu räumen. Bald besaß ich ebenso gute menschliche Beziehungen zu den französischen Bauern wie der „Pole" Bruno.

Die Bauern waren sehr gastfreundlich. Ohne eine Flasche Rotwein auf dem Tisch konnte man mit ihnen nicht ins Gespräch kommen. Ihren Wein musste man loben, denn in diesem Punkte waren sie alle etwas eitel und empfindlich.

Meine Hamstergänge waren meist erfolgreich. Man geizte nicht mit der Hergabe von Eiern, Speck, Gemüse, Obst und Hühnern und ab und zu auch einmal mit einem kleinen Kälbchen. Die Kompaniekasse schoss mir das gewünschte Geld vor, so dass ich finanziell niemals in Verlegenheit geriet. Bruno fuhr wie angeordnet einmal in der Woche zum Kompaniestützpunkt Neu-Holland, gab die Hamsterware dort ab und brachte für uns die obligatorische Verpflegung mit.

Einige Flaschen Wein fielen meist für mich bei meinen Hamstertouren gratis ab. Bruno und ich nahmen in der Folge keine Mahlzeit mehr ohne Wein ein. Unsere Kost wurde zwar mit der Zeit etwas eintönig. Dafür war sie aber immer derb und kräftig: Milch, Spiegeleier, Bratkartoffeln, Kartoffelsuppe mit Speck, alles, was man auf einem primitiven Ofen zubereiten konnte. Ich trank morgens und abends statt Kaffee einen halben Liter Milch. Ab und zu bekam ich ein Pfund Butter, die wir ganz dick auf unser Knäckebrot strichen. Auf Frischbrot mussten wir leider verzichten. Tabakwaren wurden uns aber in ausreichender Menge von unserem Küchenunteroffizier in Neu-Holland zugeteilt.

Mit dem Bauern Jules Marie gelangte ich bald in ein besonders gutes Einvernehmen. Jules war ein ebenso kleiner und listiger Bauer wie Bruno Orlowsky. Schon bei meinem ersten Besuch nahm er mich mit in den Stall und zeigte mir voller Stolz seine Tiere. Meiner Vorstellung nach waren sie alle zu mager und zu klein. Solches Vieh würde man in meiner Heimat schnell als minderwertig abservieren. Monsieur Marie war aber so sehr von der Schönheit und der Qualität seiner Tiere überzeugt, dass ich es vorzog, ihm meine Auffassung zu verschweigen und nur zu seinen Lobreden zu nicken.

Gestern zeigte er mir auch seine beiden Ochsen. Er ging mit mir in einen Nebenstall und führte mir die zwei gut genährten, muskulösen Tiere vor. Besonders der jüngere, welcher schon gut seine zehn Zentner wiegen mochte, erregte meine Aufmerksamkeit. Ich dachte bei seinem Anblick insgeheim:

„Das dürfte das richtige Tier für unsere Kompanieküche sein."

Noch wagte ich es aber nicht, Marie etwas davon zu sagen. Er klagte, dass im vorigen Sommer eine schlechte Sommerweide gewesen war und dass er schon sehnsüchtig die Frühlingsweide erwartete. Das Heu war in diesem Winter für die Tiere zu knapp gewesen.

Bei einem Glase Wein sprachen wir über die Kriegslage und waren überzeugt, dass dieser Krieg nun bald zu Ende gehen würde.

Jacques Norman, der größte Weinbauer von Charosson, besaß den besten Wein. Die Qualität reichte bestimmt an Spitzenweine heran, die einen klangvollen Namen trugen. Er war außerdem auch ein sehr kluger Mann. Zudem hatte ich das Empfinden, dass er auch ein gutes Herz besaß. Er weihte mich schon nach kurzer Bekanntschaft in seine Nöte ein. Seine Frau war seit einigen Jahren krank, und seine alte Mutter konnte seit einem Jahr auch nicht mehr so recht mithelfen. Er stand praktisch ganz alleine da mit aller Arbeit, denn er hatte keine Kinder.

Gestern glückte mir ein für diese Jahreszeit außergewöhnlicher Einkauf von einigen Zentnern Äpfeln. Orlowsky erzählte mir, der Maire von Charosson besäße noch einen größeren Vorrat von diesen Früchten, und er würde mir bestimmt ein oder zwei Zentner abgeben.

Ich pilgerte daher sofort zum Maire, dem Bürgermeister von Charosson. Er empfing mich nicht gerade freundlich, öffnete mir erst nach einigem Zögern die Tür und führte mich in sein Amtszimmer.

„Monsieur Maire", sagte ich höflich, „ich habe eine kleine Bitte. Ich erfuhr durch meinen Kameraden Orlowsky, den Polen, dass Sie noch Vorräte an Äpfeln besitzen. Der Hauptmann unserer Kompanie fragt, ob Sie ihm nicht zwei Zentner für seine Leute ablassen könnten. Unser Hauptmann bittet mich, Sie darauf aufmerksam zu machen, dass meine Nachfrage keine Pression darstellt und Ihre Entscheidung ganz in Ihrem freien Willen liegt. Er lehnt jede Willkürmaßnahme strikt ab!"

Das letztere konnte ich mit gutem Recht sagen, denn der Hauptmann hatte immer alle Kompanieangehörigen vor Willkürmaßnahmen gewarnt und immer scharf durchgegriffen, wenn er von welchen erfuhr. Meine pathetisch vorgetragenen Worte verfehlten ihre Wirkung nicht. Ich hatte das Gefühl, dass sich der Maire geschmeichelt fühlte.

„Ein Glas Wein?", fragte er mich nun. Ohne meine Antwort abzuwarten, setzte er zwei Gläser auf den Tisch und füllte sie mit Rotwein.

Zuerst tranken wir auf das Wohl von Charosson, und dann brachte ich ein Wohl auf den Maire aus, der stets nur das Wohlergehen des Dorfes im Auge habe. Es sei ihm gelungen, die Bürger von Charosson durch alle Fährnisse des Krieges hindurch zu schleusen, ohne dass ihnen Schaden an Leib und Seele entstanden sei.

Ich stellte ihm in Aussicht, dass vielleicht über kurz oder lang dem Dorfe unsere Kompaniepferde zufallen würden, und es nur auf sein „Händchen" ankäme, ihm in seiner Eigenschaft als Maire die Tiere zuzuschanzen. Er war über meine Worte sehr erfreut und schmunzelte über sein ganzes Gesicht. Bereitwillig stellte er mir zwei Zentner Äpfel zu einem Spottpreis zur Verfügung.

Noch in der Dunkelheit des gleichen Abends brachte er mir selbst die Äpfel in einem Handkarren. Auch ich unterließ es nicht, ihm in Anbetracht seiner Mühe ein Glas Wein anzubieten.

Bruno Orlowsky und ich hatten uns schon gut aneinander gewöhnt, obwohl wir beide grundverschiedene Naturen waren. Er las mir jeden Wunsch von den Augen ab, und ich ging dafür oft stillschweigend in den Stall, um ihm beim Ausmisten zu helfen. Der Mist wurde auf einen Dunghaufen vor dem Hause gebracht, der Fußboden mit Wasser gereinigt und frisches Stroh aufgelegt, welches ich aus der nahen Scheune holte. Viel Mühe machte sich Bruno mit dem Abbürsten der Pferde. Ihr Fell musste immer sauber, weich und glänzend sein. Nach dieser Prozedur pflegte er besonders liebevoll seinen Arm um den Hals der Tiere zu legen.

Wir fühlten uns in Charosson sehr wohl. Oft stolzierten wir waffenlos und ohne Koppel über die Dorfstraße, als gehörten wir schon seit vielen Jahren zu dem Dorf. Die Bauern begrüßten uns bald wie ihresgleichen.

Unsere Pferde standen im Mittelpunkt des Charossoner Interesses. Nirgends hatte ich im Dorf ein anderes Pferd entdeckt und das konnte ich mir nie recht erklären. Die Tiere fraßen auch mir schon aus der Hand und ließen mich mit der Hand auf ihr Maul patschten.

Ein drittes Haustier hatte sich auch schon bei uns eingestellt: eine kleine schwarzweiße Katze. Seit drei Tagen kam sie regelmäßig in unseren Stall und ließ sich streicheln. Ich hatte an der Stallwand einen kleinen irdenen Napf aufgestellt, den ich einmal am Tage mit Milch für sie füllte.

Wir schrieben bereits Ende Januar, und es war in der Sonne schon warm genug geworden, um die Pferde in den warmen Stunden des Tages auf die Weide zu treiben. Es wuchs bereits grünes Gras an den Wegrändern. Auch der Bauer Jules hatte seine Kühe schon auf die Weide getrieben.

Heute Nachmittag war der Unteroffizier Koch vom zweiten Kompaniezug bei mir zu Besuch und klagte, dass es in der Kompanieküche vollkommen an Frischfleisch fehle. Er fragte mich:

„Können Sie nicht irgendwo einen Mastochsen auftreiben? Ich bin von Beruf Metzger und könnte das Tier schlachten. Der Hauptmann hat stillschweigend seine Einwilligung dazu gegeben. Aber seien Sie vorsichtig bei einem solchen Kauf. Wenn man uns dabei erwischt, dann ist der Teufel los!"

„Ich habe schon einen solchen Ochsen ins Auge gefasst. Bauer Jules Marie besitzt ein solches Tier. Aber dafür dürfte eine große Stange Geld erforderlich sein."

„Am Geld soll es nicht fehlen. Die Kompaniekasse stellt dafür vierzigtausend Francs zur Verfügung."

„Das dürfte genügen. Ich will mich bemühen, einen großen Teil herunter zu handeln", sagte ich.

„Umso besser", entgegnete Koch, „dann können wir das überschüssige Geld anderen Zwecken zuführen."

Ich machte, wie gewöhnlich, beim Bauern Jules Marie am Nachmittag meine Aufwartung. Es sollte der erste größere Handel in meinem Leben werden. Der Viehhandel war für mich ein Buch mit sieben Siegeln. Ich hatte nur in Erinnerung behalten, wenn in meiner Heimat der Viehhändler an Markttagen mit treuherzigem Augenaufschlag seine Hand in die Hand eines dummschlauen Bauern legte und sagte:

„Gemacht, obwohl ich Geld dabei zuschießen muss. Es wird Ihnen in Ihrem ganzen Leben niemals mehr ein solches Angebot gemacht werden." Solche Geschäfte waren in unserem Besatzungsgebiet streng verboten. Der Festungskommandant belegte den schwarzen Viehhandel mit hohen Freiheitsstrafen

Dann stand ich vor dem Bauern Jules Marie und fragte ihn nach seinem Wohlergehen, nach dem Wetter und sonstigen nebensächlichen Dingen. Wir setzten uns zunächst einmal an seinen Küchentisch und tranken zusammen eine Flasche Wein. Nach dem zweiten Glas fragte ich ihn ganz beiläufig:

„Kann ich Ihre jungen Ochsen noch einmal sehen?"

Der Bauer ging sofort mit mir in den Stall. Die beiden Ochsen standen friedlich fressend an ihren Futterkrippen.

„Ein schönes, gesundes Tier!", sagte ich, indem ich auf den rechten Ochsen zeigte. Ich machte es umgekehrt wie der Viehhändler in meiner Erinnerung. Mir war bekannt, dass der Bauer Jules Marie sehr geldgierig war, dass aber die Entwertung des Franken in seiner katastrophalen Auswirkung von ihm noch nicht erfasst worden war. Für ihn waren tausend Franken noch immer sehr viel Geld.

„Ich gebe Ihnen für den Ochsen zehntausend Franken! Hier ist das Geld!", sprach ich und zeigte ihm zwei Päckchen mit je fünftausend Franken. Ich sah seine stechenden geldgierigen Augen unter den halbgeschlossenen Augenlidern. So viel Geld hatte er noch nie auf einem Haufen gesehen. Aber es lag auch Furcht in seinen Augen.

„Morgen kommt der Offizier von der Festungskommandantur nach Charosson. Und wenn sie mich schnappen?" Er machte dabei das Zeichen des Gehängtwerdens. Ich schüttelte meinen Kopf und sagte:

„Bringen Sie morgen früh in der Dunkelheit den Ochsen in die entlegene Moorwiese bei dem Jagdhäuschen. Am Abend kommt ein Unteroffizier unserer Kompanie und wird den Ochsen dort schlachten. Er wird dann in der Dunkelheit mit unserem kleinen Bagagewagen zum Kompaniestützpunkt gebracht. Da kann gar nichts passieren. Ich werde den Preis wegen des vermeintlichen Risikos verdoppeln." Ich zeigte ihm nun zwei weitere Päckchen von fünftausend Franken.

Jetzt war der letzte Widerstand des Mannes gebrochen und er rief: „Abgemacht! Morgen früh treibe ich den Ochsen noch bevor die Sonne aufgeht zur Moorwiese. Und morgen Abend kann ihn meinetwegen Euer Unteroffizier dort schlachten und Bruno ihn mit dem Wagen zum Stützpunkt bringen!"

Ich gab ihm zehntausend Franken mit den Worten:

„Die anderen zehntausend Franken bekommen Sie morgen Abend, wenn der Ochse abtransportiert worden ist."

Alles verlief wie vorgesehen. Unteroffizier Koch war ein ausgezeichneter Metzger und Bruno Orlowsky ein Fahrer, der schweigen konnte.

# 4.
# DIE MARINER KOMMEN
## (Februar – 1. April 1945)

Äußerlich unterschieden wir uns nur noch durch unsere Uniform von den Dorfbewohnern. Sie hatte inzwischen auch eine graue Färbung angenommen, so aschgrau, wie in diesen Februartagen die Erde von Charosson aussah.

Unsere Gewehre, unsere Bajonette und Stielgranaten hatten wir längst in einem Winkel unserer Stube abgelegt. Neben unseren Waffen ruhten dort ebenso Stahlhelm und Lederkoppel. Ich hatte Lederkoppel und Stahlhelm nicht wieder getragen, seitdem ich die Kompanieschreibstube verlassen hatte. Meine Hamsterstreifzüge führten mich oft einige Kilometer aus Charosson heraus. Die Menschen der näheren Umgebung des Dorfes waren mir daher auch nicht mehr fremd.

Am liebsten jedoch strolchte ich ohne besondere Absicht im nahen Walde herum. Dort war bereits der Frühling eingekehrt. Die Waldvögel schmetterten schon in aller Frühe in den Bäumen und Sträuchern ihre Frühlingslieder. Die Bienen waren schon emsig unterwegs zu den blühenden Weidekätzchen. Ich musste viel an mein Glück denken, an mein gütiges Schicksal, dass mich in diesen friedlichen, vom Leid der Gegenwart noch unberührten Winkel verschlagen hatte.

Heute Vormittag machte ich wieder einen meiner Streifzüge durch den nahen Wald und vergaß dabei, dass ich ein Soldat von Adolf Hitler war. Wohl schon über einer Stunde ging ich so durch den Wald und kam dann ohne Absicht auf die offene Landstraße, die von St. Augustin nach Charosson zurückführte. Ich wollte nun möglichst schnell zu meinem Quartier zurückkehren.

„War das nicht der Gleichschritt einer Marschkolonne, die aus unmittelbarer Nähe in mein Ohr dröhnte?“

Tatsächlich sah ich in etwa dreißig Meter Entfernung eine Marschkolonne auf mich zukommen. Ich konnte mich daher nicht mehr unauffällig in den Wald zurückziehen. Zu deutlich lag ich schon im Blickfeld der sich mir nahenden Männer.

„Zum Kotzen Herr Major!“ Dieser Ausspruch, der mir in heiklen Situationen in der Vergangenheit häufig auf der Zunge lag, war mir mal wieder entschlüpft.

Ich gab an der Straßenseite stehend keine überzeugende militärische Figur ab. Mir fehlte die Natur dazu, einen schneidigen Soldaten darzustellen. Alles war bei mir ins Komische verzerrt: Der Bauch zu stark herausgestreckt, die Füße zu steif nebeneinander gestellt und der Kopf viel zu weit nach hinten zurückgeworfen. Auch fehlten mir jetzt alle Dinge, die das Militärische unterstrichen: das Koppel, das die Uniform zusammenhält, das Seitengewehr und die schweren Stiefel. Alles, was ich ausströmte, war unfreiwillige Komik. Ich trug nicht das Zeug in mir, in exakter Haltung eine Truppe an mir vorbei schreiten zu lassen. In den Gesichtern der vorbeimarschierenden Soldaten lag ein breites Lächeln. Auch der voranschreitende Hauptfeldwebel, der lässig meinen Gruß erwiderte, vermochte ein Lachen nicht zu verbergen.

Trotz meiner großen Bestürzung hatte ich aber alle meine Gedanken noch beisammen. Ich erkannte die Marinesoldaten wieder, die einst die Minensuchboote und das Sperrbrecherboot in der Girondemündung bemannt hatten. Wollten diese Männer nach Charosson? Es sah so aus. Mir schien, als wolle die Kolonne kein Ende nehmen und ich fühlte die grinsenden Gesichter wie Dolchstiche. Der Schweiß trat mir in dicken Perlen auf die Stirn.

Endlich ging der letzte Mann der Kolonne vorbei und bei näherem Hinsehen bemerkte ich, dass es ein Seeoffizier war. Ein Kapitänleutnant? Ein Korvettenkapitän? Ich kannte mich in Rangauszeichnungen der Marine nicht aus. Der Offizier blieb stehen, drehte sich breit zu mir hin und starrte mich an. Die Kolonne war schon fast 20 Meter weiter marschiert. Dann erst kam Bewegung in sein Gesicht. Er winkte mich zu sich heran. Ich blieb drei Meter vor ihm stehen. Er fuhr mich mit schneidender Stimme an:

„Wo kommen Sie her?“ „Aus Charosson!“

„Wo haben Sie Ihr Koppel und ihre Waffen?“

„In unserem Quartierhaus, welches etwa dreihundert Meter von hier auf der linken Straßenseite liegt.“

Ich wies mit meiner Hand auf das Haus.

„Weshalb tragen Sie kein Koppel und keine Waffen?“, folgte die nächste inquisitorische Frage. Ich schaltete schnell auf eine Notlüge um, die in dieser Kriegszeit meine Waffenlosigkeit entschuldigen konnte:

„Ich sägte im nahen Walde Holz und musste die Stämme zusammentragen. Koppel und Waffen wären mir bei dieser Arbeit sehr hinderlich gewesen!“

„Aber trotzdem haben Sie zu Ihrer Arbeit Koppel und Waffen immer mitzunehmen! Noch sind wir mitten im Krieg! Wissen Sie das nicht?“

„Jawohl!“ Wie sollte ich ihm erklären, dass gerade meine Waffenlosigkeit und mein ziviles Auftreten mir höhere Sicherheit verschafften und die Sympathie der Zivilbevölkerung eintrug.

Ich bemerkte, dass ein verzeihendes Lächeln die Mundwinkel des Seeoffiziers umspielte und er versöhnlich einzulenken versuchte:

„In Charosson werden wir uns wiedersehen. Aber dann nicht ohne Koppel!“ Er grüßte und eilte seiner Truppe nach.

Das Wörtchen „Wiedersehen“ war mir in die Glieder gefahren. Will sich diese Kolonne auch in Charosson einnisten? Wenn wir in Charosson gut zusammenleben wollten, dann musste dieser Offizier einige Konzessionen an uns machen. Ich hatte jedoch das Gefühl, dass er eine verträgliche Natur hatte.

Ich ging zu meinem Quartier zurück. Bruno stand zu meiner Überraschung furchtbar aufgeregt vor der Haustür. Von weitem schrie er mir schon entgegen:

„Die Mariner machen in Charosson Quartier!“

„Ich weiß es bereits“, antwortete ich ruhig. „Unsere Freiheit müssen wir nun wohl oder übel mit den Marinesoldaten teilen. Aber Gott sei Dank, haben sie nicht in unsere persönlichen Lebensverhältnisse hineinzureden. Wir unterstehen auch jetzt nur unserem Hauptmann. Vielleicht dürfen wir äußerlich nicht mehr so unsoldatisch auftreten wie bisher. Und unruhiger wird es hier auch werden.“

Wir gingen in unsere Quartierstube und versuchten schnell das Durcheinander zu ordnen und den Fußboden zu säubern, weil wir damit rechnen mussten, dass uns bald jemand von der Marineabteilung aufsuchen würde.

Keinen Augenblick zu früh waren wir fertig, als wir schon ein Klopfzeichen an unserer Zimmertür vernahmen. Der Spieß der Marineabteilung war da, ein freundlicher, älterer Herr, dem niemand, der sich nicht in den Rangabzeichen einer Uniform auskannte, die „strenge Mutter" der Kompanie ansah. Er fragte freundlich:

„Gibt es in diesem Hause noch Platz für unsere Leute?"

„Gewiss, noch vier Räume können hier belegt werden."

„Sie haben doch nichts dagegen, wenn wir einige von unseren jungen Männern hier unterbringen?"

„Wie könnten wir etwas dagegen einzuwenden haben?", erwiderte ich fragend und lächelnd zugleich.

„Würden Sie mir bitte einmal die Zimmer zeigen?", bat er mich nun.

„Gut", sagte er nach der Besichtigung, „diese Räume sind für unsere jungen Männer geeignet."

Als er im Begriffe war, sich von mir zu verabschieden, trat er noch mal an mich heran und fragte:

„Haben Sie irgendeinen Wunsch, den ich erfüllen könnte? Ich meine, Sie wohnen doch etwas sehr isoliert in diesem Dorfe!"

„Wie man es so nimmt", antwortete ich, „aber wir haben zu der Bevölkerung des Dorfes ein gutes Verhältnis."

„Das ist gut und das Gleiche wollen wir auch!"

„Darf ich Ihnen da einen guten Rat geben?", fragte ich.

„Darum möchte ich Sie bitten! Sprechen Sie ganz offen mit mir!"

„Schärfen Sie Ihren Leuten gut ein, dass sie nicht ‚wild' bei den Bauern ‚organisieren'. Wenn man die Menschen hier höflich fragt, tun sie alles, was in ihrer Kraft liegt."

„Das ist auch meine Auffassung. Ich werde unsere Männer heute noch einmal beim Appell darauf hinweisen. Im übrigen dürfte es für Sie beide praktisch sein, wenn unsere Küche Sie mitverpflegt, sofern Ihr Hauptmann es gestattet. Die Verpflegung ist bei uns, ohne übertreiben zu wollen, sehr gut!"

„Ich danke Ihnen sehr!", erwiderte ich, und wir verabschiedeten uns mit Handschlag.

Schon einige Stunden später zogen sechs Marinesoldaten in unser Haus ein. Es waren gut erzogene junge Menschen, die alles taten, um uns nicht lästig zu fallen. Im Juli 1944 waren ihre Schiffe untergegangen, und dieses Erlebnis lag ihnen immer noch sehr in den Knochen. Sie erzählten mir, wie sie das Grauen gepackt hatte, als ihre Kameraden hoffnungslos in dem Kesselraum eingeschlossen waren.

Einer der jungen Leute installierte sofort einen modernen Radioapparat in seinem Quartierraum. Ich erklärte ihm, dass der Apparat überflüssig sei, denn es fehle hier der elektrische Strom.

„Nicht lange mehr!", erwiderte er mir lächelnd. „Wir haben unter uns einen ausgezeichneten Elektriker, und unterwegs haben wir eine Lokomobile gesehen, die wir morgen nach Charosson schaffen werden. Außerdem gibt es hier Brennholz in Fülle!" Er zeigte zur Bekräftigung seiner Worte auf den nahen Wald und auf das Holz neben dem Hause.

Mir gefielen diese jungen Leute ausgezeichnet, obwohl ich mit ihren politischen Überzeugungen nicht ganz einig ging. Sie hatten alle mit Erfolg die Schulung bei der Hitlerjugend durchlaufen und glaubten felsenfest an den deutschen Endsieg. In Sachen Politik konnte ich mich mit ihnen also nicht offen aussprechen. Doch ich war überzeugt, dass auch ihnen bald die Augen aufgehen würden.

Der Küchenmaat Wald empfing Bruno und mich sehr freundlich:

„Ihr könnt schon heute bei uns essen. Ihr werdet bei uns mitverpflegt. Es gibt bei uns Marineverpflegung und die ist gut."

Dass es bei der Marine Sonderverpflegung gab, wusste ich noch nicht. Ich dachte, dass alle Soldaten gleich gehalten würden und nur die aktive Fliegertruppe eine Ausnahme bildete.

Das kräftige Mittagessen war hervorragend und Bruno meinte, nachdem er das Essen schmatzend eingenommen hatte:

„So etwas Schmackhaftes und Gutes hat es in unserer Kompanieküche nie gegeben. Ein Glück, dass die Mariner gekommen sind!"

So hatte er sich mit der Anwesenheit der Mariner auf dem Umweg über seinen Magen abgefunden.

In dem kleinen unbewohnten Landhäuschen, welches auf dem bewaldeten Hügel neben dem Eichenwäldchen lag, hatten zwei ruhige, ältere Männer ihren Einzug gehalten: der dicke Obergefreite Roller aus Koblenz und Obermaat Siegfried Mahlke aus Niedersachsen. Bevor sie in das Häuschen einzogen, stellten sie sich bei uns mit den Worten vor:

„Wir sind jetzt Nachbarn, und wir wollen fortan gutnachbarliche Beziehungen miteinander halten. Die Zukunft sieht düster aus, und wir wollen Euch nicht im Wege stehen! Wir bemühen uns, heil über die letzten Tage dieses Krieges hinwegzukommen!"

„Dasselbe versuchen wir beide auch", erwiderte ich.

Der junge Marinemaat in unserem Haus hatte nicht zu viel versprochen. Die Mariner waren tatsächlich Tausendsassas!

Ein Franzose hatte im vergangenen Sommer in Royan festgestellt:

„Man kann ein paar Deutsche mitten in die Wüste setzen. In kürzester Zeit zaubern sie etwas aus dem Boden!"

Vielleicht war es nicht ganz so, aber die Mariner hatten es fertig gebracht, dass abends in unseren Quartierstuben das elektrische Licht brannte. Und der junge Maat konnte seinen Radioapparat einschalten, um die „geliebte" Stimme seines Führers zu hören.

Aber ganz so einfach war es nicht gewesen, um dieses Wunder mit dem elektrischen Licht zu bewirken. Nur unter größten Schwierigkeiten konnte man die in einem entfernten Dorf stehende Lokomobile herbeischaffen. Oft mussten die jungen Männer schieben helfen. Außerdem mussten sie ungeheuere Mengen Holz herbeischaffen, denn so eine Kraftmaschine war sehr gefräßig, wenn man ihr keine Kohlen anzubieten hatte. Kohlen aber waren weit und breit nicht mehr aufzutreiben. Als das große, Strom erzeugende Rad der Lokomobile sich drehte, erschien alles leicht und einfach.

Damit war für Charosson ein kleines Wunder geschehen. Es wurden zu den Quartierräumen der Soldaten neue Leitungen gelegt oder die alten repariert. Auch französische Interessenten meldeten sich. Mit großem Geschick machten die Mariner ein Tauschobjekt daraus:

„Willst Du Licht, gib uns Fett, Eier, …"

Diese Dinge flossen nun der Marineküche zu. Das Essen wurde noch besser. Hin und wieder gab es auch abends eine warme Milchsuppe.

Die kleine altmodische Lokomobile machte aber einen furchtbaren Krach, wenn sie in Betrieb war. Schon am Spätnachmittag begann dieses Störkonzert, denn der Heizer musste die Maschine schon früh anheizen, damit sie abends auf hohen Touren laufen konnte. Wenn sich dann das große Schwungrad mit den glänzenden roten Speichen sausend im Kreise bewegte, dachte ich an die Lokomobile zurück, die vor dreißig Jahren auf den Kirmesplätzen meiner Heimat standen und die Vorführapparate der ersten Kinos antrieben und abends die großen Bogenlampen vor den Lichtspieltheatern aufleuchten ließen.

Unser Heizer musste sich mit feuchtem Holz behelfen und mächtig aufpassen, dass das Feuer im kleinen Kesselraum nicht ausging. Es war immer ein großer Lärm und viel Arbeit um die Maschine herum. Jemand sagte lächelnd: „Viel Lärm um eine Kleinigkeit!"

Der junge Marinemaat hörte mit seinem Radioapparat fleißig ab, was der „Führer" und seine Propagandaminister zu sagen hatten. Eines Abends bat ich ihn, doch einmal auf den Schweizer Sender zu schalten.

„Dieser Lügensender! Aber ich will es einmal ausnahmsweise tun. Sie können sich ebenso wenig wie meine Eltern umstellen. Ihr könnt die neue Zeit nicht mehr begreifen!"

Nachdem er den Radioapparat auf die andere Wellenlänge eingestellt hatte, verließ er fluchtartig den Raum. Er wollte nichts hören von dem, was der Schweizer Sender durchgab.

Da der Obergefreite und der Obermaat in dem Landhäuschen in unserer Nähe auch einen Radioapparat besaßen, hörte ich fortan bei ihnen die Sender des Auslandes. Auf diese Weise gelang es mir, mich stets „allround" zu informieren.

Charosson war, seitdem die Mariner hier weilten, von quirlendem Leben erfüllt. Mit unserem stillen Landfrieden war es aus. Über die sonst so menschenleere Dorfstraße flanierten nachmittags nun die jungen, schmucken Marinesoldaten und hielten wohl Ausschau nach den Dorfschönen, die sich aber nie zeigten. Oder sie gingen im Gleichschritt über die Dorfstraße und schmetterten ein Lied in den sonnenhellen Tag. Aber noch immer zeigte sich keine Maid am Fenster.

Die Tellerminen, die noch in der Nähe der reformierten Kirche lagerten, wurden gestern abgeholt. Damit war die letzte martialische Erinnerung an unsere Kompanie ausgelöscht. Nur Bruno, die Pferde und ich waren alles, was im Dorfe an die Pionierkompanie erinnerte.

Meine Hamstertouren setzte ich unentwegt fort, und Bruno fuhr regelmäßig mit den Hamsterwaren zum Stützpunkt Neu-Holland

Schon seit über einer Woche trieben wir unsere Pferde hinaus in die freie Natur, besonders an die Wegeränder, wo das beste Gras wuchs. Ich musste meist den Pferdejungen spielen. Am liebsten lag ich bei meiner Hütearbeit auf dem Rücken, schaute in den blauen Himmel, von dem schon die Februarsonne warm herunter schien, träumte von der Heimat und dachte an die fürchterlichen Dinge, die uns vielleicht bald erwarten würden. Manchmal meinte ich auch, dass es nicht so schlimm kommen würde. Nur ab und zu verließ ich meine bequeme Stellung, wenn die Pferde in verbotene, bessere Weidegründe hinüberwechseln wollten. Die heimischen Bauern achteten höllisch darauf, dass das Gras ihres Weidelandes für ihre eigenen Tiere verblieb.

Der Frühling hatte nun wirklich seinen Einzug in Charosson gehalten. In zwei oder drei Tagen befanden wir uns schon im Monat März. Auf den Wiesen blühten bereits die gelben Kettenblumen, und unter den mannshohen Hecken fand man schon zahlreiche Buschwindröschen. Hier und da sah man auch ein duftendes Veilchen.

In etwa vierzehn Tagen würde es mit Resi so weit sein. Dann brauchte ich nur noch mit Hella auf die Weide zu gehen. Wir hatten wirklich sehr schöne, treue und anhängliche Pferde. Oft erschien es, als hätten sie wirklichen Verstand.

„Pferde haben wirklich Verstand!“, bestätigt mir Bruno. „Nur können wir es mit unserem menschlichen Geist nicht erfassen und sagen dann: Es ist nur Instinkt! Aber ich glaube, der Pferdeverstand ist viel mehr, als man so allgemein unter Instinkt versteht!“

„Du hast recht Bruno. Wenn mich die Pferde so mit ihren treuen Augen ansehen, dann bin ich auch davon überzeugt. Der Instinkt der Pferde scheint mir mehr zu sein als unser grober Verstand. Die jungen Vögel bauen kunstfertig ihr Nest, ohne es gelernt zu haben. Der organische Zusammenhang zwischen Natur und Einzelgeschöpf ist hier noch ungebrochen. Im Grunde wissen wir sehr wenig.“

Für die jungen Mariner war ich nur „der Pferdehüter“, so wie es in abgelegenen Dörfern in Deutschland noch den „Gänsejungen“ gab, der für ein kleines Entgelt die Gänse des Dorfes hütete. Ich sagte hin und wieder zu ihnen: „Mein Posten gefällt mir sehr gut. So kann ich es gut bis zum Kriegsende aushalten!“

Die strenge Warnung des Marinespießes und Korvettenkapitäns, sich gegenüber der Zivilbevölkerung anständig zu verhalten, schien bei einigen nicht gefruchtet zu haben. Vorgestern kam mir die Kunde von einem üblen Raubzug zu Ohren:

Ich besuchte am Nachmittag dieses Tages die Ferme des alten Pierre Bois in Charosson, um bei ihm Eier und Speck zu kaufen. Die junge Bauersfrau machte mir weinend die Türe auf, sagte kein Wort und führte mich in die Küche, in welcher der alte Bauer stumpfsinnig vor sich hinglotzend am Tisch saß. Er begrüßte mich sonst mit großer Höflichkeit und schenkte mir sofort ein Glas Wein ein. Ich fragte daher erstaunt: „Ist etwas passiert, Monsieur Bois?"

Der Mann gab mir keine Antwort. Trotz seines Alters ruhte die ganze Arbeitslast des Hofes auf ihm, seitdem sein Sohn Louis Soldat war. Seine Schwiegertochter Louise half ihm dabei so gut sie konnte mit ihren drei kleinen Kindern.

„Was ist denn eigentlich los, Madame Bois?"

Sie drehte sich zu mir, nahm mich bei der Hand und führte mich schluchzend in den Schweinestall. Erst dort fand sie ihre Worte:

„Dort lag es noch gestern Abend. Das Schwein wog schon gut zwei Zentner. In zwei Wochen wollten wir es schlachten. Was machen wir nun? Wir sind auf jedes Stückchen Fleisch angewiesen."

„Sagen Sie mir doch endlich, was geschehen ist!"

„Gestohlen haben sie unser Tier, die jungen Mariner. Es war heute Morgen noch ganz dunkel, aber erkannt haben wir sie doch!"

Triumphierend hielt sie einen Knopf in die Höhe. Es war ganz eindeutig der Knopf von einer Marineuniform. Ich ließ ihn mir geben.

„Madame Bois, ich werde sofort zur Marineschreibstube gehen. Der Korvettenkapitän wird eine solche Untat niemals gutheißen. Sie bekommen, wenn es eben möglich ist, Ihr Schwein wieder, auch wenn es schon geschlachtet sein sollte. In einigen Stunden bekommen Sie Bescheid."

Der alte Mann war inzwischen auch in den Stall gekommen und hatte meine letzten Worte mit angehört. Er sagte ganz leise zu mir:

„Ich weiß, die Deutschen sind nicht alle Boches!"

Ich ging in die Schreibstube der Marineabteilung, wo ich den freundlichen Spieß traf. Ich erzählte ihm die ganze Geschichte und zeigte ihm den Knopf der Uniform.

Der Kapitän hatte das lebhaft von mir geführte Gespräch durch die dünne Wand mit angehört. Er stand plötzlich im Türrahmen:
„Geben Sie mir den Knopf einmal her! Ich werde den Übeltäter herausfinden!"
Die Übeltäter wurden in der Tat schnell gefasst und exemplarisch bestraft. Die französischen Bauern erzählten sich bald mit einer kleinen Genugtuung die Geschichte von dem gefundenen Uniformknopf und dem auf diese Weise gefassten Dieb.

Heute Nachmittag trat ein ähnlicher Diebstahl zu Tage, der leider keine gerechte Sühne fand:
Ein Lastkraftwagen hielt vor unserer Haustür, und Unteroffizier Kühn und einige Männer unseres technischen Zuges fielen unerwartet in unsere Stube ein. Bruno saß am Ofen und rauchte ein Pfeifchen. Ich selbst hatte mich gerade auf das Bett gelegt. Erschrocken fuhr ich auf:
„Herr Unteroffizier Kühn, was ist los?"
Der Unteroffizier und die Leute, die hinter ihm standen, grinsten uns unverschämt an.
„Kommt mit raus!", riefen sie mir und Bruno zu.
Wir folgten ihnen. Kuhn sprang auf den Lastwagen und sprach:
„Wir haben etwas Lebendiges auf dem Wagen. Es sind Kaninchen. Die Tierchen waren ganz munter in ihren Ställen, aber furchtbar hungrig. Sie taten uns leid, und wir nahmen sie deshalb mit. Sie mussen wissen, dass vor einigen Tagen St. George von den Zivilisten geräumt wurde und die Leute alles zurücklassen mussten. Nur aus Mitleid haben wir diese Tierchen samt den Ställen mitgenommen. Gleichzeitig haben wir uns aber gedacht, dass sie bei Euch bestens aufgehoben sind. Ihr füttert sie, bis sie groß und fett sind. Zu Ostern holen wir sie wieder ab. Es soll nicht Euer Schaden sein!"
Irgendetwas stimmte da nicht!
„Es ist eine rührende Geschichte, die Sie uns da erzählt haben. Es ist rührend, dass Sie den weiten Weg von St. George nach hier nicht gescheut haben. Leider aber kann ich nicht so recht an Ihre Worte glau-

ben. Kurz gesagt: Ich möchte nichts mit diesen ‚organisierten' Tierchen zu tun haben!"

„Ich gebe Ihnen den dienstlichen Befehl, die Ställe mit den Kaninchen hinter Eurem Quartierhaus aufzustellen und die Tiere in den nächsten Wochen regelmäßig zu füttern! Verstanden?"

Ich antwortete darauf nichts. Aber Bruno schmeckte schon den guten Osterbraten auf der Zunge und entgegnete:

„Ich füttere die Tiere!"

„Sie sind viel vernünftiger als Ihr Kamerad!" und dann rief Kühn:

„So, Leute, fasst mit an!"

Ich verschwand unauffällig. Mit dieser Geschichte wollte ich nichts zu tun haben!

„Sieh zu, dass Du mit den Tieren da fertig wirst. Das dicke Ende wird bestimmt kommen!", sagte ich Bruno später. Er murmelte etwas Unverständliches und ging fort.

Schon einige Tage später kam der wahre Sachverhalt ans Tageslicht. Ein Feldgendarm stand in unserer Stube und tat sehr freundlich:

„Sie haben doch die Kaninchen nicht gestohlen, die dort in den Ställen sind? Der Bauer Millet aus St. Augustin hat bei mir Anzeige erstattet und erklärt, sie hätten die Kaninchen gestohlen."

Mir verschlug es den Atem, ich wollte sofort etwas erwidern, aber der Gendarm fuhr fort:

„Alles ist nur eine Formsache. Sie erklären mir, dass Sie keine Kaninchen gestohlen haben, und dann ist die Sache ausgestanden. Augenblick! Ich muss darüber noch ein kleines Protokoll anfertigen."

Wir konnten mit bestem Gewissen unsere Unterschrift unter das Protokoll setzen. In der Haustür erzählte ich dem Feldgendarm, wie sich die Geschichte zugetragen hatte.

„Das geht mich alles nichts an. Ich wollte nur die Sache aus der Welt schaffen!", meinte er.

Später sagte ich zu Bruno:

„Alle Bauern in St. Augustin werden nun sagen, wir hätten die Kaninchen gestohlen oder wir hätten mit den Dieben gemeinsame Sache gemacht. Ich schlage vor, Du spannst die Pferde an, und wir bringen alle Tiere dem Bauern in St. Augustin zurück."

„Das ich nicht laut lachen muss! Und was wird außerdem Unteroffizier Kühn sagen, wenn er Ostern die Kaninchen abholen will und sie dann nicht mehr bei uns vorfindet? Ich werde die Kaninchen, wie befohlen, füttern bis sie dick und fett sind. Und zu Ostern gibt es bei uns einen guten Hasenbraten."

Der Korvettenkapitän hatte sich daran gewöhnt, dass er uns ohne Koppel auf der Landstraße sah. Vielleicht hatte er auch erkannt, dass es hier ohne „schimmernde Wehr und Waffen" manchmal viel besser ging. Sein Gesinnungswechsel trat bei einem besonderen Ereignis zu Tage:
Ein junger, ortsfremder Feldwebel, von Beruf evangelischer Pfarrer, kam per pedes durch unser Dorf und wollte sich in unserem Haus nach dem Weg erkundigen. Die Tür unseres Hauses stand auf und auch die Zimmertür war offen. Doch es war niemand da. Er erblickte an der Wand beim Ofen unsere Gewehre, Patronentaschen, Stielhandgranaten und Seitengewehre. Unglaublich! Überall gab es Partisanen!

Er eilte zum Spieß der Marineabteilung und erstattete Bericht.

„Beruhigen Sie sich bitte! Diese Leute sind uns gut bekannt. Sie sind alt und erfahren, obwohl Ihnen alles nicht richtig erscheinen mag."

Da der Besucher sich aber nicht beruhigen wollte, führte ihn der Spieß zum Korvettenkapitän. Dieser lächelte fein und sagte schließlich:

„Ich werde diese Leute einmal darauf aufmerksam machen, dass sie ihr Haus abschließen, wenn sie es verlassen, damit keine fremde Person darin herumschnüffeln kann. Im übrigen habe ich bei diesen Männern durchaus keine Bedenken. Es sind alte Leute, die sich nicht mehr so recht an den Militärkram gewöhnen können. Ich sehe die Sache durchaus nicht so schwarz wie Sie!"

Der Spieß gab uns aber noch an demselben Nachmittag den guten Rat, unsere Türe in Zukunft abzuschließen oder unsere Waffen so wegzulegen, dass sie nicht sofort ins Auge fallen konnten. Er schien sich insgeheim über die ganze Angelegenheit zu belustigen. Zum Schluss sagte er noch:

„Wisst Ihr was? Heute Abend gibt es für uns alle eine Überraschung: Die Küche wird uns Rollmöpse verabreichen."

Am nachfolgenden Tage erfuhr ich, dass es noch eine gut funktionierende Verbindung von unserer Festung nach La Rochelle gab. Mein Nachbar, der Obergefreite Roller, war zu einer ärztlichen Konsultation nach La Rochelle abgeordnet worden, zu einer klinischen Untersuchung seines Magens.

„Es erschien mir zuerst böhmisch", erzählte er mir vor seinem Hause stehend, „dass man heute noch nach La Rochelle fahren kann. Aber es stand ausdrücklich auf der ärztlichen Bescheinigung: Zur fachärztlichen Untersuchung in das Militärlazarett La Rochelle überwiesen. Ich konnte mich davon überzeugen, dass es noch möglich ist:
Wir fuhren bei anbrechender Dunkelheit vom Stützpunkt Neu-Holland mit einem Boot ab, überquerten die zu dieser Jahreszeit stürmische Seudre und kamen dann glücklich auf der Insel Oléron an. Die Fahrt mit einem Lastwagen über die schlechten Landstraßen der Insel war kein Vergnügen. Über zwanzig Kilometer ging es nun nach Norden über die ganze Insel hinweg. Ohne besondere Hindernisse setzten wir nach La Rochelle über. Genau so ging es wieder zurück.

In La Rochelle hat sich noch nichts geändert. Darüber war ich eigentlich erstaunt. Die Caféhäuser dieser Stadt waren wie eh und je voller Menschen. Der Kommandant dieser Festung schien mir ein besserer Taktiker gewesen zu sein als der unsrige. Vielleicht wäre es mit ihm nicht zur Zerstörung von Royan gekommen!"

„Aber etwas möchte ich gerne noch wissen. Hat der Wallfeldwebel damals die zerstörte Hafenmole in Royan wieder instand gesetzt? Können jetzt Schiffe dort anlegen?", fragte ich.

Roller lachte: „Ich weiß davon. Der verrückte Plan des Wallfeldwebels ist ins ‚Wasser gefallen'. Die Arbeiten an der Mole mussten eingestellt werden. Wir hätten ja sonst nicht den umständlichen Weg über die Insel zu nehmen brauchen!"

„Dann habe ich damals richtig gehandelt, als ich auf die unsinnige Arbeit so negativ reagiert habe."

„Das will ich wohl meinen", war seine Antwort.

Ich hörte am Abend bei Roller noch einmal die Feindsender ab. Eine Nachricht war für mich besonders interessant:

„Den Amerikanern glückte bei Remagen und bei Mainz der Übergang über den Rhein. Durch das Lahntal ist er schon tief in das rechtsrheinische Gebiet eingedrungen."

„Das ist ein Dolchstoß in das Herz Deutschlands", dachte ich und mein Kamerad aus Koblenz meinte:

„Ich glaube jetzt nicht mehr daran, dass es noch lange dauern wird. Der Krieg tritt in seine Endphase!"

Der Monat März brachte dieser Landschaft schon den vollen Frühling. Es war fast alles schon so wie bei uns in den ersten Maitagen. Die Jungvögel wagten schon ihre ersten Flüge. Wilde Kaninchen tummelten sich abends und am frühen Morgen in den Gärten herum oder hockten an den Waldwegen. Hoch oben in der Luft kreisten Habichte oder Bussarde. Heute kehrte ich von einem beschaulichen Abendspaziergang zurück, als schon die ersten Sterne am Himmel standen. Draußen sauste eine schwarze Limousine an unserem Haus vorbei. Der Festungskommandant fuhr jeden Abend von Royan in das exterritoriale Gebiet von Les Mathes und der Weg führte an unserem Quartierhaus vorbei.

Als ich in unsere Stube trat, leerte Bruno gerade eine Flasche Wein und meinte besorgt:

„Ich glaube, mit unserer Resi ist es heute Nacht so weit. Sie hat den ganzen Vormittag mit den Vorderfüßen im Stall herumgescharrt, was die Muttertiere vor einer Geburt immer tun. Ich habe Jean Marie schon Bescheid gegeben!"

Wir legten uns zeitig zu Bett, und in der Zimmerecke stand griffbereit die Stalllaterne. Einige Male stand Bruno in der Nacht auf und ging in den Stall. Beim dritten Male blieb er sehr lange fort. Erst beim Morgengrauen kam er wieder, machte ein frohes Gesicht und sprach:

„Es war eine sehr schwere Geburt. Jean hat mir redlich dabei geholfen. Es ist alles gut gegangen!"

„Konnte ich da nicht auch helfen?", fragte ich. Bruno lachte:

„Ihr Städter seid zu so etwas nicht zu gebrauchen!"

„Aber kann ich mir das Fohlen denn einmal ansehen?"

„Freilich kannst Du das. Komm mit!"

Im Stall meinte er: „Jetzt dürfen wir Resi gratulieren!"

Er strich dabei zärtlich über ihr Fell. Dicht neben ihr lag ein dunkelbraunes Wollbündel, welches Resi mit ihrer Zunge leckte.

„Das ist das Fohlen. In einigen Stunden wird es schon versuchen, sich auf die Beine zu stellen."

In seinen Augen lag etwas wie Verglück. Wir tranken auf das Wohl von Resi und ihr Fohlen.

Vierundzwanzig Stunden danach stand das Fohlen schon auf seinen Beinen, die noch ganz holzig und stockig aussahen. Linkisch hoppelte es um seine Mutter herum. Es wagte sich nicht aus seiner Reichweite. Bruno nannte es „Röschen". Niemand außer Bruno durfte sich dem Sprössling Resis allzu sehr nähern.

Und alles wäre so ruhig und friedlich weiter gegangen, wenn nicht vom Stützpunkt Neu-Holland unerwartet ein böser Besuch gekommen wäre! Schon einige Tage zuvor hatte uns ein vorbeiradelnder Mann unserer Kompanie die unangenehme Nachricht überbracht, dass unser Hauptmann nun endgültig als Pionieroffizier in die Festungskommandantur versetzt worden wäre und der Oberleutnant Faupel unser Kompaniechef geworden sei. Dieser sei gar kein so übler Mann und hätte sich bisher kameradschaftlich gezeigt. Ich war trotzdem von diesem Wechsel nicht sehr erbaut!

Ohne jede Ankündigung war nun der neue Herr höchstpersönlich zu uns nach Charosson gekommen! Wir hatten uns gerade etwas auf die Betten gelegt und hielten eine kleine Mittagsruhe. Zuerst öffnete der Oberleutnant nur eine Handbreit die Zimmertür und schaute mit vorgebeugten Kopf herein, und dann stand er in voller Höhe und Breite in der weit geöffneten Tür und schaute uns an. Ich schätzte sein Alter auf etwa fünfunddreißig Jahre. Es war keine besonders sympathische Gestalt, die da vor uns stand und uns drohend anfunkelte. Es sah im Zimmer aber auch nicht gerade schön aus!

Wir erhoben uns, wie das Exerzierreglement es uns gebot, von unseren Betten, knöpften unsere Röcke zu und nahmen eine stramme Haltung ein. Wir waren auf das Tollste gefasst!

„Seht euch doch mal diese faulen Knochen an! Liegen am hellen Tag wie die Landstreicher herum, leben in den Tag hinein wie Gott in Frankreich und wissen nicht, wie es draußen in der Welt aussieht!"

„Es ist uns sehr wohl bekannt, wie...“, waren meine Worte.

„Halten Sie gefälligst Ihren Mund bis sie gefragt werden!“, fuhr Faupel mich an.

„Jetzt zur Sache! Ich bin seit acht Tagen Euer Kompaniechef. Zuerst ist zu bemerken: Hier dürfte es anders aussehen. Ich meine, hier muss eine Generalreinigung vorgenommen werden! Und dann: Was tut Ihr eigentlich noch hier in Charosson?“

Ich ergriff schnell das Wort:

„Herr Oberleutnant, es geht um die Pferde und das Fohlen.“

„Schweigen Sie!“, brauste der Mann wieder auf. „Es ist alles höchst nebensächlich mit Euren Pferden und dem Fohlen! Was brauchen wir noch Pferde? Vielleicht Pferdefleisch? Und jetzt möchte ich zum Schluss kommen!“ und er sah dabei auf seine Uhr:

„Heute haben wir Montag. Donnerstag, um 9 Uhr morgens, meldet Ihr Euch feldmarschmäßig ausgerüstet auf Stützpunkt Neu-Holland. Das mit den Pferden wird schon geregelt. Ich brauche in Neu-Holland dringend jeden Mann. Auch Euch, Ihr Helden! Verstanden?“

Wir sagten „Jawohl“, obwohl wir am liebsten „Nein“ gesagt hätten.

„Also, drei Tage lang habt Ihr noch Zeit, um hier alles in Ordnung zu bringen und Euch an den Gedanken zu gewöhnen, dass noch Krieg ist.“ Ohne Gruß verließ er unser Zimmer und verschwand mit seinem PKW.

Mit unserer guten Kugel in Charosson war es nun endgültig aus! Bruno kommentierte die Situation mit den Worten:

„Es wäre zu schön gewesen, wenn man uns bis zum Schluss hätte gewähren lassen. Unsere Pferde tun mir sehr leid. Ich hätte am liebsten den Kerl umbringen können, als er das mit den Pferden sagte.“

„Ich kann nicht verstehen, weshalb unser alter Kompaniechef keine besonderen Instruktionen hinterlassen hat. Alles ist mir rätselhaft.“

„Komm, lass uns einen heben!“, meinte Bruno. „Da schaut wirklich niemand mehr durch.“

Am Nachmittag dieses Tages fütterten wir nur schnell die Tiere und tranken. Wir leerten verschiedene Flaschen Wein und redeten uns den Druck von der Seele. Wir vergaßen dabei nicht, auf das Wohl des alten Hauptmanns zu trinken. Doch Hamstertouren würde ich in den paar uns verbleibenden Tagen nicht mehr machen.

Am nächsten Tag ging ich mit Hella noch einmal auf die Weide. Am Nachmittag saßen wir wieder in unserer Stube und dachten noch einmal über unser Schicksal nach. Da klopfte plötzlich jemand an das Fenster. Es war unser alter Hauptmann.

„Ich suche einen guten Tropfen Wein!", sagte er lächelnd.

„Darf ich mit einem ausgezeichneten weißen Bordeaux dienen?", antwortete ich.

„Wenn möglich hier draußen in der freien Natur. Es ist heute so ein herrlicher Frühlingstag."

Ich brachte schnell unsern Tisch und Stühle in das Gärtchen neben unser Quartierhaus und stellte eine Flasche von dem besten, weißen Bordeaux meines Freundes Norman auf den Tisch. Dieser Wein war eine Anerkennung dafür, dass ich ihm elektrischen Strom besorgt hatte.

„Hat das Pferd schon gefohlt?", war die erste Frage des Hauptmanns.

Ich bejahte und der Hauptmann sprang auf:

„Da muss ich mir doch das Fohlen erst einmal ansehen!"

Wir gingen in den Stall. Bruno, der gerade die Pferde fütterte, verließ fluchtartig den Raum. Behutsam strich der Hauptmann über das weiche Fell des Fohlens, welches immer noch hölzern auf seinen vier Beinen dastand. Resi aber blickte den Hauptmann böse an, so dass dieser vorzog, ihr Kind loszulassen. Er sagte:

„Ein allerliebstes Tier! Es macht der Mutter alle Ehre."

„Unser Pferdepfleger, Bruno Orlowsky, ist nicht ganz unschuldig an dem guten Zustand der Tiere", entgegnete ich.

„Ich weiß, Orlowsky ist ein guter Pferdepfleger."

Dann ging der Hauptmann wieder nach draußen und hob sein Glas:

„Auf das Wohl der Pferde!"

„Auf Ihr Wohl, Herr Hauptmann!"

Der Hauptmann hatte jede Standeshaltung beiseite geschoben und lächelte mir wie einem Gleichgestellten zu. Wie ein echter Weinkenner schlürfte und kostete er den Wein, bevor er ihn herunterschluckte:

„Das ist ein verdammt guter Tropfen, den Sie mir da vorgesetzt haben. Von diesem Wein möchte ich gerne ein ganzes Fässchen haben!"

„Vielleicht kann ich ihnen ein solches Fässchen besorgen."

„Damit würden Sie mir eine große Freude bereiten."

Wir leerten die Flasche Wein im angeregten Gespräch, und dabei erzählte ich ihm auch von unserer Begegnung mit dem Oberleutnant Faupel und seinem fatalen Befehl. Unser ehemaliger Kompaniechef schüttelte den Kopf und lächelte schelmisch:

„Da habt Ihr ja Pech gehabt! Aber ein Fässchen von diesem Wein müssen Sie mir unbedingt noch vorher besorgen!"

„Wenn Sie gestatten, werde ich den Winzer sogleich fragen, ob Sie den Wein bekommen und sofort mitnehmen können. Der Weinbauer wohnt in unserer Nähe."

„Das wäre fein. Ich habe meinen Wagen hier, in den wir ihn sofort verladen könnten!"

Sofort eilte ich zu meinem Freund Norman.

„Monsieur Norman", sagte ich atemlos, „es geht um unseren alten Hauptmann. Vielleicht wird er doch noch etwas tun, dass ich hierbleiben kann. Er wünscht sich ein Fässchen von dem köstlichen weißen Bordeaux, von dem Sie mir neulich einige Flaschen gegeben haben."

„Was ich für Sie tun kann, will ich gerne tun. Wie viel Liter Wein will er denn haben?"

„Fünfzig Liter."

„Das ist möglich", entgegnete er freundlich.

„Und der Preis?", fragte ich weiter.

„Darüber werden wir uns schon einig, bestimmen Sie nur."

Ich nannte einen angemessenen Preis, den er sofort akzeptierte.

Wir verluden das Fässchen auf den Wagen des Hauptmanns, der mir beim Davonfahren mit einem vielsagenden Lächeln winkte.

„Ein liebenswerter Mensch!", sagte ich zu Norman. „Es gibt leider nur wenige Offiziere dieser Art. Der Mann tat alles für seine Truppe, als er noch ihr Chef war."

„Ich habe im ersten Weltkrieg auch so einen Offizier bei unserer Truppe kennengelernt. Er opferte sich ganz für seine Leute auf. Acht Tage vor dem Waffenstillstand fiel er. Seine Heimat, an der er so sehr hing, hat er nicht wiedergesehen. Wir haben alle geweint, dass es ihn noch so kurz vor Schluss erwischen musste. Es war ein zufälliger Einzelschuss, der gar nicht ihm gegolten hatte."

Der nächste Tag verlief ruhig. Es blieb wohl bei unserer Abkommandierung am morgigen Tag. Bruno gab den Tieren reinen Hafer.

„Sie sollen heute noch einmal Festessen haben. Morgen müssen sie wahrscheinlich den Weg alles Irdischen gehen. Die armen Tiere!" Weiter konnte er nicht sprechen. Tränen liefen ihm über die Wangen.

„Es wird vielleicht doch nicht alles so schlimm werden!", versuchte ich ihn zu trösten. „Was hilft unser ganzes Sorgen! Ich mache jetzt einen Spaziergang und gönne mir anschließend ein Nickerchen auf der Wiese. Die Sonne scheint so schön vom Himmel. Wer weiß, ob ich mich noch einmal müßig in der freien Natur hinstrecken kann."

„Geh nur!", sprach Bruno. „Ich mache meine Sachen fertig."

Nach dem Spaziergang lag ich lang ausgestreckt auf der grünen Wiese und schaute hinauf in den blauen Himmel. Wie schön war es in Charosson! Morgen schon würde alles aus sein, so wie die schöne Stadt Royan, die einst gewesen ist und jetzt nicht mehr war.

Auf einmal war mir, als hätte mich jemand gerufen. Unruhig hob ich den Kopf. Im nächsten Augenblick sah ich, wie Bruno laut rufend auf mich zukam. In der linken Hand hielt er etwas Schwarzes, das wie eine Schlange aussah. Es konnte mein Lederkoppel sein. Jetzt verstand ich seine Worte:

„Der Admiral, der Admiral!" Er übergab mir aufgeregt mein Koppel:

„Der Admiral, unser Festungskommandant, und unser alter Hauptmann sind gekommen und wollen Dich sprechen. Sie warten vor dem Haus auf Dich! Ich habe ihnen gesagt, ich würde Dir sofort Bescheid geben, Du seiest zu einem Bauern gegangen, um Hafer für die Pferde zu besorgen."

Ruhig und bedacht legte ich mir mein Koppel um, entfernte schnell die Grashalme von meiner Uniform und ging gemächlich unserem Quartierhaus entgegen.

„Ein General ist ein großer Mann. Ein Admiral ein ebenso großer. Persönlich bin ich noch nie mit einem solchen Herrn zusammengekommen. Ein Admiral", so überlegte ich, „ist vielleicht ein Mann, wie ich ihn auf den Bildern in den ‚Zehnpfennig-Stollwerkspackungen' bewundert hatte, die ich vor vielen Jahren aus dem Automaten gezogen hatte: Schneeweiße Rockaufschläge, dunkelblaues Uniformtuch und viele Orden, so viele, dass sie nicht alle auf der Uniform Platz finden konnten. Ein Geflimmer von Gold und Blau!“

Vor der Haustür standen zwei uniformierte Herren. Der ein war unser Hauptmann. Der mir unbekannte Herr, der Admiral, trug eine einfache Felduniform. Was wollte er von mir? Vor ihm stehend, legte ich meine Hand an den Mützenrand, so als ob ich einem Gleichgestellten gegenüberstünde. Der Hauptmann stand bescheiden einige Schritte dahinter.

„Das ist der Gefreite!“, hörte ich seine Stimme.

Lächelnd sprach der hohe Herr zu mir:

„Zeigen Sie mir bitte einmal die Pferde und das kleine Fohlen!“

„Jawohl, Herr Admiral!“

Er und der Hauptmann folgten mir in den dämmrigen Stall. Mir fiel ein, dass ich eigentlich hätte sagen müssen:

„Zu Befehl, Herr Admiral!“

Vor dem niedrigen Holzgatter des Stalles blieb der hohe Herr stehen.

„Das sind ja reizende Tiere!“, und er schwang sich über das Holzgatter. Dann tätschelte er die großen, braunen Tiere und schaute ihnen ins Maul. Doch als er unser kleines Röschen, das mit stockigen Beinchen dastand, auch tätscheln wollte, fuhr Resi zornig mit dem Kopf herum. Ihr kleines Kind durfte kein Fremder anrühren! Der Admiral sprang ohne Verärgerung auf und steckte Resi ein Stück Zucker ins Maul, als wolle er sie beruhigen.

„Ich stelle fest“, sagte er, „auch ich habe meine Machtgrenzen!“

Er versuchte noch einmal, Röschen anzufassen und wieder fuhr Resi zornig mit dem Kopf herum.

„Doch Du sollst auch nicht zu kurz kommen!“, wandte er sich dann Hella zu und steckte dem anderen Pferd ein Stück Zucker ins Maul.

„Es sind wirklich gute Tiere!“, meinte er mit sachkundiger Miene.

Das war das Stichwort, wo ich einsetzen konnte:

„Die Pferde sind auch unsere Freude, Herr Admiral! Ihr Pfleger, der Obergefreite Orlowsky, ist trostlos, weil vorgestern Herr Oberleutnant Faupel von Pferdefleisch sprach und ganz nebensächlichen Tieren. Wir müssen morgen von hier fort zum Stützpunkt Neu-Holland. Was dann aus den Pferden werden soll, weiß der Himmel. Orlowsky meint, es ginge mit ihnen direkt zur Fleischbank!“

„Der Befehl Ihres Kompaniechefs ist aufgehoben und er wird sofort davon verständigt. Sie und der Pferdepfleger bleiben hier in Charosson. Ich rate Ihnen aber, sich mit den hiesigen Bauern zu verständigen, damit die Pferde genügend Weideland haben. Am besten pachten Sie in meinem Auftrage noch eine große Weide!“, sagte ruhig der Admiral.

„Ich danke Ihnen, Herr Admiral!“

Ich folgte den beiden Herren dann in angemessener Entfernung bis vor die Haustür. Vor der Tür wandte sich der Admiral noch einmal kurz um, grüßte zum Abschied höflich und ging zu seinem Wagen. Der Hauptmann verweilte noch einen kurzen Augenblick neben mir und flüsterte mir ins Ohr:

„Sie machen alles so erschreckend unmilitärisch. Hoffentlich haben Sie den Herrn dadurch nicht verärgert!“

„Ich danke Ihnen herzlich, Herr Hauptmann! Sie haben alles sehr gut eingefädelt. Leider kann ich nicht mehr aus meiner Haut heraus.“

Der Hauptmann nickte mir freundlich zu, grüßte gleichfalls zum Abschied und eilte dem Admiral nach.

Auf einmal war auch Bruno wieder auf der Bildfläche erschienen. Ich fiel ihm um den Hals, schleifte ihn tanzend in unsere Stube und drehte ihn dort noch ein paar Mal im Kreise herum. Bruno blickte mich zuerst etwas verwundert an.

„Eine gute Nachricht?“, fragte er und erriet meine Antwort.

„Wir bleiben hier! Der Admiral hat den Befehl des Oberleutnants aufgehoben. Alles bleibt beim Alten!“

Orlowsky vermochte das Glück kaum zu fassen. Er musste sich erst einmal auf einen Stuhl setzen und sich ein Pfeifchen anzünden. Ich ging still zu unserem kleinen Spind, holte die letzte Flasche von unserem guten weißen Bordeaux, füllte zwei Gläser bis zum Rande und sprach:

„Auf das Wohl unseres lieben, alten Hauptmanns, der das Unmögliche möglich gemacht hat!“

Wir leerten das Glas mit einem Zuge und zechten bis zum Morgengrauen, vergaßen darüber aber nicht, die Pferde zu füttern. Unzählige Male ließen wir unseren Hauptmann hochleben.

Unser Tagesablauf verlief nun so wie vordem. Das Osterfest nahte schon heran, und unser Küchenmaat versicherte uns, dass es zum Feste ein Essen gäbe wie bei „Muttern". Bruno meinte, dass unser Kaninchenbraten auch nicht zu verachten sei. Ich machte dazu ein missmutiges Gesicht und entgegnete:

„Ich verzichte aus den bekannten Gründen auf den Festbraten!"

Am Osterfest überraschte uns heller Sonnenschein. Das Fest fiel in diesem Jahr spät, genau auf den ersten April. Die Matrosen flanierten wieder in ihrer besten Uniform über die Dorfstraße, aber noch immer ließ sich kein Mädel blicken. Auch ich machte am Ostermorgen meinen Spaziergang in den Wald und bedachte die Ereignisse der letzten Tage. Mir wurde klar, dass die Annullierung des Befehls des Oberleutnants Faupel noch kein Passeport für eine ungetrübte Zukunft war. Einmal musste der Zeitpunkt kommen, wo wir dieses Paradies des Friedens verlassen mussten. Davor konnte auch kein Admiral uns bewahren.

Die neuesten Nachrichten besagten, dass die Amerikaner in Deutschland von der oberen Lahn zum Stoß nordwärts aus ansetzten und gleichzeitig eine Offensive von Holland her in das Ruhrgebiet entwickelten. Nicht lange mehr, und Deutschland hatte seine letzte Rohstoffbasis verloren. An eine Fortsetzung des Krieges war dann nicht mehr zu denken. Ich wollte nicht weiter grübeln und beendete meinen morgendlichen Spaziergang.

Ich holte dann in der Küche das Mittagessen. Der Küchenmaat füllte unsere Kochgeschirre bis oben hin. Ich hatte Brunos Kochgeschirr auch mitgebracht, denn Bruno wollte mit der Aussicht auf den Kaninchenbraten sein Essen nicht abholen. Es gab zu Ostern junge Erbsen, Sauce, Kartoffeln und leckeren Sauerbraten. Zusätzlich füllte uns der Küchenmaat auch Pudding mit Himbeertunke in den Deckel unseres Geschirrs. Jeder erhielt außerdem noch eine Tafel Schokolade.

Als ich zu unserem Quartier zurückkehrte, hantierte Bruno noch immer umständlich an seinem eisernen Kessel herum, in welchem der Kaninchenbraten „schmorte". Bruno hatte wohl noch niemals in seinem Leben einen solchen Braten zubereitet. Er machte zuerst einen entscheidenden Fehler. Er hatte zu reichlich Wasser in den Bratentopf gegossen, und in unserer Stube stand der Dampf wie in einer Waschküche. Und dann machte er hinterher noch einen zweiten Fehler: Er goss einen halben Liter Olivenöl über den Braten. Und da Wasser und Öl sich nicht vertrugen, gab es eine durchdringende Rauchentwicklung. Um atmen zu können, riss ich das Fenster auf. Der Festbraten war vollkommen missraten! Die Haut des Tieres war kohlrabenschwarz, das Fleisch aber noch roh und zäh.

„Sie haben Dir das älteste Tier zurückgelassen!“

Orlowsky brummte bei meinen Worten Böses zwischen den Zähnen.

„Zu Deiner Beruhigung: Dein gutes Essen aus der Kantine steht auf der Fensterbank. Du brauchst es nur auf dem Ofen aufzuwärmen.“

Das Essen hat ihm dann genauso gut gemundet wie mir. Doch den ganzen Nachmittag sprach er vor Ärger kein Wort mehr mit mir. Mir tat es nur um unser gutes Olivenöl leid.

***Admiral Michaelis, Kommandant der Festung Royan***

*(Fotografie musée de la Poche, Royan)*

# 4.
# DIE UNSINNIGE FLUCHT
## (April 1945)

Nun schrieben wir schon Anfang April und noch immer herrschte im Dorf tiefer Frieden. An die Marinesoldaten hatten wir uns so gewöhnt, als lebten wir schon eine Ewigkeit mit ihnen zusammen.

Dann drangen schlechte Nachrichten aus dem Stützpunkt Neu-Holland zu uns Die Verpflegung war dort so schlecht geworden, dass die Leute vor lauter Hunger kaum noch ihrem Wachdienst nachgehen konnten. Man behandelte sie wie Rekruten auf dem Kasernenhof. Wir waren froh, hier sein zu dürfen!

Ein junger Mann unserer Pionierkompanie, der als Melder beim Festungskommandanten fungierte, brachte uns in den letzten Wochen immer etwas Ablenkung. Wenn er mit seinem Fahrrad vorbei kam, erzählte er uns alle Neuigkeiten aus der Festung. Ich versäumte es nie, ihm mit einer Flasche Wein oder einigen Eiern aufzuwarten.

Die Pferde brauchten nun nicht mehr den Bagagewagen zu ziehen, denn Bruno brachte keine Hamsterware mehr nach Neu-Holland. Nur gelegentlich kamen Leute von unserer Kompanie vorbei, um Esswaren für sich persönlich abzuholen.

An einem Nachmittag überraschte uns der freundliche Spieß der Marineabteilung mit einer sehr beunruhigenden Nachricht:

„Es wird sich in Kürze etwas Entscheidendes tun. Am besten legt Ihr Euch beide auch einige Einmannlöcher an, damit Ihr, wenn etwas passieren sollte, einen Zufluchtsort habt. Unsere Leute müssen sich überall solche Einmannlöcher graben.“

Er setzte sich vertraulich an den Tisch und erzählte uns, dass ihm der Korvettenkapitän aufgetragen habe, uns von dem außerordentlichen Ernst der Lage in Kenntnis zu setzen. Auch im Walde sollten wir uns vorsichtshalber einen kleinen Schutzgraben von anderthalb Metern Tiefe anlegen. Die Stellung im Walde gelte im Falle eines Angriffs als zweite Verteidigungslinie vom Meer aus gesehen. Die Einmannlöcher bei unserem Hause oder in den Eichenwäldern seien der beste Schutz gegen Artilleriebeschuss und Bombenangriffe. Er legte es frei in unser Ermessen, wie wir es machten. Da der Marinefeldwebel sehr ernst auf uns eingesprochen hatte, fragte ich ihn:

„Drohen uns denn unmittelbare Gefahren?"

Mit einer Schulter zuckend antwortete der Spieß:

„Ich weiß noch nichts Bestimmtes. Aber an der Lage in Deutschland gemessen, ist nun auch hier mit dem Schlimmsten zu rechnen. Ich rate Euch daher: Grabt Euch schnell die zwei Einmannlöcher! Ebenso beginnt mit der Anlage eines Schutzgrabens im Walde!"

Wir taten, wie uns der Spieß geraten hatte. Ein Einmannloch hoben wir dicht bei unserem Haus in dem nahen Eichenwäldchen aus. Dann legten wir auch einen Schutzgraben im Walde an, von wo aus wir den ganzen Wald und den im Talgrunde vorbeiführenden Weg überschauen konnten. Das war eine mühselige Arbeit mit Spitzhacke und Spaten. Als wir fertig waren, sagte ich zu Bruno:

„Ich hoffe, dass dieser Graben niemals von uns bezogen werden muss, denn wer soll hier noch wen oder was verteidigen?"

Mit einem Schlag war es nun überall unruhiger geworden. Es lag etwas nicht greifbares Beunruhigendes in der Luft. Aber es gab keine besonderen Anzeichen zu erkennen. Bruno und ich bemühten uns, nach außen hin Ruhe zu bewahren. Auch unterließ ich es niemals, wie bisher meine französischen Freunde regelmäßig aufzusuchen. Ebenso führten wir unsere Pferde noch jeden Tag auf die Weide. Der Winzer Norman lud mich nun häufiger als früher in seinen Weinkeller zu einem Glase Wein ein. Als ich zum letzten Mal bei ihm war, sprach er ganz offen zu mir:

„Es wird nicht mehr lange dauern und die letzte Aktszene ist fällig. Der Vorhang wird dann endgültig fallen und meine Landsleute werden laut Beifall klatschen."

„Und in Berlin tut man noch immer so, als ob dieser Krieg ewig dauern würde! Ob der Festungskommandant noch an den Sieg glaubt? Am besten, wir Deutschen schließen die Augen und denken: Mag kommen, was da will!", antwortete ich.

„Vielleicht ist dies das Gescheiteste, was Ihr jetzt noch tun könnt", meinte Norman lächelnd.

Ich trank schnell mein Glas Wein aus, denn ich wollte noch in der Marineküche mein Essen holen.

Auf meinem Weg dorthin durch das Eichenwäldchen hörte ich plötzlich ein ungewöhnliches Brummen dicht über dem Blätterdach des Waldes. Ich schaute in die Höhe und bemerkte, dass ein feindliches Flugzeug darüber kreiste.

„Das erste Flugzeug in Charosson!", dachte ich. „Bestimmt hat es es auf die abgestellten Lastfahrzeuge auf der Umgehungsstraße abgesehen." Doch das Flugzeug steuerte dann direkt auf mich zu und eröffnete das Maschinengewehrfeuer:

„Der Kerl hat es tatsächlich auf mich abgesehen!", und ich eilte zu dem nahen Einmannsloch, dass ich hier angelegt hatte. Beim Abspringen in das Loch bemerkte ich jedoch, dass auf dem Boden eine Sandviper ausgerollt lag. Sie hatte den Kopf erhoben und züngelte mich an. Im Bruchteil der Sekunde, die zwischen Absprung und Berührung mit dem Boden des Einmannloches lag, gelang es mir, den Absatz meines Stiefels auf den Kopf der Viper zu setzen. Ich spürte, dass ich den Kopf der Schlange getroffen hatte und konnte mich nun ohne Bedenken tief in das Loch hineinducken. Die Kugeln des Maschinengewehrs pfiffen über meinen Kopf. So schnell wie das Flugzeug kam, so schnell war es auch wieder aus meinem Gesichtskreis verschwunden. Ich konnte meinen Weg zur Marineküche fortsetzen.

Am Nachmittag wiederholte sich der Vorfall mit einem anderen Tiefflieger. Es ereignete sich in der Nähe des kleinen Landhäuschens, in dem meine beiden liebenswürdigen Nachbarn wohnten. Wieder brauste das Flugzeug dicht über meinem Kopf hinweg und ließ sein Maschinengewehr spielen. Ich warf mich flach hinter den ersten besten Baum. Nachträglich stellte ich fest, dass die Einschüsse ganz dicht über meinem Kopf im Baumstamm lagen. Ein gütiges Geschick hatte die Hände über mich gehalten. Auch diesmal schien es das Flugzeug auf mich persönlich abgesehen zu haben.

An diesem Abend nahmen wir unsere Mahlzeit sehr besorgt ein. Unser geruhsames Leben hier in Charosson war zu Ende. Seltsamerweise schien der größte Teil der Marinesoldaten verschwunden zu sein.

Um die Mittagszeit des nachfolgenden Tages kam der Meldegänger von der Festungskommandantur wieder mit seinem Fahrrad an unserem Hause vorbei und vertraute mir ganz aufgeregt an:

„Wir haben in der Festungskommandantur einen feindlichen Funkspruch dechiffriert. In den nächsten Stunden geht es bestimmt los. Eine Unmenge feindlicher Panzer steht bereit, um unser Festungsgebiet zu überrollen. Der Feind wird auch Flugzeuge und Kriegsschiffe bei seinem Angriff einsetzen. Es wird ein Höllenspektakel werden!“

Ich machte meinem Kameraden noch schnell einige Bratkartoffeln mit Spiegeleiern, bevor wir Abschied nahmen. Abends hörte ich im Landhäuschen nebenan die Stimme Amerikas und vernahm unter anderem:

„Amerikanische Streitkräfte operieren im Raum der westfälischen Stadt Olpe.“ *(Es war in der Nähe meiner Heimat.)*

Diese Nachricht beruhigte mich, denn nun wusste ich, dass meine Frau und mein Kind nicht mehr in den allgemeinen Fluchtstrudel geraten konnten. Sie mussten zu Hause bleiben, wo es meiner Vorstellung nach für sie am sichersten war.

Der nächste Tag fing heiter an. Ein echter von Gott geschenkter Frühlingsmorgen! Die Wiesen waren dicht mit Löwenzahnblüten übersät und neben dem Hause dufteten schon die weißen Dolden der Holunderbüsche. Die Vögel sangen, als ginge es heute um den Ehrenpreis, und ganz oben am blauen Himmel stand ganz still ein Raubvogel. Es war das Bild einer von Menschenhand ungestörten Natur.

Am Nachmittag überprüfte ich noch einmal den Schutzgraben im Wald. In meiner Nähe klopfte ein Specht.

Da näherte sich von Westen langsam ein Flugzeug.

„Weshalb so langsam?“, überlegte ich.

Und da fiel mir auf: Es puffte ständig weiße Nebelschwaden in die Luft. Am westlichen Himmel war es dadurch schon ganz dunstig geworden. Ein zweites Flugzeug hatte sich inzwischen hinzugesellt und tat das Gleiche wie das erste. Es war auf einmal um mich herum ganz dämmrig geworden, wie an einem grauen Novembertag. Die Vögel hörten auf zu singen. Für mich gab es nun keinen Zweifel mehr: Der angekündigte Angriff war angebrochen. Wahrscheinlich war es jetzt am sichersten in unserem kleinen Graben hier im einsamen Walde. Charosson hatte meiner Meinung nach mit schwerem Beschuss zu rechnen.

Ich eilte schnell nach Charosson zurück, um Bruno von der drohenden Gefahr in Kenntnis zu setzen. Er hockte still bei seinen Pferden im Stall. Er hielt auch unseren kleinen Graben im Walde für sicherer. Wir trugen dessalb schnell Wasser und Futter für die Tiere herbei. Dann packten wir unsere Siebensachen zusammen: Gewehr, Patronentaschen, Stielhandgranaten, Stahlhelm und mit Wein gefüllte Feldflaschen. In unseren Brotbeutel taten wir Knäckebrot, Butter und ein Stück Speck. Alles ging mit der größten Hast vor sich. Zum Schluss zogen wir noch unsere Mäntel an und vergaßen auch nicht, unsere dicken Wolldecken mitzunehmen, um gegen die kühle Nacht geschützt zu sein.

Wer uns gesehen hätte, hätte vielleicht lachend ausgerufen:

„Auszug der Helden zum Kampfe!“

Alles an unserer Aufmachung war ins Groteske verzerrt: Bei dem zu tief im Nacken hängenden Stahlhelm angefangen, dem ganz ordnungswidrig links und rechts auf unserem Rücken herumbaumelnden Gewehr und den mit den Händen getragenen Pappkartons. Wir prusteten wie asthmatische Greise durch den Wald, um so rasch wie möglich unseren auf einer kleinen Anhöhe gelegenen Graben zu erreichen.

Sofort nach der Ankunft richteten wir es uns häuslich in unserem Schützengraben ein. Auf dem Erdboden breiteten wir unsere Decken aus und ließen uns tief Atem holend darauf nieder. Wir konnten gerade über den Grabenrand bis zu dem schmalen Weg, der sich durch das Tal schlängelte, sehen. Nur einige Fetzen des Himmels vermochten wir zu erspähen, denn über uns wölbte sich das dichte Blätterdach des Waldes. Wir durften nun ruhig allen kommenden Ereignissen entgegensehen.

Es war auf einmal wieder alles ganz still geworden. Die dichten Nebelschwaden hatte sich verzogen, und die Vögel begannen wieder zu zwitschern, als habe sich vorher gar nichts ereignet. Wir vertraten uns daher für ein Viertelstündchen außerhalb des Grabens die Füße. Die Spätnachmittagssonne brach durch das Laubdach, und der Himmel über uns lachte uns erneut dunkelblau an.

Nachdem wir uns wieder in unseren Graben begeben hatten, öffneten wir den Essensbeutel, strichen ganz dick die Butter auf das Knäckebrot und verzehrten dazu ein Stück Speck. Der obligate Schluck aus der

Weinflasche mundete vorzüglich, und unsere Friedenspfeife verbreitete ihren blauen Dunst. Bruno sagte, indem er sich gähnend an der Wand unseres engen Grabens räkelte:

„Ich glaube, die Alarmnachrichten Deines Freundes von der Festungskommandantur waren Fehlmeldungen und die Nebelschwaden der feindlichen Flugzeuge von heute Nachmittag nur Übungen."

„Fast glaube ich auch, dass Du recht hast. Am besten warten wir hier noch ab, bis die Nacht hereinbricht, um nach Charosson zurückzukehren. Man kann nie wissen, ob sich doch noch etwas tut!"

„Einverstanden!"

Das war mir ganz recht, denn mir wäre es sehr peinlich gewesen, wenn jemand „ Die Heimkehr der Helden vom Kampfe" gesehen hätte. Ganz allmählich fiel die Abenddämmerung herein. „Jetzt wollen wir noch die völlige Dunkelheit abwarten, und dann gehen wir", sagte ich.

Aber bevor die stockfinstere Nacht hereinbrach, begann es! Es schien genau auf diesen Zeitpunkt abgepasst zu sein, und es brach los, als wenn die Hölle über uns gekommen wäre! Genau in dem Abschnitt, in dem wir lagen, schlugen die Geschosse in unheimlicher Dichte ein. Es war ein mit einem ohrenbetäubenden Lärm verbundener Feuerschlag. Direkt vor uns, hinter und neben uns explodierten die Granaten. Wir drückten uns ganz dicht auf den Boden unseres Grabens nieder und hatten in aller Eile den Stahlhelm aufgesetzt. Bruno wimmerte wie ein kleines Kind. Ich stöhnte:

„Soll das denn ewig dauern?"

Die tückische Ruhe von vorhin war die Ruhe vor dem Sturm gewesen! In unseren Hirnen hämmerte jetzt nur der Gedanke:

„Gleich wird in unseren Graben auch eine Granate einschlagen!"

Die Vögel, die schon schliefen, flogen unruhig zwitschernd zwischen den Zweigen her. Mir fiel ein:

„Hatte jemand vielleicht den Plan verraten, dass sich hier im Walde die Reservestellung II befand, denn in der Richtung unseres Dorfes bemerkten wir nichts von einem Artilleriebeschuss."

Bruno schrie laut auf. Ein Geschoss war wieder einmal ganz dicht in unmittelbarer Nähe explodiert

„Bist Du verwundet?", rief ich ihm zu.

Da er keine Antwort gab, beugte ich mich ganz dicht über ihn. Er roch schlimm. Auf einmal kam wieder Leben in Bruno. Er riss sich hoch und wollte davonrennen. Das wäre wahrscheinlich der sichere Tod für meinen Kameraden gewesen, denn es gab hier keinen sichereren Winkel als unseren Graben. Ich warf mich daher mit aller Gewalt auf seinen Rücken und es gelang mir, ihn wieder auf den Boden zu drücken. Bruno stemmte sich wohl mächtig dagegen an, aber ich saß am besseren Druckhebel. Er konnte sich nicht mehr erheben. Einige Minuten lang übte ich diesen Druck auf den widerstrebenden Mann aus. Schweiß floss mir in Strömen von der Stirn. Die ungeheuere Kraftanstrengung beschäftigte mich so, dass ich alle Angst vergaß, obwohl das Trommelfeuer noch in der alten Stärke anhielt. Ob ich das noch lange durchzuhalten vermochte? Vielleicht hatte Bruno mit seinem Davonlaufen doch recht, denn vor dem Walde in Richtung Charosson war alles noch still. Vielleicht hatte er den richtigen Instinkt?

Wieder krepierte eine Granate in unserer unmittelbaren Nähe und Bruno stemmte sich nun mit der äußersten Kraft in die Höhe, riss sich von mir los, sprang auf die Böschung des Grabens und verschwand in der Dunkelheit.

„Unmöglich einen wahnsinnig gewordenen Menschen durch das Trommelfeuer rennen zu lassen, das entsetzliche Feuer wird ihn in tausend Stücke zerhacken! Ich muss ihn in unseren sicheren Graben zurückholen, koste es was es wolle. Er konnte noch nicht weit sein und sicher würde ich ihn noch einholen“, so überlegte ich.

Ich setzte nun ebenso kopflos hinter dem wahnsinnigen Kameraden her. Er keuchte schon dicht vor mir in der Dunkelheit. Gleich musste ich ihn erreicht haben. Aber jedes Mal, wenn ich ihn zu fassen glaubte, entwischte er mir wieder.

Wie wir laufend durch die Dunkelheit fanden, ohne irgendwo anzustoßen, wusste ich nicht. Nur die grellen Blitze einschlagender Granaten erhellten gespenstig unseren Weg. Das wilde Trommelfeuer wollte keinen Augenblick nachlassen. Ein Wunder, dass uns noch kein Geschoss oder Splitter getroffen hatte!

Wir liefen kreuz und quer durch den Wald: Bruno vor mir, und ich keuchend hinter ihm drein. Es musste schon eine unendlich lange Zeit her sein, seit wir unseren Graben verlassen hatten! An einem Steilhang, den wir gerade zu überwinden versuchten, schienen die Kräfte von Bruno zu erlahmen. Er stolperte über einen Baumstumpf und fiel in voller Länge auf den Waldboden hin. Ich warf mich über ihn und schrie ihm ins Ohr:

„Wir müssen hier liegen bleiben und uns in den Waldboden eingraben, sonst sind wir verloren. Nimm Dein Seitengewehr und als Schaufel Deine Hände!"

Ich nahm auch mein Seitengewehr und scharrte mit den Händen die Erde auf die Seite, ohne meinen Kopf und meinen Körper einen Zentimeter zu erheben. Bruno schloss sich ganz mechanisch meiner Arbeit an. Wir beseitigten wie Wühlmäuse die Erde unter uns und versanken zentimeterweise immer tiefer in den Waldboden, bis er uns nach ungefähr einer halben Stunde ganz verschluckt hatte. Die ungeheuere, körperliche Anstrengung hatte uns völlig erschöpft und wir lagen apathisch in der feuchten Erdmulde. Nach einiger Zeit fand ich wieder Worte:

„Wir Narren! Wir verlassen unseren sicheren Graben, rennen wie die Wahnsinnigen durch den Wald, um uns dann auf primitive Weise ein zweites Schutzloch zu buddeln. Was jetzt auch immer kommen mag, hier bleiben wir!"

So lagen wir denn bis zum Morgengrauen dort. Gegen Morgen hörte das Artilleriefeuer auf. Aufmerksam schauten wir uns um und erhoben uns vorsichtig.

„Ich glaube, Bruno, wir sind im Kreise herum gelaufen. Nur hundert Meter von uns entfernt liegt unser alter Graben. Am besten, wir lassen unsere Klamotten dort liegen und gucken einmal nach, was in unserem Quartierhaus los ist!"

„Wir müssen auch unbedingt nach unseren Pferden sehen!", antwortete Bruno.

Wir schlichen uns vorsichtig zur Straße, die an unserem Quartierhaus vorbeiführte, und sahen in der Haustür einen Mann stehen.

„Das ist ja Neubert von unserem ersten Zug, und es sind noch mehr Männer von unserer Kompanie mit dabei", flüsterte mir Bruno zu.

„Um Himmels willen, jetzt nur nicht mit unseren Leuten zusammentreffen! Wir werden dann bestimmt in die Kompanie eingereiht, um den Zirkus noch mitzumachen. Es ist in dieser Situation bestimmt gut, wenn wir unsere Handlungsfreiheit bewahren", sagte ich. Bruno nickte. Der Schrecken der Nacht lag noch in seinem bleichen Gesicht.

„Charosson ist in der Nacht vom Trommelfeuer verschont geblieben", stellte er fest.

Wir beobachteten hinter einem Busch verborgen liegend, wie die Kameraden unserer Kompanie aus unserem Haus gegen elf Uhr aufbrachen und in Richtung Dorfmitte fort gingen. Wahrscheinlich suchten sie jetzt im Dorfe nach uns.

„Jetzt ist der Augenblick gekommen, wo wir schnell die Pferde versorgen können", meinte Bruno.

Wir huschten über die Straße. Ich füllte rasch die Eimer mit Wasser und Bruno tat wieder puren Hafer in den Pferdetrog.

Wir entschlossen uns, nicht mehr in den Wald zurückzugehen, wo die Kameraden der Kompanie uns jetzt noch vermuten konnten. Stattdessen wollten wir Unterschlupf in dem Holzhäuschen mitten in der Moorwiese suchen. Es war höchste Zeit, das Haus zu verlassen, denn wir hörten schon wieder Stimmen im Vorderhause.

Vorsichtig schlichen wir uns an den Büschen vorbei, die den schmalen Weg bis zur Sumpfwiese säumten. Wir wagten nicht, offen über den breiten Weg zu gehen. Auf dem dicht an der Sumpfwiese vorbeiführenden Fahrweg sahen wir französische Zivilisten vorüberziehen: Frauen, Männer und Kinder.

„Die Zivilbevölkerung räumt das Dorf, weil Gefahr im Anzug ist", meinte Bruno. Ich stimmte zu.

Obwohl wir hinter einem Strauch standen, hatte uns der Bauer Jean Marie entdeckt und fragte, ob wir uns nicht verstecken wollten.

„Wo denn, Jean?"

„In Les Mathes! Alle Charossoner gehen in dieses Dorf bis die Gefahr vorüber ist. In Les Mathes ist alles sicher. Kommt doch mit!"

Er wollte mir nun die Lenkstange seines Fahrrades in die Hand drükken, damit ich nicht zu gehen brauchte, doch ich erklärte ihm:

„Das geht nicht! Wir gehören ja zur aktiven Truppe. Das wäre für uns gleich Fahnenflucht."

Er schüttelte missmutig seinen Kopf und ging weiter. Doch dann blickte er sich noch einmal um und sagte zu mir:

„In vierundzwanzig Stunden sind wir wieder zurück. Pass auf unser Vieh auf! Wir haben alle Ställe offen gelassen, und unsere Kühe können sich frei bewegen."

Direkt neben dem Fahrweg begann die große Moorwiese, und ganz in der Mitte dieser versumpften Wiese lag das aus rohen Rundhölzern erstellte Jagdhäuschen verlockend vor unseren Augen. Unzählige gelbe Sumpfdotterblumen leuchteten uns wie goldne Sterne aus der Wiese entgegen. Doch nirgends erspähten wir einen Weg, der uns zu dem Häuschen führen könnte.

„Auf keinen Fall dürfen wir hier so aufrecht stehen bleiben wie Schießbudenfiguren! Wir müssen das Risiko auf uns nehmen und von dieser Stelle aus die Wiese überqueren, ehe unsere Kameraden uns von unserem Quartierhaus aus entdecken", stellte ich fest.

„Ich gehe mit Dir durch dick und dünn!", meinte Bruno daraufhin.

Die Wiese erschien so schön! Was sie aber an Tücken in sich barg, das offenbarte sie uns schon in den nächsten Augenblicken:

Ich schritt als erster voran und sofort sank ich bis zu den Knien in den Sumpf ein. Wenn Bruno mir nicht die helfende Hand gereicht hätte, dann wäre ich wahrscheinlich hoffnungslos abgesunken. Meine Hose und Socken waren vollkommen durchnässt.

„Bruno, wir können nicht stehenden Fußes über die Wiese wie die Störche stelzen. Wir müssen wie die Seehunde über das Moor robben, einerlei ob wir dann nachher nass sind!"

„Ja, ich mache mit", sagte er fatalistisch ergeben.

Die vergangene Nacht hatte ihn davon überzeugt, dass er in der Stunde der Gefahr nicht mehr Herr seiner Sinne war, und er ergab sich nun ganz blindlings meiner Führung.

Wieder machte ich den Anfang. Nur langsam kamen wir bei unserem Robben vorwärts. Aber wir sanken nicht ab und kamen auf diese Weise „schwimmend" über die Moorwiese, denn unser Robben ähnelte tatsächlich einem kraulenden Schwimmen. Doch triefend nass wurden wir dabei und kalt.

Als wir am Holzhäuschen ankamen, bemerkten wir, dass wir uns die letzten fünf Meter unsinnigerweise „schwimmend" auf festem Grund abgequält hatten. Wir sprangen auf und stürzten auf die Eingangstür des

Häuschens. Diese war verschlossen, doch unserem gemeinsamen Druck konnte sie nicht lange widerstehen. Wir gelangten in einen völlig dunklen Raum. Die Schlagläden der Fenster waren verschlossen. Nur durch die Öffnung der Tür drang Licht. Ein widerlicher, dumpfer Verwesungsgeruch schlug uns entgegen. Ich ließ die Tür einen Spaltbreit offen stehen, damit der unangenehme Geruch etwas abziehen konnte. Wie lange mag in diesen düsteren, modrig riechenden Raum kein Sonnenstrahl mehr gefallen sein?

In dem schräg hereinfallenden Sonnenlicht erkannten wir zwei übereinander aufgestellte Pritschen. Ich zog meine nassen Stiefel und Socken aus und wrang die mit Wasser vollgesogenen Wollstrümpfe aus. Doch dann zog ich sie und die Stiefel wieder an, denn man konnte nicht wissen, was uns alles noch bevorstand. Auch die Eingangstür schlossen wir wieder bis auf einen kleinen Spalt.

Als ich so dalag, überlegte ich, ob wir mit unserer Flucht in diese Jagdhütte nicht wiederum eine große Dummheit begangen hatten. Wir fühlten in unserer liegenden Stellung doppelt stark die kühle Nässe und zitterten vor Kälte. Die Abend- und Nachtstunden schlichen quälerisch langsam dahin. Nichts ereignete sich. Es gab kein Trommelfeuer mehr und Charosson schien friedlich dahinzuträumen. Unsere Flucht in diese Hütte war also ganz unsinnig gewesen! Wir froren, hatten Hunger und Durst und konnten daher keinen Schlaf finden. Bruno erzählte mir in der dunklen Nacht wieder einmal, wie er einst seine Frau gefreit hatte. Es war eine langweilige Geschichte, die Ouvertüre zu keiner besonders glücklichen Ehe. Kurz vor Mitternacht kam ein kurzer Artilleriebeschuss auf, der wieder dem Wald, dort wo unsere Reservelinie lag, galt. Dann dämmerte nach den langen qualvollen Nachtstunden allmählich der Morgen heran, ein schöner, stiller Frühlingsmorgen.

Wir entschlossen uns, noch einmal zu unserem Quartierhaus zurück zu gehen, die Pferde zu versorgen und uns mit Essen einzudecken. Als wir vor der Hütte standen, entdeckte Bruno gleich den festen Weg zum Häuschen, den wir am Vortage vor Aufregung nicht gesehen hatten.

Vorsichtig, uns hinter Hecken und Büschen verbergend, erreichten wir unser Haus! Niemand war da. Die Wäsche konnten wir leider nicht wechseln, denn sie lag in unserem Tornister im Schutzgraben im Walde.

Nachdem wir die Pferde gefüttert hatten, holte Bruno einen Packen Knäckebrot aus unserem Spind unten, und ich durfte zum ersten Mal ein Kanne Wein aus seinem bisher vor mir verborgen gehaltenem, großem Weinfass abfüllen.

So unauffällig, wie wir unser Quartierhaus betreten hatten, verließen wir es auch wieder. In den nahen Bauernhäusern hörten wir das Vieh in den Ställen brüllen. Wahrscheinlich hatte es kein Futter und Wasser bekommen oder wartete vergeblich auf den Melker.

Wir hatten beschlossen, uns am Rande der Moorwiese zu lagern, von wo aus wir Charosson besser überschauen konnten.

Überraschend schnell hatten wir einen guten Liegeplatz gefunden. Ein großer Holunderbusch überwölbte die Stelle, wo wir saßen, direkt an der Nahtstelle, wo die feste Erde in die Sumpfwiese überging. Nur ein kleiner Hang trennte Sumpf und feste Erde. Von hier aus konnte man das ganze Gelände übersehen.

Um etwas gegen Artilleriebeschuss und Flieger gedeckt zu sein, begannen wir mit Spaten und Schaufel einen Graben auszuheben. Es ging hurtig voran. Der Eine grub und der Andere schaufelte oder umgekehrt. Nachdem das Loch etwa einen halben Meter tief war, konnte es uns genug Schutz gewähren. Der Holunderbusch schirmte uns gegen Sicht von oben ab. Wir konnten nun beruhigter den kommenden Dingen entgegensehen.

Nachdem wir noch mal einen großen Schluck aus der Weinkanne getan, etwas Brot gegessen hatten und die aufkommende Sonne den letzten Rest von Feuchtigkeit aus unseren Kleidern gezogen hatte, setzten wir uns bequem in unser Erdloch und schauten zum Dorf hinüber in spannender Erwartung, was da kommen würde. Das Vieh brüllte noch immer in den Ställen. Hoch oben in der Luft summten vereinzelt Flugzeuge. Sonst war alles still.

Auf einmal hörten wir von der Dorfstraße, von den beiden Kirchen her Motorenlärm und ein seltsam mahlendes Geräusch, das sich uns näherte. Wir vernahmen auch eine kurze, heftige Detonation in der Nähe unseres Quartierhauses. Eine hohe Feuersäule stieg in die Luft.

„Wahrscheinlich haben die Mariner das Wachhäuschen in die Luft gesprengt, damit die Munition nicht in feindliche Hände fällt", sagte ich, und Bruno antwortete: „Ja, das könnte sein."

Die Geräusche offenbarten sich einige Minuten später als eine endlose Kette sich auf der Dorfstraße fortbewegender Panzer. Wir vermochten von unserem Standort aus jedes einzelne Panzerfahrzeug deutlich zu erkennen. Die Reihe der vorüberrollenden Panzerungetüme wollte nicht abreißen.

„Nun ist Charosson von Panzern überrollt worden und unser Schicksal endgültig besiegelt", bemerkte ich, und Bruno ergänzte:

„Jetzt kann uns der Faupel keine Befehle mehr erteilen."

Mich durchzog plötzlich das Gefühl eines unendlichen Geborgenseins, obwohl realistisch gesehen kein Anlass dazu bestand. Im Gegenteil: Jetzt ging es erst richtig los. Aus diesem Gefühl heraus sagte ich:

„Bruno, pass einige Minuten auf, was auf der Straße vor sich geht. Ich muss etwas Wein trinken und einen Happen Brot dazu essen. Wir wollen doch nicht den guten Wein in feindliche Hände fallen lassen."

Ich zog mich in unser Erdloch zurück und tat einige mächtige Züge aus der Weinkanne, denn jetzt merkte ich erst, dass ich großen Durst hatte. Als ich im Begriffe war, auch noch etwas Brot zu essen, hörte ich die aufgeregte Stimme Brunos:

„Ein Motorradfahrer, ein Motorradfahrer!"

Wenn es sich so verhielt, musste schnell gehandelt werden, ehe ein ängstlicher Beifahrer, der uns in unserer flachen Mulde entdeckte, eine Handgranate in unser Loch warf. So sollte es auf keinen Fall kommen! Ich verließ daher die Deckung, einen weißen Lappen in der Hand haltend, den ich mir vorsorglich heute Morgen in die Tasche gesteckt hatte. Kein Motorrad war zu sehen. Hatte ich falsch verstanden? Stattdessen tauchte nicht weit entfernt ein sehr schnell sich nähernder Kopf eines Panzerturms auf, und ein Maschinengewehr zeigte sein dunkles Rohr auf uns. Ich schwenkte wie wild mein weißes Tuch.

Ohne Zweifel hatte man verstanden, dass wir nicht den Krieg fortsetzen wollten, denn die Panzerkolonne hielt an, und ein Soldat machte uns Zeichen, uns zu nähern. Ich zog an meinem Kameraden, der wie erstarrt in unserm Loch stand, wobei ich schrie:

„Auf, Bruno, beweg Dich! Es ist keine Zeit mehr für Ausflüchte! Man muss sich entscheiden!"

Er kam langsam aus dem Loch, währenddessen einige Männer aus den Panzern auf die Straße sprangen. Meine Gedanken waren wirr. Welch ein merkwürdiges Ende nahm der Krieg für mich! Ich warf einen schmerzvollen Blick auf die angrenzenden Wiesen, wo die Pferde nicht mehr weideten.

Mit erhobenen Armen gingen wir langsam auf die Soldaten mit Baskenmütze und in khakibrauner Uniform zu, wovon einige Zeichen machten, uns schneller zu bewegen. Noch ungefähr dreißig Meter und wir waren auf Höhe der Panzer. Was wird geschehen? Würden sie ihre Armee für eine Kollektivrache einsetzen?

Einer der Männer machte einen Schritt auf uns zu. Er blickte uns neugierig, aber nicht feindselig an. Es schien fast so, als ob er lächelte. Das war wohl eine Illusion. Doch in diesem Augenblick, so glaubte ich, hätte er uns sogar die Hand gereicht, falls dies nach Beendigung einer kriegerischen Auseinandersetzung gestattet gewesen wäre. Dann trat ein alter Korporal zu uns und sagte fast wohlwollend:

„Papiers."

Ich wusste sofort, was er meinte und hätte fast über die Art, wie er es sagte, gelacht. Sprach man beim Überschreiten einer Grenze in ein anderes Land nicht genau so? Ich reichte ihm meine Brieftasche und auch meinen Wehrmachtspass. Jedes einzelne Papier durchblätterte er schnell, zählte die Frankenscheine, nahm aber keinen an sich, schaute meinen Wehrmachtspass an, legte alles wieder zusammen und gab mir sodann meine Papiere mit freundlicher Miene zurück. Er sagte dabei nur:

„Merci!"

Der gleiche Vorgang wiederholte sich bei Bruno. Unsere Papiere für die Kriegsgefangenschaft schienen in Ordnung zu sein. Der Mann hatte nichts zu beanstanden. Höflich bat uns der Korporal nun, mit zum Kapitän zu kommen.

„Monsieur le Kapitän" stand lässig neben einem Panzer. Es war ein jüngerer Mann mit einem energischen Gesichtsausdruck, einer vielleicht etwas zu verwegen aufgesetzten Baskenmütze und einem mokanten Lächeln. Es war nicht das menschlich freundliche Lächeln des Korporals.

Er schaute mich durchdringend an. Gleich die erste Frage schnellte wie ein spitzer Dolch auf uns zu:

„Wo haben Sie Ihre Waffen?"

„Dort im Wald! Soll ich sie holen?", deutete ich mit der Hand an.

„Danke!", sagte er kühl und schneidend. Die zweite Frage überfiel mich wie ein schwerer Donnerschlag:

„Wer hat dieses Haus dort in die Luft gesprengt?" Er wies dabei auf das zerstörte Wachhäuschen der Marineabteilung hin.

Auch bei dieser Frage verließ ihn keinen Augenblick sein kaltes Lächeln. Was sollte ich sagen? Ich nahm an, dass es die Marinesoldaten gewesen waren. Aber genau wusste ich es nicht. Auch wenn ich es gewusst hätte, hätte er es von mir nicht erfahren. Alles ging mir blitzschnell durch den Kopf, und so sagte ich kurz auf französisch:

„Je ne sais pas!" *(„Ich weiß es nicht.")*

Meine knappe Antwort musste den Kapitän sehr verärgert haben, denn seine Augen leuchteten zornig auf, und er sagte nur:

„An die Wand!"

Ich wusste, in diesem Augenblick war das Todesurteil für Bruno und mich gesprochen worden. Der Kapitän war hier Herr über Tod und Leben, ohne dass ihn nachträglich jemals ein irdischer Richter hätte zur Rechenschaft ziehen können. Mein Lebensweg schien an dieser Mauer zu enden.

Bruno und ich hatten das Gesicht der Mauer zugekehrt, so dass wir nicht erkennen konnten, was hinter unserem Rücken vor sich ging und auf welche Weise die tödlichen Schüsse auf uns abgegeben werden würden. An unserem Schicksal war nichts mehr zu ändern. Unser Passport, den wir dem alten Korporal vorgezeigt hatten, hatte für das Jenseits gegolten.

Wir sahen nur noch die graue Mauer vor uns. Es war eine gewöhnliche graue Mauer, und ihr Anblick war so grau und einförmig wie der Tod. Ich hörte, wie die Männer hinter mir an den Schlössern ihrer Maschinenpistole hantierten, und mich durchjagten blitzschnell Bilder der Vergangenheit. Meine Lebensbilder waren wie auf einer einzigen Fotoplatte gebannt. Alles stand einzeln für sich und doch wieder ineinander verwoben. Zuletzt glaubte ich noch zu sehen, wie meine Frau schnell herbeigeeilt kam und sagte:

„Gottlob, dass ich Dich noch im letzten Augenblick erwischt habe, um von Dir Abschied zu nehmen. Gute Reise!"

Dann sah ich, wie sie herzzerbrechend weinte. Auf einmal waren alle Bilder wieder ausgelöscht. Wahrscheinlich wird meine Frau niemals mehr etwas von mir erfahren. Im nahen Eichenwäldchen wird man uns als namenlose Soldaten verscharren. Die offizielle Nachricht an meine Frau wird dann lauten: „Vermisst!"

Ich bemerkte, wie der neben mir stehende Bruno furchtbar mit den Knien schlotterte und ebenso qualvoll wie ich auf das Ende wartete. Ich hatte mir vorgenommen, mich wie ein Mann zu verhalten. Ob mir das gelingen würde? Schrecklich lange kam mir die Zeit vor, bis die Maschinenpistolen losratterten.

Deutlich hörte ich, wie sie ihre Maschinenpistolen entsicherten. Alles geschah so unheimlich geräuschvoll, aber unsichtbar hinter unserem Rücken. Wird man uns einen Genickschuss aus unmittelbarer Nähe geben? Warum schießen sie eigentlich noch nicht? Ist irgend etwas dazwischen gekommen? Deutlich hörte ich jetzt ein lautes Rufen und Schreien. Was hatte diese Verzögerung zu bedeuten?

Ich wagte einen Blick auf die Seite zu werfen. Ein Zivilist stand aufgeregt neben dem Kapitän. Jetzt hörte ich deutlich die Worte:

„Oh non, oh non, un bon camarade!"

(„O nein, o nein, ein guter Kamerad!")

Ich wagte mein Gesicht ganz zur Seite hin zu drehen und erkannte den Zivilisten. Es war Monsieur Naupert, der Schuster von Royan, mein alter, guter Freund Naupert. Wie kam ausgerechnet er zu dieser Stunde nach Charosson? Es war wie ein Wunder!

Monsieur Naupert trat neben mich und drückte mir warm die Hand:

„Es passiert Euch nichts! Ich habe den Kapitän über alles informiert. Ich war Zeuge der Sprengung!"

Dann war er wieder wie vom Erdboden verschwunden. Ein Schutzengel war erschienen und wieder verschwunden, wie er gekommen war!

Nun kam der Kapitän auf mich zu. Sein Blick erschien mir etwas verbindlicher und wärmer. Er gab mir gleichfalls die Hand, als wolle er mich um Entschuldigung bitten und lächelte mich freundlich an. Es war dasselbe Lächeln, wie es der Korporal vorhin gezeigt hatte, als er unsere Papiere überprüfte. Er sagte nun zu mir:

„Sie sind frei! Sie können gehen, wohin sie wollen. Ich rate Ihnen aber, das Dorf in Richtung der beiden Kirchen zu verlassen, dort finden voraussichtlich keine Kampfhandlungen mehr statt."

„Seltsam!", fiel mir ein, als der Kapitän wieder fort war. „Man hat uns jetzt wieder aus der Kriegsgefangenschaft entlassen, und wir hatten doch so sehr nach einer passenden Gelegenheit gesucht, um reibungslos in sie zu gelangen. Was soeben geschehen war, sollte offensichtlich einen Gnadenakt des Kapitäns darstellen. Doch würde er tatsächlich auf längere Zeit wirken?"

***Straße der Republik, Post***
*(Sammlung Sicard)*

# UNERWARTETES ENDE
## (April 1945)

Bruno trottete apathisch neben mir her. Die jüngsten Ereignisse schienen seinen Verstand etwas durcheinander gebracht zu haben. Und ich dachte, leise vor mich hinlächelnd:

„Es ist gar nicht so leicht, in Kriegsgefangenschaft zu gelangen."

Links und rechts neben der Straße lagen wie vordem die kleinen grauweißen Häuser. Es schien kein Leben mehr in ihnen zu sein. Die Zivilisten hatten ja gestern Charosson verlassen. Der Friedhof breitete sich wie immer grau in grau an der rechten Straßenseite aus. Und das seltsame Monument des Mannes stand noch da, als hielte es unablässig Wacht, ob der Übergang von der zeitlichen Unruhe in die ewige Ruhe sich auch ordnungsmäßig vollzöge.

Auf einmal gab es eine freudige Überraschung! Wir hörten hinter uns Pferdegetrappel. Es waren unsere Pferde, unsere lieben, treuen Pferde! Vorn liefen die großen Pferde, und das kleine Fohlen hoppelte lustig hinter ihnen her. Als sie uns eingeholt hatten, blickten sie uns mit ihren großen, braunen Augen an, als wenn sie sagen wollten:

„Seht, da sind wir wieder, wir verlassen Euch nicht!"

Ich drückte und tätschelte mit beiden Händen die Tiere. In Bruno waren die Lebensgeister plötzlich wieder erwacht. Auch er trat zu seinen ehemaligen Pfleglingen und tat das Gleiche wie ich. Und wir fragten uns beide zur gleichen Zeit:

„Wie ist das möglich? Hatten die Franzosen alle Tiere befreit, damit sie sich ernähren konnten? Geschah es auf Veranlassung des guten Schusters hin, um uns aufs Neue als Bewacher zu legitimieren? Konnten wir vielleicht Kriegsgefangene in unserem alten Haus neben den Tieren werden? Das wäre gar nicht übel."

Wir schritten weiter und neben uns trabten die Pferde.

„Die Pferde bleiben uns!", waren Brunos erste Worte, und ich sagte:

„Wir tun, als habe sich in der Zwischenzeit gar nichts geändert. Neben den Kirchen gibt es gute Weidegründe. Dort treiben wir unsere Pferde hin und bleiben bei ihnen!"

Wir kamen nur langsam voran. Von dem Zeitpunkt an, wo wir an der Mauer standen und qualvoll auf unseren Tod warteten, bis zu dem Augenblick, wo wir die guten Weidegründe erreichten, schien eine unendlich lange Zeit verstrichen zu sein. Wir hatten jeden Zeitbegriff verloren.

Die Sonne stand schon im Westen, als wir unsere Hütetätigkeit wieder aufnahmen. Wir ließen uns dicht neben unseren Pferden nieder, schauten unseren gierig das Gras fressenden Schützlingen zu und warfen ab und zu einen Blick zu dem blauen Charossoner Himmel.

„Ob die Panzer schon das ganze Festungsgebiet überrollt hatten?"

Von Ferne hörten wir noch Geschützlärm. Meiner Meinung nach war es die Gegend von La Coubre. Der Krieg war doch noch nicht ganz zu Ende. Aber er würde bestimmt nicht mehr lange dauern. Nach einer kurzen Kanonade wurde es wieder still. Es schien fast so, als ob der Spätnachmittag nun unmerklich in einen ruhigen Abend überfließen würde, und wir dann wieder unsere Pferde zu unserem alten Stall zurücktreiben könnten, als ginge der ganze Kriegsspuk uns nichts an.

Plötzlich hörte ich ein Geräusch aus der Richtung des Hagebuttenstrauchs, der am Rande der Wiese stand. Sicherlich Bruno, der die alten Früchte pflückte, die am Strauch überwintert hatten. Und ich rief:

„Bruno, an diesen Früchten wirst Du wenig Geschmack und Gefallen finden!" .

„Ich? Was essen?", raunte er. „Ich liege noch immer bei unserer Resi."

Unruhig geworden erhob ich mich und sah deutlich Gestalten: Soldaten in graubraunen Uniformen. Was wollten sie von uns? Schon näherten sich uns zwölf schwer bewaffnete französische Soldaten. Sie mussten wohl sehr ängstlich sein, denn sie ließen uns keinen Moment aus den Augen und hielten ständig ihre Maschinenpistolen auf uns gerichtet. Einer machte dann das Zeichen, dass wir uns erheben und die Arme hochhalten sollten. Sie spöttelten:

„Boches! Boches!"

Sie schienen von Hass gegen uns erfüllt zu sein und sich über den guten Fang zu freuen.

Wir waren zum zweiten Male gefangen genommen worden! Die Arme mussten wir weiterhin erhoben halten. Vier Mann richteten nun die Maschinenpistolen auf mich, und einer griff in meine Rock- und Manteltaschen. Dann hielt der Mann triumphierend meine Brieftasche und meinen Wehrmachtspass in die Höhe. Er durchblätterte schnell meinen Pass und steckte ihn wieder in meine Rocktasche zurück. Der Inhalt meiner Brieftasche war jetzt Gegenstand einer sehr peniblen Untersuchung. Jedes Blatt prüfte er auf das Genaueste. Aufmerksam betrachtete er sich das Photo meiner Frau und meines kleinen Töchterchens. Das Bild ging der Reihe nach bei den Männern herum. Einige rissen dumme Witze über das Aussehen meiner Frau, und der Letzte, der das Bild in die Hand nahm, zeriss es in tausend Fetzen. Die vielen kleinen Stückchen verstreute er lächelnd über den Erdboden.

Wenn ich nicht so hoffnungslos mit erhobenen Armen dagestanden hätte, wäre ich dem Mann an die Gurgel gesprungen. So musste ich alles dulden. Meine Arme waren schon müde. Aber die Maschinenpistolen hielten mich wach und halfen mir, meine Müdigkeit zu überwinden.

Mit Bruno verfuhren sie genauso. Dann schrien sie uns plötzlich an:

„Allez!“ *(„Geht!“)*

Wir mussten hintereinander mit erhobenen Armen zur Straße gehen. Dann trieben sie uns genau in die Richtung, aus der wir heute Mittag gekommen waren. An jeder Seite eskortierten uns fünf Mann. Einer ging vor uns und einer hinter uns. In den Händen hielten sie unentwegt ihre entsicherten Maschinenpistolen. Die Arme, die wir noch immer hoch halten mussten, wurden mir schwer wie Blei, und manchmal drohte mir vor lauter Schwäche das Bewusstsein zu schwinden.

Plötzlich schauten sich unsere Bewacher unruhig um: Unsere Pferde kamen angetrabt und stellten sich an die Straßenseite, als wollten sie uns die letzte Ehre erweisen. Das kleine Fohlen stand zwischen den beiden Alten. Und dann liefen sie neben uns her. Unsere Bewacher wurden ganz ärgerlich und versuchten, sie zu verscheuchen. Vergeblich! Die Tiere blieben wohl einige Meter zurück, dann rückten sie aber wieder auf, an der Spitze das kleine Fohlen, welches hin und wieder zwischen mir und Bruno hoppelte. Resi kam immer wieder wutschnaubend angerannt, wenn einer der Wachmannschaft es wagte, Röschen anzufassen. Das Konzept unserer Wachmannschaft war durcheinander geraten.

Nachdem wir den Friedhof passiert hatten, stießen wir wieder auf die Panzersoldaten, die uns heute morgen gefangen genommen hatten. Ihre Fahrzeuge standen noch an derselben Stelle. Die Panzersoldaten redeten aufgeregt auf unsere neue Wachmannschaft ein, und einer tippte sich sogar mit dem Finger an die Stirn, als wenn er seinem Gegenüber deutlich machen wollte: „Seid Ihr verrückt?"

Der Korporal, der heute Morgen so freundlich unsere Papiere geprüft hatte, sprang zwischen uns, riss uns die Arme herunter und sprach:

„Unsere Gefangenen! Kommt mit uns!"

Wie glücklich fühlte ich mich in diesem Augenblick!

Die Pferde waren aus meinem Gesichtskreis verschwunden und Bruno sah ich auch nicht mehr. War er mit Erlaubnis unserer neuen Betreuer mit den Pferden zum Stall gegangen, um sie zu füttern und zu tränken? Mir hatte man gestattet, mich am Straßenrand auszuruhen. Was wird nun mit mir geschehen?

Singend kam eine Kolonne dunkelbrauner Gestalten einer algerischen Infanterietruppe vorbeigezogen. Sie marschierten in Richtung St. Augustin. Die letzte Gruppe dieser Kolonne nahm mich auf Wunsch eines Feldwebels in ihre Mitte. Die Soldaten gehörten einer aktiven afrikanischen Division an, die im Verein mit anderen Divisionen Royan besetzen sollten.

Meine Begleiter merkten bald, wie erschöpft ich war. Sie fassten mich liebevoll unter die Arme, blieben ab und zu stehen, damit ich verschnaufen konnte oder gaben mir zur Kräftigung einen Schluck Wein aus ihrer Feldflasche. An einer Straßenbiegung durfte ich mich sogar ein Weilchen hinsetzen. Der Hauptteil der Kolonne war längst aus unserem Blickfeld verschwunden. Man drängte mich nicht und redete liebevoll auf mich ein.

Am Eingang des Dorfes St. Augustin konnte ich beim besten Willen nicht mehr weiter. Meine beiden Begleiter gestatteten mir, mich am Straßenrand auf das weiche Gras zu legen und meinten:

„Kamerad krank! Dich ausruhen!" Ich durfte liegen bleiben.

Alles um St. Augustin herum war wenig tröstlich. Die Panzer schienen sich hier festgefahren zu haben. Oder hatten sie nur gestoppt, weil sie kurz vor dem exterritorialem Gebiet von Les Mathes standen? Doch wer würde sich zu diesem Zeitpunkt noch an vertragliche Abmachungen halten? Die Panzerfahrzeuge hatten ihre Geschütze auf La Coubre gerichtet. Unablässig spien sie ihr Feuer auf dieses Panzerwerk. Es lärmte und krachte, und überall herrschte ein geschäftiges Hin und Her.

Nun auch das noch! Der französische Bauer Millet aus St. Augustin, dem der Unteroffizier die Kaninchen gestohlen hatte, stand plötzlich vor mir und sagte zu meinen Betreuern:

„Der Boche da, hat mir meine Kaninchen gestohlen!"

Seine Anklage brachte er so geschickt vor, dass niemand einen Grund hatte, an der Wahrheit zu zweifeln. Er hatte seiner Vorstellung nach sogar Recht, denn er konnte nicht wissen, wie die Kaninchen hinter unser Quartierhaus gekommen waren. Ich saß da wie ein des Diebstahls überführter Angeklagter. Der Bauer wusste, was in diesem Augenblick, in dem der Kampf noch in vollem Gange war, seine Worte für eine furchtbare Wirkung haben konnten. Wenn an Stelle der Algerier jemand anderes hier gewesen wäre, so hätte es über mein Schicksal keine Frage mehr gegeben. Die algerischen Soldaten schauten aber den Bauern aus St. Augustin befremdlich an, und ich bekam plötzlich wieder Mut. Ich fasste den Ankläger scharf ins Auge:

„Monsieur Millet, Sie haben mir bereits einen deutschen Feldgendarmen ins Haus geschickt. Der Gendarm musste sich aber davon überzeugen, dass ich nicht der Übeltäter war. Ich versichere Ihnen nochmals: Ich habe die Kaninchen nicht gestohlen. Ganz Charosson kann bezeugen, dass ich mich in der ganzen Zeit anständig verhalten habe."

Die beiden Algerier sahen mich während meiner Rede forschend an. Ich hatte das Gefühl, dass sie an meine Worte glaubten. Aber der Bauer stand noch immer anklagend vor mir:

„Er war es bestimmt! Man sah die Kaninchen hinter seinem Quartier."

Ich schüttelte bei seinen Worten nur schweigend mit dem Kopf. und wiederholte nur: „Ich war es nicht."

Die algerischen Soldaten vertrauten wohl meinen Worten. Plötzlich fuhren sie zornig auf und schrien den Bauern an:

„Wir sind für das Leben dieses Mannes verantwortlich. Unser Feldwebel hat uns diesen Deutschen besonders ans Herz gelegt. Zu dieser Stunde kannst Du viel behaupten, wogegen der Mann sich nicht verteidigen kann. Mach, dass Du fort kommst! Siehst Du nicht, dass der Kampf noch im vollem Gange ist!“

Noch zauderte der Bauer, fort zu gehen. Aber als meine beiden Begleiter ihm die Maschinenpistole unter die Nase hielten, zog er sich zurück. Die Algerier klopften mir freundschaftlich auf die Schulter.

Plötzlich erschien ein neuer Schutzgeist. Es war der Feldwebel, von dem die beiden gesprochen hatten. Meine Betreuer schickte er weg und setzte sich kameradschaftlich neben mich, als wolle er mit mir ins Gespräch kommen. Er fragte mich:

„Wo kommst Du her, Kamerad?“

Ich nannte ihm die nächste größere Stadt in der Nähe meines Heimatortes: „Aus Köln!“

„Total zerstört! Dem Erdboden gleich gemacht!“, sagte er traurig.

„Ich weiß und es sieht in vielen anderen Städten auch so aus. Wo kommst Du denn her, Kamerad?“

„Aus Constantine in Nordafrika!“

„Du gehörst also zu der afrikanischen Division, die hier eingesetzt worden ist?“ Er nickte: „Es sind meist Afrikaner, bis auf einige Abteilungen aus der Widerstandsbewegung.“

„Eure Soldaten machen einen guten Eindruck“, sprach ich, und er fühlte, dass ich ihm damit nicht nur ein Kompliment machen wollte.

Wir tauschten vertrauensvoll unsere Personalien aus. Er war von Zivilberuf Journalist.

„Dann bin ich ja an der richtigen Quelle, um einige wichtige Daten über den Ablauf der letzten Kriegsereignisse zu erfahren“, sagte ich.

In knappen Worten teilte er mir mit:

„Die Engländer reichen den auf der anderen Seite der Elbe kämpfenden Russen bald die Hand. Keine gute Alliance! Aber nur noch einige Tage und ganz Deutschland wird von seinen Gegnern überrannt sein. Der Waffenstillstand steht vor der Tür.“

„Und wie steht es mit der Kampflage hier?“, fragte ich weiter.

„La Coubre kämpft noch. Es ist ein sehr fester Platz. Wie ich aber soeben erfahren habe, sollen nach dorthin Parlamentäre unterwegs sein. Eine bestimmte Nachricht wird Dich sicherlich auch interessieren:

Der erste Gefangene, der uns in die Hände gefallen ist, war Euer Festungskommandant. Er ließ sofort die weiße Flagge setzen, als sich unsere Panzer dem Golfhotel näherten."

„Zu dieser Maßnahme kann ich den Kommandanten nur beglückwünschen. Ein Beweis dafür, dass er von sich aus längst Schluss gemacht hatte. Er stand nur unter dem Druck der NS-Offiziere", antwortete ich und fuhr fort:

„Diese NS-Offiziere, die plötzlich alle wie vom Erdboden verschwunden sind, dürften wahrscheinlich auch für das ominöse Plakat verantwortlich sein, das wir im ganzen Festungsgebiet lasen:

‚Es wird bis zum letzten Mann gekämpft!' Eine dumme, leere Phrase für alle, die wussten, dass der Kampf hier längst sinnlos geworden war!"

Der Feldwebel nickte und fragte:

„Hast Du Hunger und Durst?"

„Seit über vierundzwanzig Stunden habe ich kaum etwas gegessen!"

„Dem kann rasch abgeholfen werden. In unserer Küche wird gerade das Essen ausgeteilt."

Er sprang auf und ging fort, mich allein lassend. Schon nach kurzer Zeit kam er mit einem Kochgeschirr voll Essen zurück.

„Danke!", sagte ich und schlang gierig das noch heiße Essen herunter. Der Feldwebel stand mit lächelndem Gesicht dabei und fragte, als mein Essgeschirr leer war:

„Noch eine Portion?"

Ich nickte, und er ging noch ein zweites Mal.

„Und wie ist es mit dem Durst?", fragte er mich, als ich die zweite Portion vertilgt hatte. „Wünschst Du Weißwein, Rotwein, oder Cognac? An unsere rustikalen Sitten und Gebräuche müsstest Du Dich schon halten. Wir trinken aus dem Schlauch!"

Er führte mich zu zwei größeren Fässern und einem kleineren Fass.

„In dem kleineren Fass ist Cognac", sagte er nur.

Ich trank zuerst aus dem Weißweinfass und dann von dem Rotwein. Schließlich musste ich auch noch den Cognac probieren. In kurzer Zeit hatte ich so viel Wein und Cognac zu mir genommen, dass ich etwas beduselt war. Zuletzt steckte mir der Feldwebel noch einige Päckchen Zigaretten zu. Jetzt lag ich nicht mehr am Straßenrand, sondern in der Nähe der Weinfässer, zu denen ich mich in kurzen Zeitabständen begab, um immer wieder neue Kostproben zu nehmen. Eine wohltuende Wärme erfüllte meinen ganzen Körper. Ich schwamm in einem Meer beseligender Gefühle und Gedanken, das man im Rausche beschreiten kann. Im total angesäuselten Zustande brachte mich dann der gute französische Feldwebel zu der nahen Scheune und sprach:

„Schlaf Dich erst einmal richtig aus! Morgen werden wir weitersehen."

Ich kroch tief ins Stroh und sah durch eine Lücke des Daches zum Abendhimmel hinauf, an dem sich schon die ersten Sterne zeigten. In der Nähe der Scheune ballerte noch eine Panzerkanone. Ich schlief schnell ein, nachdem ich mir noch einmal vor Augen geführt hatte, unter welch sonderbaren Umständen ich in Gefangenschaft geraten war. Das Schicksal der Pferde bekümmerte mich nicht mehr, denn der Gedanke hatte sich in mir eingenistet, dass Bruno als Hütejunge für die Pferde abgestellt worden war.

Lange, sehr lange musste ich traumlos geschlafen haben, denn als ich meine Augen aufschlug, schien mir die Sonne durch die Dachluke schon mitten ins Gesicht. Doch nicht die Sonne hatte mich geweckt, sondern ein heftiges Ziehen an meinem rechten Bein. Jemand zog an meinem Stiefel und als ich aufschaute, blickte ich in das lachende Gesicht des mir bekannten französischen Feldwebels von gestern Abend und vernahm seine Stimme, welche einer anderen Person galt:

„Hier ist der Mann!"

Ich sprang sofort auf. Beim besten Willen bot ich in meinem Aufzug nicht den Anblick eines gepflegten, deutschen Soldaten. An meinem Mantel hingen noch zahlreiche Strohhalme. Mein Gesicht war schmutzig und unrasiert seit Tagen.

Der Mann neben dem Feldwebel war der Kapitän, der mich gestern Mittag an die Wand stellen ließ und mir dann wieder das Leben geschenkt hatte. Er sagte zu mir:

„Können Sie mich in meinem Jeep begleiten? Ich möchte eine Inspektionsfahrt durch das Kampfgelände machen, vielleicht finden wir noch deutsche Gefallene oder Verwundete. Dann könnten Sie diesen Männern den letzten Liebesdienst erweisen. Mehr wünsche ich nicht von Ihnen."

„Jawohl, mein Kapitän!", sagte ich überrascht.

Einen Moment später sprang ich in seinen Jeep, und wir fuhren die große, breite Straße entlang, die nach La Coubre führte.

Die ersten Worte des Kapitäns waren ein, wie mir schien, ehrliches Kompliment für die deutsche Wehrmacht:

„L'armée allemande est excellente!“ Ich übersetzte es mir sofort:

„Die deutsche Armee ist vorzüglich!“

Wir hielten bei einem umgestürzten deutschen Bagagewagen. Dieser barg einst die Annehmlichkeiten des soldatischen Alltagslebens, und nun lagen sie auf der Landstraße verstreut umher: Tabakwaren, Schokolade, Konserven und alle sonstigen Dinge, die den soldatischen Alltag versüßten, und die ein Kammerunteroffizier in einem für einen gewöhnlichen Soldaten unzugänglichen Raum einsperrte.

Der Kapitän stieg aus und forderte mich auf, ihm zu folgen:

„Was können Sie davon gebrauchen?“, fragte er mich.

Ich steckte mir ein paar Wollsocken ein, da meine Strümpfe vollkommen durchlöchert waren.

„Mehr nicht?“, fragte er mich, als ich mich dann zurückhielt. Ich nahm noch schnell einige Päckchen Zigaretten und Tabak.

„Seien Sie doch nicht so bescheiden!“, sagte er mir nun und forderte mich von neuem auf zuzugreifen.

Ich füllte nun meine beiden tiefen Manteltaschen mit zahlreichen Tabak- und Zigarettenpäckchen.

„Wie ich sehe, liegen da auch noch Fleischkonserven und Weinflaschen“, munterte mich der französische Kapitän wieder auf.

Ich steckte mir nun ein paar Konservendosen in die Rock- und Hosentaschen. Auf den Wein musste ich verzichten, da er zu viel Platz eingenommen hätte. Bepackt bestieg ich wieder den Jeep.

Dann fuhren wir durch offenes Gelände. Manchmal schauten vorbeimarschierende französische Soldaten dem seltsamen Paar auf dem Jeep nach, dem schneidigen, jungen Kapitän mit der Baskenmütze und dem alten, verlotterten, deutschen Soldaten.

Wir näherten uns La Coubre. Französische Panzerkanonen schossen noch immer auf das Panzerwerk, aber La Coubre antwortete mit keinem Schuss mehr. War dem Panzerwerk die Munition ausgegangen?

Die marschierende Truppe hatten wir hinter uns gelassen. Amerikanische Flugzeuge flogen dicht über unsere Köpfe hinweg. Und dreimal streute ein Jagdflieger einige Salven Maschinengewehrkugeln über uns aus, worauf der Kapitän von links und ich von rechts aus dem Jeep sprangen und uns flach auf die Erde warfen. Der amerikanische Flieger hatte wahrscheinlich nur mich, den deutschen Soldaten gesehen und das Fahrzeug für einen deutschen Jeep gehalten.

Dann wurde auf einmal alles still. Auch die französischen Panzer schossen nicht mehr.

Wir durchfuhren einige von deutschen Truppen aufgegebene Stützpunkte. Sie waren kampflos geräumt worden.

In einem verlassenen Stützpunkt sah ich auch den ersten deutschen Toten, der von einer Fliegerbombe getroffen zu sein schien. Er war schon schwarz im Gesicht. Der Kapitän bat mich, diesen Mann in angemessener Weise unter die Erde zu bringen. In der Zwischenzeit wollte er die Gegend weiter erkunden. Ich besorgte mir einen der zahlreichen in den Bunkern liegenden Spaten und grub den Toten in dem weichen Sand ein Grab, nachdem ich die Hälfte seiner Erkennungsmarke an mich genommen hatte. Seinen Namen konnte ich nicht mehr feststellen. Schließlich setzte ich noch ein einfaches, selbstgemachtes Kreuz aus Birkenholz darauf.

Der Kapitän sah sich nach seiner Rückkehr mein Grab an und sagte:

„Ob Deutscher oder Franzose, niemand hat jetzt mehr das Recht anzuklagen. Wir tragen gemeinsam an der schweren Schuld unserer Väter. Jetzt haben wir die Pflicht, unsere Kinder vor dem Albtraum eines neuen Krieges zu bewahren!"

Wir gingen noch in dem verlassenen Stützpunkt herum.

Dann kündigte er an, dass es Zeit zum Essen sei:

„Unsere Küche ist zwar fern, aber ein echter Soldat muss sich zu helfen wissen."

Er ging zu seinem Jeep und holte einige Dosen mit Thunfisch. Gemeinsam musste ich mit ihm aus der gleichen Blechdose essen.

Noch nie hatte ich während meiner ganzen Soldatenzeit erlebt, dass ein Offizier mit einem einfachen Soldaten gemeinsam aus einer Dose gegessen hatte!

Es war schon Abend, als der Kapitän mit mir in Les Mathes einfuhr. La Coubre hatte sich im Laufe des Nachmittags doch noch ergeben. Für Royan war der Krieg nun beendet!

„Und wo schlafen Sie heute Nacht?“, fragte mich der Kapitän.

„Ich weiß es noch nicht“, entgegnete ich ihm.

„Sie schlafen heute Nacht am besten im Lazarett in Les Mathes. Soviel ich weiß, sind bis jetzt nur wenige Verwundete dort eingeliefert worden. Unser Fahrer wird Sie in diesem Jeep dorthin bringen!“

Beim Lazarett angekommen, betraten wir das große Vestibül des Hauses. Der französische Fahrer stand noch immer zu meiner Bewachung neben mir. Ein baumlanger, pechrabenschwarzer Neger kam gerade die Treppe aus dem ersten Stock herunter. In seiner Rechten trug er ein silbernes Tablett. Mein Begleiter trat an ihn heran und sprach:

„Befehl vom Kapitän, dieser deutsche Kriegsgefangene ist hier unterzubringen!“

Der Neger schaute mich und den Fahrer von oben bis unten erstaunt an. Und als er bemerkte, dass ich unverwundet war, sagte er mit bitterbösem Gesicht:

„Was wollen Sie denn mit diesem Mann hier im Lazarett? Was fällt Ihnen überhaupt ein?“ Er zeigte auf die Tür und schrie:

„Raus!“

Der Fahrer fuhr mit mir zum Kapitän zurück, der ihn nun anwies:

„Bringen Sie den Deutschen zu unserem Obersten, der wird bestimmt wissen, wo er hin soll!“

Der Oberst schien jedoch schon zu schlafen. Erst nach langem Pochen an der Haustür öffnete sich ein Fensterchen, und daraus schaute ein Herr mit angegrautem Haar. Es musste der Oberst sein, denn mein Begleiter nahm sofort eine stramme Haltung ein und erklärte die Situation. Der Oberst ordnete an:

„Bringen Sie den deutschen Kriegsgefangenen zur Schule! Dort befindet sich schon eine Reihe deutscher Kriegsgefangener!“

So gelangte ich zur Dorfschule von Les Matthes und schloss mich einer langen Reihe Einlass begehrender deutscher Kriegsgefangener an.

„Wir warten schon seit Stunden. Gleich werden sie wahrscheinlich den ‚Laden' öffnen. Aber bestimmt werden wir alle vorher noch einmal durchfilzt werden!", sagte der Mann vor mir

Seine Worte waren für mich ein Warnsignal. Ich wurde mir sofort bewusst, dass ich mit meinen Herrlichkeiten niemals ungefilzt die Kontrolle passieren würde. Ich entschloss mich daher zu einer praktischen Lösung, die Überraschung auslöste. Ich gab allen direkt vor und hinter mir stehenden Schicksalsgenossen ein Tabakpäckchen und darüber hinaus einigen eine Fleischkonservendose.

„Der Weihnachtsmann ist gekommen!", witzelten einige.

Auf diese Weise kam ich unbeeinträchtigt durch die Filzung.

Als der letzte Mann in den kleinen Klassenraum der Dorfschule eingetreten war, hockten wir so dicht nebeneinander wie Fische in einer Heringstonne. Keiner konnte ausgestreckt auf dem Fußboden liegen um zu schlafen.

Die Dunkelheit brach herein und bald herrschte in dem Raum eine stickige Luft, so dass man kaum noch atmen konnte.

„In dieser scheußlichen Luft und in dieser Hockstellung werde ich die ganze Nacht über keine Ruhe finden!", erklärte ich meinem Nachbarn.

„Ich auch nicht", meinte dieser.

„Die Franzosen draußen vor der Tür sind bestimmt keine Unmenschen", sprach ich und trat hinaus ins Freie.

Dort fragte ich den französische Wachposten, ob ich hier draußen liegen dürfte. Der Franzose lächelte nur, was für mich hieß:

„Ich darf es Dir zwar nicht offiziell erlauben, aber lege Dich meinetwegen hier schlafen."

Ich legte mich nun auf den nackten Boden an die Seite des Hauses und schlief in der frischen Luft schnell ein.

Als ich am anderen Morgen meine Augen aufschlug, war ich verwundert, dass mein Kopf auf einem weichen Kissen ruhte und mein Körper unter einer warmen Decke geborgen lag.

Zu Beginn meiner Kriegsgefangenschaft stand die Liebe<br>und das Mitempfinden derer von der anderen Seite.

***Befreiung von Royan***
*(Foto Yves Delmas, Museum von Royan)*

***Café Le Régent***

***Zerstörte Mole***
*(Sammlung Sicard)*

**Gefangennahme**
*(Museum de la Poche von Royan)*

**Beginn der Gefangenschaft**
*(Sammlung Colle)*

# ANHANG 1

***Royan 1943-1945,***
***wie von A. Hampel wahrgenommen,***
***(gezeichnet von Didier Colus)***

# ANHANG 2

## ***Royan und Umgebung***

***(gezeichnet von Didier Colus mit allen im Buch erwähnten Orten der Umgebung Royans)***

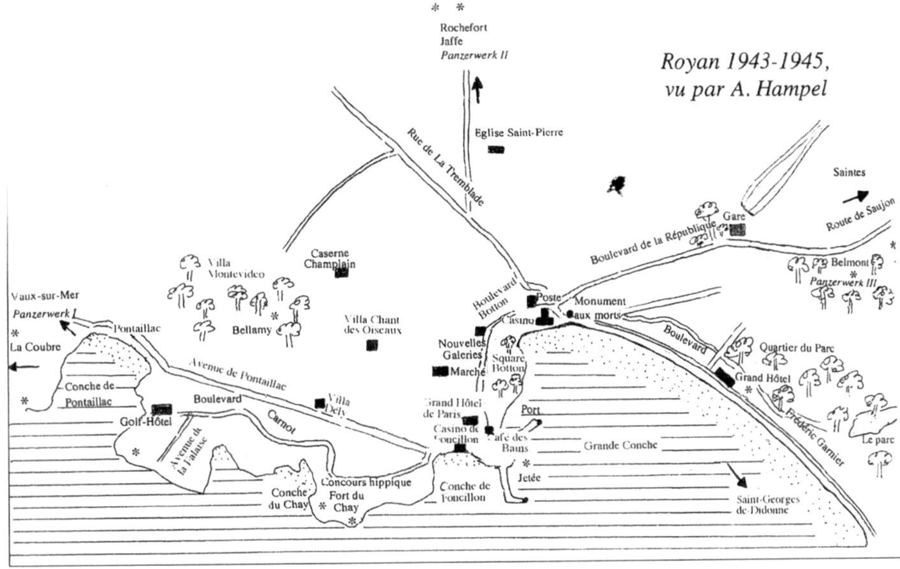

# ANHANG 3

## *Karte von Frankreich*

Royan, son casino, ses plages aux exquises marquises ; August Hampel, soldat allemand, ne s'y trompe pas lorsqu'il débarque sous le soleil de juillet 1943 dans un Royan occupé. Deux ans se passent, l'occupant est assiégé. « L'étau se referme, la poche se resserre. Hampel regarde se voiler la lumière sur cette terre qu'il aime, dont il parle la langue et où ses angoisses vibrent au même rythme que celles de la population locale. Il contemple bientôt les pierres sur le sol, celles du bombardement. Il en sort effondré. L'estuaire de la Gironde, cette terre de naufrageurs, sombre en janvier 1945 », comme le dit Jacques Bouineau dans sa préface.

Si ce récit de ces deux ans d'occupation ne ressemble à aucun autre, s'il marque par sa liberté de ton et sa sensibilité, ce n'est pas seulement parce que l'auteur, un soldat allemand comme on ne les imaginait pas, a vécu tout ce qu'il rapporte, c'est aussi parce qu'August Hampel, francophile, offre la vision de l'autre côté du miroir, ce que les « empochés » de Royan et les Français en général n'ont évidemment pas pu voir.

Un témoignage rare dont il est aujourd'hui possible de partager enfin la dimension sensible...

*August Hampel est né en 1901 dans le Rheinland près de Fulda. Après des études de philosophie et d'économie, il devient fonctionnaire des impôts mais préfère quitter l'Allemagne pour l'Autriche en 1933 à cause de ses opinions politiques socialistes. L'Anschluss l'oblige à rentrer en Allemagne où, par chance, il retrouve son métier. Mobilisé en 1940, il est envoyé en France comme simple soldat ; il refuse d'ailleurs tout avancement par convictions pacifistes. Affecté au génie, il se retrouve à Royan en 1943. Fait prisonnier en 1945, il ne revient en Allemagne qu'en 1946 et commence à rédiger ses mémoires de guerre consacrés à ses années royannaises. Marié en 1941, père de quatre enfants, il attend sa retraite pour revenir à Royan en 1960 et revoir ses amis. Il meurt brutalement en 1972.*

*Illustration de couverture : Soldats allemands en faction sur la plage de Foncillon (collection Sicard).*

Traduit de l'allemand et adapté par Brigitte Colle-Lindenau et Didier-Michel Colus.

ISBN 978-2-36199-010-7

ISSN 1167-458X

25 €